KB205302

콥트어 사전:
사히드 방언

토마스 O. 램딘 지음

이판열 옮김

콥트어 사전:
사히드 방언

지은이 토마스 O. 램딘
옮긴이 이판열
편집 이영욱, 조덕근

발행처 감은사
발행인 이영욱
전화 070-8614-2206
팩스 050-7091-2206
주소 서울시 강동구 암사동 아리수로 66, 401호
이메일 editor@gameun.co.kr

종이책
초판1쇄 2022.09.15.
ISBN 9791190389587
정가 29,000원

전자책
전자책1쇄 2022.09.15.
ISBN 9791190389631
정가 23,200원

Introduction to Sahidic Coptic

Thomas O. Lambdin

Thomas O. Lambdin
Introduction to Sahidic Coptic

이 책, 『콥트어 사전: 사히드 방언』은 *Introduction to Sahidic Coptic*의 어휘집(Glossary, 원서 209-358쪽)을 한국어로 번역한 것입니다. 문법과 강독 부분은 『콥트어 문법: 사히드 방언』이라는 제목으로 별도로 출간됩니다.

| 목차 |

추천사

서상근 목사(신학 박사, 제자들교회)

토마스 램딘은 존스 홉킨스 대학에서 고대근동학을 전공했으며, 저명한 고고학자 올브라이트(William F. Albright)의 지도 아래 고대 셈어와 이집트어 차용 관계를 정리하여 학위를 받았습니다. 이후 1964년 하버드 대학에서 셈족어학과 부교수로 임명됐고, 1983년 하버드 대학에서 은퇴한 후 사망할 때까지 명예교수로 재직했습니다. 그는 대학교에서 콥트어도 가르쳤는데, 20년 간 학생들에게 강의한 사히드 콥트어 교재를 정리하여 『사히드 콥트어 입문』(*Introduction to Sahidic Coptic*: 이 책은 본서 『콥트어 문법』 및 『콥트어 사전』으로 나뉘어 한국어로 출간됩니다—편집자)을 출판하게 됐습니다.

콥트어는 2세기경부터 이집트에서 사용된 문자로, 상형문자, 신관문자에 이어 민간인들에게 보편화된 알파벳 문자입니다. 형태론적으로는 헬라어에서 차용된 알파벳에 6개의 자음을 추가해 사용했기에 헬라어에 익숙한 독자는 조금만 노력하면 콥트어를 발음할 수 있습니다. 또한 콥트어는 대략 6개의 방언이 있으며, 이 중 사히드 콥트어는 나일강 일대에서 많이 사용됐는데, 사막 교부로 알려진 안토니우스의 서신들, 파코미우스 수도원에서 사용된 칠십인역과 수도원 규율 문서들, 그리고 1945년 이집트 키나 주의 도시 나그 함마디(Nag Hammadi)에서 발견된 13편의 파피루스 사본들 중 10편이 사히드 방언으로 기록됐을 만큼 당시에 널리 사용되던 대표적인 방언이었습니다.

사히드 콥트어 문법책이 한국어로 번역됐다는 것은 실천에 비해 이론이 상대적으로 약한 한국의 신학에 새로운 도구가 추가된다고 평가할 수 있겠습니다. 한국에서는 히브리어, 헬라어 원문은 물론이고, 성경이나 교회사에서 중요성을 보이는 아람어, 라틴어, 그리고 콥트어에 있어서도 관심이 적거나 낯설어 하기에, 콥트어 문법책이 출판된다면 이 분야에 새로운 관심을 불러일으킬 이유와 가능성을 제공할 것입니다. 특히 사히드 콥트어를 공부한다는 것은 도마 복음서를 비롯한 4세기 이집트 지역의 영지주의적 흐름을 파악하는 데 중요합니다. 그 시기는 교회 밖에서 시작된 영지주의가 교회로 흘러 들어와 신학적 지류로 정착되는 과도기이기 때문입니다. 따라서 이 책의 출판은 성경 해석, 교회사, 기독교 사상 등 여러 분야에 복음과 같은 소식이 될 것이라고 생각합니다.

역자는 학구열이 대단하고 특히 원문에 많은 관심을 가지고 있었습니다. 일신상의 이유로 신학을 중단했지만, 학구열이 꺾이지 않았습니다. 독학으로 관심 분야를 연구하던 중 한국에 콥트어에 관한 서적이 부족하다는 사실을 발견하고, 이 분야에서 저명한 램딘의 문법책을 구하여 공부하며, 또 그 내용을 직접 번역하며 오늘의 결과물을 내게 됐습니다. 20년 축척된 토마스 램딘의 실력과 교육 현장에서 사용될 만큼 잘 짜여진 구성은 콥트어를 공부하고자 하는 신학자, 목사, 신학생들에게 좋은 길라잡이가 될 것이라 생각합니다. 이 책이 한국의 신학적 토양을 한 단계 양질화시키는 좋은 배양토 역할을 하게 되길 기대합니다.

조덕근 목사(예염교회)

마침내 하나님의 말씀을 향한 순수한 열정의 긴 여정 가운데 신실한 하나님의 종에 의해서, 말할 수 없이 치밀하고 한없이 성실한 학자 램딘 선생님의 콥트어 문법서와 사전이 번역되어 나오게 됐습니다. 콥트어 성경은 신약성경의 초기 번역본들 가운데 중요한 위치를 점하고 있어 성경본문 비평에 있어서 반드시 알아야 할 사본이지만 우리나라에서는 소홀히 여겨지고 있습니다. 이제 이 문법서와 사전이 있음으로 해서 성경 말씀과 초기기독교 문헌들을 놓고 벌어지는 논의들을 무시하거나 풍문으로만 듣는 것이 아니라, 우리의 언어 감성으로 직접 읽고 번역하고 해석하며 공부할 수 있는 또 하나의 길이 열리게 됨을 기쁘게 생각합니다. 특히 콥트어로 기록되어 있는 『도마복음』을 비롯한 나그함마디 문서를 직접 읽고, 초기 교회의 신학 사상을 깊이 연구할 수 있는 좋은 방편이 될 것입니다.

콥트어 문법서로 여전히 가장 권위가 있고 표준이라고 할 수 있는 이 책을, 꼼꼼한 역자가 본서 이외에 발간된 여러 문법서를 비교 검토하여 이 책의 번역에 반영했습니다. 본 번역서가 널리 활용되어 성경 말씀에 대한 더욱 심도 있는 이해가 이루어지고 이를 통해 한국 교회가 더욱 새로워지기를 기대합니다.

여는 글

이 책은 대학 수준의 콥트어의 사히드 방언을 20년 간 교수하는 동안 점진적으로 발전된 '초급 레슨 시리즈'의 증보판이다. 각 레슨은 언어의 기본 문법과 어휘를 단계별로 소개하기 위해 신중하게 고안됐다. 레슨의 내용 및 프레젠테이션 방식은 온전히 실용적인 교육학적 고려 사항에 의해 결정됐다; 이 책은 과학적인 참고 문법서가 되기 위한 의도는 전혀 없다. '강독 선집'Reading Selections에는 간단하지 않은 자료의 전환을 용이하게 하도록 설계된 어휘 목록이 제공된다. 이것과 각 레슨을 완전히 숙달하게 되면, 학생들은 평균적인 난이도의 사히드 방언 텍스트를 어려움 없이 읽을 수 있는 수준이 될 것이다. 문법의 기본적인 사항에 대해 강조했기에, 평균적인 초급 학생들의 요구에 직접 관련이 없는 많은 기술적 언어 자료는 생략했다. 음운론에 대한 상세한 연구, 사히드 방언과 다른 콥트어 방언들 사이의 관계, 또는 고대 이집트에서 콥트어의 역사적 발전 과정에 관심이 있는 사람들은 참고 문헌에 인용된 이러한 주제들에 대한 표준적인 저술들을 참조할 수 있다.

학생들에게 여기에서 공부한 것보다 더 유용하게 사용될 어휘 사전을 제공하기 위해 특별한 노력을 기울였다. 어휘 사전은 현재 본문에서 사용된 단어들을 다루는 것 외에도, 대부분의 관련 구절과 관용구를 포함하는 사히드 방언 신약성경의 전체 어휘와 기타 성경에 관련된 문학 작품들의 어휘를 풍부하게 포함하도록 의도했다. 어휘 사전에서 의도적으로 제외된 것은 그것들의 정확한 의미에 대한 단서를 거의 제공하지 않는 기술적인 문서에만 나오는 식물, 선박, 기구, 약물 및 동물 이름과 같은 전문적인 성격의 단어들이다; 쉐누테Shenute의[1] 특수한 어휘 사용을 포함하려는 노력도 하지 않았다. 이러한 항목들에 대해서는 학습에 필수 불가결한 크럼W. E. Crum의 『콥트어 사전』*A Coptic Dictionary*과 윌메M. Wilmet의 『사히드 방언 신약성경 용어 사전』*Concordance du nouveau testament sahidique*을 함께 참고해야 한다. 이 사전들은 이 책에 수록된 어휘 사전의 주요 전거다.

---

1. 360~450년경. 이집트의 남부 소학(Sohag) 근처의 백색 수도원(White Monastery)의 원장이다—옮긴이.

내가 이 일을 하도록 격려하고 원고의 많은 부분에 도움이 되는 논평을 해준 나의 동료인 하버드대학 신학부 로마 가톨릭 신학연구 분야의 찰스 촌시 스틸만Charles Chauncey Stillman 연구 교수인 조지 맥래George W. MacRae에게 진심으로 감사드린다. 출판을 위한 최종본을 탁월한 기술로 준비하고 보살핌을 준 캐리 보스비Cary A. Bosbee와 이 저술의 착수와 출판에 기여한 머서 대학교Mercer University 출판부 소장인 왓슨 밀스Watson E. Mills에게도 감사를 드린다.

1982년 6월

토마스 O. 램딘Thomas O. Lambdin

매사추세츠주Mass., 케임브리지Cambridge에서

| 약어표 |

adv.	부사, adverb
adj.	형용사, adjective
aux.	조동사, auxiliary verb
conj.	접속사, conjunctive
cpd.	복합어, compound
f.	여성, feminine
f.pl.	여성 복수, feminine plural
f.s.	여성 단수, feminine singular
idem	전술한 바와 같음
imptv.	명령형, imperative
inf.	부정사, infinitive
intr.	자동사, intransitive
lit.	문자적으로, literally
m.f	남성 및 여성, masculine and feminine
m.s.	남성 단수, masculine singular
n.f.	여성 명사, noun feminine
n.m.	남성 명사, noun masculine
p.c.	후접 분사, participium conjunctivum (= proclitic participle)
pl.	복수, plural
prep.	전치사, preposition

Q	상태동사, qualitative (= stative)
q.v.	~을 보라, quod vide
reflex.	재귀용법, reflexive
sim.	비슷한, 비슷하게, similar(ly)
tr.	타동사, transitive
vb.	동사, verb
±	뒤에 단어가 있거나 또는 없이

서문

이집트의 정치적 통일은 주전 30세기가 시작될 무렵에 멤피스에서 첫 번째 왕조가 수립되면서 이루어졌다. 곧이어 기록들이 쓰여지는 상형문자가 나타났으며, 그것의 필기체 파생물인 신관문자 및 민중문자와 함께 주후 2세기 말까지 이집트어를 기록하는 유일한 매체로 남아 있었다. 그 당시 알렉산드리아를 중심으로 교회의 전도자들은 국가를 기독교화하는 것을 원활하게 하기 위해 성경을 그리스어에서 이집트어로 번역하는 작업에 착수했다. 그 과정에서 그들은 3천 년 된 상형 문자 체계를 포기했는데, 그것은 아마도 ‘이교도’ 관련성만큼이나 그것의 복잡함과 불완전함 때문이었을 것이다. 대신 그들은 그리스어 알파벳의 수정된 형태를 채택하기로 결정했다. 이 새로운 형태의 이집트어는 아랍어 ‘꿉띠’qubṭî에서 유래된 현대 용어인 콥트어로 알려져 있는데, 그 자체는 그리스어 단어 “이집트인”[ai]gupti[os](Αἰγύπτιος—옮긴이)의 변형이다.

주전 332년 알렉산더 대왕에 의한 이집트 정복 이후 프톨레미 치하에서 그리스어를 사용하는 행정 체계는 하(북부) 이집트의 철저한 그리스화로 이끌었다. 이집트어-그리스어 2개 국어 상용bilingualism은 분명히 델타 지역에서 흔했고, 이 시기에 그리스의 기술, 법률 및 상업 전문용어가 구어 이집트어로 많이 도입되었을 가능성이 있다. 이집트어를 그리스어 알파벳으로 표기하려는 거칠고 체계적이지 못한 시도가 주전 3세기 초에 이루어졌다. 당시 성경의 콥트어 번역자들이 그리스어 알파벳을 채택했을 뿐만 아니라, 그리스어로부터의 많은 차용어를 가지고 토착민의 어휘를 풍부하게 보충한 것은 자연스러운 일이었다. 어떤 콥트어 문서의 그리스어 어휘는 콥트어보다 훨씬 더 많다.

방언의 차이에 대한 증거는 일찍이 주전 3천 년경에 발견된다. 그러나 상형문자 문서의 일반적인 보수성과 오랜 기간 동안(예, 중 이집트, 신新 이집트) 특정 형태의 언어를 표준화하려는 관행은, 아스완에서 지중해까지 나일강을 따라 1,200km를 지나가면서 구어체로 존재했음이 틀림없는 중대한 방언의 다양성을 모호하게 만드는 경향이 있다. 각각의 방언은 우리가 콥트어 시대로 올라가서 그리스어 알파벳으로 기록된 언어를 볼 때 먼저 알아볼 수 있다. 방언이 사용되었던 정확한 지리적 위치는 여전히 학술적인 논쟁의 여지가 있지만, 독자들은 문학적 목적을 위해 방언들의 이름과 대략적인 시대 범위를 잘 알고 있어야 한다.

이 책에서 다루어진 사히드 방언Sahidic은 위에서 언급한 성경의 공식적인 번역을 위해 선택된 방언이었다. 지리적 위치에 대한 서로 상반되는 증거가 있다: 아랍어 '앗-싸이드'*as-sa'id*에서 유래한 사히드라는 이름은 상(남부) 이집트 남부에 위치한다(그래서 테베어Thebaic라고도 함). 하지만 언어학적인 고려사항들은 멤피스와 동부 델타 인근의 북부 지역을 지지한다. 그래서 두 위치가 모두 올바르다는 가능성을 배제할 수는 없다. 테베Thebes와 멤피스는 오랜 역사를 통해 번갈아 가며 이집트의 수도로 바뀌었고 종교(사제), 건축 및 상업 활동의 주요 중심지였다는 사실은, 이 두 지역에서 '도시' 방언의 발달을 이끌어낼 수 있었고 그 사이에 놓여있던 '지방' 지역의 방언들과는 상당히 구별될 수 있었다.

주후 4세기 무렵 사히드 방언은 표준적인 문학 방언으로 확고하게 자리잡게 되었고, 10세기 무렵 소멸될 때까지 이 지위를 유지했다. 사히드 방언으로 남아있는 문서들은 신약성경과 구약성경의 상당 부분 외에 교회 관련 문헌의 많은 자료와 세속 문헌의 일부 잔재가 포함되는데 거의 대부분이 그리스어에서 번역된 것이다. 토착 저술로는 이집트 수도원 제도의 창시자인 파코미우스Pachomius(300년경), 상 이집트의 백색 수도원의 관리자인 쉐누테Shenute(400년경), 쉐누테의 제자 베사Besa의 저술만 있다. 언어를 그리스어에 필적할 만한 문학적 수단으로 만들기 위해 노력한 쉐누테의 콥트어 저술은 종종 사히드 방언 문헌의 '고전'으로 불린다. 그러나 번역 문학의 언어를 기반으로 더욱 넓게 연구된 그것의 구문의 복잡성과 특이한 어휘 사용법은 본서의 저술 범위를 넘어선다.

보하이르 방언Bohairic은 표준 문학 방언으로서 사히드 방언을 대체했다. 보하이르 방언 문서들은 9세기 초부터 사용된 것으로 증명되었지만, 이 방언은 11세기에 콥트 교회의 공용어로 채택되기 전까지는 널리 사용된 것 같지는 않다. 대부분의 보하이르 방언 문서들은 이 시기 이후부터 나오고, 그것들 중 다수가 사히드 방언 원문으로부터 옮겼다. 보하이르 방언이라는 용어는 아랍어 '알-부하이라흐'*al-buḥairah*("하 이집트")에서 유래한다. 일반적으로 보하이르 방언은 알렉산드리아와 니트리아를 포함하는 서 델타의 방언인 것으로 추정된다. 이 방언에 대하여 멤피스 방언Memphitic이라는 명칭도 사용됐다.

파이윰 방언Fayyumic은 그 이름이 시사하듯이 파이윰 분지 부근에 있는 중中 이집트의 북부 방언이었다. 4세기에서 11세기에 이르는 문서에서 잘 증명되었지만, 사히드 방언의 지위는 얻지 못한 것 같다.

아크밈 방언Achmimic은 대체로 중 이집트의 남부의 아크밈(파노폴리스) 지역에 위치했고, 3세기부터 5세기까지의 짧은 문학적 기간을 누렸다.

하위아크밈 방언Subachmimic(리코폴리탄 방언[Lycopolitan]—옮긴이)의 잠정적인 위치는 아크밈과 테베 사이에 있으며, 4-5세기에 마니교 및 영지주의 문서의 번역을 위해 널리 사용됐다. 이교적인 자료와의 연관성이 아마도 문학적인 방언으로서의 이른 종말에 많은 관련이 있었을 것이다. 나그 함마디 문서들은 하위아크밈 방언(리코폴리탄 방언) 또는 다양한 방면으로 하위아크밈 방언의 영향을 받은 변형 사히드 방언으로 기록되어 있다.

독자들은 방언들에 대한 좀더 자세한 정보를 위해 참고 문헌에서 인용한 워렐Worrell, 베르고트Vergote, 칼Kahle 그리고 틸Till의 저술을 참조해야 한다.

주후 641년 아랍의 이집트 정복과 그 후의 본토 기독교인들에 대한 탄압이 아랍어에 유리하게 되면서 이집트어가 점차 소멸되는 결과를 낳았다. 우리는 이 과정이 얼마나 오래 걸렸는지 확인할 수는 없지만, 콥트어는 15세기에 토착 언어가 되는 것이 중단됐다라고 가정해도 무방하다. 그리하여 4천 년 이상 지속적으로 쓰인 기록이 끝나게 됐다.

콥트어 알파벳*

알파벳	현대 명칭	영어 음가	한국어 음가	알파벳	현대 명칭	영어 음가	한국어 음가
Ⲁ	alpha	a	ㅏ	Ⲡ	pi	p	ㅍ
Ⲃ	beta	v, b	ㅂ	Ⲣ	ro	r	ㄹ
Ⲅ	gamma	g	ㄱ	Ⲥ	sigma	s	ㅅ
Ⲇ	delta	d	ㄷ	Ⲧ	tau	t	ㅌ
Ⲉ	epsilon	e	ㅔ	Ⲩ	upsilon	u	ㅜ
Ⲍ	zeta	z	ㅈ	Ⲫ	phi	ph	프ㅎ
Ⲏ	eta	ē	ㅔ	Ⲭ	khi	kh	크ㅎ
Ⲑ	theta	th	트ㅎ	Ⲯ	psi	ps	프ㅅ
Ⲓ	iota	i	ㅣ	Ⲱ	omega	ō	ㅗ
Ⲕ	kappa	k	ㅋ	Ϣ	shai	š, (sh)	쉬
Ⲗ	lambda	l	ㄹㄹ	Ϥ	fai	f	ㅍ
Ⲙ	mu	m	ㅁ	Ϩ	hore(h)	h	ㅎ
Ⲛ	nu	n	ㄴ	Ϫ	djandja	ğ, (tʃ)	ㅊ
Ⲝ	ksi	ks	크ㅅ	Ϭ	kyima	č, (k^y)	ㄲ + ^{y}
Ⲟ	omicron	o	ㅗ	Ϯ	ti	ti	티

* 콥트어의 사히드 방언은 이집트 상형 문자의 마지막 단계의 민중 문자로부터 차용한 여섯 문자(보하이르 방언은 ϧ[카이]를 포함하여 일곱 문자—옮긴이)를 보충한 그리스 알파벳으로 쓰였다.

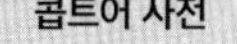

콥트어 사전

ⲁ

ⲁ adv. 약, 대략 (ⲁ ϯⲟⲩ 약 다섯, ⲁ ⲟⲩⲏⲣ 대략 얼마나? 에서). 복합어 ⲛⲁ (ⲛⲁ ϣⲉ ⲙ̄ ⲙⲁϩⲉ 약 백 규빗 정도).

ⲁⲁⲥ, ⲁⲥ n. 때림, (손바닥으로) 철썩 때리기 (보통 얼굴/뺨에). ϯ-ⲁⲁⲥ, ϯ ⲛ̄ ⲟⲩⲁⲁⲥ (손바닥으로) 때리다, 치다 (ⲛⲁ⸗). ϣⲥ̄-ⲛ̄-ⲁⲥ n. = ⲁⲁⲥ.

ⲁⲃⲁϭⲏⲉⲓⲛ, ⲁⲃⲓϭⲏⲉⲓⲛ, ⲁⲃⲁⲕⲏⲓⲛⲉ, ⲁϥⲉϭⲉⲉⲛⲉ n.m.f. 유리, 유리잔.

ⲁⲃⲱ (pl. ⲁⲃⲟⲟⲩⲉ) n.f. 그물 (낚시 또는 사냥을 위한).

ⲁⲃⲱⲕ, ⲁⲃⲟⲕ (f. ⲁⲃⲟⲕⲉ; pl. ⲁⲃⲟⲟⲕⲉ) n.m. 까마귀.

ⲁⲉⲓⲕ n.m. 봉헌. ϫⲓ-ⲁⲉⲓⲕ 바치다, 봉헌하다; n.m. 봉헌.

ⲁⲓⲁⲓ, Q ⲟⲓ vb. intr. 증가하다, 늘다, 커지다 (나이, 크기, 키); Q 위대하다, 크다, 명예롭다; n.m. 증가, 성장. ⲁⲉⲓⲏⲥ, ⲁⲏⲥ, ⲁⲉⲏⲥ n.f. 큼, 많음, 다량.

ⲁⲕⲏⲥ, ⲁⲕⲉⲥ, ⲁⲕⲓⲥ n.m. 의류, 옷, 띠 (거들).

ⲁⲕⲱ, ⲁⲅⲱ, ⲅⲱ n.f. 오물, 쓰레기; (죽은 짐승의) 썩어가는 고기; 파멸된 것.

ⲁⲗ adj. 귀가 먹은, 청각 장애가 있는. ⲣ̄-ⲁⲗ (Q ⲟ ⲛ̄ ⲁⲗ) 귀먹게 되다.

ⲁⲗ n.m. 자갈, 조약돌; ⲁⲗ ⲙ̄ ⲡⲉ에서 우박, 싸락눈.

ⲁⲗ n. ⲁϣ-ⲁⲗ에서만 n.m. 울부짖음, 외침(cf. ⲱϣ).

ⲁⲗⲁⲩ, ⲁⲗⲉⲩ, ⲁⲗⲏⲩ adj. 흰, 하얀.

ⲁⲗⲉ, ⲁⲗⲟ⸗, Q ⲁⲗⲏⲩ (imptv. ⲁⲗⲱⲧⲛ̄) vb. intr. 오르다, 올라가다 (~에, ~위에; ⲉ, ⲉϩⲣⲁⲓ ⲉ, ⲉϫⲛ̄, ⲉϩⲣⲁⲓ ⲉϫⲛ̄); 올라타다 (동물), 타다 (배); 드물게 tr. ⲙ̄ⲙⲟ⸗와 함께. ⲣⲉϥⲁⲗⲉ 타는 사람.

ⲁⲗⲓⲗ n.m. 들쥐.

ⲁⲗⲕⲉ, ⲁⲗⲕⲏ n.m. 달의 마지막 날; ⲛ̄ ⲁⲗⲕⲉ (ⲛ̄) (O월의) 마지막

날에.

ⲁⲗⲟⲕ n.m. 구석, 모퉁이; 아마 사히드 방언이 아닐 것이다(cf. **ⲕⲗ̄ϫⲉ**).

ⲁⲗⲟⲙ n.m. 가슴.

ⲁⲗⲟⲩ n.m. 아이, 하인, 종; 표준 사히드 방언이 아니다(cf. **ϣⲏⲣⲉ**).

ⲁⲗⲟϭ n.m. 허벅지.

ⲁⲗⲧⲕⲁⲥ n.m. 골수.

ⲁⲗⲱ, ⲉⲗⲱ (pl. **ⲁⲗⲟⲟⲩⲉ, ⲉⲗⲟⲟⲩⲉ**) n. 덫, 함정.

ⲁⲗⲱ, ⲁⲗⲟⲩ (pl. **ⲁⲗⲟⲟⲩⲉ, ⲁⲗⲁⲩⲉ, ⲁⲣⲟⲟⲩⲉ**) n.f. 눈동자.

ⲁⲗⲱⲧ n.f. 강제 노동, 고역; 복무 기간; 측정된 양(量).

ⲁⲗⲱⲟⲩⲉ n. pl. (포도의) 송이, 또는 sim.

ⲁⲙⲁ 아마 (Ama); 여성에 대한 존칭; cf. 아파 **ⲁⲡⲁ**.

ⲁⲙⲁϩⲧⲉ vb. intr. 이기다, 승리하다, 지배하다, 다스리다 (~을: **ⲉϫⲛ̄, ϩⲓϫⲛ̄**); 유효하다, 합당하다; 이겨내다, 계속하다; vb. tr. 잡다, 체포하다, ~을 손에 넣다 (**ⲙ̄ⲙⲟ⸗**); 보유하다, 지체하게 하다, 포로로 사로잡다; 외우다, 암기하다; 책임을 지다 (~의: **ⲉ**). n.m. 힘, 권력, 소유. **ⲁⲧⲁⲙⲁϩⲧⲉ** 억제되지 않는, 감당하기 어려운; **ⲙⲛ̄ⲧⲁⲧⲁⲙⲁϩⲧⲉ** 자제력의 부족, 자제하지 못함. **ⲣⲉϥⲁⲙⲁϩⲧⲉ** 자제력이 있는 사람, 자기 통제자.

ⲁⲙⲉ (pl. **ⲁⲙⲏⲩ, ⲁⲙⲏⲩⲉ**) n.m. 목동, 목자.

ⲁⲙⲏ n.m. 말벌.

ⲁⲙⲛ̄ⲧⲉ n.m. 악의 세계, 저승, 하데스 (그리스어 ᾅδης-옮긴이).

ⲁⲙⲟⲩ 오라! **ⲉⲓ**의 2인칭 m.s. imptv.; f.s. **ⲁⲙⲏ**; pl. **ⲁⲙⲏⲓⲛ, ⲁⲙⲏⲉⲓⲧⲛ̄**.

ⲁⲙⲣⲉ, ⲁⲙⲣⲏ (pl. **ⲁⲙⲣⲏⲩ**) n.m. (빵을) 굽는 사람; **ⲙⲛ̄ⲧⲁⲙⲣⲉ** 굽기.

ⲁⲙⲣⲏϩⲉ, ⲁⲙⲣⲉϩⲉ n.m. 역청, 아스팔트.

ⲁⲛ 부정 불변화사. ~이 아니다; 사용법에 대해서는 문법 색인을 참조하라.

ⲁⲛ- ~을 맡고있는 자; 복합어에서만 기수와 함께: **ⲁⲛ-ⲙⲏⲧ** 십인대

장, 십부장 (decad-arch), **ⲁⲛ-ϣⲟ** 천인대장, 천부장. **ⲙⲛ̅ⲧⲁⲛ-ϣⲟ** 천인대장 지위[자리].

ⲁⲛ- 숫자로부터 집합 명사를 형성하는 접두사, **ⲁⲛ-ϣⲟ** 천 (명의 무리), **ⲁⲛ-ⲧⲁⲓⲟⲩ** 오십 (명의 무리).

ⲁⲛⲁⲓ vb. intr. 기쁘다. 좋다. n.m. 아름다움, 미; **ⲣ̅-ⲁⲛⲁⲓ** 기쁘(게 되)다, 좋(게 되)다. **ⲣ̅-ⲁⲛⲁ⸗** (남을) 기쁘게 하다; 사용법은 §20.2를 참조. **ⲥϯ-ⲁⲛ** 에서 **-ⲁⲛ** n.m. 향수, 향기(cf. **ⲥⲧⲟⲓ**).

ⲁⲛⲁϣ (pl. **ⲁⲛⲁⲩϣ**) n.m. 맹세, 서약; **ⲉⲓⲣⲉ, ⲥⲙⲓⲛⲉ, ⲱⲣⲕ̅, ϯ, ⲧⲁⲣⲕⲟ**와 함께. **ⲉ ⲡⲁⲛⲁϣ** 맹세를 하여.

ⲁⲛⲟⲕ, ⲁⲛⲅ̅- 독립 인칭 대명사 1인칭 단수: 나.

ⲁⲛⲟⲛ, ⲁⲛ-, ⲁⲛⲛ̅- 독립 인칭 대명사 1인칭 복수: 우리.

ⲁⲛⲟⲩⲣ̅ϣⲉ n.m. 파수꾼, 경비원 (**ⲁⲛ** + **ⲟⲩⲣ̅ϣⲉ**).

ⲁⲛⲥⲏⲃⲉ, ⲁⲛⲥⲏⲃ(ⲉⲛ), ⲁⲛϩⲏⲃⲉ, ⲁⲛϩⲏⲃ(ⲉⲛ) n.f. 학교, 학파.

ⲁⲛⲧⲁϣ n.m. 재채기.

ⲁⲛⲧⲏⲗⲙ̅, ⲁⲛⲧⲉⲗⲙ̅ n.m. 두개골, 해골.

ⲁⲛϩ̅, ⲟⲛϩ̅ n.m. 마당, 안뜰.

ⲁⲡⲁ 아파 (Apa); 남성에 대한 존칭 (성인, 순교자, 존경받는 수도자, 등).

ⲁⲡⲁⲥ adj. 오래된, 나이든; **ⲁⲥ**와 동의어.

ⲁⲡⲉ (pl. **ⲁⲡⲏⲩⲉ**) n.f. 머리 (문자적 및 비유적); (돈의) 총액, 자본; n.m. 우두머리, 촌장. **ⲙⲛ̅ⲧⲁⲡⲉ** 우두머리임, 지도자 지위[자리]. **ⲁⲧⲁⲡⲉ** 머리가 없는, 지도자가 없는. **ⲣ̅-ⲁⲡⲉ** 우두머리가 되다, 지도자가 되다 (~의: **ⲉ**). **ϥⲓ-ⲧⲁⲡⲉ** 목을 베다.

ⲁⲡⲟⲧ (pl. **ⲁⲡⲏⲧ**) n.m. 잔, 컵; **ⲥⲁ ⲛ̅ ⲁⲡⲟⲧ** 잔을 만드는 사람, 잔 판매인.

ⲁⲡⲣⲏⲧⲉ n.f. 기간; **ⲛ̅ ⲟⲩⲕⲟⲩⲓ ⲛ̅ ⲁⲡⲣⲏⲧⲉ** 잠깐 동안; **ⲛ̅ ⲟⲩⲛⲟϭ ⲛ̅ ⲁⲡⲣⲏⲧⲉ** 오랫동안, 장기간; **ⲣ̅-ⲟⲩⲛⲟϭ ⲛ̅ ⲁⲡⲣⲏⲧⲉ** 오랜 시간을 보내다.

ⲁⲡⲥ̅, ⲏⲡⲥ̅, ⲉⲡⲥ̅ n.f. 다수, 몇 사람, 몇 개.

ⲁⲣⲏⲃ, ⲉⲣⲏⲃ, ⲣⲏⲃ n.m. 맹세, 서약, 담보, 보증.

ⲁⲣⲏⲩ, ϩⲁⲣⲏⲩ adv. 아마, 어쩌면.

ⲁⲣⲏϫ⸗ n. 끝, 한계. (**ⲁⲣⲏϫϥ̄ ⲙ̄ ⲡⲕⲁϩ** '땅끝'에서와 같이 접미사가 필요하다; 3인칭 pl. 때로는 **-ⲛⲟⲩ**); **ⲁⲧⲁⲣⲏϫ⸗** 무한한, 경계가 없는.

ⲁⲣⲓⲕⲉ n.m. 잘못, 책임, 탓; **ⲁⲧⲁⲣⲓⲕⲉ** 잘못이 없는, 아무 죄가 없는. **ϭⲛ̄-ⲁⲣⲓⲕⲉ** 비난하다 (~을: **ⲉ**), ~탓으로 돌리다 (**ⲉ**); **ⲣⲉϥϭⲛ̄-ⲁⲣⲓⲕⲉ** 흠을 잡는 사람; **ⲙⲛ̄ⲧⲣⲉϥϭⲛ̄-ⲁⲣⲓⲕⲉ** 비판, 비난.

ⲁⲣⲓⲙ n. 아림 (식용 식물의 이름).

ⲁⲣⲟⲟⲩⲉ, ⲁⲣⲱⲟⲩ n.pl. 엉겅퀴들, 까칠한 것들(?); **ⲥⲣ̄-ⲁⲣⲟⲟⲩⲉ** idem.

ⲁⲣⲟϣ 차가워지다, 추워지다; n.m. 추위, 냉기.

ⲁⲣϣⲁⲛ n. 아르샨 (피부병의 이름).

ⲁⲣϣⲓⲛ n.m. 렌즈콩.

ⲁⲥ, ⲁⲁⲥ adj. 오래된, 낡은 (보통 사람에게는 사용하지 않는다); **ⲏⲣⲡ̄ ⲁⲥ, ⲉⲣⲡ-ⲁⲥ** 오래 묵은 포도주; **ⲙⲛ̄ⲧⲁⲥ** 오래 됨; **ⲣ̄-ⲁⲥ** 오래되다.

ⲁⲥⲁⲓ, Q **ⲁⲥⲱⲟⲩ, ⲁⲥⲉⲓⲱⲟⲩ** vb. intr. 가벼워지다, 경미해지다, 대충하게 되다; 빠르다; n.m. 가벼움, 민첩함, 서두름. **ϩⲛ̄ ⲟⲩⲁⲥⲁⲓ** 쉽게, 약식으로.

ⲁⲥⲏⲣ n.m. 소유물, 소지품.

ⲁⲥⲓⲕ, ⲥⲓⲕ n.m. 병, 열병, 오한.

ⲁⲥⲟⲩ n.f. 값, 가치; **ϯ-ⲁⲥⲟⲩ** 지불하다; **ⲣ̄-ⲁⲥⲟⲩ ϩⲁ** ~에 가격을 매기다.

ⲁⲥⲡⲉ n.f. 언어, 말; **ⲁⲥⲡⲉ ⲛ̄ ⲗⲁⲁⲥ** idem.

ⲁⲧ- 부정 형용사 형성을 위한 접두사; §27.1.

ⲁⲧⲟ, ⲁⲧⲁ n. 다수, 다량, 무리; 보통 부정 관사와 함께; **ⲁⲧⲟ ⲛ̄ ⲥⲙⲟⲧ, ⲁⲧⲉ-ⲥⲙⲟⲧ** 형용사구: 많은[다양한] 종류의.

ⲁⲩ, ⲁⲩⲉ, ⲁⲩⲉⲓ, ⲁⲩⲉⲓⲥ imptv. vb. (1) 가져와라! 모든 형태가 명사형으로 나온다; 대명사 접미사와 함께: **ⲁⲩⲉⲓⲥ⸗**. (2) 오라! 오라, 우리가 . . . 하자! (접속법과 함께).

ⲁⲩⲁⲛ, ⲁⲩⲁⲁⲛ, ⲁⲩⲉⲓⲛ n.m. 색, 외관, 출현, 안색; **ⲥⲉⲕ-ⲁⲩⲁⲛ** (특정한 색을) 띠다; **ⲁⲩⲁⲛ ⲁⲩⲁⲛ** 다양한 색상의.

ⲁⲩⲉⲓⲛ, ⲁⲩⲁⲛ n.m. (배의) 화물, 짐.

ⲁⲩⲏⲧ n.m. 사람들의 무리, 회중; 수도회.

ⲁⲩⲱ conj. 그리고; 사용법에 대해서는 문법 색인을 참조하라.

ⲁϣ n.m. 아궁이, 난로, 화덕, 용광로.

ⲁϣ 의문대명사. 무엇?, 어떤? 사용법은 §14.2, 16.1을 참조하라.

ⲁϣⲁⲓ, Q **ⲟϣ** vb. intr. 많다, 많아지다, 다양해지다, 늘어나다; Q는 매우 자주 나온다. n.m. 다수, 군중, 합계. **ⲣⲉϥⲁϣⲁⲓ** 증식시키는 자. **ⲁϣⲏ** n.f. 다수, 군중.

ⲁϥ, ⲁⲁϥ, ⲁⲃ n.m. 파리; **ⲁϥ ⲛ̄ ⲉⲃⲓⲱ** 벌; **ⲁϥ ⲛ̄ ⲟⲩϩⲟⲣ** 쇠파리.

ⲁϥ, ⲁⲁϥ, ⲁⲃ (pl. **ⲁϥⲟⲩⲓ, ⲁⲃⲟⲩⲓ**) n.m. (사람이나 동물의) 살, 고기, 고기 조각, 살점. **ⲥⲁ ⲛ̄ ⲁϥ** 고기 판매인. **ϣⲁⲧ-ⲁϥ** 푸주한, 도살자. **ⲟⲩⲉⲙ-ⲁϥ** 고기를 먹다. **ϣⲉⲡ-ⲁϥ** 고기를 사다.

ⲁϩⲉ n.m. 일생, 전생애; **ⲣ̄-ⲁϩⲉ** 일생을 살다; **ϣⲁⲣ-ⲁϩⲉ** 단기간의; **ⲣ̄-ϣⲁⲣ-ⲁϩⲉ** (Q **ⲟ ⲛ̄ ϣⲁⲣ-ⲁϩⲉ**) 짧게 살다; **ⲙⲛ̄ⲧϣⲁⲣ-ⲁϩⲉ** 짧은 일생.

ⲁϩⲉ vb. intr. 필요하다 (~가: **ⲛⲁ⸗**).

ⲁϩⲟ (pl. **ⲁϩⲱⲱⲣ**) n.m. 보물, 보고(寶庫), 창고.

ⲁϩⲟⲙ n. (**ⲁϣ-ⲁϩⲟⲙ**으로만) 한숨을 쉬다, 신음하다 (**ⲉ, ⲉϫⲛ̄, ⲉϩⲣⲁⲓ ⲉϫⲛ̄**); n.m. 신음, 신음 소리, 하품 소리, 으르렁거리는 소리.

ⲁϩⲣ̄, ⲁϩⲣⲉ n.m. 습지 목초, 사초과의 식물.

ⲁϩⲣⲟ⸗ 주어를 가리키는 접미사가 필요한 의문 부사. (1) 뒤에 오는 동사와 함께: ~는 왜? **ⲁϩⲣⲱⲧⲛ̄ ⲧⲉⲧⲛ̄ⲣⲓⲙⲉ** '너희는 왜 울고있는가?'처럼. (2) 접미사와 함께 또는 뒤에 오는 명사와 함께: ~은 어떤가? ~에 무슨 일이 있는가? (3) **ⲙⲛ̄**과 함께: ~와 무슨 상관이 있는가?

ⲁϩⲱⲙ, ⲁϩⲱⲙⲉ, ⲁϩⲱⲱⲙⲉ n.m. 독수리 (원래: 매).

ⲁϫⲉ, ⲁⲁϫⲉ (또는 **ⲟⲩⲁϫⲉ**?) n. 강타, 일격, 때림.

ⲁ ⲃ ⲉ ⲏ ⲉⲓ ⲕ ⲗ ⲙ ⲛ ⲟ ⲡ ⲣ ⲥ ⲧ ⲟⲩ ⲱ ϣ ϥ ϩ ϫ ϭ

ⲁϫⲛ̄, ⲉϫⲛ̄ (**ⲁϫⲛ̄ⲧ⸗, ⲉϫⲛ̄ⲧ⸗**) prep. ~없이, ~하지 않고; 뒤에 오는 비한정 명사에는 관사가 없다.

ⲁϭⲃⲉⲥ, ⲁⲧⲃⲉⲥ n.f. 습기, 수분.

ⲁϭⲟⲗⲧⲉ, ⲁⲕⲟⲗⲧⲉ n.f. 마차, 수레.

ⲁϭⲣⲏⲛ n.f. 불임녀, 석녀; 형용사로도 사용; **ⲙⲛ̄ⲧⲁϭⲣⲏⲛ** 불임, 불모; **ⲣ̄-ⲁϭⲣⲏⲛ** 아이를 낳지 못하게 되다, 척박하게 되다.

▽ 상호 참조Cross-reference

ⲁⲁ⸗: ⲉⲓⲣⲉ
ⲁⲁⲥ: ⲁⲥ
ⲁⲁϥ: ⲁϥ
ⲁⲁϫⲉ: ⲁϫⲉ
ⲁⲃ: ⲁϥ
ⲁⲃⲉⲛ: ⲟⲃⲛ̄
ⲁⲃⲓϭⲏⲉⲓⲛ: ⲁⲃⲁϭⲏⲉⲓⲛ
ⲁⲃⲟⲕ: ⲁⲃⲱⲕ
ⲁⲃⲟⲕⲉ: ⲁⲃⲱⲕ
ⲁⲃⲟⲟⲕⲉ: ⲁⲃⲱⲕ
ⲁⲃⲟⲟⲩⲉ: ⲁⲃⲱ
ⲁⲃⲟⲩⲓ: ⲁϥ
ⲁⲅⲱ: ⲁⲕⲱ
ⲁⲉⲏⲥ, ⲁⲉⲓⲏⲥ: ⲁⲓⲁⲓ
ⲁⲏⲥ: ⲁⲓⲁⲓ
ⲁⲕⲉⲥ: ⲁⲕⲏⲥ
ⲁⲕⲓⲥ: ⲁⲕⲏⲥ
ⲁⲕⲟⲗⲧⲉ: ⲁϭⲟⲗⲧⲉ
ⲁⲗⲁⲩⲉ: ⲁⲗⲱ
ⲁⲗⲉⲩ, ⲁⲗⲏⲩ: ⲁⲗⲁⲩ
ⲁⲗⲏⲩ, ⲁⲗⲟ⸗: ⲁⲗⲉ
ⲁⲗⲟ: ⲗⲟ
ⲁⲗⲟⲕ: ⲗⲟ
ⲁⲗⲟⲟⲩⲉ: ⲁⲗⲱ
ⲁⲗⲟⲩ: ⲁⲗⲱ
ⲁⲗⲱⲧⲛ̄: ⲗⲟ, ⲁⲗⲉ
ⲁⲙ-, ⲁⲙⲉ: ⲟⲙⲉ
ⲁⲙⲏ, ⲁⲙⲏⲉⲓⲧⲛ̄: ⲁⲙⲟⲩ
ⲁⲙⲏⲓⲛ: ⲁⲙⲟⲩ
ⲁⲙⲏⲩ(ⲉ): ⲁⲙⲉ
ⲁⲙⲟⲩ: ⲉⲙⲟⲩ
ⲁⲙⲣⲉϩⲉ: ⲁⲙⲣⲏϩⲉ
ⲁⲛ-: ⲁⲛⲟⲛ
-ⲁⲛ: ⲁⲛⲁⲓ
ⲁⲛⲁ⸗: ⲁⲛⲁⲓ
ⲁⲛⲁⲩ: ⲛⲁⲩ
ⲁⲛⲁⲩϣ: ⲁⲛⲁϣ
ⲁⲛⲅ̄-: ⲁⲛⲟⲕ
ⲁⲛⲉⲓⲛⲉ: ⲉⲓⲛⲉ
ⲁⲛⲍⲏⲃ(ⲉⲛ): ⲁⲛⲥⲏⲃⲉ

ⲁⲛⲓ-, ⲁⲛⲓⲛⲉ: ⲉⲓⲛⲉ

ⲁⲛⲓ⸗: ⲉⲓⲛⲉ

ⲁⲛⲛ̄-: ⲁⲛⲟⲛ

ⲁⲛϫⲓⲣ: ϫⲓⲣ

ⲁⲛϫⲱϫ: ϫⲱϫ

ⲁⲟⲩⲏⲣ: ⲟⲩⲏⲣ

ⲁⲟⲩⲱⲛ: ⲟⲩⲱⲛ

ⲁⲡⲏⲧ: ⲁⲡⲟⲧ

ⲁⲡⲏⲩⲉ: ⲁⲡⲉ

ⲁⲣⲉϩ: ϩⲁⲣⲉϩ

ⲁⲣⲟⲟⲩⲉ: ⲣⲟⲟⲩⲉ

ⲁⲣⲟⲟⲩⲉ: ⲁⲗⲱ

ⲁⲣⲱⲟⲩ: ⲁⲣⲟⲟⲩⲉ

ⲁⲥ: ⲁⲁⲥ

ⲁⲥⲉⲓⲱⲟⲩ: ⲁⲥⲁⲓ

ⲁⲥⲕⲉ: ⲱⲥⲕ̄

ⲁⲥⲱⲟⲩ: ⲁⲥⲁⲓ

ⲁⲥϩϥ̄: ⲱϩⲥ̄

ⲁⲧⲁ, ⲁⲧⲉ: ⲁⲧⲟ

ⲁⲧⲃⲉⲥ: ⲁϭⲃⲉⲥ

ⲁⲧⲉⲥⲙⲟⲧ: ⲁⲧⲟ

ⲁⲩⲁⲁⲛ: ⲁⲩⲁⲛ

ⲁⲩⲁⲛ: ⲁⲩⲉⲓⲛ

ⲁⲩⲉ, ⲁⲩⲉⲓ: ⲁⲩ

ⲁⲩⲉⲓⲛ: ⲁⲩⲁⲛ

ⲁⲩⲉⲓⲥ(⸗): ⲁⲩ

ⲁϣ⸗: ⲉⲓϣⲉ

ⲁϣⲁⲗ: ⲁⲗ

ⲁϣⲁϩⲟⲙ: ⲱϣ, ⲁϩⲟⲙ

ⲁϣⲉ: ⲉⲓϣⲉ

ⲁϣⲏ: ⲁϣⲁⲓ

ⲁϣⲕⲁⲕ: ϣⲕⲁⲕ

ⲁϣⲧ-/⸗: ⲉⲓϣⲉ

ⲁϥⲉϭⲉⲉⲛⲉ: ⲁⲃⲁϭⲏⲉⲓⲛ

ⲁϭⲧⲉ: ϥⲧⲟⲟⲩ

ⲁϥⲟⲩⲓ: ⲁϥ

ⲁϩⲁ: ⲉϩⲉ

ⲁϩⲉ: ⲉϩⲉ, ⲱϩⲉ

ⲁϩⲉⲣⲁⲧ⸗: ⲱϩⲉ

ⲁϩⲱⲱⲙⲉ: ⲁϩⲱⲙ

ⲁϩⲱⲱⲣ: ⲁϩⲟ

ⲁϫⲓ-/⸗ : ϫⲉ

ⲁϫⲱ: ⲉϫⲱ

Ⲃ

ⲃⲁ, ⲃⲁⲉ, ⲃⲁⲉⲓ, ⲃⲟⲓ n.m. 대추야자 가지.

ⲃⲁⲁⲃⲉ, ⲃⲁⲃⲱ⸗ (ⲃⲁⲃⲱⲱ⸗), Q ⲃⲁⲃⲟⲧ (ⲃⲁⲃⲱ) vb. tr. 경멸하다, 멸시하다 (**ⲙ̄ⲙⲟ⸗**), 어리석다고 여기다; intr. 어리석다, (소금이) 맛을 잃다. **ⲃⲁ(ⲁ)ⲃⲉ-ⲣⲱⲙⲉ** n.m. 허풍선이, 제 자랑하는 사람; **ⲙⲛ̄ⲧⲃⲁⲁⲃⲉ-ⲣⲱⲙⲉ** 자랑함, 뽐냄.

ⲃⲁⲁⲙⲡⲉ, ⲃⲁⲙⲡⲉ n. 염소; **ⲃⲁⲁⲙⲡⲉ ⲛ̄ ϩⲟⲟⲩⲧ** 숫염소; **ⲃⲁⲁⲙⲡⲉ ⲛ̄ ⲥϩⲓⲙⲉ** 암염소; **ϣⲁⲁⲣ ⲛ̄ ⲃⲁⲁⲙⲡⲉ** 염소 가죽; **ϥⲱ ⲛ̄ ⲃⲁⲁⲙⲡⲉ** 염소 털; **ⲙⲁⲛⲉ-ⲃⲁⲁⲙⲡⲉ** 염소지기.

ⲃⲁⲓ, ϥⲁⲓ n.m. 올빼미, 야행성 새.

ⲃⲁⲗ n.m. 눈. **ⲁⲧⲃⲁⲗ** 부끄러운 줄 모르는; **ⲙⲛ̄ⲧⲁⲧⲃⲁⲗ** 몰염치, 파렴치.

ⲃⲁⲗⲟⲧ n.f. 가죽 옷; 가죽 가방.

ⲃⲁⲣⲱⲧ, ⲃⲁⲣⲟⲧ, ⲃⲁⲗⲱⲧ, ⲃⲁⲣⲁⲧⲉ n.m. 황동, 청동; **ϩⲟⲙⲛ̄ⲧ (ⲛ̄) ⲃⲁⲣⲱⲧ** idem.

ⲃⲁⲥⲛ̄ϭ, ⲃⲁⲥⲉⲛϭ, ⲃⲁⲥⲛⲏϭ, ⲃⲁⲥⲏϭ, ⲃⲁⲥⲓϭ, ⲃⲁⲥⲓⲛϭ n.m. 주석.

ⲃⲁϣⲟⲣ, ⲃⲁϣⲁⲣ, ⲃⲁϣⲁⲁⲣ, ⲃⲁϣⲟⲟⲣⲉ n.f. 여우.

ⲃⲁϣⲟⲩⲣ n.f. 톱; **ⲣⲁ ⲛ̄ ⲃⲁϣⲟⲩⲣ** adj. 톱니모양의, 톱니를 가진.

ⲃⲁϣⲟⲩϣ n.m. 후회.

ⲃⲁϩⲥⲉ n.f. 어린 암소.

ⲃⲉⲉⲃⲉ (ⲃⲉⲃⲉ) vb. tr. 넘치다, 쏟아지다 (**ⲙ̄ⲙⲟ⸗**); intr. 솟아오르다, 방출하다.

ⲃⲉⲕⲉ (pl. **ⲃⲉⲕⲏⲩⲉ, ⲃⲉⲕⲉⲉⲩⲉ, ⲃⲉⲕⲉⲩⲉ**) n.m. 삯, 임금; **ϯ-ⲃⲉⲕⲉ, ϯ ⲙ̄ ⲡⲃⲉⲕⲉ** 지불하다, 보상하다; **ⲧⲁⲓ-ⲃⲉⲕⲉ** 고용주; **ⲣⲉϥϯ-ⲃⲉⲕⲉ** idem. **ϫⲓ-ⲃⲉⲕⲉ, ϫⲓ ⲙ̄ ⲡⲃⲉⲕⲉ** 임금을 받다; **ϫⲓ ⲉ ⲃⲉⲕⲉ** 고용하다 (**ⲙ̄ⲙⲟ⸗**); **ϫⲁⲓ-ⲃⲉⲕⲉ** 고용인.

ⲥⲙ̄ⲛ-ⲃⲉⲕⲉ 임금을 정하다. **ⲣⲙ̄ⲃⲉⲕⲉ, ⲣⲙ̄ⲙ̄ⲃⲉⲕⲉ** 고용인, 용병.

ⲃⲉⲛⲓⲡⲉ, ⲃⲓⲛⲓⲃⲉ, ⲡⲉⲛⲓⲡⲉ, ⲃⲁⲛⲓⲡⲉ, ⲡⲁⲛⲓⲡ n.m. 철, 쇠; 비유적으로 족쇄, 검. **ϯ-ⲃⲉⲛⲓⲡⲉ** 결박하다, 족쇄를 채우다 (**ⲉ**). **ϫⲓ-ⲃⲉⲛⲓⲡⲉ** 결박 당하다.

ⲃⲉⲣⲱ n.f. 소용돌이, 소란.

ⲃⲉⲥⲛⲏⲧ, ⲃⲉⲥⲛⲁⲧ (pl. **ⲃⲉⲥⲛⲁⲧⲉ**) n.m. 대장장이; **ⲙⲛ̄ⲧ-ⲃⲉⲥⲛⲏⲧ** 대장장이의 일, 대장장이의 기술.

ⲃⲏ n.f. 무덤.

ⲃⲏⲃ, ⲃⲏⲃⲉ n.m. 동굴, 구덩이, 굴, (동물의) 은신처.

ⲃⲏⲕⲉ n.m. (베틀의) 씨실, 직물.

ⲃⲏⲛⲉ, ⲃⲏⲛⲛⲉ n.f. 제비; **ϫⲁϫ-ⲃⲏⲛⲉ** 제비-참새(?).

ⲃⲏⲥⲉ n.f. 양동이, 들통.

ⲃⲏⲧ n.m. 야자나무 잎. **ⲃⲏⲧ-ⲥⲡⲓⲣ** n.f. 갈비뼈.

ⲃⲏϭ, ⲃⲉϭ, ⲃϭ̄ n.m. 매.

ⲃⲓⲣ (pl. **ⲃⲣⲏⲟⲩⲉ**) n.m. (야자나무 잎으로 만든) 바구니. **ⲃⲓⲣⲉ, ⲃⲁⲓⲣⲉ** n.f. idem.

ⲃⲗ̄ⲃⲓⲗⲉ n.f. 낟알 (곡물, 겨자, 모래 등); 한 개 (과일 등).

ⲃⲗ̄ⲗⲉ (f. **ⲃⲗ̄ⲗⲏ**; pl. **ⲃⲗ̄ⲗⲉⲉⲩ, ⲃⲗ̄ⲗⲉⲉⲩⲉ**) adj. 눈먼; n. 눈먼자; **ⲙⲛ̄ⲧⲃⲗ̄ⲗⲉ** 맹인임, 무지; **ⲣ̄-ⲃⲗ̄ⲗⲉ** 눈멀게 되다 (Q **ⲟ ⲛ̄ ⲃⲗ̄ⲗⲉ**), 눈멀게 하다.

ⲃⲗϩⲙⲟⲩ (pl. **ⲃⲗϩⲙⲟⲟⲩⲉ**) 블레흐무. 민족의 이름 (그리스어 βλέμυες); 누비아의 나일강 동쪽 둑에 위치해 있다. 다른 철자로는 **ⲃⲗⲉϩⲙⲟⲩ, ⲃⲉⲗⲉϩⲙⲟⲟⲩⲉ, ⲃⲁⲗⲉϩⲙⲟⲩ**.

ⲃⲗ̄ϫⲉ, ⲃⲗ̄ⲗϫⲉ n.m.f. 도자기, 토기; **ⲣ̄-ⲃⲗ̄ϫⲉ** 점토로 만들다.

ⲃⲛ̄ⲛⲉ n.f. 대추야자, 대추야자의 열매; **ⲃⲛ̄-ⲣⲁⲩⲛⲉ** 처녀 대추야자; **ⲃⲛ̄-ϣⲟⲟⲩⲉ** 마른 대추야자 열매; **ⲃⲁ ⲛ̄ ⲃⲛ̄ⲛⲉ** 대추야자 가지; **ⲃⲁⲗ ⲛ̄ ⲃⲛ̄ⲛⲉ** 대추야자 (열매)의 눈; **ⲉⲃⲓⲱ ⲛ̄ ⲃⲛ̄ⲛⲉ** 대추야자 시럽; **ⲕⲁϥ ⲛ̄ ⲃⲛ̄ⲛⲉ** 대추야자 둥치; **ⲗⲟⲟⲩ ⲛ̄ ⲃⲛ̄ⲛⲉ** 대추야자 송이; **ⲥⲁ ⲛ̄ ⲃⲛ̄ⲛⲉ** 대추야자 판매인; **ⲥⲣ̄-ⲃⲛ̄ⲛⲉ** 대추야자

가시; **ⲧⲁϭ ⲛ̄ ⲃⲛ̄ⲛⲉ** 대추야자 케이크; **ϣⲛ̄-ⲃⲛ̄ⲛⲉ, ϣⲉ-ⲃⲛ̄ⲛⲉ, ϣⲃ̄-ⲃⲛ̄ⲛⲉ, ⲥⲟⲩⲛ-ⲃⲛ̄ⲛⲉ** 대추야자 섬유.

ⲃⲟⲓⲛⲉ n. 하프, 하프처럼 생긴 악기.

ⲃⲟⲗⲃⲗ̄, ⲃⲗ̄ⲃⲱⲗ⸗ (p.c. **ⲃⲁⲗⲃⲗ̄-**) vb. tr. (땅을) 파다, 파내다, 캐내다 (**ⲙ̄ⲙⲟ⸗**); 굴[구멍]을 파다, 파고들다; vb. intr. 약화되다. **ⲃⲟⲗⲃⲗ̄ ⲉⲃⲟⲗ** vb. tr. 원상태로 돌리다, 분해하다; intr. 파헤쳐지다.

ⲃⲟⲛⲧⲉ, ⲃⲁⲛⲧⲉ (**ⲃⲛ̄ⲧ-**) n.f. 박, 오이; 박 정원(?); **ⲥⲁⲣⲃⲟⲛⲧⲉ** 박 판매인. **ⲃⲛ̄ⲧ-ⲛ̄-ⲉϭⲗⲟϭ** 호박.

ⲃⲟⲥⲧ̄ Q 말라있다, (몹시) 건조하다.

ⲃⲟⲩⲃⲟⲩ vb. intr. 빛나다, 반짝이다; n.m. 반짝거림, 광채, 찬란함.

ⲃⲟⲩϩⲉ, ⲃⲱϩⲉ n.m. 눈꺼풀.

ⲃⲣ̄ⲃⲣ̄ vb. intr. 끓다; **ⲃⲣ̄ⲃⲣ̄ ⲉϩⲣⲁⲓ ⲙ̄ⲙⲟ⸗** 끓어오르다, 밀어 올리다; n.m. 끓음.

ⲃⲣⲉϣⲏⲩ, ⲃⲉⲣⲉϣⲏⲩ, ⲃⲣ̄ϣⲏⲩ n.m. 고수 씨앗.

ⲃⲣ̄ⲣⲉ, ⲃⲏⲣⲉ adj. 새로운, 젊은; **ⲙⲛ̄ⲧⲃⲣ̄ⲣⲉ** 젊음, 새로움; **ⲛ̄ ⲃⲣ̄ⲣⲉ** adv. 새로, 최근에; **ⲣ̄-ⲃⲣ̄ⲣⲉ** 재개하다; 새롭게되다.

ⲃⲣ̄ϭⲟⲟⲩⲧ, ⲃⲉⲣⲉϭⲱⲟⲩⲧ n.f. (이륜) 전차.

ⲃⲱ n.f. 나무 (과일이 지정되는 경우; 아니면 **ϣⲏⲛ**을 사용).

ⲃⲱⲕ, Q **ⲃⲏⲕ** vb. intr. 가다, 떠나다; 죽다; 막 ~하려고 하다 (+ **ⲉ** + inf.). 많은 전치사 및 방향부사와 함께 일반적인 의미로 사용. 주의: **ⲃⲱⲕ ⲉⲣⲁⲧ⸗** 방문하다; **ⲃⲱⲕ ϩⲓ** 겪다, 경험하다; 착수하다.

ⲃⲱⲕⲉ vb. tr. 무두질하다 (가죽을: **ⲙ̄ⲙⲟ⸗**); **ⲃⲁⲕ-ϣⲁⲁⲣ** 무두장이.

ⲃⲱⲗ, ⲃⲉⲗ-, ⲃⲟⲗ⸗, Q **ⲃⲏⲗ** (± **ⲉⲃⲟⲗ** 지시한 경우를 제외하고) vb. tr. 풀다, 끄르다, 벗기다 (**ⲙ̄ⲙⲟ⸗**); (not + **ⲉⲃⲟⲗ**) 설명하다, 해석하다; 약화시키다; 무효로 하다; 녹이다, 해소하다. vb. intr. 풀어지다, 느슨해지다, 흩어지다, 녹다, 해소되다, 약해지다, 쓸모없게 되다, 희미해지다; 방종해지다; 끝나다, 죽다, 소멸되다. n.m. 해결책, 설명, 해석 (not + **ⲉⲃⲟⲗ**); 약화, 완화; 조심성 없음, 방종; 해산, 붕괴, 파괴. **ⲃⲱⲗ ⲙⲛ̄** ~와 합의하다. **ⲁⲧⲃⲱⲗ ⲉⲃⲟⲗ** 확고한, 굳

ⲁ
ⲃ
ⲉ
ⲏ
ⲉⲓ
ⲕ
ⲗ
ⲙ
ⲛ
ⲟ
ⲡ
ⲣ
ⲥ
ⲧ
ⲟⲩ
ⲱ
ⲱ
ϥ
ϩ
ϫ
ϭ

은, 끊임없는. **ⲣⲉϥⲃⲱⲗ** 설명자, 해석자.

ⲂⲞⲖ n.m. 바깥[쪽], 외부. **ⲠⲂⲞⲖ, ⲘⲠⲂⲞⲖ** prep. ~의 바깥[쪽]으로, 밖에; ~와 별개로, 저편에[너머], ~에서 벗어나; ~에 반해서. **ⲈⲂⲞⲖ** adv. 밖에, 밖으로, 떨어져; 보통 동사와 함께 사용되지만 때로는 의미가 있는 전치사구 뒤에서: 앞으로, 지금부터는; '**ⲈⲂⲞⲖ** + 전치사'에 대해서는 전치사 항목을 참조. **ⲈⲂⲞⲖ ϪⲈ** conj. 왜냐하면. **Ⲛ̄ ⲂⲞⲖ** adj. 밖의, 외부의, 바깥[쪽]의; adv. 바깥[쪽]에. **ⲤⲀⲂⲞⲖ, ⲤⲀ Ⲛ̄ ⲂⲞⲖ, Ⲛ̄ ⲤⲀⲂⲞⲖ, Ⲛ̄ ⲤⲀ Ⲛ̄ ⲂⲞⲖ, Ⲙ̄ ⲠⲤⲀ Ⲛ̄ ⲂⲞⲖ** (1) prep. (+ **Ⲛ̄, Ⲉ**) ~의 바깥의, ~을 지나서, ~을 넘어서, 떨어져; (2) adv. 밖에, 바깥[쪽]에. **ϢⲀⲂⲞⲖ** (1) prep. (+ **Ⲛ̄**) ~의 바깥[쪽]에; (2) adv. 끝까지, 영원히, 마지막으로, 완전히. **ϨⲀⲂⲞⲖ Ⲛ̄** prep. ~로부터, ~로부터 떨어져. **ϨⲒⲂⲞⲖ** (1) adv. 밖에, 바깥[쪽]에, 밖으로, 바깥[쪽]으로부터; (2) prep. (**Ⲛ̄**) 밖에, ~의 바깥[쪽]에, ~을 넘어서, ~을 제외하고; **ⲈⲦ ϨⲒⲂⲞⲖ** adj. 외부의, 바깥[쪽]의. **Ⲣ̄-ⲂⲞⲖ, Ⲣ̄-ⲠⲂⲞⲖ** vb. intr. 피하다, 벗어나다, 탈출하다 (~로부터: **Ⲉ, Ⲛ̄, ϨⲚ̄**). **ⲔⲀⲂⲞⲖ** vb. tr. 토하다 (**Ⲙ̄ⲘⲞ⸗**).

Ⲛ̄ ⲤⲀⲂⲎⲖ Ⲉ/Ⲛ̄ (1) prep. ~을 제외하고, ~의 바깥[쪽]에; (2) conj. ~을 제외하고 (+ Conj.). **Ⲛ̄ ⲤⲀⲂⲎⲖ ϪⲈ** ~을 제외하고, 이외에는. **Ⲛ̄ⲂⲖ̄** (**Ⲛ̄ⲂⲖ̄ⲖⲀ⸗**) prep. (± **Ⲛ̄**) ~이 없이, ~을 제외하고, ~을 넘어서.

ⲂⲰⲰⲚ adj. 나쁜. 주로 **ⲤⲦ-ⲂⲰⲰⲚ** (**ⲤⲦⲞⲒ**), **ⲤⲞⲨ-ⲂⲰⲰⲚ** (**ⲤⲒⲞⲨ**), **ϢⲢ̄-ⲂⲰⲰⲚ** (**ϢⲎⲢⲈ**), **ϬⲀⲨⲞⲚ ⲂⲰⲰⲚ**과 같은 고정된 표현으로. **ⲂⲞⲞⲚⲈ** n.f. 악, 불행; **Ⲣ̄-ⲂⲞⲞⲚⲈ** 나쁜 행동을 하다, 악행을 저지르다 (~에 대해: **ⲚⲀ⸗**); **ⲘⲚ̄ⲦⲢⲈϤⲢ̄-ⲂⲞⲞⲚⲈ** 악을 행함. **ⲈⲒⲈⲢ-ⲂⲞⲞⲚⲈ** (1) 악의가 담긴 눈초리; (2) adj. 시기하는, 탐욕스러운; **ⲘⲚ̄ⲦⲈⲒⲈⲢ-ⲂⲞⲞⲚⲈ** 질투, 탐욕; **Ⲣ̄-ⲈⲒⲈⲢ-ⲂⲞⲞⲚⲈ** 탐욕스럽게 되다 (**Ⲉ, ⲈϪⲚ̄**); **ⲢⲈϤⲈⲒⲈⲢ-ⲂⲞⲞⲚⲈ** 매혹하는 사람, 저주의 눈길을 던지는 사람; **ⲘⲚ̄ⲦⲢⲈϤⲈⲒⲈⲢ-ⲂⲞⲞⲚⲈ** 탐욕; **ϪⲒ-ⲈⲒⲈⲢ-ⲂⲞⲞⲚⲈ** 저주의 눈길을 받다.

ⲂⲰⲰⲢⲈ, ⲂⲈⲈⲢⲈ-, ⲂⲞⲞⲢ⸗, Q **ⲂⲞⲞⲢⲈ** vb. tr. 밀어붙이다, 몰다

(Ⲙ̅ⲘⲞ⸗); 물리치다 (Ⲛ̅ⲤⲀ); 압도하다, 무찌르다 (Ⲙ̅ⲘⲞ⸗); intr. (+ ⲈⲂⲞⲖ) 솟아오르다, 튀어나오다. n.m. 돌출.

ⲂⲰⲦⲈ (ϤⲰⲦⲈ, ϤⲰϬⲈ), ⲂⲈⲦ- (ⲂⲞⲦ-, ⲂⲞⲞⲦ-), Q **ⲂⲎⲦ** vb. tr. 오염시키다 (Ⲙ̅ⲘⲞ⸗), 더럽히다; ~을 몹시 싫어하다. **ⲂⲞⲦⲈ** n.f. (m.) 혐오, 혐오스러운 행위[상태]; **Ⲣ̅-ⲂⲞⲦⲈ** (Q **Ⲟ Ⲛ̅ ⲂⲞⲦⲈ**) 증오하게 되다; **ϪⲒ-ⲂⲞⲦⲈ** 질색하다, 혐오하다 (Ⲉ).

ⲂⲰϢ, ⲂⲈϢ-, ⲂⲞϢ⸗ (ⲂⲀϢ⸗), Q **ⲂⲎϢ** vb. tr. 벗기다, 발가벗기다, 껍질을 벗기다 (Ⲙ̅ⲘⲞ⸗); 폭로하다, [칼을] 칼집에서 뽑다; 풀다, 끄르다, 원상태로 돌리다, 자유롭게 하다; 빼앗다; ~을 저버리다; intr. 풀리다, 느슨해지다; Q 벗겨져 있다. **ⲢⲈϤⲂⲰϢ** 강도, 약탈자.

(ⲂⲰϨ), ⲂⲈϨ- (ⲠⲈϨ-), Q **ⲂⲎϨ** vb. tr. (머리를) 숙이다.

(ⲂⲰϨⲚ̅), ⲂⲈϨⲚ̅-, Q **ⲂⲀϨⲚ̅** vb. tr. 지붕을 덮다 (Ⲙ̅ⲘⲞ⸗), 차양을 덮다. **ⲂⲰϨⲚ̅, ⲂⲀϨⲚ̅** n.m. 덮개, 차양.

▽ 상호 참조

ⲂⲀⲂⲈ-: ⲂⲀⲀⲂⲈ
ⲂⲀⲂⲞⲦ: ⲂⲀⲀⲂⲈ
ⲂⲀⲂⲰ, ⲂⲀⲂⲰⲰ⸗: ⲂⲀⲀⲂⲈ
ⲂⲀⲈ, ⲂⲀⲈⲒ: ⲂⲀ
ⲂⲀⲒⲢⲈ: ⲂⲒⲢ
ⲂⲀⲔ-: ⲂⲰⲔⲈ
ⲂⲀⲖⲂⲖ̅: ⲂⲞⲖⲂⲖ̅
ⲂⲀⲖⲰⲦ: ⲂⲀⲢⲰⲦ
ⲂⲀⲚⲒⲠⲈ: ⲂⲈⲚⲒⲠⲈ
ⲂⲀⲚⲦⲈ: ⲂⲞⲚⲦⲈ
ⲂⲀⲢⲀⲦⲈ: ⲂⲀⲢⲰⲦ
ⲂⲀⲢⲞⲦ: ⲂⲀⲢⲰⲦ
ⲂⲀϢ⸗: ⲂⲰϢ
ⲂⲀϢⲀⲀⲢ: ⲂⲀϢⲞⲢ
ⲂⲀϢⲀⲢ: ⲂⲀϢⲞⲢ
ⲂⲀϨⲚ̅: ⲂⲰϨⲚ̅
Ⲃ̅ⲂⲢⲎϬⲈ: ⲈⲂⲢⲎϬⲈ
ⲂⲈⲂⲈ: ⲂⲈⲈⲂⲈ
ⲂⲈⲈⲢⲈ-: ⲂⲰⲰⲢⲈ
ⲂⲈⲔⲈ(Ⲉ)ⲨⲈ: ⲂⲈⲔⲈ
ⲂⲈⲔⲎⲨⲈ: ⲂⲈⲔⲈ
ⲂⲈⲢⲈ: ⲂⲰⲰⲢⲈ
ⲂⲈⲢⲈϢⲎⲨⲈ: ⲂⲢⲈϢⲎⲨ
ⲂⲈⲢⲈϬⲰⲞⲨⲦ: ⲂⲢ̅ϬⲞⲞⲨⲦ
ⲂⲈⲦ-: ⲂⲰⲦⲈ
ⲂⲈϬ: ⲂⲎϬ
ⲂⲎⲚⲚⲈ: ⲂⲚ̅ⲚⲈ
ⲂⲎⲢⲈ: ⲂⲢ̅ⲢⲈ

ⲁ
ⲃ
ⲉ
ⲏ
ⲉⲓ
ⲕ
ⲗ
ⲙ
ⲛ
ⲟ
ⲡ
ⲣ
ⲥ
ⲧ
ⲟⲩ
ⲱ
ϣ
ϥ
ϩ
ϫ
ϭ

ⲂⲎⲦ: ⲂⲰⲦⲈ
ⲂⲎϬ: ϤⲰϬⲈ
ⲂⲒⲚⲈ: ⲂⲎⲚⲈ
ⲂⲒⲚⲒⲂⲈ: ⲂⲈⲚⲒⲠⲈ
ⲂⲒⲢⲈ: ⲂⲒⲢ
ⲂⲖⲖϪⲈ: ⲂⲖ̄ϪⲈ
ⲂⲚ̄-: ⲂⲚ̄ⲚⲈ
ⲂⲚ̄Ⲧ-: ⲂⲞⲚⲦⲈ
ⲂⲚ̄Ⲧ: ϤⲚ̄Ⲧ
ⲂⲞⲒ: ⲂⲀ
ⲂⲞⲖ: ⲂⲰⲖ
ⲂⲞ: ϤⲞ
ⲂⲞⲞ: ϤⲞ
ⲂⲞⲞⲚⲈ: ⲂⲰⲰⲚ
ⲂⲞⲞⲢ(⸗): ⲂⲰⲰⲢⲈ
ⲂⲞⲞⲦ-: ⲂⲰⲦⲈ
ⲂⲞⲢⲂⲢ̄: ϨⲂⲞⲢⲂⲢ̄
ⲂⲞⲦ-: ⲂⲰⲦⲈ
ⲂⲞⲦⲈ: ⲂⲰⲦⲈ
ⲂⲞⲦⲈ: ϤⲰⲦⲈ
ⲂⲞϬⲤ̄: ϤⲰϬⲈ
ⲂⲢⲀ: ⲈⲂⲢⲀ
ⲂⲢ̄ⲂⲞⲢⲦ̄: ϨⲂⲞⲢⲂⲢ̄
ⲂⲢ̄ⲂⲰⲢ: ϨⲂⲞⲢⲂⲢ̄
ⲂⲢⲈ-: ⲈⲂⲢⲀ
ⲂⲢⲎⲨⲈ: ⲈⲂⲢⲀ
ⲂⲢⲒ-: ⲈⲂⲢⲀ
ⲂⲢⲎⲞⲨⲈ: ⲂⲒⲢ
ⲂⲢⲎϬⲈ: ⲈⲂⲢⲎϬⲈ
ⲂⲢ̄ϢⲎⲨ: ⲂⲢⲈϢⲎⲨ
ⲂⲦⲞⲞⲨ: ϤⲦⲞⲞⲨ
ⲂⲰ: ϤⲰ
ⲂⲰⲦⲈ: ϤⲰⲦⲈ
ⲂⲰϨⲈ: ⲂⲞⲨϨⲈ
ⲂⲰϬⲈ: ϤⲰϬⲈ
ⲂⲰϬⲤ̄: ϤⲰϬⲤ̄
ⲂϬ̄: ⲂⲎϬ

(**Ⲅ**)

ⲄⲚ̄⸗: ϬⲒⲚⲈ
ⲄⲢⲞⲘⲠⲈ: ϬⲢⲞⲞⲘⲠⲈ
ⲄⲰ: ⲀⲔⲰ

ⲉ

ⲉ (**ⲉⲣⲟ⸗**) prep. (1) 참조: ~에게, ~에 대해, ~과 관련하여, ~에 관하여; (2) 목적: ~을 위하여; + inf. ~하기 위하여; (3) 방향: ~에, ~로, ~[쪽]으로; (4) 적대: ~에[을] 반대하여; (5) 빚: ~에 대한, 지불되어야 하는; (6) 많은 동사 표현을 가진 심성적 여격(cf. §30.6); (7) 비교급: ~보다(cf. §29.3); (8) 때: ~에; (9) 개별 동사와 결합하여 다른 의미를 가짐, 예: 직접 목적어, 수단, 분리.

ⲉⲃⲏ n. 어둠, 암흑. **ⲣ̄-ⲉⲃⲏ** 어두워지다.

ⲉⲃⲓⲏⲛ adj. 가난한, 비참한; **ⲙⲛ̄ⲧⲉⲃⲓⲏⲛ** 고통, 비참함; **ⲣ̄-ⲉⲃⲓⲏⲛ** 비참하게 되다.

ⲉⲃⲓⲱ, (**ⲉⲃⲓⲉ-**) n.m. 꿀; **ⲉⲃⲓⲱ ⲙ̄ ⲙⲉ** 순수한 꿀; **ⲉⲃⲓⲉ-ϩⲟⲟⲩⲧ** 석청, 야생 꿀; **ⲙⲁ ⲛ̄ ⲉⲃⲓⲱ** 꿀 채취하는 장소.

ⲉⲃⲟⲧ (pl. **ⲉⲃⲁⲧⲉ, ⲉⲃⲉⲧⲉ**) n.m. 달, 월; **ⲛ̄** 없이 바로 뒤에 월 이름이 올 수 있다. **ϩⲣ̄-ⲉⲃⲟⲧ** 매달, 매월.

ⲉⲃⲣⲁ, ⲃⲣⲁ (**ⲃⲣⲉ-, ⲃⲣⲓ-**; pl. **ⲉⲃⲣⲏⲩⲉ, ⲃⲣⲏⲩⲉ, ⲃⲣⲏⲏⲩⲉ**) n.m. 씨, 씨앗; **ⲉⲃⲣⲁ-ⲥⲱϣⲉ** n.f. 씨앗 낟알.

ⲉⲃⲣⲏϭⲉ, ⲃ̄ⲃⲣⲏϭⲉ, ⲉϥⲣⲏϭⲉ, ⲃⲣⲏϭⲉ n.f. 번개; **ϯ-ⲉⲃⲣⲏϭⲉ** 번개치다.

ⲉⲕⲓⲃⲉ, ⲕⲓⲃⲉ, ⲕⲓⲉⲃⲉ n.f. 젖, 유방; **ⲡⲉⲣⲕⲓⲃⲉ** n.f.m. idem; **ϯ-ⲉⲕⲓⲃⲉ** 젖을 먹이다; **ϫⲓ-ⲉⲕⲓⲃⲉ** 젖을 빨다.

ⲉⲗⲕⲱ, ⲉⲗⲕⲟ n.m. 무화과 열매.

ⲉⲗⲟⲟⲗⲉ (**ⲉⲗⲉⲗ-, ⲗⲉⲗ-, ⲗⲉⲉⲗ-, ⲗⲓⲗ-**) (1) n.m. 포도, 포도 덩굴; **ⲉⲗⲉⲗ-ϩⲙ̄ϫ** 신 포도; **ⲉⲗⲉⲗ-ϣⲟⲟⲩⲉ** 건포도; **ⲃⲱ ⲛ̄ ⲉⲗⲟⲟⲗⲉ** 포도 덩굴; **ⲙⲁ ⲛ̄ ⲉⲗⲟⲟⲗⲉ** 포도원; **ⲉⲓⲉϩ-ⲉⲗⲟⲟⲗⲉ** idem; **ⲉⲗⲉⲗ-ⲕⲏⲙⲉ** n.m. 멍, 타박상. (2) n.f. 눈동자(cf. **ⲁⲗⲟⲟⲩⲉ**).

ⲉⲗϭⲱⲃ n.m. 왜가리, 해오라기.

ⲁ ⲃ ⲉ ⲏ ⲉⲓ ⲕ ⲗ ⲙ ⲛ ⲟ ⲡ ⲣ ⲥ ⲧ ⲟⲩ ⲱ ϣ ϥ ϩ ϫ ϭ

ⲉⲙⲉ n.f. 괭이, 쟁기.

ⲉⲙⲏⲣⲉ n.f. 범람, 홍수.

ⲉⲙⲏϣ n.m. 모루. 두들기는 대.

ⲉⲙⲓⲥⲉ n.m. 나도고수, 아니스 (미나리과 식물).

ⲉⲙⲛ̄ⲧ, ⲉⲓⲙⲛ̄ⲧ, ⲉⲙⲛ̄ⲧⲉ n.m. 서부, 서쪽.

ⲉⲙⲟⲩ, ⲁⲙⲟⲩ (pl. **ⲉⲙⲟⲟⲩⲉ**) n.f. 고양이.

ⲉⲛⲉ, ⲛⲉ, ⲉⲛ 의문 불변화사. ~인가?; §29.1 참조.

ⲉⲛⲉ 조건 불변화사. ~라면; §29.1 참조.

ⲉⲛⲉϩ, ⲉⲛⲉϩⲉ, ⲉⲛⲏϩⲉ (1) n.m. 영원, 시기, 시대; (2) adj. 영원한; (3) adv. 영원히 (부정어와 함께: 결코 ~않다). **ϣⲁ ⲉⲛⲉϩ** (1) adv. 영원히 (부정어와 함께: 결코 ~않다); (2) 영원; (3) adj. 영원한 (**ⲛ̄ ϣⲁ ⲉⲛⲉϩ, ⲛ̄ⲛ ϣⲁ ⲉⲛⲉϩ**). **ϣⲁ ⲛⲓⲉⲛⲉϩ** adv. 영원히. **ϣⲁ ⲉⲛⲉϩ ⲛ̄ ⲟⲩⲟⲉⲓϣ** idem. **ϫⲓⲛ ⲉⲛⲉϩ** 예로부터.

ⲉⲛϩ̄, ⲛ̄ϩ n. 눈썹. **ⲙ̄ϫⲛ̄ϩ, ⲉⲙϫⲛ̄ϩ** n.m. idem.

ⲉⲟⲟⲩ n.m. 영광, 명예; **ϩⲁ ⲉⲟⲟⲩ** 형용사구: 명예로운, 영광스러운. **ϯ-ⲉⲟⲟⲩ** 찬미하다, 영광을 드리다 (**ⲛⲁ⸗**); n.m. 찬미; **ⲙⲛ̄ⲧ-ⲣⲉϥϯ-ⲉⲟⲟⲩ** 찬미, 찬송. **ϫⲓ-ⲉⲟⲟⲩ** 영광을 받다. **ⲙⲁⲓ-ⲉⲟⲟⲩ** 영광을 갈망하는.

ⲉⲡⲏⲡ, ⲉⲡⲉⲓⲡ, ⲉⲡⲏⲫ 콥트력의 11번째 달.

ⲉⲡⲣⲁ n.pl. 허영들, 헛된 것들; adj. 헛된, 허영심이 있는; adv. 헛되이; **ⲙⲛ̄ⲧⲉⲡⲣⲁ** 허영, 자만.

ⲉⲡⲱ n.f. 에포. 문의 잠금 장치 부분.

ⲉⲣⲏⲧ (**ⲣⲏⲧ, ⲉⲣⲣⲏⲧ, ⲣ̄ⲣⲏⲧ**) vb. tr. 다짐하다, 약속하다; 바치다 (**ⲙ̄ⲙⲟ⸗**; ~에게: **ⲛⲁ⸗, ⲉ**); n.m. (pl. **ⲉⲣⲁⲧⲉ**) 서약, 약속.

ⲉⲣⲏⲩ n.m.f. 동료, 동반자, 친구; 보통 소유 접두사와 함께 상호 대명사로 사용: 서로, 상호. §28.4 참조.

ⲉⲣⲱⲧⲉ n.m.f. 우유, 젖; **ⲣ̄-ⲉⲣⲱⲧⲉ** 젖을 주다; **ϯ-ⲉⲣⲱⲧⲉ ⲛⲁ⸗** 젖을 빨리다; **ⲟⲩⲉⲙ-ⲉⲣⲱⲧⲉ** 젖을 먹이다; **ϩⲁ ⲡⲉⲣⲱⲧⲉ** 여전히 젖을 먹는, 젖을 떼지 않은.

ⲉⲥⲏⲧ n.m. 땅, 지면, 바닥, 하부; **ⲉⲡⲉⲥⲏⲧ** adv. 아래에, 아래쪽으로,

땅으로; ⲉⲡⲉⲥⲏⲧ ⲉ prep. 아래에; ⲙ̄ ⲡⲉⲥⲏⲧ adv. 아래에, 아래쪽에, ~의 아래에 (ⲙ̄ⲙⲟ⸗); ⲥⲁ-ⲡⲉⲥⲏⲧ adv. 아래에, 아래에 있는; prep. (+ ⲛ̄). ϩⲁ ⲡⲉⲥⲏⲧ adv. ~의 아래에, 지하에; prep. (+ ⲛ̄) 아래에. ϩⲓ ⲡⲉⲥⲏⲧ adv. 땅 위에, 땅 위로부터. ϫⲓⲛ ⲡⲉⲥⲏⲧ adv. 아래에서. ⲣ̄-ⲡⲉⲥⲏⲧ 아래로 내려가다 (ⲛ̄).

ⲉⲥⲟⲟⲩ n.m. (f. ⲉⲥⲱ) 양; ⲙⲁⲛ-ⲉⲥⲟⲟⲩ 양치기.

ⲉⲧ, ⲉⲧⲉ 관계 대명사; 문법 색인 참조.

ⲉⲧⲃⲉ, (ⲉⲧⲃⲏⲏⲧ⸗) prep. ~때문에, ~으로; ~에 관한, ~에 대하여; ~을 위해서. ⲉⲧⲃⲉ ϫⲉ conj. 왜냐하면. ⲉⲧⲃⲉ ⲡⲁⲓ adv. 그러므로. ⲉⲧⲃⲉ ⲟⲩ adv. 왜?

ⲉⲧⲟϩ, ⲉⲧⲁϩ n.m. 의복의 일종; 천의 길이.

ⲉⲩⲱ, ⲉⲟⲩⲱ, ⲟⲩⲱ n.f. 담보, 보증, 서약; ϯ ⲙ̄ⲙⲟ⸗ ⲛ̄ ⲉⲩⲱ 담보로 주다; ⲟⲩⲱϩ ⲙ̄ⲙⲟ⸗ ⲛ̄ ⲉⲩⲱ 담보로 맡기다; ⲕⲱ ⲙ̄ⲙⲟ⸗ ⲛ̄ ⲉⲩⲱ idem; ϫⲓ ⲙ̄ⲙⲟ⸗ ⲛ̄ ⲉⲩⲱ 담보로 잡다.

ⲉϣⲱ, ⲉϣⲟ, ϣⲟⲩ, ⲉϣⲟⲩ (pl. ⲉϣⲁⲩ, ϣⲁⲩ) n.f. 암퇘지.

ⲉϣϫⲉ, ⲉϣϫⲡⲉ (1) conj. 만일 (§29.1); (2) ~처럼, 마치; (3) 감탄사. 얼마나, 정말. (4) adv. 확실히, 정말; (5) 귀결절 앞에: 그렇다면.

ⲉϩⲉ, ϩⲉ, ⲁϩⲉ, ⲁϩⲁ 불변화사. 예(yes); 정말로, 사실은, 진실로; 질문을 도입하는 데에도 사용. ⲉϣϫⲉ/ⲉϣⲱⲡⲉ ⲉϩⲉ 정말 ~라면, 그렇다면.

ⲉϩⲉ (pl. ⲉϩⲟⲟⲩ, ⲉϩⲏⲩ, ⲉϩⲉⲩ) n.f.m. 소, 암소.

ⲉϫⲱ, ⲁϫⲱ n.f. 집게, 족집게.

ⲉϭⲱϣ (f. ⲉϭⲟⲟϣⲉ, ⲉϭⲟϣⲉ; pl. ⲉϭⲟⲟϣ, ⲉϭⲟⲟϣⲉ, ⲉϭⲱϣⲉ, ⲉϭⲁⲁϣ) n.m. 누비아인, 에티오피아인.

▽ 상호 참조

ⲉⲃⲁⲧⲉ: ⲉⲃⲟⲧ

ⲉⲃⲉⲧⲉ: ⲉⲃⲟⲧ

ⲉⲃⲓⲉ-: ⲉⲃⲓⲱ

ⲉⲃⲟⲗ: ⲃⲱⲗ

ⲁ ⲃ ⲉ ⲏ ⲉⲓ ⲕ ⲗ ⲙ ⲛ ⲟ ⲡ ⲣ ⲥ ⲧ ⲟⲩ ⲱ ϣ ϥ ϩ ϫ ϭ

ⲁ ⲃ ⲉ ⲏ ⲉⲓ ⲕ ⲗ ⲙ ⲛ ⲟ ⲡ ⲣ ⲥ ⲧ ⲟⲩ ⲱ ϣ ϥ ϩ ϫ ϭ

ⲉⲃⲣⲏⲩⲉ: ⲉⲃⲣⲁ

ⲉⲃⲧ̅-: ⲱϥⲧ̅

ⲉⲃⲱ: ⲙ̅ⲡⲟ

ⲉⲃϣⲉ: ⲱⲃϣ̅

ⲉⲉⲃⲧ: ⲉⲓⲉⲃⲧ̅

ⲉⲉⲓⲃⲧ: ⲉⲓⲉⲃⲧ̅

ⲉⲉⲓⲉ: ⲉⲓⲉ

ⲉⲉⲓⲟⲩⲗ: ⲉⲓⲟⲩⲗ

ⲉⲉⲓⲱ: ⲉⲓⲱ

ⲉⲉⲧ: ⲱⲱ

ⲉⲕⲁⲧⲉ: ⲕⲱⲧ

ⲉⲕⲟⲧⲉ: ⲕⲱⲧ

ⲉⲕⲱⲧ: ⲕⲱⲧ

ⲉⲗⲉⲗ-: ⲉⲗⲟⲟⲗⲉ

ⲉⲗⲟⲟⲩⲉ: ⲁⲗⲱ

ⲉⲗⲟⲟϩⲉ: ⲗⲓⲗⲟⲟϩⲉ

ⲉⲗⲱ: ⲁⲗⲱ

ⲉⲙⲁⲧⲉ: ⲙⲁⲧⲉ

ⲉⲙⲁⲩ: ⲙ̅ⲙⲁⲩ

ⲉⲙⲁϣⲟ: ⲙⲁϣⲟ

ⲉⲙⲟⲟⲩⲉ: ⲉⲙⲟⲩ

ⲉⲙⲡⲣⲱ: ⲙ̅ⲡⲣⲱ

ⲉⲙⲥⲉ: ⲱⲙⲥ̅

ⲉⲙϫⲛ̅ϩ: ⲉⲛϩ̅

ⲉⲛ: ⲉⲛⲉ

ⲉⲛ-: ⲉⲓⲛⲉ

ⲉⲛⲉ-: ⲱⲛⲉ

ⲉⲛⲏϩⲉ: ⲉⲛⲉϩ

ⲉⲛⲟⲩⲛⲅ̅-: ⲉⲛⲅ̅

ⲉⲛⲧⲁⲓⲣ: ⲛⲟⲩⲧⲉ

ⲉⲛⲧⲏⲣ: ⲛⲟⲩⲧⲉ

ⲉⲟⲟⲩ: ⲉⲓⲱ

ⲉⲟⲩ: ⲉⲓⲱ

ⲉⲟⲩⲱ: ⲉⲩⲱ

ⲉⲡⲉⲓⲡ: ⲉⲡⲏⲡ

ⲉⲡⲉⲥⲏⲧ: ⲉⲥⲏⲧ

ⲉⲡⲓⲧⲛ̅: ⲉⲓⲧⲛ̅

ⲉⲡⲟⲩϣⲁⲡ: ⲟⲩϣⲁⲡ

ⲉⲡⲥ̅: ⲁⲡⲥ̅

ⲉⲣ-: ⲉⲓⲣⲉ

ⲉⲣⲁⲧ⸗: ⲣⲁⲧ⸗

ⲉⲣⲁⲧⲉ: ⲉⲣⲏⲧ

ⲉⲣⲃⲉ: ⲱⲣⲃ̅

ⲉⲣⲃⲧ: ⲣⲃ̅ⲧ

ⲉⲣⲉϩ: ϩⲁⲣⲉϩ

ⲉⲣⲏⲃ: ⲁⲣⲏⲃ

ⲉⲣⲏϩ: ϩⲁⲣⲉϩ

ⲉⲣⲛ̅: ⲣⲟ

ⲉⲣⲟ⸗: ⲉ

ⲉⲣⲟ: ⲣ̅ⲣⲟ

ⲉⲣⲡ̅-: ⲏⲣⲡ̅

ⲉⲣⲣⲏⲧ: ⲉⲣⲏⲧ

ⲉⲣⲧⲟϥ: ⲣ̅ⲧⲟⲃ

ⲉⲣⲱ⸗: ⲣⲟ

ⲉⲣⲱ, ⲉⲣⲱⲟⲩ: ⲣ̅ⲣⲟ

ⲉⲥ: ⲉⲓⲥ

ⲉⲥⲱ: ⲉⲥⲟⲟⲩ

ⲉⲧ: ⲱⲱ

ⲉⲧⲁϩ: ⲉⲧⲟϩ

ⲉⲧⲉ: ⲉⲧ

ⲉⲧⲃⲏⲏⲧ⸗: ⲉⲧⲃⲉ
ⲉⲧⲛ̄: ⲧⲱⲣⲉ
ⲉⲧⲟⲟⲧ⸗: ⲧⲱⲣⲉ
ⲉⲧⲟⲩⲛ̄-: ⲧⲟⲩⲱ⸗
ⲉⲧⲟⲩⲱ⸗: ⲧⲟⲩⲱ⸗
ⲉⲧⲡⲉ: ⲡⲉ
ⲉⲧⲡⲱ: ⲱⲧⲡ̄
ⲉⲧⲣⲓⲙ: ⲧⲣⲓⲙ
ⲉⲱⲟⲩ: ⲉⲓⲱ
ⲉϣⲁⲧⲉ: ϣⲱⲧ
ⲉϣⲁⲩ: ⲉϣⲱ
ⲉϣⲟ: ⲉϣⲱ
ⲉϣⲟⲧⲉ: ϣⲱⲧ
ⲉϣⲟⲩ: ⲉϣⲱ
ⲉϣⲧ⸗: ⲉⲓϣⲉ
ⲉϣⲱⲡⲉ: ϣⲱⲡⲉ
ⲉϣⲱⲧ: ϣⲱⲧ
ⲉϣⲧⲉⲕⲟ: ϣⲧⲉⲕⲟ
ⲉϣϣⲉ: ϣϣⲉ
ⲉϣϫⲡⲉ: ⲉϣϫⲉ
ⲉϥ-: ⲱϥⲉ
ⲉϥⲣⲁ: ⲉⲃⲣⲁ
ⲉϥⲣⲏϭⲉ: ⲉⲃⲣⲏϭⲉ
ⲉϩⲉⲩ: ⲉϩⲉ
ⲉϩⲏ: ϩⲏ
ⲉϩⲏⲩ: ⲉϩⲉ
ⲉϩⲓⲉⲓⲃ: ϩⲓⲉⲓⲃ
ⲉϩⲕⲟ: ϩⲕⲟ
ⲉϩⲛⲁ⸗: ϩⲛⲁ⸗
ⲉϩⲛⲉ-: ϩⲛⲉ-
ⲉϩⲟⲟⲩ: ⲉϩⲉ
ⲉϩⲟⲟⲩⲧ: ϩⲟⲟⲩⲧ
ⲉϩⲣⲁ⸗: ϩⲟ
ⲉϩⲣⲛ̄: ϩⲟ
ⲉϩⲧⲟ: ϩⲧⲟ
ⲉϩⲧⲱⲱⲣ: ϩⲧⲟ
ⲉϩⲑⲁⲓ: ϩⲧⲁⲓ
ⲉϫⲛ̄: ⲁϫⲛ̄
ⲉϫⲛ̄, ⲉϫⲱ⸗: ϫⲱ⸗
ⲉϫⲛ̄ⲧ⸗: ⲁϫⲛ̄
ⲉϫⲏ: ϫⲟⲉ
ⲉϫⲏⲩ: ϫⲟⲓ
ⲉϭⲁⲁϣ: ⲉϭⲱϣ
ⲉϭⲗⲟϭ: ϭⲗⲟϭ
ⲉϭⲟⲟϣ: ⲉϭⲱϣ
ⲉϭⲟⲟϣⲉ: ⲉϭⲱϣ
ⲉϭⲟϣⲉ: ⲉϭⲱϣ

ⲏ

ⲏⲓ n.m. 집, 주택; 가구, 가족, 식구. **ⲙⲉⲥ ϩⲛ̄ ⲏⲓ** 집에서 태어난 자. **ⲣⲙ̄ⲛ̄ⲏⲓ, ⲣⲉⲙⲛ̄ⲏⲓ** n.m. (1) 가족 구성원, 친척; (2) 수도원 관리자; **ⲣ̄-ⲣⲙ̄ⲛ̄ⲏⲓ** 혈족이다.

ⲏⲓ n.m. 짝, 쌍.

ⲏⲛ n.m. 원숭이.

ⲏⲣⲡ̄, (ⲉⲣⲡ̄-, ⲣ̄ⲡ-) n.m. 포도주. **ⲏⲣⲡ̄ ⲁⲥ, ⲉⲣⲡ-ⲁⲥ** 오래 묵은 포도주. **ⲥⲁⲩ-ⲏⲣⲡ̄, ⲥⲉ-ⲏⲣⲡ̄** 포도주를 마시는 사람. **ⲣ̄-ⲏⲣⲡ̄** 포도주가 되다.

ⲏⲣϫ̄ n.m.f. 작은 새, 병아리.

ⲏϭⲉ n.m. 리크. (채소) **ⲥⲁ ⲛ̄ ⲏϭⲉ** 리크 판매인.

▽ 상호 참조

ⲏⲗ: ⲱⲗ

ⲏⲙⲡⲱ: ⲙ̄ⲡⲟ ⲏⲡ: ⲱⲡ

ⲏⲡⲉ: ⲱⲡ ⲏⲡⲥ̄: ⲁⲡⲥ̄

ⲉⲓ (I)

ⲁ
ⲃ
ⲉ
ⲏ
ⲉⲓ
ⲕ
ⲗ
ⲙ
ⲛ
ⲟ
ⲡ
ⲣ
ⲥ
ⲧ
ⲟⲩ
ⲱ
ϣ
ϥ
ϩ
ϫ
ϭ

ⲉⲓ, Q **ⲛⲏⲩ** (§22.3); imptv. **ⲁⲙⲟⲩ**를 보라. vb. intr. 오다, 가다; ~하려고 하다 (+ 상황절); 서서히 ~하다 (+ **ⲛ̄** + inf.). 모든 범위의 전치사 및 방향 부사와 함께 일반적인 의미로 사용. 다음 표현도 주목하라: **ⲉⲓ ⲉⲣⲁⲧ⸗** 윗사람에게 가다; **ⲉⲓ ⲉⲧⲛ̄** ~의 권세에 들어가다; **ⲉⲓ ⲉϫⲛ̄** ~에 해당하다; **ⲉⲓ ⲛ̄ⲥⲁ** 마중 나가다; **ⲉⲓ ⲉⲃⲟⲗ ⲉ** 고소하다; **ⲉⲓ ⲉⲃⲟⲗ ϩⲓⲧⲛ̄** 떠나다; **ⲉⲓ ⲉⲃⲟⲗ ϩⲛ̄** 시련을 극복하다, 성공적으로 해내다; **ⲉⲓ ⲉϩⲣⲁⲓ ⲉϫⲛ̄** (좋지 않은 일이) 일어나다.

ⲉⲓⲁ, ⲓⲁ n.m. 계곡, 골짜기.

ⲉⲓⲁ (**ⲉⲓⲉⲣ-, ⲉⲓⲁⲧ⸗, ⲉⲓⲁⲁⲧ⸗**) n. 눈. 대부분 복합어로 사용: **ⲕⲧⲉ-ⲉⲓⲁⲧ⸗** 둘러보다; **ⲙⲉϩ-ⲉⲓⲁⲧ⸗, ⲙⲟⲩϩ ⲛ̄ ⲉⲓⲁⲧ⸗** 응시하다, 자세히 쳐다보다 (~을; **ⲙ̄ⲙⲟ⸗**); **ⲥⲙ̄ⲛ̄-ⲉⲓⲁⲧ⸗ ⲉϫⲛ̄** ~을 주목하다; **ⲧⲥⲁⲃⲉ-ⲉⲓⲁⲧ⸗, ⲧⲥⲃ̄ⲃⲉ-ⲉⲓⲁⲧ⸗, ⲧⲥⲁⲃⲟ ⲛ̄ ⲉⲓⲁⲧ⸗ ⲉⲃⲟⲗ** 지시하다, 알리다; **ⲧⲟⲩⲛ-ⲉⲓⲁⲧ⸗, ⲧⲟⲩⲛⲉ-ⲉⲓⲁⲧ⸗ ⲉⲃⲟⲗ** idem; **ϥⲓ-ⲉⲓⲁⲧ⸗ ⲉϩⲣⲁⲓ** 눈을 들어 바라보다; **ϩⲁ ⲉⲓⲁⲧ⸗** ~의 눈 앞에; **ⲕⲱ ϩⲁ ⲉⲓⲁⲧ⸗** ~하려고 작정하다. **ⲛⲁⲓⲁⲧ⸗** 감탄 술어 ~ (들)에게 복이 있다!, ~ (들)은 복되도다! **ⲙⲛ̄ⲧⲛⲁⲓⲁⲧ⸗** 행복, 복받음.

ⲉⲓⲁⲁⲩ, ⲉⲓⲱ, ⲓⲱ n.m. 리넨, 아마포, 리넨 의류. **ⲛⲉⲓⲁⲁⲩ, ⲛⲓⲁⲁⲩ, ⲛⲁⲁⲩ** idem.

ⲉⲓⲁⲃⲉ, ⲉⲓⲁⲁⲃⲉ, ⲓⲁⲁⲃⲉ, ⲓⲁⲓⲃⲉ n.f. 고름.

ⲉⲓⲁⲗ, ⲓⲁⲗ, ⲓⲏⲗ n.f. 거울.

ⲉⲓⲃ, ⲉⲓⲉⲓⲃ, ⲉⲓⲉⲃ (pl. **ⲉⲓⲉⲃⲏ**) n.m. 발굽; 침; 손톱, 발톱.

ⲉⲓⲃⲉ, Q **ⲟⲃⲉ** vb. intr. 목이 마르다, 목이 마르게 되다 (~에: **ⲙ̄ⲙⲟ⸗**); n.m. 갈증, 갈망.

ⲉⲓⲉ, ⲉⲉⲓⲉ, ⲉⲓ (1) conj. 귀결절을 도입함: 그러면 (§29.1); 부정 앞에서: ~을 제외하고, ~이 없이; (2) conj. 또는; **ⲉⲓⲉ ... ⲏ** ~이거나 ~인;

(3) 진술을 도입하는 양태 또는 의문 불변화사; 번역은 문맥에 따른다: 그렇다면, 그래서.

ⲉⲓⲉⲃⲧ, ⲉⲉⲓⲃⲧ, ⲉⲓⲃⲧ, ⲉⲓⲏⲃⲧ, ⲓⲏϥⲧ, ⲉⲉⲃⲧ n.m. 보통 정관사와 함께: 동쪽, 동부. **ⲥⲁ-ⲡⲉⲓⲉⲃⲧ** 동쪽에 (~의: **ⲛ̄**).

ⲉⲓⲉⲗⲉⲗ, ⲉⲓⲉⲗⲉⲓⲉⲗ vb. intr. 빛나다, 반짝이다; n.m. 반짝임, 빛남. **ⲓⲉⲗⲗⲉ** n. 빛, 반짝임.

ⲉⲓⲙⲉ, ⲉⲓⲙⲙⲉ vb. tr. 알다, 이해하다, 깨닫다 (**ⲉ**; ~을: **ϫⲉ**). **ⲁⲧⲉⲓⲙⲉ** 무식한; 순진한, 알지 못하는; **ⲣ̄-ⲁⲧⲉⲓⲙⲉ** (Q **ⲟ ⲛ̄ ⲁⲧⲉⲓⲙⲉ**) 무지하게 되다, 알지 못하게 되다; 의식하지 못하다; **ⲙⲛ̄ⲧⲁⲧⲉⲓⲙⲉ** 무지, 무식. **ϭⲓⲛⲉⲓⲙⲉ** 지식. **ⲛⲁϣⲧ̄ⲉⲓⲙⲉ, ⲛⲁϣⲧⲙ̄ⲙⲉ, ⲛⲁϣⲧⲓⲙⲙⲉ** adj. 주제넘은, 뻔뻔스러운; 완고한, 고집 센; **ⲙⲛ̄ⲧⲛⲁϣⲧⲙ̄ⲙⲉ** 완고함, 참람함.

ⲉⲓⲛⲉ, ⲛ̄- (**ⲙ̄-, ⲉⲛ-**), **ⲛ̄ⲧ⸗** (imptv. **ⲁⲛⲓⲛⲉ, ⲁⲛⲉⲓⲛⲉ, ⲁⲛⲓ-, ⲁⲛⲓ⸗**) vb. tr. 데려오다, 가져오다 (**ⲙ̄ⲙⲟ⸗**), 나르다. 많은 전치사 및 방향 부사와 함께 일반적인 의미로 사용. 다음 표현에 주목하라: **ⲉⲓⲛⲉ ⲙ̄ⲙⲟ⸗ ⲉϫⲛ̄** 또는 **ⲉϩⲣⲁⲓ ⲉϫⲛ̄** ~에 비유하다, ~와 비교하다; **ⲛ̄-ⲧⲟⲟⲧ⸗ ⲉϫⲛ̄** 붙잡다; **ⲉⲓⲛⲉ ⲙ̄ⲙⲟ⸗ ⲛ̄ⲥⲁ** ~을 고발하다; **ⲉⲓⲛⲉ ⲙ̄ⲙⲟ⸗ ⲉⲃⲟⲗ** 완료하다; 인수하다; 발표하다; 도입하다; **ⲉⲓⲛⲉ ⲙ̄ⲙⲟ⸗ ⲉ ⲧⲙⲏⲧⲉ** 소환하다, (마음 속에서) 꺼내다; **ⲉⲓⲛⲉ ⲙ̄ⲙⲟ⸗ ⲉϩⲟⲩⲛ** 도입하다; n.m. 수령, 접수.

ⲉⲓⲛⲉ vb. tr. 닮다, 유사하다 (**ⲙ̄ⲙⲟ⸗**); n.m. 닮음, 외관. **ⲙⲛ̄ⲧⲣⲉϥⲉⲓⲛⲉ** 닮음, 유사함, 비슷함.

ⲉⲓⲛⲉ n.f. 손도끼, 자귀.

ⲉⲓⲛⲉ, ⲓⲛⲉ n.f. 엄지손가락; 엄지 발가락.

ⲉⲓⲛⲉ n.f. 사슬.

ⲉⲓⲟⲙ, ⲓⲟⲙ n.m. (1) 바다 (사히드 방언에서 드물다); (2) 포도즙 짜는 기구.

ⲉⲓⲟⲟⲣ, ⲉⲓⲟⲟⲣⲉ n.m. 운하. **ϫⲓⲟⲟⲣ** vb. tr. 배로 건너다 (**ⲙ̄ⲙⲟ⸗**) 가로지르다 (~을: **ⲉ**); 건너다, 걸어서 건너다 (강을: **ⲙ̄ⲙⲟ⸗**); **ϭⲓⲛ-ϫⲓⲟⲟⲣ** 도섭, 물을 건넘, 통과. **ϫⲓⲟⲟⲣ** n.m.건넘, 도하, 횡

단; 연락선; 사공. **ⲉⲓⲉⲣⲟ, ⲓⲉⲣⲟ** (pl. **ⲉⲓⲉⲣⲱⲟⲩ, ⲓⲉⲣⲱⲟⲩ**) n.m. 강, 하천; 때로는 나일강.

ⲉⲓⲟⲟⲩⲛ, ⲓⲟⲟⲩⲛ (f. **ⲓⲟⲟⲩⲛⲉ**) 칭호 (m.f.); 정확한 의미를 알 수 없다.

ⲉⲓⲟⲡⲉ n.f. 액체 계량 단위.

ⲉⲓⲟⲡⲉ, ⲓⲟⲡⲉ, (ⲉⲓⲉⲡ-) n.f. 수공예, 기술, (종사하고 있는) 일. **ⲉⲓ-ⲉⲡ-ⲥⲁ** '조각[양각]된 작품'처럼 특정한 기술 또는 그 제품을 지정하기 위한 2번째 요소를 포함하는 복합어로 사용; **ⲉⲓ-ⲉⲡ-ⲟⲩⲟⲉⲓⲉ** 경작, 경작지, 경작 소산; **ⲉⲓⲉⲡ-ϣⲉ** 목공품; **ⲉⲓⲉⲡ-ⲛⲟⲩⲃ** 금세공; **ⲉⲓⲉⲡ-ⲛ̄-ϩⲁⲧ** 은세공; **ⲉⲓⲉⲡ-ϣⲱⲧ** 무역, 거래, 물품; **ⲣ̄-ⲉⲓⲉⲡ-ϣⲱⲧ** 교역하다. **ϩⲁⲣ-ⲉⲓⲟⲡⲉ** adj. 다채로운. **ⲣ̄-ⲉⲓⲟⲡⲉ** ~을 만들어 내다; **ⲣⲉϥⲣ̄-ⲉⲓⲟⲡⲉ** 장인, 공예가; **ⲙⲛ̄ⲧⲣⲉϥⲣ̄-ⲉⲓⲟⲡⲉ** 수공예, 기술.

ⲉⲓⲟⲩⲗ, ⲉⲉⲓⲟⲩⲗ, ⲉⲓⲉⲟⲩⲗ, ⲓⲟⲩⲗ n.m.f. 사슴.

ⲉⲓⲣⲉ, ⲣ̄- (ⲉⲣ-), ⲁⲁ⸗ Q **ⲟ** vb. tr. 하다, 만들다, 수행하다, 생산하다, (재료를 써서) 만들다 (**ⲙ̄ⲙⲟ⸗**); intr. 행하다, 작용하다, 행동하다. 복합 동사에서 **ⲉⲓⲣⲉ**는 §26.1을 참조하라; 이것들은 2번째 요소 아래에 나열되어 있다. n.m. 행함, 실행; **ⲣⲉϥⲉⲓⲣⲉ** 하는 자, 만드는 자. **ⲧⲁϣⲉ-ⲉⲓⲣⲉ** 더 많이 하다, 더 많이 만들다, ~하는 것이 증가하다.

ⲉⲓⲥ, ⲉⲥ 불변화사. 보라, 자; 저봐 here is ... (명사 앞에서만). **ⲉⲓⲥ ϩⲏⲏⲧⲉ, ⲉⲓⲥ ϩⲏⲧⲉ, ⲉⲓⲥ ϩⲏⲏⲡⲉ** idem (대명사 또는 동사 앞). **ⲉⲓⲥ ϩⲏⲏⲧⲉ ⲉⲓⲥ** idem (명사 앞). **ⲉⲓⲥ ϩⲏⲏⲛⲉ** idem (명사 또는 대명사 앞). **ⲉⲓⲥⲧⲉ** = **ⲉⲓⲥ ϩⲏⲏⲧⲉ. ⲉⲓⲥⲡⲉ** = **ⲉⲓⲥ ϩⲏⲏⲡⲉ.**

ⲉⲓⲧⲛ̄, ⲓⲧⲛ̄, ⲓⲧⲛⲉ, ⲧⲛⲏ n.m 땅, 흙, 먼지; 쓰레기, 잡동사니. **ⲉ ⲡⲉⲓⲧⲛ̄** = **ⲉⲡⲉⲥⲏⲧ; ⲙ̄ ⲡⲉⲓⲧⲛ̄** adv. 아래[쪽]에, ~의 바닥에.

ⲉⲓⲱ, ⲉⲓⲁ- (ⲓⲁ-), ⲉⲓⲁⲁ⸗, Q **ⲉⲓⲏ** (± **ⲉⲃⲟⲗ**) vb. tr. 씻다 (**ⲙ̄ⲙⲟ⸗**); **ⲉⲓⲱ ⲉⲃⲟⲗ** n.m. 씻기; **ⲣⲉϥⲉⲓⲱ ⲉⲃⲟⲗ** 씻는 사람 (욕실에서). **ⲉⲓⲁ-ⲧⲟⲟⲧ⸗ ⲛ̄ⲥⲁ** 포기하다, 그만두다, 절망하다 (접미사는 재

ⲁ ⲃ ⲉ ⲏ ⲉⲓ ⲕ ⲗ ⲙ ⲛ ⲟ ⲡ ⲣ ⲥ ⲧ ⲟⲩ ⲱ ϣ ϥ ϩ ϫ ϭ

귀적이다).

ⲉⲓⲱ, ⲉⲉⲓⲱ, ⲉⲓⲟⲩ, ⲉⲟⲩ (pl. **ⲉⲟⲟⲩ, ⲉⲱⲟⲩ, ⲉⲟⲟⲩⲉ**) n.m.f. 나귀, 당나귀. **ⲉⲓⲁ-ⲛ̄-ⲧⲟⲟⲩ** 야생 나귀, 야생 당나귀. **ⲉⲓⲁ-ϩⲟⲟⲩⲧ** idem.

ⲉⲓⲱⲣⲙ̄ (**ⲓⲱⲣⲙ̄**), Q **ⲉⲓⲟⲣⲙ̄** (± **ⲉⲃⲟⲗ, ⲉϩⲣⲁⲓ**) vb. intr. 응시하다, 바라보다 (~을: **ⲉ, ⲛ̄ⲥⲁ**), 놀라서 쳐다보다, 크게 놀라다, 너무 놀라서 말을 못하다.

ⲉⲓⲱⲣϩ̄ (**ⲉⲓⲱⲣⲁϩ, ⲓⲱⲣϩ̄**), **ⲉⲓⲉⲣϩ̄** (**ⲓⲁⲣϩ̄**), **ⲉⲓⲟⲣϩ⸗** (**ⲓⲟⲣϩ⸗**) vb. tr. 보다, 알아차리다 (**ⲙ̄ⲙⲟ⸗**); 바라보다 (~쪽으로: **ⲛ̄ⲥⲁ**). n.m. 보기, 시야; 견해, 의견; **ⲣⲉϥⲉⲓⲱⲣϩ̄** 볼 수 있는 자; **ⲙⲛ̄ⲧⲣⲉϥⲉⲓⲱⲣϩ̄** 지각, 통찰력; **ϭⲓⲛⲉⲓⲱⲣϩ̄** 시야, 보는 힘. **ⲉⲓⲉⲣϩⲉ** n.f. 광선, 시력.

ⲉⲓⲱⲧ, ⲓⲱⲧ (**ⲉⲓⲧ-**; pl. **ⲉⲓⲟⲧⲉ**) n.m. 아버지 (문자적 및 비유적); pl. 부모, 조상, 선조. 수도원장, 장로 및 기타 존경받는 사람에게 자주 사용된다. **ⲁⲧⲉⲓⲱⲧ** 아버지가 없는. **ⲣ̄-ⲉⲓⲱⲧ** 아버지가 되다. **ⲙⲛ̄ⲧⲉⲓⲱⲧ** 아버지임, 가족. **ϣⲛ̄-ⲉⲓⲱⲧ** 아버지 쪽의 친척.

ⲉⲓⲱⲧ, ⲉⲓⲟⲩⲧ, ⲓⲱⲧ n.m. 보리.

ⲉⲓⲱⲧⲉ n.f. 이슬.

ⲉⲓⲱϩⲉ, ⲓⲱϩⲉ (**ⲉⲓⲉϩ-, ⲉⲓⲱϩ-**; pl. **ⲉⲓⲁϩⲟⲩ, ⲉⲓⲁϩⲟⲩⲉ**) n.m. 밭, 들판. **ⲉⲓⲉϩ-ⲉⲗⲟⲟⲗⲉ, -ϣⲏⲛ, -ⲃⲉⲣⲃⲱⲣⲉⲧ** (**ϩⲃⲟⲣⲃⲣ̄**)는 2번째 요소를 참조하라. **ⲥⲧ̄-ⲉⲓⲱϩⲉ, ⲥⲧⲱϩⲉ** n.f. 밭[경작지] 측량. **ϣⲓ-ⲉⲓⲱϩⲉ** 밭을 측량하다; n.m. 밭[경작지] 측량.

ⲉⲓϣⲉ, ⲉϣⲧ̄- (**ⲁϣⲧ̄-**), **ⲁϣⲧ⸗** (**ⲁϣ⸗**), Q **ⲁϣⲉ** vb. tr. 매달다, 걸다 (**ⲙ̄ⲙⲟ⸗**; ~에: **ⲉ**; ~으로: **ⲛ̄ⲥⲁ**), 모두 ± **ⲉϩⲣⲁⲓ**. Q 매달려 있다; 사로잡혀있다 (~에: **ⲛ̄ⲥⲁ**); 의지하다 (~에: **ϩⲛ̄**); + **ⲉⲃⲟⲗ**: ~에 걸리다.

▽ 상호 참조

ⲉⲓ: ⲉⲓⲉ

ⲉⲓⲁ-: ⲉⲓⲱ

ⲉⲓⲁⲁ⸗: ⲉⲓⲱ

ⲉⲓⲁⲁⲃⲉ: ⲉⲓⲁⲃⲉ

ⲉⲓⲁⲣϩ̄-: ⲉⲓⲱⲣϩ̄

ⲉⲓⲁⲁⲧ⸗: ⲉⲓⲁ

ⲉⲓⲁⲧ⸗: ⲉⲓⲁ

ⲉⲓⲁϩⲟⲩ: ⲉⲓⲱϩⲉ

ⲉⲓⲃⲏ: ⲉⲓⲃ

ⲉⲓⲃⲧ̄: ⲱϥⲧ̄

ⲉⲓⲃⲧ̄: ⲉⲓⲉⲃⲧ̄

ⲉⲓⲉⲃ: ⲉⲓⲃ

ⲉⲓⲉⲓⲃ: ⲉⲓⲃ

ⲉⲓⲉⲗⲉⲓⲉⲗ: ⲉⲓⲉⲗⲉⲗ

ⲉⲓⲉⲟⲩⲗ: ⲉⲓⲟⲩⲗ

ⲉⲓⲉⲡ-: ⲉⲓⲟⲡⲉ

ⲉⲓⲉⲣ-: ⲉⲓⲁ

ⲉⲓⲉⲣ-ⲃⲟⲟⲛⲉ: ⲃⲟⲟⲛⲉ

ⲉⲓⲉⲣⲟ: ⲉⲓⲟⲟⲣ

ⲉⲓⲉⲣⲱⲟⲩ: ⲉⲓⲟⲟⲣ

ⲉⲓⲉⲣϩⲉ: ⲉⲓⲱⲣϩ̄

ⲉⲓⲉϩ-: ⲉⲓⲱϩⲉ

ⲉⲓⲉϩ-ⲉⲗⲟⲟⲗⲉ: ⲉⲗⲟⲟⲗⲉ

ⲉⲓⲏ: ⲉⲓⲱ

ⲉⲓⲏⲃⲧ̄: ⲉⲓⲉⲃⲧ̄

ⲉⲓⲙⲙⲉ: ⲉⲓⲙⲉ

ⲉⲓⲙⲛ̄ⲧ: ⲉⲙⲛ̄ⲧ

ⲉⲓⲟⲣⲙ̄: ⲉⲓⲱⲣⲙ̄

ⲉⲓⲟⲧⲉ: ⲉⲓⲱⲧ

ⲉⲓⲟⲩ: ⲉⲓⲱ

ⲉⲓⲟⲩⲧ: ⲉⲓⲱⲧ

ⲉⲓⲥⲡⲉ: ⲉⲓⲥ

ⲉⲓⲥⲧⲉ: ⲉⲓⲥ

ⲉⲓⲧ-: ⲉⲓⲱⲧ

ⲉⲓⲱ: ⲉⲓⲁⲁⲩ

ⲉⲓϥⲧ̄: ⲱϥⲧ̄

(ⲓ)

ⲓⲁⲓⲃⲉ: ⲉⲓⲁⲃⲉ

ⲓⲉⲗⲗⲉ: ⲉⲓⲉⲗⲉⲗ

ⲓⲏⲗ: ⲉⲓⲁⲗ

ⲓⲏϥⲧ̄: ⲉⲓⲉⲃⲧ̄

ⲕ

ⲕⲁⲓⲣⲉ n.f. 목구멍, 식도.

ⲕⲁⲕⲉ n.m. 어두움, 암흑; ⲣ̄-ⲕⲁⲕⲉ 어두워지다.

ⲕⲁⲗⲁϩⲏ n.f. 자궁; 배.

ⲕⲁⲗⲉⲗⲉ, ⲕⲁⲗⲉⲉⲗⲉ, ⲕⲁⲗⲏⲗⲉ, ⲕⲉⲗⲉⲉⲗⲉ n.f. (회중을 모으기 위해 두드리는) 나무 공명판, 종 모양의 악기.

ⲕⲁⲗⲕⲓⲗ, ⲕⲁⲗⲕⲉⲗ, ⲕⲉⲗⲕⲓⲗ, ϭⲉⲗϭⲓⲗ, ϭⲉⲓⲗϭⲉⲓⲗ n.m. 바퀴.

ⲕⲁⲗⲱⲡⲟⲩ, ⲕⲁⲗⲟⲡⲟⲩ, ϭⲁⲗⲟⲡⲟⲩ n.m.f. 작은 개, 강아지.

ⲕⲁⲙ n.m. 갈대, 골풀.

ⲕⲁⲡ n.m. 실, 줄, 현, 가닥.

ⲕⲁⲣⲟⲩⲥ adj. 곱슬머리의; 확실하지 않은 의미.

ⲕⲁⲥ, ⲕⲉⲉⲥ, ⲕⲏⲥ, ⲕⲓⲥ (pl. ⲕⲉⲉⲥ, ⲕⲁⲁⲥ) n.m. 뼈; 핵과(核果). ⲙⲁⲣ-ⲕⲁⲥ, ⲙⲉⲣ-ⲕⲁⲥ n.m. 접골사, 의사.

ⲕⲁⲥ n.m. 캐럿 (주화).

ⲕⲁⲥⲉ, ⲕⲉⲥⲉ, ⲕⲏⲥⲉ n.m. 구두 제조인, 제화공.

ⲕⲁⲥⲕⲥ̄ (ⲕⲟⲥⲕⲉⲥ) vb. intr. 속삭이다, 소곤거리다 (~에게: ⲉ); n.m. 속삭임. ⲣⲉϥⲕⲁⲥⲕⲥ̄ 소곤거리는 자.

ⲕⲁⲧⲟ n.f. 배, 작은 선박.

ⲕⲁϣ n.m. 갈대, 갈대 펜, 갈대 지팡이, 갈대 막대기; n.f. = ⲙⲁ ⲛ̄ ⲕⲁϣ 갈대가 자라는 곳. ϯ ⲙ̄ⲙⲟ⸗ ⲉ ⲡⲕⲁϣ 갈대로 울타리를 치다.

ⲕⲁϣⲁⲃⲉⲗ n.m. 귀걸이, 귀고리.

ⲕⲁϥ n.m. 나무 둥치.

ⲕⲁϩ n.m. 흙, 토양; 지면; 땅, 지역; ⲣ̄-ⲕⲁϩ 먼지가 되다, 티끌이 되다, 사라지다. ⲣⲙ̄ⲛ̄ⲕⲁϩ 땅의 사람.

ⲕⲁϩⲕϩ̄, ⲕⲉϩⲕⲉϩ-, ⲕⲉϩⲕⲱϩ⸗, Q ⲕⲉϩⲕⲱϩ tr. 잘라내다, 깨

ⲁ ⲃ ⲉ ⲏ ⲉⲓ ⲕ ⲗ ⲙ ⲛ ⲟ ⲡ ⲣ ⲥ ⲧ ⲟⲩ ⲱ ϣ ϥ ϩ ϫ ϭ

ⲁ ⲃ ⲉ ⲏ ⲉⲓ ⲕ ⲗ ⲙ ⲛ ⲟ ⲡ ⲣ ⲥ ⲧ ⲟⲩ ⲱ ϣ ϥ ϩ ϫ ϭ

꿋이 하다, 주름을 펴다 (**ⲙ̅ⲙⲟ⸗**); (상처를) 치유하게 하다; intr. 치유되다. **ⲣⲉϥⲕⲉϩⲕⲉϩ-** (나무, 돌 따위를) 자르는 사람. **ⲕⲁϩⲕ̅, ⲕⲉϩⲕ̅-** tr. = **ⲕⲁϩⲕϩ̅**.

ⲕⲃⲁ n.m. 복수, 앙갚음. **ⲣ̅-ⲕⲃⲁ, ⲉⲓⲣⲉ ⲙ̅ ⲡ(⸗)ⲕⲃⲁ** 복수를 행하다 (~에 대해: **ⲛⲁ⸗, ⲙⲛ̅, ϩⲛ̅**). **ϯ-ⲕⲃⲁ** 복수하다. **ϫⲓ-ⲕⲃⲁ** 복수하다 (~에게: **ⲙ̅ⲙⲟ⸗, ϩⲛ̅**); n.m. 보복, 보상; **ⲉⲓⲣⲉ ⲙ̅ ⲡϫⲓ-ⲕⲃⲁ, ϫⲓ ⲙ̅ ⲡϫⲓ-ⲕⲃⲁ** 복수하다; **ⲣⲉϥϫⲓ-ⲕⲃⲁ** 복수하는 사람, 원수를 갚는 자.

ⲕⲃⲟ (**ⲕⲃⲁ**), **ⲕⲃⲉ-**, Q **ⲕⲏⲃ** tr. 차게 만들다; intr. 차가워지다; n.m. 차가움, 시원함. **ϯ-ⲕⲃⲟ** 차게 만들다; **ϫⲓ-ⲕⲃⲟ** 상쾌해지다.

ⲕⲉ (1) adj. 다른, 별개의; **ⲕⲉⲣⲱⲙⲉ, ϩⲉⲛⲕⲉⲣⲱⲙⲉ, ⲡⲕⲉⲣⲱⲙⲉ, ⲛ̅ⲕⲉⲣⲱⲙⲉ**처럼 명사에 직접 접두사로 붙는다. 일부 시간의 표현에서: 다음의 (**ⲧⲕⲉⲣⲟⲙⲡⲉ** '다음 해'처럼); 다시, 또 (**ⲛ̅ ⲕⲉⲥⲟⲡ** 다시 한 번 처럼); **ⲕⲉⲕⲟⲩⲓ** 좀더. (2) 부사. 또한, 역시, ~조차, 게다가; (1)과 같은 위치에 있지만, 정관사와 함께 사용된다. 이 사용법에서 **ⲡⲕⲉ** (f. **ⲧⲕⲉ**)는 대명사 앞에 붙을 수도 있는 독립적인 요소로 분리되었다. **ⲡⲕⲉ ⲁⲛⲟⲛ** 우리 조차. 또는 인명으로, **ⲡⲕⲉ ⲡⲁⲩⲗⲟⲥ** 바울 조차. 또는 다른 부정사나 상태동사 앞에서 동사 복합어 **ⲣ̅-ⲡⲕⲉ-**에서 '또한, 역시, ~하는 것도'라는 의미로 사용. **ϭⲉ** 대명사. 어떤 (것), 다른 (것); pl. **ϩⲉⲛⲕⲟⲟⲩⲉ** 어떤 것들, (**ⲛ̅**) **ⲕⲉⲕⲟⲟⲩⲉ** 다른 것들. **ⲕⲉⲧ** (f. **ⲕⲉⲧⲉ**) 대명사. 다른 자(것); 정관사를 가지면 다른 자(것)들. **ⲕⲉⲟⲩⲁ** 대명사. 다른 자(것).

ⲕⲉⲕⲉ n.m. 아이, 어린이; n.m.f. (이형. **ⲕⲁⲕⲉ, ⲕⲁⲁⲕⲉ**) 눈동자.

ⲕⲉⲗⲉⲃⲓⲛ, ⲕⲉⲗⲁⲃⲓⲛ, ⲕⲁⲗⲁⲃⲓⲛ n.m. 도끼.

ⲕⲉⲗⲱⲗ, ⲕⲟⲩⲗⲱⲗ, ⲕⲟⲗⲟⲗ n.m. 병, 항아리. **ⲕⲉⲗⲟⲟⲗⲉ** n. idem.

ⲕⲉϩⲧⲉ n.f. 허리, 엉덩이.

ⲕⲏⲡⲉ, ϭⲏⲡⲉ, ϭⲉⲡⲏ n.f. 아치형 장소, 지하 저장실, 캐노피; (입의) 천장. 그리스어 κύπη, γύπη 참조.

ⲕⲓⲙ, ⲕⲉⲙⲧ-, ⲕⲉⲙⲧ⸗ intr. 움직이다, 이동하다; tr. 만지다, 접촉하다 (**ⲉ**); 이동시키다, 옮기다, (흔들어) 움직이다 (육체적 또는 감정적으로: **ⲉ, ⲙ̄ⲙⲟ⸗**); n.m. 움직임, 운동, 이동. **ⲁⲧⲕⲓⲙ** 움직임이 없는. **ϭⲓⲛⲕⲓⲙ** 움직임, 이동. **ⲕⲙ̄-ⲧⲟ** n.m. 지진.

ⲕⲓⲧⲉ n.f. 두 드라크마 (반 스타테르), 동전 및 무게. **ϭⲓⲥ-ⲕⲓⲧⲉ** 한 드라크마.

ⲕⲓⲱⲟⲩ Q 기름지다, 살지다, 부드럽다, 약하다; 결실이 많다, 비옥하다.

ⲕⲗⲁⲁⲗ, ⲕⲗⲉⲗ, ⲕⲗⲏⲗ n.m. (특히 목에 하는) 사슬, 족쇄.

ⲕⲗⲁϥⲧ̄, ⲕⲗⲉϥⲧ̄, ⲕⲗⲃ̄ⲧ n.f. 모자 달린 겉옷, 후드.

ⲕⲗⲉ, ⲕⲉⲗⲏ n.m. 액체를 담는 그릇.

ⲕⲗ̄ⲗⲉ, ⲕⲗ̄ n.m. 빗장, 걸쇠; 무릎, 관절. **ⲕⲉⲗⲉⲛⲕⲉϩ** n.m. 팔꿈치; **ϩⲁⲙ-ⲕⲉⲗⲉⲛⲕⲉϩ** 대장장이. **ϩⲁⲙ-ⲕⲗ̄ⲗⲉ** idem.

ⲕⲗ̄ⲙⲉ n.f. 속, 충전재.

ⲕⲗⲟ n.m. (화살촉에 바르는) 독.

ⲕⲗⲟⲙ n.m. 왕관, 화관, 원형의 물건. **ϯ-ⲕⲗⲟⲙ** 왕관[화관]을 씌우다 (**ⲉϫⲛ̄, ϩⲓϫⲛ̄**). **ϫⲓ-ⲕⲗⲟⲙ** 왕관을 쓰다; 순교하다. **ⲣⲉϥϫⲣⲟ-ⲕⲗⲟⲙ** 승리의 왕관을 쓴 자; **ϥⲁⲓ-ⲕⲗⲟⲙ** 왕관을 쓴 자.

ⲕⲗⲟⲟⲗⲉ n.f. 구름.

ⲕⲗⲟⲟⲙⲉ n.f. 멍, 타박상.

ⲕⲗ̄ⲯ n. 일격, 타격; **ⲣ̄-ⲗⲗ̄ⲯ ⲛⲁ⸗, ϯ-ⲕⲗ̄ⲯ ⲉϫⲛ̄** 치다, 공격하다; **ϣⲥ̄-ⲛ̄-ⲕⲗ̄ⲯ** 일격, 타격.

ⲕⲙ̄ⲕⲙ̄, ⲕⲟⲩⲕⲙ̄, ⲕⲟⲩⲙⲕⲙ̄ tr. 치다, 공격하다, 두들기다 (**ⲉ**: 악기를); 반복해서 소리를 내다. n.m. 북.

ⲕⲙⲟⲙ, Q **ⲕⲏⲙ** intr. 검게 되다. **ⲕⲁⲙⲉ, ⲕⲁⲙⲏ** (f. **ⲕⲁⲙⲏ**; pl. **ⲕⲁⲙⲁⲩⲉⲓ**) adj. 검은; 일반적으로 **ⲛ̄**과 함께 명사 뒤에, 드물게 **ⲛ̄**이 없이 사용. **ⲣ̄-ⲕⲁⲙⲉ** (Q **ⲟ ⲛ̄ ⲕⲁⲙⲉ**) 검게 되다. **ⲕⲙⲉ**(?) = **ⲕⲙⲏⲙⲉ** n. 어둠, 암흑. **ⲕⲏⲙⲉ** n.m. (f.) 이집트; **ⲣⲙ̄ⲛ̄ⲕⲏⲙⲉ** 이집트인; **ⲙⲛ̄ⲧⲣⲙ̄ⲛ̄ⲕⲏⲙⲉ** 이집트어.

ⲁ ⲃ ⲉ ⲏ ⲉⲓ ⲕ ⲗ ⲙ ⲛ ⲟ ⲡ ⲣ ⲥ ⲧ ⲟⲩ ⲱ ϣ ϥ ϩ ϫ ϭ

ⲕⲛⲁⲁⲩ n.m. 다발, 묶음.

ⲕⲛ̄ⲛⲉ intr. 살지다, 기름지다; n.m. 기름짐, 비옥, 달콤함. ⲣ̄-ⲕⲛ̄ⲛⲉ 살지게 되다; ϯ-ⲕⲛ̄ⲛⲉ 살지게 하다, 달래다, 기름을 바르다.

ⲕⲙⲟⲥ, ⲕⲛⲟⲟⲥ, ⲕⲛⲱⲱⲥ, Q ⲕⲟⲛⲥ̄ intr. 부패하게 되다, 악취를 풍기다; n.m. 악취.

ⲕⲛ̄ⲧⲉ n.m. 무화과; ⲃⲱ ⲛ̄ ⲕⲛ̄ⲧⲉ 무화과 나무.

ⲕⲛ̄ϩⲉ n.f. 무덤, 묘, 성골함(?). 건축 용어, 정확한 의미가 확실하지 않다.

ⲕⲟⲉⲓⲥ, ⲕⲁⲉⲓⲥ n.m. 액체를 담는 그릇.

ⲕⲟⲉⲓϩ, ⲕⲁⲓϩ n.m. 칼집, 케이스, 덮개; 벽돌 틀(?)

ⲕⲟⲓⲁϩⲕ, ⲕⲓⲁϩⲕ, ϫⲟⲓⲁ(ϩ)ⲕ, ϫⲟⲓⲁϫ 콥트력의 4번째 달.

ⲕⲟⲓⲉ, ⲕⲁⲓⲉ, ⲕⲁⲉⲓⲉ, ⲕⲟⲓ n.f. 들판, 논밭; ⲣⲙ̄ⲛ̄ⲧⲕⲟⲓ 농부.

ⲕⲟⲙⲙⲉ, ⲕⲟⲙⲏ, ⲕⲟⲙⲓ, ⲕⲙ̄ⲙⲉ, ⲕⲏⲙ(ⲙ)ⲉ n.m. 고무, 수지.

ⲕⲟⲟⲙϥ̄, ⲕⲟⲙϥ̄ n.m. 마름병, 병충해.

ⲕⲟⲟⲩ, ⲕⲱⲟⲩ, ⲕⲁⲩ n.m. 시간의 길이; ⲟⲩⲕⲟⲩⲓ ⲛ̄ ⲕⲟⲟⲩ 잠시, 잠깐.

ⲕⲟⲟϩ, ⲕⲱϩ n.m. (f.) 모서리, 구석; 지점, 꼭대기, 뱃머리; 한 부분.

ⲕⲟⲥⲕⲥ̄, ⲕⲉⲥⲕⲱⲥ⸗ ⲉⲃⲟⲗ tr. 펼치다, 연장하다 (ⲙ̄ⲙⲟ⸗; 재귀용법으로도 사용); 자신을 휘감다 (재귀).

ⲕⲟⲧ, ⲕⲁⲧ n.m. 바구니.

ⲕⲟⲩⲓ, (ⲕⲟⲩ-) (1) adj. 작은, 어린; 조금, 약간; (대개 ⲛ̄과 함께) 명사 앞에, 또는 (대개 ⲛ̄이 없이) 뒤에 사용. ⲕⲟⲩ-ⲛ̄처럼 복합어일 수 있다. ⲕⲟⲩⲓ ⲛ̄ ϩⲏⲧ adj. 참을성 없는, 쉽게 낙담하는. (2) adv. 일반적으로 ⲛ̄ ⲟⲩⲕⲟⲩⲓ 조금; (ⲛ̄) ⲕⲉⲕⲟⲩⲓ 약간, 조금 더; ⲙⲛ̄ⲛ̄ⲥⲁ ⲟⲩⲕⲟⲩⲓ 잠시 후에; ϩⲁⲑⲏ ⲛ̄ ⲟⲩⲕⲟⲩⲓ 조금 전에; ϣⲁⲧⲛ̄ ⲟⲩⲕⲟⲩⲓ, ⲡⲁⲣⲁ ⲕⲉⲕⲟⲩⲓ 거의, 대략; ⲡⲣⲟⲥ ⲟⲩⲕⲟⲩⲓ 잠시 동안; ⲕⲁⲧⲁ ⲕⲉⲕⲟⲩⲓ 가끔; ⲛ̄/ⲕⲁⲧⲁ ⲕⲟⲩⲓ ⲕⲟⲩⲓ 조금씩, 서서히; ⲣ̄-ⲕⲟⲩⲓ (Q ⲟ ⲛ̄ ⲕⲟⲩⲓ) 작게 되다, 젊게 되다; ⲙⲛ̄ⲧⲟⲩⲓ 왜소, 작음, 젊은이.

ⲕⲟⲩⲕⲗⲉ n.f. 모자 달린 겉옷, 후드.

ⲁ ⲃ ⲉ ⲏ ⲉⲓ ⲕ ⲗ ⲙ ⲛ ⲟ ⲡ ⲣ ⲥ ⲧ ⲟⲩ ⲱ ϣ ϥ ϩ ϫ ϭ

ⲕⲟⲩⲛ(ⲧ)⸗, ⲕⲟⲩⲟⲩⲛ(ⲧ)⸗, ⲕⲟⲩⲟⲛ⸗, ⲕⲟⲩⲱⲛ⸗, ⲕⲉⲛ⸗ n. 가슴, 유방 (접미사 필수); 때로는: 성기, 생식기.

ⲕⲟⲩⲡⲣ̄ n.m. 식물: 헤나 (lawsonia inermis).

ⲕⲟⲩⲣ n.m. 회전축, 경첩.

ⲕⲟⲩⲣ adj. 귀가 들리지 않는.

ⲕⲟⲩϫⲟⲩ, ⲕⲟⲩⲛϫⲟⲩ, ⲕⲟⲛϫⲟⲩ n.f. 그릇의 일종.

ⲕⲣⲓ, ⲕⲗⲓ n.m. 향기 물질, 향수(의 일종).

ⲕⲣ̄ⲙⲉⲥ n.m.f. 재, 검댕, 먼지; ⲣ̄-ⲕⲣ̄ⲙⲉⲥ 재가 되다, 먼지가 되다. ⲣ̄-ⲁⲧⲕⲣ̄ⲙⲉⲥ (불타는) 재를 남기지 않다.

ⲕⲣⲙ̄ⲣⲙ̄ intr. 소곤거리다, (화를 내거나 짜증을 내면서) 투덜거리다 (~에 대하여: ⲉϫⲛ̄, ⲛ̄ⲥⲁ, ⲉ, ⲉϩⲟⲩⲛ ⲉ); n.m. 불평, 항의, 투덜거림. ⲣⲉϥⲕⲣⲙ̄ⲕⲣⲙ̄ 소곤거리는 사람.

ⲕⲣⲙ̄ⲧⲥ̄, ⲕⲣⲙ̄ⲛ̄ⲧⲥ̄ n.m. 연기, (엷은) 안개; 어둠, 모호함.

ⲕⲣⲟ, ⲕⲗⲁ (pl. ⲕⲣⲱⲟⲩ) n.m. (강이나 바다의) 기슭, 물가; (땅의) 가장자리 또는 경계; 언덕, 골짜기.

ⲕⲣⲟⲙⲣⲙ̄ intr. 어두워지다 (음영 또는 색); Q ⲕⲣⲙ̄ⲣⲱⲙ 어둡다. n.m. 어둠.

ⲕⲣⲟⲩⲣ n.m. 개구리.

ⲕⲣⲟⲩϫ, ⲕⲣⲟϫ n. 구운 빵.

ⲕⲣⲟϥ n.m. 거짓, 교활, (간교한) 속임수; 매복; adj. 거짓의, 교묘하게 속이는. ⲁⲧⲕⲣⲟϥ 거짓이 없는. ⲙⲛ̄ⲧⲕⲣⲟϥ 교활, 속임수. ⲣ̄-ⲕⲣⲟϥ (Q ⲟ ⲛ̄ ⲕⲣⲟϥ) 교묘하게 속이다, 매복하고 기다리다 (~을: ⲉ); ⲣⲉϥⲣ̄-ⲕⲣⲟϥ 사기꾼, 배반자. ⲥⲁ ⲛ̄ ⲕⲣⲟϥ 사기꾼. ϫⲓ-ⲕⲣⲟϥ 술책을 쓰다, 매복하다; ϫⲓ ⲙ̄ⲙⲟ⸗ ⲛ̄ ⲕⲣⲟϥ 교활한 속임수로 잡다.

ⲕⲣⲱⲙ n.m. 불, 불꽃 (사히드 방언에서 드물다). ⲕⲱⲣⲙ̄ n.m. 연기(?)

ⲕⲥⲟⲩⲣ, ⳭⲟⲩⲢ, ϭⲥⲟⲩⲣ n.m. 반지; 열쇠. ⲥⲁ ⲛ̄ ⲉⲕⲥⲟⲩⲣ 열쇠 만드는 사람.

ⲕⲧⲏⲣ n.m. 송아지.

ⲕⲱ, ⲕⲁ-, ⲕⲁⲁ⸗ (ⲕⲉⲉ⸗, ⲕⲉ⸗), Q ⲕⲏ tr. 두다, 놓다 (ⲙⲙⲟ⸗; 일

ⲁ ⲃ ⲉ ⲏ ⲉⲓ ⲕ ⲗ ⲙ ⲛ ⲟ ⲡ ⲣ ⲥ ⲧ ⲟⲩ ⲱ ϣ ϥ ϩ ϫ ϭ

반적 의미의 장소의 전치사와 함께); 정하다, 만들다 (ⲙ̄ⲙⲟ⸗; ~처럼: ⲛ̄); 얻다, 가지다 (ⲙ̄ⲙⲟ⸗; 재귀적 여격 ⲛⲁ⸗); 지키다, 유지하다; 허락하다, 허용하다, 승인하다 (ⲙ̄ⲙⲟ⸗; ~하는 것: ⲉ + inf. 또는 상황절; ~을: ϫⲉ); (유산으로) 물려주다 (ⲙ̄ⲙⲟ⸗; ~에게: ⲛⲁ⸗); 떠나다, 버리고 떠나다 (ⲙ̄ⲙⲟ⸗); ~로 가다. Q 위치해 있다, 놓여 있다; 느슨해져 있다, 억제되지 않다. **ⲙⲁ ⲛ̄ ⲕⲁ-** (~을) 두는 곳.

ⲕⲱ ⲙ̄ⲙⲟ⸗ ⲉⲃⲟⲗ (1) 자유롭게 하다 (~으로: ⲛ̄ⲥⲁ), 풀어주다; (2) 쫓아내다, 떠나게 하다; (3) 용서하다 (ⲛⲁ⸗와 함께); (4) 떠나다, 버리고 떠나다; (5) 누락하다, 빠뜨리다; (6) intr. 풀어지게 되다, 녹게 되다; 황폐해지다, 사람이 살지않게 되다. n.m. 용서, 경감; **ⲙⲁ ⲛ̄ ⲕⲱ ⲉⲃⲟⲗ** 속죄소; **ⲣⲉϥⲕⲱ ⲉⲃⲟⲗ** 용서하는 자.

ⲕⲱ ⲙ̄ⲙⲟ⸗ ⲉⲡⲉⲥⲏⲧ 내리다, 낮추다. **ⲕⲱ ⲙ̄ⲙⲟ⸗ ⲉⲡⲁϩⲟⲩ** 앞지르다. **ⲕⲱ ⲙ̄ⲙⲟ⸗ ⲉϩⲟⲩⲛ** ~에 들여오다; 입항하다; **ϭⲓⲛⲕⲱ ⲉϩⲟⲩⲛ** (집의) 입구. **ⲕⲱ ⲉϩⲣⲁⲓ** 내려놓다, 낮추다; 발표하다, 드러내다, 제시하다; Q 존재하다, 있다, 현존하다; **ϭⲓⲛⲕⲱ ⲉϩⲣⲁⲓ** 관습, 설립된 것. **ⲕⲱ ϩⲓⲃⲟⲗ** 추방하다. **ⲕⲱ ⲙ̄ⲙⲟ⸗ ⲛ̄ⲥⲁ** 버리다, 앞지르다. **ⲕⲱ ⲙ̄ⲙⲟ⸗ ⲛ̄ⲧⲟⲟⲧ⸗** 지키다, 보호하다, 경애하다 (접미사는 재귀용법); ~에게 위임하다 (접미사는 재귀용법이 아님).

ⲕⲱⲃ, ⲕⲃ̄- (**ⲕⲉⲃ-**), **ⲕⲟⲃ⸗**, Q **ⲕⲏⲃ** tr. 접어 개다, 말다, 접다 (ⲙ̄ⲙⲟ⸗); intr. 접어서 구부리다, 두 배가 되다; n.m. 두 배, 갑절, 두 배의 양; 중복, 반복. **ⲕⲃ̄ⲃⲉ** n. 주름, 접은 자국. **ⲕⲟⲟⲃⲉϥ, ⲕⲱⲃⲉϥ** n.m. 배가.

ⲕⲱⲃϩ̄, ⲕⲟⲟⲃϩ̄ n. 힘줄, 끈. **ⲃⲗ-ⲕⲱⲃϩ̄** 힘줄을 자르다; **ⲣⲉϥϣⲉⲧ-ⲕⲱⲃϩ̄** 슬건(膝腱).

ⲕⲱⲕ, ⲕⲉⲕ-, ⲕⲟⲕ⸗ (**ⲕⲁⲕ⸗, ⲕⲁⲁⲕ⸗**), Q **ⲕⲏⲕ** (± **ⲉⲃⲟⲗ**) tr. 껍질을 벗기다, 벗기다, 빼앗다 (ⲙ̄ⲙⲟ⸗); intr. 벗겨지다, 벌거벗게 되다; n.m. 불모, 벌거벗음. **ⲕⲱⲕ ⲙ̄ⲙⲟ⸗ ⲁϩⲏⲩ** 벗기다, 벌거벗게 하다 (목적어: ⲛ̄); Q **ⲕⲏⲕ ⲁϩⲏⲩ** 벌거벗겨져 있다; n.m. 벌거벗음. **ⲕⲱ ⲙ̄ⲙⲟ⸗ ⲕⲁϩⲏⲩ** (**ⲕⲁⲁ⸗ ⲕⲁϩⲏⲩ**) 벗기다, 벌거벗게 하다.

ⲕⲟⲩⲕⲉ n.f. 껍질.

ⲕⲱⲗⲙ̅ n.m. 눈가, 눈초리.

ⲕⲱⲗⲡ̅, ⲕⲉⲗⲡ̅-, ⲕⲟⲗⲡ⸗, Q ⲕⲟⲗⲡ̅ tr. 훔치다 (ⲙ̅ⲙⲟ⸗); n.m. 도둑질, 훔친 물건; ⲁⲧⲕⲱⲗⲡ̅ 침범할 수 없는. ⲕⲟⲗⲡⲥ̅ n.f. 도둑질, 절도.

ⲕⲱⲗϩ̅, ⲕⲗ̅ϩ-, ⲕⲟⲗϩ⸗, Q ⲕⲟⲗϩ̅ tr. 치다, 때리다 (ⲙ̅ⲙⲟ⸗), 찰싹 때리다; 두드려 박다, 고정하다; 두드리다 (문을; ⲉ, ⲉϩⲟⲩⲛ ⲉ); n.m. 타격, 강타. ⲕⲗ̅ϩⲉ n.f. 타격.

ⲕⲱⲗϫ̅, ⲕⲗ̅ϫ- (ϭⲗ̅ϫ-), ⲕⲟⲗϫ⸗, Q ⲕⲟⲗϫ̅ (ϭⲟⲗϫ̅) tr. 구부리다, 비틀다 (ⲙ̅ⲙⲟ⸗); 재귀용법. 고개를 숙이다; intr. 구부러지다; n.m. 왜곡, 내려 누름. ⲕⲗ̅ϫ-ⲡⲁⲧ, ⲕⲗ̅ϫ-ⲁⲡⲉ 고개를 숙이다. ⲕⲁⲗⲁϫⲧⲱⲣⲧ̅ n.f. 집의 일부분. ⲕⲗ̅ϫⲉ n.f. 구석, 모서리.

ⲕⲱⲙϣ̅, ⲕⲙ̅ϣ-, ⲕⲟⲙϣ⸗ tr. 조롱하다 (ⲛ̅ⲥⲁ); n.m. 조롱, 비웃음, 모욕; ⲙⲛ̅ⲧⲣⲉϥⲕⲱⲙϣ̅ idem.

ⲕⲱⲛⲥ̅ (ⲕⲱⲱⲛⲥ̅), ⲕⲉⲛⲥ̅-, ⲕⲟⲛⲥ⸗, Q ⲕⲟⲛⲥ̅ tr. 찌르다, 도살하다; n.m. 도살; ⲣⲉϥⲕⲱⲛⲥ̅ 도살자, 살해자.

ⲕⲱⲡ, Q ⲕⲏⲡ tr. 숨기다 (ⲙ̅ⲙⲟ⸗); intr. 숨다; n.m. 숨김, 은폐. 사히드 방언에서는 ϩⲱⲡ를 사용한다.

ⲕⲱⲣ n. 화폐 단위.

ⲕⲱⲣϣ̅ (ϭⲱⲣϣ̅), ⲕⲉⲣϣ̅-, ⲕⲟⲣϣ⸗ tr. 요청하다, 설득하다, 감언으로 꾀다 (ⲉ); n.m. 간청, 애원, 설득; ⲣⲉϥⲕⲱⲣϣ̅ 아첨꾼; ⲙⲛ̅ⲧⲣⲉϥⲕⲱⲣϣ̅ 아첨. ⲕⲟⲣϣϥ̅ n.m. 아첨꾼.

ⲕⲱⲣϥ̅ (ϭⲱⲣϥ̅), Q ⲕⲟⲣϥ̅ tr. 파괴하다, 무력화하다 (ⲙ̅ⲙⲟ⸗); intr. 한가하다, 부족하다.

ⲕⲱⲧ, ⲕⲉⲧ-, ⲕⲟⲧ⸗, Q ⲕⲏⲧ tr. (건물을) 짓다, 형성하다 (ⲙ̅ⲙⲟ⸗); 고양시키다, 격려하다 (ⲙ̅ⲙⲟ⸗); intr. 고양되다; n.m. 건축하는 행위; 건물; 규칙, 가르침. ⲙⲁ ⲛ̅ ⲕⲱⲧ 작업장. ⲣⲉϥⲕⲱⲧ 건축업자. ϫⲓ-ⲕⲱⲧ 고양을 받다. ⲉⲕⲱⲧ (pl. ⲉⲕⲟⲧⲉ, ⲉⲕⲁⲧⲉ) n.m. 건축업자, 석공; 도공. ⲥⲉⲕⲱⲧ, ⲥⲓⲕⲱⲧ n.f. 도공의 작업장.

ⲁ ⲃ ⲉ ⲏ ⲉⲓ ⲕ ⲗ ⲙ ⲛ ⲟ ⲡ ⲣ ⲥ ⲧ ⲟⲩ ⲱ ϣ ϥ ϩ ϫ ϭ

ⲕⲱⲧⲉ, ⲕⲉⲧ-, ⲕⲟⲧ⸗, Q **ⲕⲏⲧ** (1) tr. 돌리다, 향하게 하다 (**ⲙ̄ⲙⲟ⸗**); + **ⲉⲃⲟⲗ** 외면하다; + **ⲉⲡⲁϩⲟⲩ** ~을 되돌리다; + **ⲉϩⲟⲩⲛ ⲉ** ~으로 전환하다, 회유하다.

(2) 재귀용법. (자신을) 돌리다, 돌아오다; 반복하다, 다시 하다 (+ **ⲉ** + inf. 또는 + 등위 동사); + **ⲉⲃⲟⲗ** 외면하다; + **ⲉⲡⲁϩⲟⲩ** 되돌리다, 돌아오다; + **ⲉϩⲟⲩⲛ ⲉ** ~로 되돌아가다; + **ⲉϩⲣⲁⲓ ⲉ** ~로 되돌아가다.

(3) intr. 돌다, 회전하다; 순환하다; 방문하다 (**ⲉ**); 돌아다니다, 원형을 이루다; **ⲕⲱⲧⲉ ⲉϫⲛ̄** ~사이에서 순환하다; **ⲕⲱⲧⲉ ⲙⲛ̄** ~와 어울려 지내다, ~와 함께 있다; **ⲕⲱⲧⲉ ⲛ̄ⲥⲁ** 찾다, 구하다, 찾으러 다니다; **ⲕⲱⲧⲉ ⲉⲃⲟⲗ** 떠나다; 돌다, 돌아오다; **ⲕⲱⲧⲉ ⲉϩⲟⲩⲛ** 안쪽으로 돌다; **ⲕⲱⲧⲉ ⲉϩⲣⲁⲓ** 방향을 바꾸다. **ⲕⲱⲧⲉ ⲉ** 둘러싸다.

ⲕⲱⲧⲉ n.m. (1) 회전, 순회; (2) 환경; (3) 찾기, 탐구; **ⲙ̄/ϩⲛ̄/ⲉ ⲡⲕⲱⲧⲉ** adv. 주변에; **ⲙ̄/ϩⲙ̄ ⲡⲕⲱⲧⲉ ⲛ̄, ⲙ̄/ϩⲙ̄ ⲡ**(⸗) **ⲕⲱⲧⲉ** prep. 주위에, ~의 근처에; ~에 대한, ~에 관한. **ⲕⲟⲧ** n.m. 원형의 동작, 돌기, 방문; **ⲣ̄-ⲕⲟⲧ, ϯ-ⲕⲟⲧ** 방향을 틀다, 방문하다. **ⲕⲟⲧ** n.m. 바퀴. **ⲕⲟⲧⲥ̄** n.f. 순회, 회전; 돌기, 구부리기; 묶기, 꼬기; 비뚤어짐, 속임수; **ⲉⲓⲣⲉ ⲛ̄ ⲟⲩⲕⲟⲧⲥ̄, ⲣ̄-ⲕⲟⲧⲥ̄** 방향을 틀다, ~을 돌다; **ϯ-ⲕⲟⲧⲥ̄** 순회하다, 돌다; **ϫⲓ-ⲕⲟⲧⲥ̄** 구부러지다; **ⲥⲁ ⲛ̄ ⲕⲟⲧⲥ̄** 교묘하게 속이는 자; **ⲙⲛ̄ⲧⲥⲁ ⲛ̄ ⲕⲟⲧⲥ̄** 속임수, 부정직.

ⲕⲧⲟ, ⲕⲧⲉ-, ⲕⲧⲟ⸗, Q **ⲕⲧⲏⲩ** (**ⲕⲧⲟⲉⲓⲧ, ⲕⲧⲁⲉⲓⲧ**) tr. 돌게 하다 (**ⲙ̄ⲙⲟ⸗**; ~에: **ⲉ**); 이 동사는 재귀 및 자동사 용법을 포함하여, 위의 **ⲕⲱⲧⲉ**의 의미 범위와 동일하다; n.m. 돌기, 돌아옴; **ⲁⲧⲕⲧⲟ⸗** 돌이킬 수 없는; **ⲙⲛ̄ⲧⲣⲉϥⲕⲧⲟ** 선한 행위.

ⲕⲱⲧϥ̄, ⲕⲉⲧϥ̄-, ⲕⲟⲧϥ⸗, Q **ⲕⲟⲧϥ̄** tr. 모으다, 수집하다 (**ⲙ̄ⲙⲟ⸗**).

ⲕⲱⲱⲃⲉ (ⲕⲱⲱϥⲉ), ⲕⲉⲉⲃⲉ- (ⲕⲁⲁⲃⲉ-), ⲕⲟⲟⲃ⸗ tr. 강요하다, 억지로 시키다, 강제로 빼앗다 (**ⲙ̄ⲙⲟ⸗**). **ⲕⲃⲁ** n. 강제, 강요, 강제 노동; **ⲣ̄-ⲕⲃⲁ** 강제 노동을 하다.

ⲕⲱⲱⲣⲉ, ⲕⲉⲉⲣⲉ- (**ⲕⲉⲣⲉ-**), **ⲕⲟⲟⲣⲉ⸗** vb. tr. 자르다, 잘라 내다 (**ⲙ̄ⲙⲟ⸗**); intr. 잘라지다.

ⲕⲱⲱⲥ (**ⲕⲱⲱⲥⲉ, ⲕⲱⲛⲥ̄**) **ⲕⲟⲟⲥ⸗** (**ⲕⲟⲟⲛⲥ⸗, ⲕⲟⲟⲥⲉ⸗**), Q **ⲕⲏⲥ** tr. (장례를 위해 시신을) 준비하다 (**ⲙ̄ⲙⲟ⸗**); n.m. 매장, 장사, 장례; 시체, 시신. **ⲣⲉϥⲛ̄-ⲕⲱⲱⲥ ⲉϩⲟⲩⲛ** 죽은 자를 일으키는 자, 점쟁이. **ⲣ̄-ⲕⲱⲱⲥ** 시체가 되다, 죽다. **ⲕⲁⲓⲥⲉ, ⲕⲉⲓⲥⲉ, ⲕⲉⲥⲉ** n.f. (1) 장례 준비; (2) 수의; (3) 시체. **ⲥⲙⲟⲧ ⲛ̄ ⲕⲁⲓⲥⲉ** 조상(彫像), 초상.

ⲕⲱⲱϣⲉ, Q **ⲕⲟⲟϣⲉ** vb. tr. 깨다, 쪼개다. (**ⲙ̄ⲙⲟ⸗**); intr. 깨지다, 쪼개지다. 사히드 방언에서 드물다.

ⲕⲱϩ, Q **ⲕⲏϩ** vb. intr. 시기하다, 부러워하다 (~을: **ⲉ**); 열망하다, 열심히 일하다; 겨루다, 동등하게 하려고 노력하다 (**ⲉ**); n.m. 질투, 열정. **ⲣⲉϥⲕⲱϩ** 광신자; 경쟁자, 모방자. **ϯ-ⲕⲱϩ** 시기심을 일으키다 (**ⲛⲁ⸗**). **ⲕⲟⲓϩⲉ** n.f. 경쟁녀(女).

(**ⲕⲱϩ**), **ⲕⲉϩ-, ⲕⲁϩ⸗** Q **ⲕⲏϩ** vb. tr. 고르다, 매끈하게 하다 (**ⲙ̄ⲙⲟ⸗**); 길들이다, 습관들이다 (**ⲙ̄ⲙⲟ⸗**; ~에: **ⲉ**).

ⲕⲱϩⲧ̄ n.m. 불, 불꽃. **ⲣ̄-ⲕⲱϩⲧ̄** (Q **ⲟ ⲛ̄ ⲕⲱϩⲧ̄**) 불이 되다. **ϯ-ⲕⲱϩⲧ̄** 불을 붙이다 (~에: **ⲉ**).

▽ 상호 참조

ⲕⲁ-: ⲕⲱ
ⲕⲁⲁ⸗: ⲕⲱ
ⲕⲁⲁⲃⲉ-: ⲕⲱⲱⲃⲉ
ⲕⲁⲁⲕ⸗: ⲕⲱⲕ
ⲕⲁⲁⲕⲉ: ⲕⲉⲕⲉ
ⲕⲁⲁⲙ: ϭⲱⲙ
ⲕⲁⲁⲥ: ⲕⲁⲥ
ⲕⲁⲉⲓⲉ: ⲕⲟⲓⲉ
ⲕⲁⲉⲓⲥ: ⲕⲟⲉⲓⲥ
ⲕⲁⲓⲉ: ⲕⲟⲓⲉ
ⲕⲁⲓⲥⲉ: ⲕⲱⲱⲥ
ⲕⲁⲓϩ: ⲕⲟⲉⲓϩ
ⲕⲁⲕ⸗: ⲕⲱⲕ
ⲕⲁⲕⲉ: ⲕⲉⲕⲉ
ⲕⲁⲗⲁⲃⲓⲛ: ⲕⲉⲗⲉⲃⲓⲛ
ⲕⲁⲗⲁϩⲧ̄: ϭⲁⲗⲁϩⲧ̄

ⲕⲁⲗⲏⲗⲉ: ⲕⲁⲗⲉⲗⲉ
ⲕⲁⲗⲱⲟⲩ: ϭⲟⲉⲓⲗⲉ
ⲕⲁⲙⲁⲩⲉⲓ: ⲕⲙⲟⲙ
ⲕⲁⲙⲁⲩⲗⲉ: ϭⲁⲙⲟⲩⲗ
ⲕⲁⲙⲉ: ⲕⲙⲟⲙ
ⲕⲁⲙⲏ: ⲕⲙⲟⲙ
ⲕⲁⲙⲏⲗⲉ: ϭⲁⲙⲟⲩⲗ
ⲕⲁⲙⲟⲟⲩⲗⲉ: ϭⲁⲙⲟⲩⲗ
ⲕⲁⲛⲕⲗⲱ: ϭⲓⲛϭⲗⲱ
ⲕⲁⲡ: ϭⲟⲡ
ⲕⲁⲡ⸗: ϭⲱⲡⲉ
ⲕⲁⲡⲓϫⲉ: ϭⲁⲡⲉⲓϫⲉ
ⲕⲁⲣⲁⲉⲓⲧ: ⲣⲟ
ⲕⲁⲣⲱϥ: ⲣⲟ
ⲕⲁⲥ: ⲧⲕⲁⲥ
ⲕⲁⲧ: ⲕⲟⲧ
ⲕⲁⲩ: ⲕⲟⲟⲩ
ⲕⲁⲩⲛⲁⲕⲉⲥ: ϭⲱⲛⲁϭ
ⲕⲁⲩⲟⲛ: ϭⲁⲟⲩⲟⲛ
ⲕⲁϥⲕⲁϥ: ϭⲁⲃϭⲁⲃ
ⲕⲁϩ⸗: ⲕⲱϩ
ⲕⲁϩⲏⲩ: ⲕⲱⲕ
ⲕⲁϩⲕ̄: ⲕⲁϩⲕϩ̄
ⲕⲁϫⲓϥ: ϭⲁϫⲓϥ
ⲕⲃⲁ: ⲕⲱⲱⲃⲉ
ⲕⲃⲁ: ⲕⲃⲟ
ⲕⲃ̄ⲃⲉ: ⲕⲱⲃ
ⲕⲃⲉ-: ⲕⲃⲟ
ⲕⲉ⸗: ⲕⲱ
ⲕⲉⲉ⸗: ⲕⲱ
ⲕⲉⲉⲃⲉ-: ⲕⲱⲱⲃⲉ
ⲕⲉⲉⲣⲉ-: ⲕⲱⲱⲣⲉ
ⲕⲉⲉⲥ: ⲕⲁⲥ
ⲕⲉⲓⲥⲉ: ⲕⲁⲓⲥⲉ
ⲕⲉⲗ: ϭⲱⲗ
ⲕⲉⲗⲉⲉⲗⲉ: ⲕⲁⲗⲉⲗⲉ
ⲕⲉⲗⲉⲛⲕⲉϩ: ⲕⲗ̄ⲗⲉ
ⲕⲉⲗⲏ: ⲕⲗⲉ
ⲕⲉⲗⲕⲓⲗ: ⲕⲁⲗⲕⲓⲗ
ⲕⲉⲗⲕⲱⲗ⸗: ϭⲟⲗϭⲗ̄
ⲕⲉⲗⲗⲏⲥ: ϫⲓⲗⲗⲉⲥ
ⲕⲉⲗⲙ̄: ϭⲗ̄ⲙ̄
ⲕⲉⲗⲙⲁ: ϭⲉⲗⲙⲁⲓ
ⲕⲉⲗⲟⲟⲗⲉ: ⲕⲉⲗⲱⲗ
ⲕⲉⲗⲟⲓⲧ: ϭⲟⲉⲓⲗⲉ
ⲕⲉⲙⲧ-/⸗: ⲕⲓⲙ
ⲕⲉⲛ⸗: ⲕⲟⲩⲛ(ⲧ)⸗
ⲕⲉⲟⲩⲁ: ⲟⲩⲁ
ⲕⲉⲡ-, ⲕⲉⲡ: ϭⲱⲡⲉ
ⲕⲉⲣⲉ-: ⲕⲱⲱⲣⲉ
ⲕⲉⲥⲉ: ⲕⲱⲱⲥ, ⲕⲁⲥⲉ
ⲕⲉⲧ-: ⲕⲱⲧ, ⲕⲱⲧⲉ
ⲕⲉⲧ: ⲕⲉ
ⲕⲉⲧⲉ: ⲕⲉ
ⲕⲉϩⲕ̄-: ⲕⲁϩⲕϩ̄
ⲕⲉϩⲕⲉϩ-: ⲕⲁϩⲕϩ̄
ⲕⲉϩⲕⲱϩ(⸗): ⲕⲁϩⲕϩ̄
ⲕⲏ: ⲕⲱ
ⲕⲏⲃ: ⲕⲃⲟ
ⲕⲏⲙ: ⲕⲙⲟⲙ

ⲕⲏⲙⲉ: ⲕⲟⲙⲙⲉ, ⲕⲙⲟⲙ

ⲕⲏⲡ: ϭⲱⲡⲉ

ⲕⲏⲥ: ⲕⲁⲥ

ⲕⲏⲥ: ⲕⲱⲱⲥ

ⲕⲏⲥⲉ: ⲕⲁⲥⲉ

ⲕⲏⲧ: ⲕⲱⲧ, ⲕⲱⲧⲉ

ⲕⲓⲁϩⲕ̅: ⲕⲟⲓⲁϩⲕ̅

ⲕⲓⲃⲉ: ⲉⲕⲓⲃⲉ

ⲕⲓⲉⲃⲉ: ⲉⲕⲓⲃⲉ

ⲕⲓⲛ-: ϭⲓⲛ-

ⲕⲓⲛⲃⲏⲗ: ϭⲓⲛⲟⲩⲏⲗ

ⲕⲓⲥ: ⲕⲁⲥ

ⲕⲗ̅: ⲕⲗ̅ⲗⲉ

ⲕⲗⲁ: ϭⲗⲁ

ⲕⲗⲁ: ⲕⲣⲟ

ⲕⲗⲃ̅ⲧ: ⲕⲗⲁϥⲧ̅

ⲕⲗⲉⲗ: ⲕⲗⲁⲗ

ⲕⲗⲉϥⲧ̅: ⲕⲗⲁϥⲧ̅

ⲕⲗⲏⲗ: ⲕⲗⲁⲗ

ⲕⲗⲓ: ⲕⲣⲓ

ⲕⲗⲟⲅⲉ: ϭⲗⲟⲟϭⲉ

ⲕⲗ̅ϩⲉ: ⲕⲱⲗϩ̅

ⲕⲙⲉ: ⲕⲙⲟⲙ

ⲕⲙⲏⲙⲉ: ⲕⲙⲟⲙ

ⲕⲙ̅ⲙⲉ: ⲕⲟⲙⲙⲉ

ⲕⲙ̅ⲧⲟ: ⲕⲓⲙ

ⲕⲛ̅: ϫⲓⲛ

ⲕⲛ̅ⲙⲟⲩⲧ: ϭⲓⲛⲙⲟⲩⲧ

ⲕⲛⲟⲟⲥ: ⲕⲛⲟⲥ

ⲕⲛ̅ⲧ⸗: ϭⲓⲛⲉ

ⲕⲛⲱⲱⲥ: ⲕⲛⲟⲥ

ⲕⲟⲓϩⲉ: ⲕⲱϩ

ⲕⲟⲗ⸗: ϭⲱⲗ

ⲕⲟⲗⲟⲗ: ⲕⲉⲗⲱⲗ

ⲕⲟⲗⲡ(⸗): ϭⲱⲗⲡ̅

ⲕⲟⲗⲡⲥ̅: ⲕⲱⲗⲡ̅

ⲕⲟⲙ: ϭⲱⲙ

ⲕⲟⲙϥ̅: ⲕⲟⲟⲙϥ̅

ⲕⲟⲛϫⲟⲩ: ⲕⲟⲩϫⲟⲩ

ⲕⲟⲟⲃ⸗: ⲕⲱⲱⲃⲉ

ⲕⲟⲟⲃⲉϥ: ⲕⲱⲃ

ⲕⲟⲟⲃϩ̅: ⲕⲱⲃϩ̅

ⲕⲟⲟⲛⲥ⸗: ⲕⲱⲱⲥ

ⲕⲟⲟⲣⲉ⸗: ⲕⲱⲱⲣⲉ

ⲕⲟⲟⲥ⸗: ⲕⲱⲱⲥ

ⲕⲟⲟⲩⲉ: ⲕⲉ

ⲕⲟⲟϣⲉ: ⲕⲱⲱϣⲉ

ⲕⲟⲡ⸗: ϭⲱⲡⲉ

ⲕⲟⲣⲧⲉ: ϭⲟⲣⲧⲉ

ⲕⲟⲣϣϥ̅: ⲕⲱⲣϣ̅

ⲕⲟⲣϥ⸗: ϭⲟⲣϥ⸗

ⲕⲟⲥ: ϭⲟⲥ

ⲕⲟⲧ⸗: ⲕⲱⲧ, ⲕⲱⲧⲉ

ⲕⲟⲧ: ⲕⲱⲧⲉ

ⲕⲟⲧⲥ̅: ⲕⲱⲧⲉ

ⲕⲟⲩⲕ: ϭⲟⲩⲕ

ⲕⲟⲩⲕⲉ: ⲕⲱⲕ

ⲕⲟⲩⲕⲙ̅: ⲕⲙ̅ⲕⲙ̅

ⲕⲟⲩⲗⲱⲗ: ⲕⲉⲗⲱⲗ

ⲕⲟⲩⲙⲕⲙ̅: ⲕⲙ̅ⲕⲙ̅

ⲕⲟⲩⲛϫⲟⲩ: ⲕⲟⲩϫⲟⲩ
ⲕⲟⲩⲟⲛ⸗: ⲕⲟⲩⲛ(ⲧ)⸗
ⲕⲟⲩⲟⲩⲛ(ⲧ)⸗: ⲕⲟⲩⲛ(ⲧ)⸗
ⲕⲟⲩⲱⲛ⸗: ⲕⲟⲩⲛ(ⲧ)⸗
ⲕⲟⲩϫ: ϭⲟⲩϫ
ⲕⲟϫ⸗: ϭⲱϭ
ⲕⲣⲙ̄ⲛ̄ⲧⲥ̄: ⲕⲣⲙ̄ⲧⲥ̄
ⲕⲣⲟϩ: ϭⲣⲱϩ
ⲕⲣⲟϫ: ⲕⲣⲟⲩϫ
ⲕⲣⲱⲟⲩ: ⲕⲣⲟ
ⲕⲣⲱⲱϭ: ϭⲣⲟϭ
ⲕⲣⲱϩ: ϭⲣⲱϩ
ⲕⲧⲁⲉⲓⲧ: ⲕⲱⲧⲉ
ⲕⲧⲉ-: ⲕⲱⲧⲉ
ⲕⲧⲏⲩ: ⲕⲱⲧⲉ
ⲕⲧⲟ(⸗): ⲕⲱⲧⲉ
ⲕⲧⲟⲉⲓⲧ: ⲕⲱⲧⲉ
ⲕⲩⲗⲙⲁⲛ: ϭⲉⲗⲙⲁⲓ
ⲕⲱⲃⲉϥ: ⲕⲱⲃ
ⲕⲱⲗ: ϭⲱⲗ
ⲕⲱⲗⲉ: ϭⲱⲱⲗⲉ
ⲕⲱⲗⲡ̄: ϭⲱⲗⲡ̄
ⲕⲱⲛⲥ̄: ⲕⲱⲱⲥ
ⲕⲱⲟⲩ: ⲕⲟⲟⲩ
ⲕⲱⲡ⸗, ⲕⲱⲡⲉ: ϭⲱⲡⲉ
ⲕⲱⲣⲙ̄: ⲕⲣⲱⲙ
ⲕⲱⲣϩ̄: ϭⲱⲣϩ̄
ⲕⲱⲧϩ̄: ϭⲱⲧϩ̄
ⲕⲱⲱⲛⲥ̄: ⲕⲱⲛⲥ̄
ⲕⲟⲟϥⲉ: ⲕⲱⲱⲃⲉ
ⲕⲱϩ: ⲕⲟⲟϩ
ⲭⲟⲓⲁⲭ: ⲕⲟⲓⲁϩⲕ̄
ⲭⲟⲓⲁ(ϩ)ⲕ: ⲕⲟⲓⲁϩⲕ̄

ⲗ

ⲗⲁ n.m. 질투, 중상, 비방. **ⲙⲛ̄ⲧⲗⲁ** 중상. **ϩⲓ-ⲗⲁ** 중상하다 (**ⲉ**); n.m. 중상; **ⲣⲉϥϩⲓ-ⲗⲁ** 중상하는 자; **ⲙⲛ̄ⲧⲣⲉϥϩⲓ-ⲗⲁ** 중상; **ⲗⲁⲃ-ⲗⲁ** 중상에 열심임.

ⲗⲁⲁⲩ, ⲗⲁⲁⲩⲉ, ⲗⲁⲩⲉ, ⲗⲁⲟⲩⲉ (§16.3) (1) 부정대명사. 어느 것, 누군가; 어떤 것; 명사처럼 관사를 취할 수도 있다. 예, **ⲟⲩ-ⲗⲁⲁⲩ ϣⲏⲙ** 작은 어떤 것. **ⲕⲉⲗⲁⲁⲩ** 뭔가 다른 (것), 누군가 딴 (사람). **ⲗⲁⲁⲩ ⲛⲓⲙ** 모든 사람, 모든 것. (2) adj. 누구, 어떤 (대개 명사 앞에서 **ⲛ̄**과 함께); **ⲗⲁⲁⲩ ⲙ̄ⲙⲱⲧⲛ̄** 너희 중 누구라도. (3) 부정문: 조금도 ~않다, 아무도 ~않다, 아무것도 ~않다. (4) 술어. **ⲟⲩⲗⲁⲁⲩ, ϩⲉⲛⲗⲁⲁⲩ** = 아무 것도[아무도] ~않다. (5) **ⲁⲧ-ⲗⲁⲁⲩ ⲛ̄** prep. ~이 부족하여, ~이 없이; (**ⲛ̄**) **ⲗⲁⲁⲩ** adv. 전혀 (~가 아닌).

ⲗⲁⲃⲟⲓ, ⲗⲁⲃⲁⲓ n.f. 암사자; 암곰.

ⲗⲁⲓⲛ, ⲗⲁⲉⲓⲛ, ⲗⲉⲉⲓⲛ n.f. 강철.

ⲗⲁⲕⲙ̄, ⲗⲁⲕⲙⲉ n.f. 조각, 파편. (**ⲛ̄**) **ⲗⲁⲕⲙ̄ ⲗⲁⲕⲙ̄** 여러 조각으로; **ⲣ̄-ⲗⲁⲕⲙ̄ ⲗⲁⲕⲙ̄** 여러 조각으로 부수다[찢다].

ⲗⲁⲕⲛ̄ⲧ, ⲗⲁϭⲛ̄ⲧ n.f. 큰 냄비.

ⲗⲁⲕⲟⲟⲧⲉ, ⲗⲁⲕⲟⲧⲉ, ⲗⲁⲁⲕⲟⲧⲉ n.f. 액체의 측량 단위 (포도주 등).

ⲗⲁⲕϩ̄ n.m. 구석, 모서리, 끝부분, 꼭대기.

ⲗⲁⲗⲉ (**ⲗⲟⲟⲗⲉ**), **ⲗⲁⲗⲱ⸗** (**ⲗⲁⲗⲱⲱ⸗**), Q **ⲗⲁⲗⲱⲟⲩ** (**ⲗⲁⲗⲱ, ⲗⲁⲗⲏⲩ**) vb. tr. 바르다, 칠하다, 입히다 (**ⲙ̄ⲙⲟ⸗**; ~에: **ⲉ**).

ⲗⲁⲙϫⲁⲧⲡ̄, ⲗⲁϫⲁⲧⲡ̄, ⲗⲁⲙϫⲁⲧ, ⲗⲁⲙϫⲉⲧ n.m. 타르, 피치.

ⲗⲁⲥ n.m. 혀; 말, 언어 (= **ⲁⲥⲡⲉ ⲛ̄ ⲗⲁⲥ**); 혀 형상의 물체. **ⲗⲁⲥ**

ⲁ ⲃ ⲉ ⲏ ⲉⲓ ⲕ ⲗ ⲙ ⲛ ⲟ ⲡ ⲣ ⲥ ⲧ ⲟⲩ ⲱ ϣ ϥ ϩ ϫ ϭ

ⲥⲛⲁⲩ 기만적인; ⲙⲛ̄ⲧⲗⲁⲁⲥ ⲥⲛⲁⲩ 속임, 기만.

ⲗⲁⲥ n.m. 천, 아마(亞麻)포.

ⲗⲁⲧⲃⲥ̄, ⲗⲁⲧⲃⲉⲥ n.f. 헝겊, 천조각; ϩⲓ-ⲗⲁⲧⲃⲥ̄ ⲉ ~에 헝겊을 대다.

ⲗⲁⲩⲟ, ⲗⲁⲃⲱ n.m.f. 배의 돛; 막, 차양. ϭⲓⲥ-ⲗⲁⲩⲟ n.f. 뒤쪽 돛.

ⲗⲁϣⲁⲛⲉ (pl. ⲗⲁϣⲛⲏⲩ, ⲗⲁϣⲛⲓⲟⲩ) n.m. 마을의 유력자, 촌장.

ⲗⲁϩⲏ n.f. 액체 측량 단위.

ⲗⲁϭⲉ vb. tr. 제거하다, 그만두게 하다 (ⲉ).

ⲗⲉⲗⲟⲩ (pl. ⲗⲉⲗⲁⲩⲉ, ⲗⲁⲩⲉ, ⲗⲁⲁⲩ) n.m.f. 젊은 남자, 젊은 여자.

ⲗⲉⲙⲏⲏϣⲉ n.m. 전사, 투사.

ⲗⲉⲛⲧⲏⲛ, ⲗⲉⲛⲑⲏⲛ, ⲗⲁⲛⲑⲏⲛ n.m. 톱.

ⲗⲉⲟⲛ n. 귀고리, 팔찌.

ⲗⲉⲯ, ⲗⲓⲯ n.m. 눈병을 앓는 사람.

ⲗⲉⲡⲥⲉ, ⲗⲉⲯⲉ, ⲗⲓⲡⲥⲉ n.m. 조각, 파편.

ⲗⲉϥⲗⲓϥⲉ n.f. 부스러기, 조각, 파편.

ⲗⲉϩ n.m. 근심, 걱정.

ⲗⲉϩⲗⲱϩ Q 높다, 크다. ⲗⲁϩⲗⲉϩ n.m. 거만함, 오만함.

ⲗⲓⲃⲉ, ⲗⲉⲃⲧ⸗, Q ⲗⲟⲃⲉ (ⲗⲁⲃ-) vb. intr. 미치다, 미쳐 날뛰다 (~에: ⲉϩⲟⲩⲛ ⲉ, ⲛ̄ⲥⲁ; ~에 대해; ⲛ̄ⲧⲛ̄, ϩⲁ, ϩⲛ̄, ϩⲓⲧⲛ̄); 드물게 tr. 미치게 하다. ⲗⲁⲃ-ⲗⲁ → ⲗⲁ를 보라. ⲗⲁⲃ-ⲙⲁϩⲧ̄ 탐욕스러운. ⲗⲁⲃ-ⲥϩⲓⲙⲉ 호색의, 음란한. ⲗⲁⲃ-ϩⲏ 욕심 많은, 탐욕스러운; ⲙⲛ̄ⲧⲗⲁⲃ-ϩⲏ 욕심, 탐욕; ⲣ̄-ⲗⲁⲃ-ϩⲏ 배가 고파지다, 탐욕스러워지다.

ⲗⲓⲕⲧ⸗ (ⲣ̄-ⲗⲓⲕⲧ⸗에서) 가리다, 덮다; ⲛ̄ ⲗⲓⲕⲧ⸗ 숨기는, 감추는.

ⲗⲓⲗⲟⲟϩⲉ, ⲗⲉⲗⲱϩⲉ, ⲉⲗⲟⲟϩⲉ, ⲗⲟϩⲉ n.f. 고무 수지 (또는 야자수의 일종[?]).

ⲗⲓⲙⲛⲏ n.m. 초상화, 화상(畵像), 모습, 모양.

ⲗ̄ⲗⲏⲃ, ⲉⲗⲗⲏⲃ, ⲗ̄ⲗⲏϥ n. 농담, 익살, 해학.

ⲗⲟ (imptv. **ⲁⲗⲟⲕ,** f. **ⲁⲗⲟ**; pl. **ⲁⲗⲱⲧⲛ̄**) vb. intr. (1) 중단하다, 멈추다, 끝나다; + 상황절: 하던 일을 멈추다, 더 이상 하지 않다. (2) 그만두다, 포기하다, 떠나다 (~로부터: **ⲙ̄ⲙⲟ⸗, ϩⲁ, ϩⲁⲃⲟⲗ ⲛ̄, ϩⲓ, ϩⲛ̄, ⲉⲃⲟⲗ ϩⲛ̄, ϩⲓⲣⲛ̄, ϩⲓϫⲛ̄**); 때로는 + 번역할 수 없는 **ⲙ̄ⲙⲁⲩ**. **ⲁ-ⲡⲉϥϩⲏⲧ ⲗⲟ ⲙ̄ⲙⲟϥ** 그가 기절했다.

ⲗⲟⲓϩⲉ n.m. (f.) 진흙탕, 오물.

ⲗⲟⲓϭⲉ n.f. 원인, 구실, 이유; **ⲁⲧⲗⲟⲓϭⲉ** 이유 없이. **ϯ-ⲗⲟⲓϭⲉ ⲛⲁ⸗** 변명을 하다, 이유를 대다. **ϭⲛ̄-ⲗⲟⲓϭⲉ** 변명거리를 찾다. **ϭⲡ̄-ⲗⲟⲓϭⲉ** idem.

ⲗⲟⲕ, ⲗⲟϭ n.m. 잔, 그릇; 측정 단위. **ϣⲡ̄-ⲗⲟⲕ** idem.

ⲗⲟⲕⲗⲕ̄, ⲗⲉⲕⲗⲱⲕ⸗, Q **ⲗⲉⲕⲗⲱⲕ** vb. intr. 부드러워지다; 드물게 tr. 부드럽게 만들다, 매끈하게 만들다 (**ⲙ̄ⲙⲟ⸗**); n.m. 부드러움. **ⲗⲁⲕⲗⲁⲕ** n. 설탕 절임의 한 종류.

ⲗⲟⲟⲙⲉ, ⲗⲟⲩⲙⲉ, ⲙⲟⲟⲗⲉ n.f.m. 미끼.

ⲗⲟⲟⲩ, ⲗⲟⲟⲩⲉ, ⲗⲱⲟⲩ, ⲗⲁⲩ n.m. 동그랗게 말린 것; (장식으로 다는) 술, (천·옷의) 단; 뭉치.

ⲗⲟⲟϥⲉ, ⲗⲟⲟⲃⲉ, ⲗⲟⲃⲉ Q 썩어 있다, 타락해 있다.

ⲗⲟⲩⲗⲁⲓ n.m. 외침, 함성. **ⲱϣ/ⲉϣ-/ⲛⲉϫ-/ⲧⲱⲕ ⲗⲟⲩⲗⲁⲓ ⲉⲃⲟⲗ** 외치다, 고함치다.

ⲗⲟϥⲗϥ̄ (**ⲗⲟϥⲗⲉϥ, ⲗⲟⲃⲗⲉϥ**) **ⲗⲉϥⲗⲱϥ⸗,** Q **ⲗⲉϥⲗⲱϥ, ⲗⲉϥⲗⲟϥⲧ̄** (± **ⲉⲃⲟⲗ**) vb. intr. 썩다, 부패하다, 썩어서 소멸하다; vb. tr. 파멸시키다, 썩게 하다 (**ⲙ̄ⲙⲟ⸗**); n.m. 부패, 소멸.

ⲗⲟϫⲗϫ̄ vb. tr. 문지르다, 으깨다, 억압하다 (**ⲙ̄ⲙⲟ⸗**).

ⲗⲟϫⲗϫ̄ (**ⲗⲟϭⲗⲉϫ**), **ⲗⲉϫⲗⲱϫ⸗** (**ⲗⲉϭⲗⲱϭ⸗**), Q **ⲗⲉϫⲗⲱϫ** (**ⲗⲉϭⲗⲱϭ**) vb. intr. 활기가 없어지다, 병약하다; vb. tr. 아프게 하다 (**ⲙ̄ⲙⲟ⸗**); n.m. 병, 질병.

ⲗⲟϭ, ⲗⲁϭ (**ⲣ̄-ⲗⲟϭ ⲉ**에서) 성가시게 굴다; **ⲙⲛ̄ⲧⲗⲟϭ** 고집, 집요함.

ⲗⲟϭⲗⲉϭ n.m. 대들보, 뼈대, 이음매.

ⲗⲱⲃϣ̄, Q **ⲗⲟⲃϣ̄** vb. intr. 벌겋게 달아오르다; tr. 벌겋게 달구다

(ⲙ̅ⲙⲟ⸗); n.m. 달아오름, 새빨감.

ⲗⲱⲃϣ̅ n.m. 왕관. vb. tr. 관을 씌우다, 돋보이게 하다.

ⲗⲱⲕ, Q **ⲗⲏⲕ** vb. intr. 부드러워지다, 신선해지다.

ⲗⲱⲕⲥ̅ (**ⲗⲱϭⲥ̅, ⲗⲱⲝ, ⲗⲟⲩⲝ**), **ⲗⲝ-, ⲗⲟⲕⲥ⸗** vb. tr. 물다, 물어뜯다, 꿰찌르다 (ⲙ̅ⲙⲟ⸗); + ⲛ̅ⲥⲁ: ~을 물(어뜯)다; n.m. 물기. **ⲣⲉϥⲗⲱⲕⲥ̅** 무는 자, 찌르는 자. **ϣⲥ̅-ⲛ̅-ⲗⲱⲕⲥ̅** 꿰찌르는 공격.

ⲗⲱⲕϣ̅, Q **ⲗⲟⲕϣ̅** vb. intr. 약하다, 무익하다; n.m. 약함.

ⲗⲱⲙⲥ̅ (**ⲗⲁⲙⲉⲥ**), Q **ⲗⲟⲙⲥ̅** vb. intr. 더러워지다, 악취가 나다; n.m. 불결, 부패.

ⲗⲱⲧⲉ (**ⲗⲱⲱⲧⲉ**) vb. intr. 단단해지다, (피부가) 굳은 살이 되다.

ⲗⲱⲱⲙⲉ (**ⲗⲱⲱⲙ, ⲗⲱⲙ**), Q **ⲗⲟⲟⲙⲉ** (**ⲗⲟⲙⲉ**) vb. intr. 시들다, 희미해지다; 더러워지다, 불결해지다; n.m. 부패; 쇠약해진 모습. **ⲁⲧⲗⲱⲱⲙⲉ** 쇠퇴하지 않는. Q **ⲗⲁⲁⲙ**도 사용.

ⲗⲱⲱⲥ (**ⲗⲱⲥ**), **ⲗⲉⲥ-**, Q **ⲗⲁⲁⲥ(ⲉ)** vb. tr. 부수다, 으깨다, 상처나게 하다 (ⲙ̅ⲙⲟ⸗); vb. intr. 부서지다, 상처나다.

ⲗⲱϩⲙ̅, ⲗⲉϩⲙ̅-, ⲗⲟϩⲙ⸗, Q **ⲗⲟϩⲙ̅** vb. tr. 끓이다, 익히다 (ⲙ̅ⲙⲟ⸗); vb. intr. 익다. **ⲗⲁϩⲙⲉⲥ** n. 익힌 음식(?).

ⲗⲱϫ, ⲗⲉϫ-, ⲗⲟϫ⸗, Q **ⲗⲟϫ** vb. tr. 눌러 부수다, 으깨다, 상처나게 하다 (ⲙ̅ⲙⲟ⸗); 핥다 (ⲙ̅ⲙⲟ⸗); vb. intr. 끈적하다, 끈끈하다; 달라붙다 (~에: ⲉ, ⲉϩⲟⲩⲛ ⲛ̅).

ⲗⲱϫⲕ̅ (**ⲗⲱϫϭ̅, ⲗⲱϫⲧ̅**), **ⲗⲟϫⲕ⸗** (**ⲗⲟϫϭ⸗, ⲗⲟϭⲕ⸗, ⲗⲟϫⲧ⸗**), Q **ⲗⲟϫⲧ̅** vb. intr. 끈적해지다, 끈끈해지다; 달라붙다 (~에: ⲉ); vb. tr. 붙이다, 합치다 (ⲙ̅ⲙⲟ⸗; ~에: ⲉ); ~을 핥다.

ⲗⲱϫϩ̅, ⲗⲉϫϩ̅, ⲗⲟϫϩ⸗, Q **ⲗⲟϫϩ̅** (1) vb. tr. 눌러 부수다, 으깨다 (ⲙ̅ⲙⲟ⸗); intr. 부서지다, 지워지다; n.m. 괴로움, 압박; (2) vb. tr. 핥다 (ⲙ̅ⲙⲟ⸗).

ⲗⲱϭⲉ, ⲗⲉϭ-, ⲗⲟϭ⸗, Q **ⲗⲏϭ** vb. tr. 숨기다 (ⲙ̅ⲙⲟ⸗); reflex. idem.

ⲗ̅ϩⲏⲙ (**ⲗ̅ϩⲙ̅, ⲉⲗϩⲏⲙ, ⲣ̅ϩⲏⲙ**) vb. intr. 으르렁거리다, 부르짖다;

n.m. 으르렁거림, 부르짖음.

ⲗ̅ϩⲱⲃ, ⲗ̅ϩⲱⲱϥ n.m. 김, 증기.

▽ 상호 참조

ⲗⲁⲁⲕⲟⲧⲉ: ⲗⲁⲕⲟⲟⲧⲉ
ⲗⲁⲁⲙ: ⲗⲱⲱⲙⲉ
ⲗⲁⲁⲩ: ⲗⲉⲗⲟⲩ
ⲗⲁⲁⲥ(ⲉ): ⲗⲱⲱⲥ
ⲗⲁⲃ-: ⲗⲓⲃⲉ
ⲗⲁⲃⲁⲓ: ⲗⲁⲃⲟⲓ
ⲗⲁⲃⲱ: ⲗⲁⲩⲟ
ⲗⲁⲕⲗⲁⲕ: ⲗⲟⲕⲗⲕ̅
ⲗⲁⲗⲏⲩ: ⲗⲁⲗⲉ
ⲗⲁⲗⲱ: ⲗⲁⲗⲉ
ⲗⲁⲗⲱⲟⲩ: ⲗⲁⲗⲉ
ⲗⲁⲗⲱ(ⲱ)⸗: ⲗⲁⲗⲉ
ⲗⲁⲙⲉⲥ: ⲗⲱⲙⲥ̅
ⲗⲁⲛⲑⲏⲛ: ⲗⲉⲛⲧⲏⲛ
ⲗⲁⲟⲩⲉ: ⲗⲁⲁⲩ
ⲗⲁⲩ: ⲗⲟⲟⲩ
ⲗⲁⲩⲉ: ⲗⲉⲗⲟⲩ, ⲗⲁⲁⲩ
ⲗⲁϣⲓⲏ: ϣⲓⲁⲓ
ⲗⲁϣⲛⲏⲩ: ⲗⲁϣⲁⲛⲉ
ⲗⲁϩⲗⲉϩ: ⲗⲉϩⲗⲱϩ
ⲗⲁϩⲙⲉⲥ: ⲗⲱϩⲙ̅
ⲗⲁϫⲁⲧⲡ̅: ⲗⲁⲙϫⲁⲧⲡ̅
ⲗⲁϭ: ⲗⲟϭ
ⲗⲁϭⲛ̅ⲧ: ⲗⲁⲕⲛ̅ⲧ
ⲗⲉⲃⲧ⸗: ⲗⲓⲃⲉ
ⲗⲉⲉⲓⲛ: ⲗⲁⲓⲛ
ⲗⲉⲉⲗ-: ⲉⲗⲟⲟⲗⲉ
ⲗⲉⲗ-: ⲉⲗⲟⲟⲗⲉ
ⲗⲉⲗⲁⲩⲉ: ⲗⲉⲗⲟⲩ
ⲗⲉⲗⲱϩⲉ: ⲗⲓⲗⲟⲟϩⲉ
ⲗⲉⲥ-: ⲗⲱⲱⲥ
ⲗⲉⲧ: ⲗⲁⲧ
ⲗⲉϥⲗⲟϥⲧ̅: ⲗⲟϥⲗϥ̅
ⲗⲉϭ-: ⲗⲱϭⲉ
ⲗⲉϭⲗⲱϭ(⸗): ⲗⲟϫⲗϫ̅
ⲗⲏϭ: ⲗⲱϭⲉ
ⲗⲓⲗ: ⲣⲓⲣ
ⲗⲓⲗ-: ⲉⲗⲟⲟⲗⲉ
ⲗⲓⲯ: ⲗⲉⲯ
ⲗⲓⲯⲉ: ⲗⲉⲡⲥⲉ
ⲗ̅ⲕ-: ⲱⲗⲕ̅
ⲗⲝ̅: ⲗⲱⲕⲥ̅
ⲗ̅ⲗⲏϥ: ⲗ̅ⲗⲏⲃ
ⲗⲙ̅ⲗⲏⲙ: ϭⲗⲟⲙⲗⲙ̅
ⲗⲙ̅ⲗⲱⲙ: ϭⲗⲟⲙⲗⲙ̅
ⲗⲟⲃⲉ: ⲗⲓⲃⲉ
ⲗⲟⲃⲉ: ⲗⲟⲟϥⲉ
ⲗⲟⲃⲗⲉϥ: ⲗⲟϥⲗϥ̅

ⲁ
ⲃ
ⲉ
ⲏ
ⲉⲓ
ⲕ
ⲗ
ⲙ
ⲛ
ⲟ
ⲡ
ⲣ
ⲥ
ⲧ
ⲟⲩ
ⲱ
ϣ
ϥ
ϩ
ϫ
ϭ

ⲗⲟⲙⲉ: ⲗⲱⲱⲙⲉ

ⲗⲟⲟⲃⲉ: ⲗⲟⲟϥⲉ

ⲗⲟⲟⲗⲉ: ⲗⲁⲗⲉ

ⲗⲟⲟⲙⲉ: ⲗⲱⲱⲙⲉ

ⲗⲟⲩⲝ: ⲗⲱⲕⲥ̅

ⲗⲟⲩⲙⲉ: ⲗⲟⲟⲙⲉ

ⲗⲟϩⲉ: ⲗⲓⲗⲟⲟϩⲉ

ⲗⲟϫⲧ(⸗): ⲗⲱϫⲕ̅

ⲗⲟϩⲧⲉ: ⲣⲁϩⲧⲉ

ⲗⲟϫϭ⸗: ⲗⲱϫⲕ̅

ⲗⲟϭ: ⲗⲟⲕ

ⲗⲟϭ⸗: ⲗⲱϭⲉ

ⲗⲟϭⲕ⸗: ⲗⲱϫⲕ̅

ⲗⲟϭⲗⲉϫ: ⲗⲟϫⲗⲉϫ

ⲗⲱⲙ: ⲗⲱⲱⲙⲉ

ⲗⲱⲥ: ⲗⲱⲱⲥ

ⲗⲱⲟⲩ: ⲗⲟⲟⲩ

ⲗⲱⲱⲧⲉ: ⲗⲱⲧⲉ

ⲗⲱϫⲧ̅: ⲗⲱϫⲕ̅

ⲗⲱϫϭ̅: ⲗⲱϫⲕ̅

ⲗⲱϭⲉ: ⲗⲱⲕⲥ̅

ⲗ̅ϩⲙ̅: ⲗ̅ϩⲏⲙ

ⲗ̅ϩⲱⲙ: ϩⲗⲱⲙ

ⲗ̅ϩⲱⲱϥ: ⲗ̅ϩⲱⲃ

ⲙ

ⲙⲁ n.m. 장소; 종종 특정한 의미로: 거주하는 장소, 신전 또는 성지; **ⲡⲉⲓⲙⲁ** 이 세상; **ⲡⲕⲉⲙⲁ** 다른 세상. **ⲡ(⸗)ⲙⲁ ⲡⲉ** (~의) 의무이다 (~하는: **ⲉ**). **ⲙⲁ ⲛ̄**의 복합어는 2번째 요소를 보라. **ⲉ ⲡⲙⲁ ⲛ̄** prep. ~로, ~쪽으로; ~에 대해, ~에 관하여; ~대신에. **ⲉⲩⲙⲁ** 한 곳으로, 함께. **ⲕⲁⲧⲁ ⲡⲙⲁ** 여러 곳에서, 각기 다른 곳에서. **ϣⲁ ⲡⲉⲓⲙⲁ** 지금까지, 여기까지. **ϩⲁ ⲡⲙⲁ ⲛ̄** ~에 관련하여. **ⲙⲁ ⲛⲓⲙ** 어디나, 모든 곳에. **ⲕⲁ-(ⲡ)ⲙⲁ ⲛⲁ⸗** ~에게 기회를 주다. **ⲣ̄-ⲡⲙⲁ ⲛ̄** ~을 대신하다, 뒤를 잇다. **ϯ-ⲙⲁ ⲛⲁ⸗** 허용하다, 허락하다, ~에게 기회를 주다. **ϫⲓ-ⲙⲁ ⲛ̄ⲧⲛ̄** ~의 자리를 빼앗다. **ϭⲙ̄-ⲙⲁ** 기회를 찾다. §23.2를 보라.

ⲙⲁ, ⲙⲁ-, ⲙⲁⲧ⸗ (**ⲙⲏⲉⲓ⸗**) 주어라! **ϯ** '주다'의 명령형. §26.3을 보라.

ⲙⲁⲁⲃ (**ⲙⲁⲁⲃ-, ⲙⲁⲃ-**; f. **ⲙⲁⲁⲃⲉ**) 숫자: 30, 서른. §30.7을 보라.

ⲙⲁⲁⲩ, ⲙⲁⲩ n.f. 어머니; 비유적으로도 사용하고 칭호로도 사용. **ⲁⲧⲙⲁⲁⲩ** 어머니가 없는. **ⲣ̄-ⲙⲁⲁⲩ** 어머니가 되다.

ⲙⲁⲁϫⲉ n.m. 귀; (바구니 등의) 손잡이. **ⲕⲁ-ⲙⲁⲁϫⲉ ⲉ, ⲣⲓⲕⲉ ⲙ̄ ⲡⲙⲁⲁϫⲉ ⲉ** ~에 귀를 기울이다.

ⲙⲁⲁϫⲉ, ⲙⲁϫⲉ (**ⲙⲁϫ-**) n.f. 건량 (건조된 곡물·과실 등의 계량 단위).

ⲙⲁⲉⲓⲛ n.m. 징조, 표지; 기적. **ⲣ̄-ⲙⲁⲉⲓⲛ** 표식을 하다, 두드러지다; 나타내다 (**ⲉ**). **ⲣⲉϥⲉⲓⲣⲉ ⲙ̄ ⲡⲙⲁⲉⲓⲛ** 기적을 행하는 사람. **ϯ-ⲙⲁⲉⲓⲛ** 나타내다, 가리키다, 알리다 (**ⲉ**); 신호를 보내다 (~에게: **ⲛⲁ⸗**); **ⲣⲉϥϯ-ⲙⲁⲉⲓⲛ** 점쟁이, 예언자. **ϫⲓ-ⲙⲁⲉⲓⲛ** 점을 치다; n.m. 점, 예언; **ⲣⲉϥϫⲓ-ⲙⲁⲉⲓⲛ** 점쟁이, 예언자; **ⲙⲛ̄ⲧ-ⲣⲉϥϫⲓ-ⲙⲁⲉⲓⲛ** 점, 예언.

ⲙⲁⲕⲟⲧ, ⲙⲁⲕⲱⲧ, ⲙⲁⲕⲁ(ⲁ)ⲧ, ⲙⲁⲅⲁⲁ n.m. 창, 화살.

ⲙⲁⲕϩ̄, ⲙⲁⲭ, ⲙⲟⲕϩ̄ n.m. 목. **ϯ-ⲡ(⸗)ⲙⲁⲕϩ̄ ϩⲁ** ~에 복종하다.

ⲛⲁϣⲧ̄-ⲙⲁⲕϩ̄ adj. 목이 뻣뻣해진, 고집이 센; ⲙⲛ̄ⲧ-ⲛⲁϣⲧ̄-ⲙⲁⲕϩ̄ 고집셈, 완고함; ⲣ̄-ⲛⲁϣⲧ̄-ⲙⲁⲕϩ̄ 고집이 세다, 완고하다.

ⲙⲁⲛϭⲁⲗⲉ, ⲙⲁⲛϭⲁⲗⲏ, ⲙⲁⲛϫⲁⲗⲉ n.m. 곡괭이, 괭이; 풍구.

ⲙⲁⲣⲟⲩⲟϭⲉ, ⲙⲉⲣⲟⲩⲟϭⲉ, ⲙⲣ̄ⲟⲩⲟⲟϭⲉ n.f. 턱뼈.

ⲙⲁⲣϫⲱϫⲉ (pl. ⲙⲁⲣϫⲟⲟϫⲉ) n. 여성 의복의 명칭.

ⲙⲁⲧⲉ (ⲉⲙⲁⲧⲉ, ⲙ̄ⲙⲁⲧⲉ에서) adv. 아주 많이, 크게, 대단히; 단지, 오직.

ⲙⲁⲧⲉ (ⲙⲁⲁⲧⲉ, ⲙⲉⲧⲉ) Q ⲙⲁⲧⲱⲟⲩ vb. tr. 도달하다, 달성하다, 얻다, 누리다 (ⲙ̄ⲙⲟ⸗); intr. 목적을 이루다, 성공하다 (~하는 데: ⲉ, ⲛ̄ + inf.); n.m. 성공, 달성. ϯ-ⲙⲁⲧⲉ = ⲙⲁⲧⲉ tr.

ⲙⲁⲧⲟⲓ, ⲙⲁⲧⲟⲉⲓ n.m. 군인, 병사. ⲣ̄-ⲙⲁⲧⲟⲓ (Q ⲟ ⲛ̄) 군인이 되다. ⲙⲛ̄ⲧⲙⲁⲧⲟⲓ 군인 생활, 전쟁.

ⲙⲁⲧⲟⲩ n.f. 독. ⲃⲁⲕ-ⲙⲁⲧⲟⲩ 독이 있는.

ⲙⲁⲩⲁⲁ⸗, ⲙⲁⲩⲁⲧ⸗ 강조 대명사. 혼자, 스스로, 오직 ~만; 선행하는 명사 또는 대명사와 동격으로 사용된다; §28.3을 보라.

ⲙⲁϣⲉ n.f. 저울.

ⲙⲁϣⲟ (ⲉⲙⲁϣⲟ에서) adv. 아주, 매우, 크게. ⲙ̄ⲙⲁϣⲟ idem.

ⲙⲁϣⲣ̄ⲧ, ⲙⲁϣⲉⲣⲧ n.m.f. 굵은 밧줄.

ⲙⲁϩ, ⲙⲁⲁϩ n.m. 둥지, 보금자리. ⲙⲁϩ-ⲟⲩⲁⲗ, -ⲃⲁⲗ, ⲙⲉϩ-ⲟⲩⲏⲗ n.m. idem.

ⲙⲁϩⲉ n.m. 규빗 (길이를 재는 단위). ϭⲓⲥ-ⲙⲁϩⲉ 반 규빗.

ⲙⲁϩⲉ n.m. 아마포. ⲉϥⲣⲁ-ⲙⲁϩⲉ 아마의 씨.

ⲙⲁϩⲧ̄ n.m. 장, 창자. ⲙⲉϩⲧ-ⲟ 큰창자.

ⲙⲁϫⲉ n.m. 도끼, 곡괭이.

ⲙⲁϫⲕⲉ, ⲙⲓϫⲕⲉ, ⲙⲉⲕϫⲉ, ⲙⲓϫϭⲉ n. 여성 의복.

ⲙⲉ, ⲙⲉⲉ, ⲙⲏⲉ n.f. 진리, 정의; 자주 형용사로 진실한, 실제의, 성실한; 정직한, 올바른. ⲙⲛ̄ⲧⲙⲉ 진리, 의로움. ⲛⲁⲙⲉ adv. 참으로, 실제로. ϩⲛ̄ ⲟⲩⲙⲉ idem. ⲣⲙ̄ⲙ̄ⲙⲉ 정직한 사람. ⲣ̄-(ⲧ)ⲙⲉ ~이 사실임이 증명되다. ϫⲉ-/ϫⲓ-(ⲧ)ⲙⲉ 진리를 말하다; ⲙⲏⲧ (고어)

ⲁ ⲃ ⲉ ⲏ ⲉⲓ ⲕ ⲗ ⲙ ⲛ ⲟ ⲡ ⲣ ⲥ ⲧ ⲟⲩ ⲱ ϣ ϥ ϩ ϫ ϭ

adj. 진실한.

ⲘⲈ (ⲘⲈⲒ), ⲘⲈⲢⲈ-, ⲘⲈⲢⲒⲦ⸗ (p.c. ⲘⲀⲒ-) vb. tr. 사랑하다, 바라다, 원하다 (ⲘⲘⲞ⸗); ⲘⲈⲢⲈ- 다른 부정사와 함께 사용될 수 있다. ϢⲞⲨ-ⲘⲈⲢⲒⲦ⸗ 사랑받을 가치가 있는, 사랑받을 만한. ⲘⲀⲒ-를 가진 복합어는 2번째 요소를 보라. n.m. 사랑. ⲘⲈⲢⲒⲦ (pl. ⲘⲈⲢⲀⲦⲈ) adj. 아주 사랑하는.

ⲘⲈⲈⲢⲈ n. 정오. Ⲙ̄ ⲘⲈⲈⲢⲈ 정오에.

ⲘⲈⲈⲨⲈ (ⲘⲈⲨⲈ, ⲘⲈⲈⲨ) vb. intr. 생각하다 (~에 대해: Ⲉ; ~을: ϪⲈ). 종종 Ⲉ와 함께 재귀 또는 심성적 여격으로; 하려고 하다 (~을: Ⲛ̄ + inf.); n.m. (± Ⲛ̄ ϨⲎⲦ) 생각, 정신. ⲘⲈⲈⲨⲈ ⲈϨⲞⲨⲚ Ⲉ 음모를 꾀하다. ⲘⲈⲈⲨⲈ ⲈⲂⲞⲖ 숙고하다, 고려하다. ⲘⲚ̄ⲦⲀⲦⲘⲈⲈⲨⲈ 생각의 부재. ⲢⲈϤⲘⲈⲈⲨⲈ 생각하는 사람. Ϯ-(Ⲡ) ⲘⲈⲈⲨⲈ ⲚⲀ⸗ 생각나게 하다. Ⲣ̄-Ⲡ(⸗)ⲘⲈⲈⲨⲈ ~을 생각하다, 상기하다 (Ⲛ̄); n.m. 기억.

ⲘⲈⲖⲰⲦ (pl. ⲘⲈⲖⲀⲀⲦⲈ) n.f. 천장, 캐노피.

ⲘⲈⲢⲈϨ, ⲘⲈϨⲢ̄ n.m. 창. ϢⲤ̄-Ⲛ̄-ⲘⲈⲢⲈϨ 창으로 찌르기. ϤⲀⲒ-ⲘⲈⲢⲈϨ 창을 든 사람.

ⲘⲈⲤⲦⲚ̄ϨⲎⲦ, ⲘⲈⲤⲐⲎⲦ n.f. 가슴, 유방.

ⲘⲈⲤϨⲰⲖ n.m. 줄 (연장).

ⲘⲈⲤⲞⲢⲎ, ⲘⲈⲤⲰⲢⲎ, ⲘⲈⲤⲞⲨⲢⲎ 콥트력의 12번째 달.

ⲘⲈϢⲈ-, ⲘⲈϢⲀ⸗ vb. 알지 못하다; 대개 ⲘⲈϢⲈ-ⲚⲒⲘ에서 아무개, 이러이러한 사람; ⲘⲈϢⲀⲔ, ⲘⲎϢⲀⲔ adv. 아마, 어쩌면.

ⲘⲈϢⲦⲒⲂⲤ̄ n.m. 문의 경첩.

ⲘⲈϨⲢⲞ n.m. 거름, 비료; ⲢⲈϤϮ-ⲘⲈϨⲢⲞ 거름을 주는 사람.

ⲘⲈϪⲠⲰⲚⲈ, ⲘⲈϪⲠⲰⲰⲚⲈ, ⲘⲈϢⲠⲰⲚⲈ n.m.f. 궤양, 분출.

ⲘⲈϬⲦⲰⲖ n.m. 탑.

ⲘⲎ, ⲘⲒ n.f. 오줌, 소변; ⲘⲎ Ⲙ̄ ⲘⲞⲞⲨ idem. ⲘⲎ ⲞⲈⲒⲔ 배설물, 대변. Ⲣ̄-ⲘⲎ 오줌 누다; 배변하다. ⲘⲀ Ⲛ̄ Ⲣ̄-ⲘⲎ 항문; 변소.

ⲘⲎⲎϢⲈ n.m. 군중, 대중; adj. 많은, 큰.

ⲘⲎⲚⲈ, ⲘⲎⲎⲚⲈ (Ⲙ̄ ⲘⲎⲚⲈ에서) adv. 매일의. Ⲙ̄ ⲘⲎⲚⲈ (Ⲙ̄) ⲘⲎⲚⲈ

idem.

ⲘⲎⲢ n.m. 해안, 기슭; 맞은 편 해안 (표준 사히드 방언이 아니다).

ⲘⲎⲦ (f. **ⲘⲎⲦⲈ**) 숫자: 10, 열. **ⲘⲚ̄Ⲧ-** 십의 자리의 접두사; §24.3를 보라. **ⲤⲞⲨ-ⲘⲎⲦ** 열 번째 날. **ⲢⲈ-ⲘⲎⲦ** (pl. **ⲢⲈ-ⲘⲀⲦⲈ**) 열 번째 부분, 십일조.

ⲘⲎⲦⲈ, ⲘⲎⲎⲦⲈ n.f. 중간, 가운데. **Ⲉ ⲦⲘⲎⲦⲈ** 가운데로 (**Ⲛ̄**), 사이에; adv. 앞(쪽)으로, 앞에 있는 위치로. **ϨⲚ̄/Ⲛ̄ ⲦⲘⲎⲦⲈ** 중간에, 가운데에 (~의: **Ⲛ̄**); 사이에; 선두에서. **ⲈⲂⲞⲖ Ⲛ̄/ϨⲚ̄ ⲦⲘⲎⲦⲈ** ~의 가운데로부터 (**Ⲛ̄**), ~중에서. **ϨⲒ ⲦⲘⲎⲦⲈ** 가운데를 통해 (~의: **Ⲛ̄**). **ⲘⲀⲢ-ⲘⲎⲦⲈ** n.f. 허리띠.

ⲘⲎϨⲈ, ⲘⲈϨⲈ n.m. 깃털.

ⲘⲒⲔⲈ vb. intr. 쉬다; 재귀용법으로도 사용 (**Ⲙ̄ⲘⲞ⸗**와 함께); n.m. 쉼, 휴식. **Ϯ-ⲘⲒⲔⲈ ⲚⲀ⸗** ~에게 휴식을 주다.

ⲘⲒⲚⲈ, ⲘⲈⲒⲚⲈ n.f. 종류, 유형, 특성, 방식, 모양. **ⲘⲒⲚⲈ Ⲛ̄** adj. ~의 종류, ~의 방식; **ⲔⲈⲘⲒⲚⲈ Ⲛ̄** 다른 종류의; **ⲘⲒⲚⲈ ⲚⲒⲘ Ⲛ̄** 모든 종류의, 갖가지의; **ⲀϢ Ⲙ̄ ⲘⲒⲚⲈ Ⲛ̄** 무슨 종류의?, 어떤 종류의? **Ⲛ̄ ⲦⲈⲒ-ⲘⲒⲚⲈ** 이같이, 이와 같이, 다음과 같이.

ⲘⲒⲞ⸗ 2인칭 접미사를 가진 술어 인사말: **ⲘⲒⲞⲔ, ⲘⲒⲰ, ⲘⲒⲰⲦⲚ̄** 강건하세요! 안녕하세요! 평안하세요!

ⲘⲒⲤⲈ, ⲘⲈⲤ(Ⲧ̄)- (**ⲘⲀⲤ-**), **ⲘⲈⲤⲦ⸗** (**ⲘⲀⲤⲦ⸗**), Q **ⲘⲞⲤⲈ**; p.c. **ⲘⲀⲤ-, ⲘⲈⲤ-** vb. tr. 낳다, 출산하다 (**Ⲙ̄ⲘⲞ⸗**), ~을 낳다; Q 갓 태어나 있다; n.m. 자식; 출산. 복합어의 2번째 요소로서: 태어나다, (**ϬⲀⲖⲈ Ⲙ̄ ⲘⲒⲤⲈ**에서) 다리 저는 자로 태어나다; 출생- (**ⲘⲀ Ⲙ̄ ⲘⲒⲤⲈ**에서) 출생지. **ϨⲞⲞⲨ Ⲙ̄ ⲘⲒⲤⲈ** 출생일, 생일. **ϢⲢ̄Ⲡ-Ⲙ̄-ⲘⲒⲤⲈ** 처음 태어난 아이, 맏이; **ⲘⲚ̄ⲦϢⲢ̄Ⲡ-(Ⲙ̄) ⲘⲒⲤⲈ** 맏이의 지위 또는 권리. **ⲘⲒⲤⲈ ⲈϨⲢⲀⲒ, Ϯ Ⲉ ⲘⲒⲤⲈ** 낳다, 출산하다. **ⲢⲈϤⲘⲒⲤⲈ** 낳는 자; **ⲘⲚ̄ⲦⲢⲈϤⲘⲒⲤⲈ** 출생, 태어남. **ⲀⲦⲘⲒⲤⲈ** 아직 태어나지 않은. **ⲘⲎⲤⲈ** n.f. 임신한 여성. **ⲘⲀⲤ, ⲘⲀⲤⲈ** n.m. 어린 동물; 특별히 송아지; **ⲘⲚ̄ⲦⲘⲀⲤⲈ** 송아지를 닮음. **ⲘⲎⲤⲈ, ⲘⲎⲎⲤⲈ** n.f. 고리 대금, 이자; **Ϯ Ⲉ ⲘⲎⲤⲈ** 이자를 받고 빌려주다;

ϫⲓ-ⲙⲏⲥⲉ 이자를 받다; ⲁⲧⲙⲏⲥⲉ 이자 없이. ⲙⲉⲥ-ϩⲛ̄-ⲏⲓ n.m.f. 집에서 태어난 사람. ⲙⲉⲥⲓⲟ, ⲙⲉⲥⲓⲟ⸗ vb. tr. 출산시키다, 산파의 역할을 하다. ⲙⲉⲥⲓⲱ, ⲙⲉⲥⲓⲟ n.f. 산파; ⲣ̄-ⲙⲉⲥⲓⲱ 산파의 역할을 하다. ⲙⲁⲥ-를 가진 복합어는 2번째 요소를 보라.

ⲙⲓϣⲉ, ⲙⲉⲓϣⲉ vb. intr. 싸우다, 투쟁하다, 다투다 (~에 대해: ⲙⲛ̄, ⲟⲩⲃⲉ, ⲉ; ~을 위하여: ⲉϫⲛ̄, ⲉϩⲣⲁⲓ ⲉϫⲛ̄) 공격하다 (ⲉ); 치다 (~에: ⲉϫⲛ̄); n.m. 다툼, 언쟁, 싸움. ⲙⲁ ⲙ̄ ⲙⲓϣⲉ 격투장, 아레나; ⲣⲉϥⲙⲓϣⲉ 전사, 투사; ⲣ̄-ⲣⲉϥⲙⲓϣⲉ 다투기를 좋아하다, 호전적이다; ϭⲓⲛⲙⲓϣⲉ 싸움의 기술.

ⲙ̄ⲕⲁϩ, Q ⲙⲟⲕϩ̄ vb. intr. 고통스럽다, 힘들다; 괴로워하다, 슬퍼하다 (~에: ⲉ); Q 고통스럽다 (~하는 것이: ⲉ ⲛ̄ + inf.; ⲉⲧⲣⲉ); n.m. (pl. ⲙ̄ⲕⲟⲟϩ) 고통, 어려움, 비탄. ⲣ̄-ⲙ̄ⲕⲁϩ 고통스러워지다, 비통해지다, 어렵게 되다. ϣⲡ̄-ⲙ̄ⲕⲁϩ 고통을 겪다. ⲙ̄ⲕⲁϩ ⲛ̄ ϩⲏⲧ vb. intr. 마음이 아프다, 마음이 괴롭다; n.m. 고통, 비탄. ϯ-ⲙ̄ⲕⲁϩ ⲛ̄ ϩⲏⲧ 몹시 슬프게 하다, 괴롭히다 (ⲛⲁ⸗). ⲙⲟⲕϩⲥ̄, ⲙⲟϫⲥ̄ n.f. 비탄, 깊은 슬픔.

ⲙ̄ⲗⲁϩ (pl. ⲙ̄ⲗⲟⲟϩ) n.m. 전투, 전투 대형, 군대; 다툼. ⲥⲣ̄-ⲙ̄ⲗⲁϩ (Q ⲙ̄ⲗⲁϩ ⲥⲏⲣ) ⲉⲃⲟⲗ 전열을 정비하다. ϫⲓ-ⲙ̄ⲗⲁϩ 싸우다; ⲣⲉϥϫⲓ-ⲙ̄ⲗⲁϩ 전사, 투사.

ⲙ̄ⲙⲁⲩ adv. 거기서, 거기에; 거기서부터; 그 때부터 ⲉⲃⲟⲗ ⲙ̄ⲙⲁⲩ 그 때부터, 거기로부터 ⲉⲙⲁⲩ 그쪽으로, 거기로 종종 번역하지 않는 경우도 있다(§22.1).

ⲙ̄ⲙⲁϩ prep. (제물을 바치는 신의) 앞에.

ⲙ̄ⲙⲓⲛ ⲙ̄ⲙⲟ⸗ 강조 대명사, 선행하는 대명사에 동격인, ⲡⲁⲏⲓ ⲙ̄ⲙⲓⲛ ⲙ̄ⲙⲟⲓ 내 자신의 집 처럼. §28.3을 보라.

ⲙ̄ⲙⲟⲛ adv. 정말로, 참으로 conj. ~이므로.

ⲙ̄ⲙⲟⲛ, ⲙⲟⲛ 부정 불변화사. 아니다 (no: 질문에 대한 답변으로); (ⲉϣⲱⲡⲉ) ⲙ̄ⲙⲟⲛ adv. 이외에는, 그렇지 않으면; ϫⲛ̄ ⲙ̄ⲙⲟⲛ, ϫⲓⲛ ⲙ̄ⲙⲟⲛ 아니면 오히려, ~보다는.

ⲙⲛ̄ (고어 ⲛⲙ̄) ⲛⲙ̄ⲙⲁ⸗ (1) prep. ~와 같이, ~와 함께; (2) conj. 그리고.

ⲁ ⲃ ⲉ ⲏ ⲉⲓ ⲕ ⲗ ⲙ ⲛ ⲟ ⲡ ⲣ ⲥ ⲧ ⲟⲩ ⲱ ϣ ϥ ϩ ϫ ϭ

일반적으로 명사와 연결됨; 때로는 **ⲁⲩⲱ ⲙⲛ̄**.

ⲙⲛ̄-, ⲙ̄ⲙⲛ̄- 비존재 술어: ~ (들)이 없다 there is/are not (§2.2); 현재형 체계에서 부정 주어 앞에서 사용된다. (§18.1); **ⲙⲛ̄-ϭⲟⲙ, ⲙⲛ̄-ϣϭⲟⲙ**은 **ϭⲟⲙ**을 보라.

ⲙ̄ⲛⲟⲩⲧ (f. **ⲙ̄ⲛⲟⲧⲉ, ⲙ̄ⲛⲟⲟⲧⲉ**) n.m.f. 짐꾼, 문지기.

ⲙⲛ̄ⲧ n.m. 곡물 측량 단위.

ⲙⲛ̄ⲧ- 접두사. 여성 (f.) 추상 명사를 만듦; §27.2를 보라.

ⲙⲛ̄ⲧ- 십의 자리를 만드는 접두사; §24.3을 보라.

ⲙⲛ̄ⲧⲉ-, ⲙⲛ̄ⲧⲁ⸗ ~가 없다. 소유의 부정 술어; §22.1을 보라. 동사 접두사로도 사용된다: ~하지 않도록, ~이 아닌 한, ~하지 않는다면.

ⲙⲛ̄ⲧⲣⲉ, ⲙⲉⲧⲣⲏ (pl. **ⲙⲛ̄ⲧⲣⲉⲉⲩ**) n.m. 증인, 증언, 증거. **ⲙⲛ̄ⲧ-ⲙⲛ̄ⲧⲣⲉ** n.f. 증언; **ⲣ̄-ⲙⲛ̄ⲧⲣⲉ** 증언하다; 증명하다 (~에 대해: **ⲙ̄ⲙⲟ⸗, ⲉⲧⲃⲉ, ⲉϫⲛ̄**; 사람에게: **ⲛⲁ⸗**; 반대하여: **ⲉ**; ~을 위하여: **ⲉ, ϩⲁ, ⲙⲛ̄**).

ⲙⲟ imptv. vb. (sg. **ⲙⲟ, ⲙⲱ, ⲙ̄ⲙⲟ**; pl. **ⲙ̄ⲙⲏⲉⲓⲧⲛ̄**) 가져라! take! (**ⲉ**).

ⲙⲟⲉⲓⲧ n.m. 길, 도로; 드물게: 장소. **ⲙⲟⲉⲓⲧ ⲛ̄ ⲉⲓ ⲉϩⲟⲩⲛ** 입구; **ⲙⲟⲉⲓⲧ ⲛ̄ ⲉⲓ ⲉⲃⲟⲗ** 출구. **ϫⲓ-ⲙⲟⲉⲓⲧ ϩⲏⲧ⸗** 인도하다, 안내하다; **ⲣⲉϥϫⲓ-ⲙⲟⲉⲓⲧ** 지도자, 인도자; **ϫⲁⲩ-ⲙⲟⲉⲓⲧ** idem; **ⲙⲛ̄ⲧ-ⲣⲉϥϫⲁⲩ-ⲙⲟⲉⲓⲧ** 리더십, 지도력; **ⲣ̄-ϫⲁⲩ-ⲙⲟⲉⲓⲧ** 지도자가 되다. **ⲙⲟⲉⲓⲧ ⲙ̄ ⲙⲟⲟϣⲉ** 통로, 길.

ⲙⲟⲉⲓϩ, ⲙⲟⲓⲁϩ n.m. 측량 단위.

ⲙⲟⲉⲓϩⲉ, ⲙⲟⲓϩⲉ n.m.f. 놀라움, 경이; **ⲣ̄-ⲙⲟⲉⲓϩⲉ** 기이하게 여기다, 깜짝 놀라다 (~에: **ⲛ̄, ⲉϫⲛ̄, ϩⲛ̄**).

ⲙⲟⲕⲙⲉⲕ, ⲙⲉⲕⲙⲟⲩⲕ⸗ vb. intr. 생각하다, 숙고하다, 명상하다; 의도하다 (~하기를: **ⲉⲧⲣⲉ**); 재귀용법. idem, 숙고하다 (~을: **ϫⲉ**). **ⲙⲟⲕⲙⲉⲕ ⲉⲃⲟⲗ ⲉ** ~을 심사숙고하다, ~을 깊이 생각하다. n.m. 생각. **ⲁⲧⲙⲟⲕⲙⲉⲕ** 생각할 수 없는, 상상도 못할 (**ⲉⲣⲟ⸗**).

ⲙⲟⲟⲛⲉ n.f. 보모(保姆), 유모; adj. (친부모 같이) 보살펴 주는.

ⲙⲟⲟⲛⲉ, ⲙⲉⲛⲉ- (**ⲙⲁⲛⲉ-, ⲙⲁⲛⲟⲩ-**), Q **ⲙⲁⲛⲟⲟⲩⲧ** (±

ⲈϨⲞⲨⲚ) vb. tr. 입항하다, 상륙시키다 (Ⲙ̄ⲘⲞ⸗; ~에: Ⲉ); vb. intr. 항구에 대다, 정박하다 (~에: Ⲉ). **ⲘⲀ Ⲙ̄ ⲘⲞⲞⲚⲈ** 항구.

ⲘⲞⲞⲚⲈ, ⲘⲈⲚⲈ-, ⲘⲀⲚⲞⲨ⸗ (**ⲘⲀⲚⲞⲨⲞⲨ⸗**), p.c. **ⲘⲀⲚⲈ-** vb. tr. 돌보다, 음식을 주다, 보살피다 (Ⲙ̄ⲘⲞ⸗); 음식[먹이]을 먹다, 게걸스레 먹다 (Ⲙ̄ⲘⲞ⸗); vb. intr. 먹이를 먹다, 풀을 뜯다 (소 등이). **ⲘⲀ Ⲙ̄ ⲘⲞⲞⲚⲈ** 초원, 목초지. **ⲢⲈϤⲘⲞⲞⲚⲈ** 목동, 목자; **ⲘⲚ̄Ⲧ-ⲢⲈϤⲘⲞⲞⲚⲈ** 목양(牧養). 가축을 돌보는 일. **ⲘⲀⲚⲈ** (**ⲘⲀⲚ-**; pl. **ⲘⲀⲚⲎⲨ**) n.m. 목동, 목자. 복합어에서 **ⲘⲀⲚ-**은 2번째 요소를 보라.

ⲘⲞⲞⲨ (pl. **ⲘⲞⲨⲈⲒⲎ, ⲘⲞⲨⲎⲈⲒⲈ, ⲘⲞⲨⲈⲒⲞⲞⲨⲈ, ⲘⲞⲨⲚⲈⲒⲞⲞⲨⲈ**) n.m. 물; 특히 나일강의 범람. 복합어에서 즙, 배출액, 정액, 오줌을 의미할 수 있다. **ⲀⲦⲘⲞⲞⲨ** 물/물기가 없는, 바싹 마른. **ⲘⲈⲤ-ⲘⲞⲞⲨ** 물을 함유함. **ⲘⲈϨ-ⲘⲞⲞⲨ** 물을 긷다; **ⲘⲀ Ⲙ̄ ⲘⲈϨ-ⲘⲞⲞⲨ** 물을 긷는 곳; **ⲢⲈϤⲘⲈϨ-ⲘⲞⲞⲨ** 물을 긷는 자. **Ⲣ̄-ⲘⲞⲞⲨ** 물이 되다, 액체로 되다. **ⲤⲈⲔ-ⲘⲞⲞⲨ** 물을 긷다. **ⲤⲢ̄-ⲘⲞⲞⲨ** 물을 나누어 주다. **Ϯ-ⲘⲞⲞⲨ** 물을 주다; **ⲘⲀ Ⲛ̄ Ϯ-ⲘⲞⲞⲨ** 수원. **ⲦⲤⲈ-ⲘⲞⲞⲨ** 갈증을 해소하다. **ⲂⲀⲒ-ⲘⲞⲞⲨ** 물을 나르는 자. **ϪⲒ-ⲘⲞⲞⲨ** 물을 받다. **ϨⲒ-ⲘⲞⲞⲨ** 비가 오다.

ⲘⲞⲞϢⲈ (**ⲘⲞϢⲈ**) vb. intr. 걷다, 가다; 많은 전치사 및 부사와 함께 일반적인 의미로 사용; n.m. 가기, 여행. **ⲘⲞⲞϢⲈ ⲘⲚ̄** ~와 어울려 지내다에 주의하라; **ⲘⲞⲞϢⲈ Ⲛ̄ⲤⲀ** ~의 뒤를 따르다. **ⲀⲦⲘⲞⲞϢⲈ** 길이 없는; **ⲘⲀ Ⲙ̄ ⲘⲞⲞϢⲈ** 길, 도로; **ⲘⲞⲈⲒⲦ Ⲙ̄ ⲘⲞⲞϢⲈ** 길, 여정; **ϨⲒⲎ Ⲙ̄ ⲘⲞⲞϢⲈ** 길, 도로; **Ⲣ̄-ϨⲒⲎ Ⲙ̄ ⲘⲞⲞϢⲈ** 가다, 걷다. **ϨⲞⲞⲨ Ⲙ̄ ⲘⲞⲞϢⲈ** 하루의 여정.

ⲘⲞⲢⲦ̄ n.f. 턱수염. **ⲀⲦⲘⲞⲢⲦ̄** 수염이 없는. **Ⲣ̄-ⲘⲞⲢⲦ̄** 수염을 기르다.

ⲘⲞⲤⲦⲈ, ⲘⲈⲤⲦⲈ-, ⲘⲈⲤⲦⲰ⸗ (p.c. **ⲘⲀⲤⲦ̄-**) vb. tr. 싫어하다, 미워하다 (Ⲙ̄ⲘⲞ⸗); n.m. 증오, 아주 싫어함, 증오의 대상. 복합어에서 **ⲘⲀⲤⲦ̄-** ~을 미워하는 사람. **ϢⲞⲨ-ⲘⲞⲤⲦⲈ** 미워할 만한. **ⲘⲈⲤⲦⲈ** (f. **ⲘⲈⲤⲦⲎ**) n.m. 미워하는 사람.

ⲘⲞⲨ, Q **ⲘⲞⲞⲨⲦ** vb. intr. 죽다 (~에 대해: **ⲈⲦⲂⲈ, Ⲛ̅ⲦⲚ̅, ϨⲀ, ϨⲚ̅, ϨⲒⲦⲚ̅**; ~을 위해: **ⲈϪⲚ̅**); n.m. 죽음; 역병, 전염병. **ⲢⲈϤⲘⲞⲨ** adj. 언젠가는 반드시 죽는, 죽은; **ⲘⲚ̅ⲦⲈϤⲘⲞⲨ** 언젠가는 죽어야 함. **ⲢⲈϤⲘⲞⲞⲨⲦ** 죽은 사람, 죽은 것. **ⲠⲀϢ-ⲘⲞⲨ** adj. 반 죽은. **ⲀⲦⲘⲞⲨ** 죽지 않는; **ⲘⲚ̅ⲦⲀⲦⲘⲞⲨ** 불사, 불멸.

ⲘⲞⲨⲈ, ⲘⲞⲨⲈⲒ, ⲘⲞⲨ, ⲘⲞⲨⲒ n.f. 섬 (대개 나일강 안에 있는).

ⲘⲞⲨⲒ, ⲘⲞⲨⲈⲒ n.m.f. 사자; **ⲘⲀⲤ Ⲙ̅ ⲘⲞⲨⲒ** 사자의 새끼.

ⲘⲞⲨⲔ vb. tr. 파괴하다, 파멸시키다; intr. 멸망되다.

ⲘⲞⲨⲔϨ̅, ⲘⲈⲔϨ̅-, ⲘⲞⲔϨ⸗ vb. tr. 몹시 괴롭히다, 압박하다 (**Ⲙ̅ⲘⲞ⸗**); reflex. 괴롭게 하다, 압박하다; 스스로 낮추다.

ⲘⲞⲨⲖϨ̅, ⲘⲈⲖϨ̅-, ⲘⲞⲖϨ⸗, Q **ⲘⲞⲖϨ̅** vb. tr. 짜게 만들다; 소금으로 변하게 하다 (**Ⲙ̅ⲘⲞ⸗**); Q 짜다. **ⲘⲖ̅Ϩ, ⲘⲈⲖϨ̅, ⲘⲎⲢϨ̅** n. 소금. **ⲘⲈⲖϨⲈ** n.f. 간, 소금기.

ⲘⲞⲨⲖϨ̅, ⲘⲞⲨⲖⲀϨ, ⲘⲞⲨⲢϨ̅ n.m. 밀랍; 양초; 벌집.

ⲘⲞⲨⲖϨ̅, ⲘⲞⲖϨ⸗, Q **ⲘⲞⲖϨ̅** vb. tr. 관련시키다, 걸려들게 하다 (**Ⲙ̅ⲘⲞ⸗**); vb. intr. ~에 빠져들다, ~에 걸려들다 (**Ⲉ, Ⲙ̅ⲘⲞ⸗, ϨⲚ̅**).

ⲘⲞⲨⲚ, Q **ⲘⲎⲚ** (**ⲘⲎⲚⲈ**) vb. intr. ± **ⲈⲂⲞⲖ** 계속하다, 견디다, 오래가다; 상황절과 함께: ~하는 것을 계속하다. n.m. (± **ⲈⲂⲞⲖ**) 계속적임, 인내; **ϨⲚ̅ ⲞⲨⲘⲞⲨⲚ ⲈⲂⲞⲖ** 계속해서, 끊임없이.

ⲘⲞⲨⲚⲔ̅ (**ⲘⲞⲨⲚⲄ̅**), **ⲘⲈⲚⲔ̅-, ⲘⲞⲚⲔ⸗** (**ⲘⲞⲚⲄ⸗**), Q **ⲘⲞⲚⲄ̅** vb. tr. 형성하다, 만들다 (**Ⲙ̅ⲘⲞ⸗**); n.m. 만든 것; 형성, 만들기, 제작; **ⲘⲞⲨⲚⲔ̅ Ⲛ̅ ϬⲒϪ** 손으로 만든 제품, 수제품; **ⲀⲦⲘⲞⲨⲚⲔ̅ Ⲛ̅ ϬⲒϪ** 손으로 만든 것이 아닌.

ⲘⲞⲨⲞⲨⲦ, ⲘⲈⲨⲦ-, ⲘⲞⲞⲨⲦ⸗ vb. tr. 죽이다 (**Ⲙ̅ⲘⲞ⸗**); **ⲢⲈϤⲘⲞⲨⲞⲨⲦ** 살인자.

ⲘⲞⲨⲢ, ⲘⲈⲢ- (**Ⲙ̅Ⲣ̅-**), **ⲘⲞⲢ⸗**, Q **ⲘⲎⲢ** (p.c. **ⲘⲀⲢ-**) vb tr. 묶다, 매다 (**Ⲙ̅ⲘⲞ⸗**; ~에: **Ⲙ̅ⲘⲞ⸗, Ⲉ, ⲈϪⲚ̅, ϨⲚ̅**; ~와 함께: **Ⲙ̅ⲘⲞ⸗, ϨⲚ̅**); **ⲘⲞⲨⲢ Ⲙ̅ⲘⲞ⸗ Ⲙ̅ ⲠⲈⲤⲬⲎⲘⲀ** 수도자 습관으로 띠를 두르다; 맹세에 속박되다, 명령에 속박되다; Q 매여 있다. n.m. 묶는 것, 끈, 묶기. **ⲘⲞⲨⲢ ⲘⲚ̅** ~와는 적대적이다. **ⲘⲀ Ⲙ̅ ⲘⲞⲨⲢ** 감옥. **ⲘⲀⲢ,**

ⲙⲁⲁⲣ, ⲙⲉⲣ, ⲙⲏⲣ n.m. 묶음, 꾸러미. ⲙⲁⲓⲣⲉ, ⲙⲏⲣⲉ n.f. idem. ⲙⲣ̄ⲣⲉ n.f. 사슬, 묶는 것; 연결. ⲙⲟⲣⲥ̄ n.f. 묶기, 제약; 지갑. ⲙⲁⲣ-를 가진 복합어는 2번째 요소를 보라.

ⲙⲟⲩⲥ n.m. 띠, 끈; 허리띠, 거들; 가죽 끈. ⲣⲉϥⲧⲁⲙⲓⲉ-ⲙⲟⲩⲥ 띠를 만드는 사람.

ⲙⲟⲩⲥⲕ̄, ⲙⲁⲥⲕ⸗, Q ⲙⲟⲥⲕ̄ vb. tr. 치다, 때리다 (ⲙ̄ⲙⲟ⸗).

ⲙⲟⲩⲧ, ⲙⲟⲧⲉ n.m. 힘줄, 신경; 관절; 목, 어깨.

ⲙⲟⲩⲧⲉ vb. intr. 부르다, 이름을 부르다 (ⲉ, 드물게 ⲙ̄ⲙⲟ⸗); 사용법에 대해서는 어휘목록 17을 보라. n.m. 부름, 주문(呪文). ⲣⲉϥⲙⲟⲩⲧⲉ 매혹하는 사람, 마법사; ⲙⲛ̄ⲧⲣⲉϥⲙⲟⲩⲧⲉ 마법에 걸린 상태. ⲙⲟⲩⲧⲉ ⲉϫⲛ̄/ⲟⲩⲃⲉ 요구하다; ⲙⲟⲩⲧⲉ ⲉⲃⲟⲗ 불러 내다; 소환하다. ⲙⲟⲩⲧⲉ ⲉϩⲟⲩⲛ 부르다 (~에: ⲉ); 초대하다.

ⲙⲟⲩϣⲧ̄, ⲙⲉϣⲧ̄-, ⲙⲟϣⲧ⸗, Q ⲙⲟϣⲧ̄ (p.c. ⲙⲁϣⲧ̄-) vb. tr. 조사하다, 찾아내다 (ⲙ̄ⲙⲟ⸗); 방문하다; reflex. (± ⲉⲃⲟⲗ) 생각하다, 숙고하다. n.m. 숙고, 개인적 의견. ⲁⲧⲙⲟϣⲧ⸗ 헤아릴 수 없는.

ⲙⲟⲩϩ, ⲙⲉϩ- (ⲙⲁϩ-), ⲙⲁϩ⸗ (ⲙⲟϩ⸗), Q ⲙⲉϩ (ⲙⲏϩ) vb. tr. 채우다, 가득하게 하다 (ⲙ̄ⲙⲟ⸗; ~으로: ⲙ̄ⲙⲟ⸗, ϩⲛ̄, ⲉⲃⲟⲗ ϩⲛ̄); 완료하다, 마치다; 지불하다, 갚다 (빚: ⲙ̄ⲙⲟ⸗ ± ⲉⲃⲟⲗ; ~으로: ϩⲛ̄; 사람: 목적 접미사로만); vb. intr. 가득하게 되다, 채워지다 (~으로: ⲙ̄ⲙⲟ⸗, ϩⲛ̄, ϩⲁ, ϩⲓⲧⲛ̄); 보수를 받다; + ⲉϩⲣⲁⲓ 범람하다 (나일강에서); n.m. 가득함, 충만함; 범람. ⲙⲉϩ-ⲣⲱ⸗ 입에 가득 채우다 (~으로: ⲙ̄ⲙⲟ⸗, ϩⲛ̄, ⲉ, ⲉϫⲛ̄). ⲙⲉϩ-ⲧⲟⲟⲧ⸗ 손에 가득 채우다, ~을 잡다 (ⲙ̄ⲙⲟ⸗). ⲙⲉϩ-ϩⲏⲧ 충분히 만족하게 되다. 서수 접미사로서의 ⲙⲉϩ-는 §30.7을 보라.

ⲙⲟⲩϩ vb. intr. 바라보다 (~을: ⲉ).

ⲙⲟⲩϩ vb. intr. 타다, 불타다 (연료로: ⲙ̄ⲙⲟ⸗).

ⲙⲟⲩϫϭ̄ (ⲙⲟⲩϫⲕ̄, ⲙⲟⲩϫⲧ̄), ⲙⲉϫⲧ̄-, ⲙⲟϫϭ⸗ (ⲙⲟϫⲕ⸗, ⲙⲟϫⲧ⸗), Q ⲙⲟϫϭ̄ (ⲙⲟϫⲧ̄, ⲙⲁϫⲧ̄) vb. tr. 섞다, 혼합하다 (ⲙ̄ⲙⲟ⸗; 와 함께: ⲙⲛ̄); intr. 섞이다 (~와: ⲉ, ⲙⲛ̄, ϩⲓ, ϩⲛ̄) n.m.

혼합, 섞임. **ⲣⲉϥⲙⲟⲩϫϭ** 혼합하는 자, 혼란시키는 자, 방해하는 자.

ⲙⲟϣⲧⲉ, ⲙⲟⲟϣⲧⲉ n.pl. 인근, 이웃. **ⲙⲟⲟϣⲉ** idem.

ⲙⲟϫϩ̅, ⲙⲁϫϩ̅, ⲙⲟϫⲕϩ̅ (그리고 **-ϩ** 대신에 **-ϥ**) n.m. 허리띠 (수도자 또는 군인의).

ⲙ̅ⲡⲁⲓ n.m. 물레가락.

ⲙ̅ⲡⲉ 부정 불변화사. ~그렇지 않았다 (질문에 대한 대답으로 과거시제로). **ϫⲛ̅ ⲙ̅ⲡⲉ** 또는 아니든 (이중 질문에서, 선행하는 긍정 진술과 등위임); **ⲉϣⲱⲡⲉ ⲙ̅ⲡⲉ** 그렇지 않다면.

ⲙ̅ⲡⲟ, ⲉⲙⲡⲟ, ⲉⲃⲱ (f. **ⲏⲙⲡⲱ**) adj. 말을 못하는. **ⲙⲛ̅ⲧⲙ̅ⲡⲟ** 침묵함, 무언; **ⲣ̅-ⲙ̅ⲡⲟ** (Q **ⲟ ⲛ̅**) 말을 못하게 되다.

ⲙ̅ⲡⲱⲣ 감탄 명령 불변화사. 하지 마라! 결코 안된다! 아니다! 또한 **ⲙ̅ⲡⲣ̅-**처럼 부정 명령 접두사로 사용된다. §17.1; §30.1을 보라.

ⲙ̅ⲡϣⲁ, ⲉⲙⲡϣⲁ, ⲙ̅ϣⲁ vb. intr. 자격이 있다, 가치가 있다 (~을 받을: **ⲙ̅ⲙⲟ⸗**; ~할: **ⲛ̅, ⲉ** + inf.); n.m. 가치, 황야, 운명. **ⲁⲧⲙ̅ⲡϣⲁ** (칭찬·비난할) 가치가 없는; **ⲙⲛ̅ⲧⲁⲧⲙ̅ⲡϣⲁ** 가치 없음. **ⲣ̅-(ⲡ)ⲙ̅ⲡϣⲁ** 가치가 있(게 되)다, 자격이 있(게 되)다.

ⲙ̅ⲣⲓⲥ n.m. 새 포도주, 과즙액.

ⲙ̅ⲣⲟϣ (**ⲙ̅ⲣⲁϣ**), Q **ⲙⲟⲣϣ̅** vb. int. 붉어지다; 노래지다. **ⲙⲏⲣϣ̅, ⲙⲉⲣϣ̅, ⲙⲣ̅ϣ** adj. 붉은, 불그레한; **ⲣ̅-ⲙⲏⲣϣ̅** (Q **ⲟ ⲛ̅**) 불그레하다.

ⲙ̅ⲣⲱ, ⲉⲙⲣⲱ, ⲉⲙⲡⲣⲱ (pl. **ⲙ̅ⲣⲟⲟⲩⲉ**) n.f. 항구, 부잔교(浮棧橋).

ⲙ̅ⲣⲱⲙ, ⲟⲩⲣⲱⲙ, ⲟⲩⲗⲱⲙ n.m. 베개.

ⲙ̅ⲥⲁϩ (pl. **ⲙ̅ⲥⲟⲟϩ**) n.m. 악어.

(**ⲙ̅ⲥⲱⲃⲉ**) **ⲉⲙⲥⲱⲃⲉ, ⲙ̅ⲥⲱⲡⲉ** n.f. 큰 바늘.

ⲙ̅ⲧⲟ ⲉⲃⲟⲗ n.m. 있음, 존재. 전치사로 **ⲙ̅ ⲡⲉⲙⲧⲟ ⲉⲃⲟⲗ ⲛ̅, ⲙ̅ ⲡ(⸗)ⲙ̅ⲧⲟ ⲉⲃⲟⲗ** ~의 면전에, ~의 앞에.

ⲙ̅ⲧⲟⲛ (**ⲉⲙⲧⲟⲛ**), Q **ⲙⲟⲧⲛ̅** vb. intr. 편안해지다, 휴식하다, 만족하다, 안심하다, 충분하다; Q 쉽다, 편안하다 (~하기가: **ⲉ** + inf.); 종종 비인칭으로 쉽다, 간단하다 (**ⲉ, ⲉⲧⲣⲉ**). vb. reflex. (**ⲙ̅ⲙⲟ⸗**와 함께)

스스로 쉬다; 쉬러 가다, 죽으러 가다; n.m. 쉼, 휴식, 편함, 안도; ⲙⲁⲓ-ⲙ̄ⲧⲟⲛ 편안함을 좋아하는; ⲙⲁ ⲛ̄ ⲙ̄ⲧⲟⲛ 쉬는 곳, 휴식처. ⲣ̄-ⲡ(⸗)ⲙ̄ⲧⲟⲛ 안심하다. ⲙ̄ⲧⲟⲛ ⲛ̄ ϩⲏⲧ 만족하게 되다; n.m. 쉼, 휴식, 만족. ϯ-ⲙ̄ⲧⲟⲛ ⲛⲁ⸗ 안심시키다, ~에게 쉬게 하다. ϫⲓ-ⲙ̄ⲧⲟⲛ 휴식을 취하다, 안도하다. ⲙⲟⲧⲛ̄ n.m. 건강, 안락함. ⲙⲟⲧⲛⲉⲥ n.f. 안락(함), 만족(함); ϯ-ⲙⲟⲧⲛⲉⲥ ⲛⲁ⸗ 도와주다; ⲣ̄-ⲙⲟⲧⲛⲉⲥ ⲛⲁ⸗ idem; ϫⲓ-ⲙⲟⲧⲛⲉⲥ 안도감을 얻다; ϩⲛ̄ ⲟⲩⲙⲟⲧⲛⲉⲥ 쉽게, 수월하게. ⲙⲟⲩⲧⲛ̄, ⲙⲉⲧⲛ̄-, ⲙⲟⲧⲛ⸗ vb. tr. 안심시키다 (ⲙ̄ⲙⲟ⸗); 재귀용법으로도 사용.

ⲙ̄ⲧⲱ, ⲉⲙⲧⲱ, ⲙ̄ⲧⲟ n.m.f. 깊이 (바다의); ⲃⲱⲕ ⲛ̄ ⲙ̄ⲧⲱ 침몰하다, 가라앉다; ϭⲓⲛⲃⲱⲕ ⲛ̄ ⲙ̄ⲧⲟ 난파, 조난.

ⲙ̄ϣⲓⲣ, ⲉⲙϣⲓⲣ, ⲙⲉϣⲓⲣ n. 콥트력의 6번째 달.

ⲙϣ̄ⲧⲱⲧⲉ, ⲙⲓϣⲧⲱⲧⲉ n.f. 빗, 빗질.

ⲙ̄ϩⲁⲁⲩ, ⲙ̄ϩⲁⲟⲩ n.m. 무덤, 동굴.

ⲙ̄ϩⲓⲧ, ⲉⲙϩⲓⲧ n.m. 북, 북쪽. ⲉ ⲡⲉⲙϩⲓⲧ 북을 향하여, 북쪽으로. ⲙ̄ ⲡⲉⲙϩⲓⲧ ⲛ̄ ~의 북쪽에. ⲥⲁ-ⲙ̄ϩⲓⲧ 북쪽 면(에). ⲑⲏⲩ ⲛ̄ ⲙ̄ϩⲓⲧ 북풍.

ⲙ̄ϫⲁϩⲧ̄, ⲙ̄ϫⲁⲧϩ̄, ⲙ̄ϫⲁϩϫ̄ n.f. 절구 (그릇).

ⲙ̄ϫⲱⲗ, ⲉⲙϫⲱⲗ n.m. 양파.

▽ 상호 참조

ⲙ̄: ⲉⲓⲛⲉ
ⲙⲁⲁϩ: ⲙⲁϩ
ⲙⲁⲁⲣ: ⲙⲟⲩⲣ
ⲙⲁⲁⲧⲉ: ⲙⲁⲧⲉ
ⲙⲁⲃ-: ⲙⲁⲁⲃ
ⲙⲁⲅⲁⲇ: ⲙⲁⲕⲟⲧ
ⲙⲁⲓ-: ⲙⲉ
ⲙⲁⲓⲣⲉ: ⲙⲟⲩⲣ
ⲙⲁⲕⲁ(ⲁ)ⲧ: ⲙⲁⲕⲟⲧ
ⲙⲁⲕⲱⲧ: ⲙⲁⲕⲟⲧ
ⲙⲁⲛ-: ⲙⲟⲟⲛⲉ
ⲙⲁⲛⲉ(-): ⲙⲟⲟⲛⲉ
ⲙⲁⲛⲏⲩ: ⲙⲟⲟⲛⲉ
ⲙⲁⲛⲟⲟⲩⲧ: ⲙⲟⲟⲛⲉ

ⲁ ⲃ ⲉ ⲏ ⲉⲓ ⲕ ⲗ ⲙ ⲛ ⲟ ⲡ ⲣ ⲥ ⲧ ⲟⲩ ⲱ ϣ ϥ ϩ ϫ ϭ

ⲘⲀⲚⲞⲨ-: ⲘⲞⲞⲚⲈ

ⲘⲀⲚⲞⲨⲞⲨ⸗: ⲘⲞⲞⲚⲈ

ⲘⲀⲚϪⲀⲖⲈ: ⲘⲀⲚϬⲀⲖⲈ

ⲘⲀⲢ(-): ⲘⲞⲨⲢ

ⲘⲀⲢⲎⲤ: ⲢⲎⲤ

ⲘⲀⲤ(-): ⲘⲒⲤⲈ

ⲘⲀⲤⲈ: ⲘⲒⲤⲈ

ⲘⲀⲤⲦ⸗: ⲘⲒⲤⲈ

ⲘⲀⲤⲔ⸗: ⲘⲞⲨⲤⲔ̅

ⲘⲀⲤⲦ̅-: ⲘⲞⲤⲦⲈ

ⲘⲀⲦ⸗: ⲘⲀ

ⲘⲀⲦⲚ̅-: Ⲙ̅ⲦⲞⲚ

ⲘⲀⲦⲞⲈⲒ: ⲘⲀⲦⲞⲒ

ⲘⲀⲦⲰⲞⲨ: ⲘⲀⲦⲈ

ⲘⲀⲨ: ⲘⲀⲀⲨ

ⲘⲀⲨⲀⲦ⸗: ⲘⲀⲨⲀⲀ⸗

ⲘⲀϢⲈⲢⲦ: ⲘⲀϢⲢ̅Ⲧ

ⲘⲀϢⲦ̅-: ⲘⲞⲨϢⲦ̅

ⲘⲀϨ-/⸗: ⲘⲞⲨϨ

ⲘⲀϪⲦ̅: ⲘⲞⲨϪϬ̅

ⲘⲀϪ-: ⲘⲀⲀϪⲈ

ⲘⲀϪⲈ: ⲘⲀⲀϪⲈ

ⲘⲀϪϤ̅: ⲘⲞϪϨ̅

ⲘⲀϪϨ̅: ⲘⲞϪϨ̅

ⲘⲈⲈ: ⲘⲈ

ⲘⲈⲒ: ⲘⲈ

ⲘⲈⲔⲘⲞⲨⲔ⸗: ⲘⲞⲔⲘⲈⲔ

ⲘⲈⲔϨ̅-: ⲘⲞⲨⲔϨ̅

ⲘⲈⲔϪⲈ: ⲘⲀⲔϪⲈ

ⲘⲈⲖⲀⲦⲈ: ⲘⲈⲖⲰⲦ

ⲘⲈⲖϨ̅(-): ⲘⲞⲨⲖϨ̅

ⲘⲈⲖϨⲈ: ⲘⲞⲨⲖϨ̅

ⲘⲈⲚⲈ-: ⲘⲞⲞⲚⲈ

ⲘⲈⲚⲔ̅-: ⲘⲞⲨⲚⲔ̅

ⲘⲈⲢ: ⲘⲞⲨⲢ

ⲘⲈⲢ-: ⲘⲞⲨⲢ

ⲘⲈⲢⲈ-: ⲘⲈ

ⲘⲈⲢⲒⲦ(⸗): ⲘⲈ

ⲘⲈⲢϢ̅: Ⲙ̅ⲢⲞϢ

ⲘⲈⲢϨ̅: ⲘⲈⲢⲈϨ

ⲘⲈⲤ-: ⲘⲒⲤⲈ

ⲘⲈⲤⲒⲞ(⸗): ⲘⲒⲤⲈ

ⲘⲈⲤⲒⲰ: ⲘⲒⲤⲈ

ⲘⲈⲤⲦⲈ(-): ⲘⲞⲤⲦⲈ

ⲘⲈⲤⲦ-/⸗: ⲘⲒⲤⲈ

ⲘⲈⲤⲦⲎ: ⲘⲞⲤⲦⲈ

ⲘⲈⲤⲦⲰ⸗: ⲘⲞⲤⲦⲈ

ⲘⲈⲤⲐⲎⲦ: ⲘⲈⲤⲦⲚ̅ϨⲎⲦ

ⲘⲈⲤⲞⲨⲢⲎ: ⲘⲈⲤⲞⲢⲎ

ⲘⲈⲤⲰⲢⲎ: ⲘⲈⲤⲞⲢⲎ

ⲘⲈⲦⲈ: ⲘⲀⲦⲈ

ⲘⲈⲦⲚ̅-: Ⲙ̅ⲦⲞⲚ

ⲘⲈⲦⲢⲎ: ⲘⲚ̅ⲦⲢⲈ

ⲘⲈⲨⲈ: ⲘⲈⲈⲨⲈ

ⲘⲈⲨⲦ-: ⲘⲞⲨⲞⲨⲦ

ⲘⲈϢⲀ⸗: ⲘⲈϢⲈ

ⲘⲈϢⲀⲔ: ⲘⲈϢⲈ

ⲘⲈϢⲒⲢ: Ⲙ̅ϢⲒⲢ

ⲘⲈϢⲠⲰⲚⲈ: ⲘⲈϪⲠⲰⲚⲈ

ⲘⲈϢⲦ̅-: ⲘⲞⲨϢⲦ̅

ⲙⲉϣϣⲉ: ϣϣⲉ
ⲙⲉϩ(⁻): ⲙⲟⲩϩ, ⲙⲁϩ
ⲙⲉϩⲉ: ⲙⲏϩⲉ
ⲙⲉϩⲧ̅⁻: ⲙⲁϩⲧ̅
ⲙⲉϫⲧ̅⁻: ⲙⲟⲩϫϭ̅
ⲙⲏⲉ: ⲙⲉ
ⲙⲏⲉⲓ⸗: ⲙⲁ
ⲙⲏⲏⲛⲉ: ⲙⲏⲛⲉ
ⲙⲏⲏⲥⲉ: ⲙⲓⲥⲉ
ⲙⲏⲏⲧⲉ: ⲙⲏⲧⲉ
ⲙⲏⲛ(ⲉ): ⲙⲟⲩⲛ
ⲙⲏⲣⲉ: ⲙⲟⲩⲣ
ⲙⲏⲣϣ̅: ⲙ̅ⲣⲟϣ
ⲙⲏⲣϩ̅: ⲙⲟⲩⲗϩ̅
ⲙⲏⲥⲉ: ⲙⲓⲥⲉ
ⲙⲏⲧ: ⲙⲉ
ⲙⲏⲧⲉ: ⲙⲏⲧ
ⲙⲓ: ⲙⲏ
ⲙⲓⲱ: ⲙⲓⲟ⸗
ⲙⲓⲱⲧⲛ̅: ⲙⲓⲟ⸗
ⲙⲓϫⲕⲉ: ⲙⲁϫⲕⲉ
ⲙⲓϣⲧⲱⲧⲉ: ⲙϣ̅ⲧⲱⲧⲉ
ⲙⲗ̅ϩ: ⲙⲟⲩⲗϩ̅
ⲙ̅ⲗⲟⲟϩ: ⲙ̅ⲗⲁϩ
ⲙ̅ⲙⲁⲧⲉ: ⲙⲁⲧⲉ
ⲙ̅ⲙⲏⲉⲓⲧⲛ̅: ⲙⲟ
ⲙ̅ⲙⲏⲛⲉ: ⲙⲏⲛⲉ
ⲙ̅ⲙⲛ̅⁻: ⲙⲛ̅⁻
ⲙ̅ⲙⲟ: ⲙⲟ
ⲙ̅ⲙⲟ⸗: ⲛ̅
ⲙ̅ⲙⲟⲛ: ⲙⲛ̅
ⲙ̅ⲛⲟⲟⲧⲉ: ⲙ̅ⲛⲟⲩⲧ
ⲙ̅ⲛⲟⲧⲉ: ⲙ̅ⲛⲟⲩⲧ
ⲙⲛ̅ⲧ⁻: ⲙⲏⲧ
ⲙⲛ̅ⲧⲁ⸗: ⲙⲛ̅
ⲙⲛ̅ⲧⲁⲥⲉ: ⲥⲟⲟⲩ
ⲙⲛ̅ⲧⲉ⁻: ⲙⲛ̅
ⲙⲛ̅ⲧⲏ: ϯⲟⲩ
ⲙⲛ̅ⲧⲟⲩⲉ: ⲟⲩⲁ
ⲙⲛ̅ⲧⲣⲉⲉⲩ: ⲙⲛ̅ⲧⲣⲉ
ⲙⲟⲓⲁϩ: ⲙⲟⲉⲓϩ
ⲙⲟⲕϩ̅: ⲙⲁⲕϩ̅
ⲙⲟⲕϩ⸗: ⲙⲟⲩⲕϩ̅
ⲙⲟⲕϩ̅: ⲙ̅ⲕⲁϩ
ⲙⲟⲕϩⲥ̅: ⲙ̅ⲕⲁϩ
ⲙⲟⲗϩ(⸗): ⲙⲟⲩⲗϩ̅
ⲙⲟⲛⲅ̅⸗: ⲙⲟⲩⲛⲕ̅
ⲙⲟⲟⲗⲉ: ⲗⲟⲟⲙⲉ
ⲙⲟⲟⲩⲧ: ⲙⲟⲩ
ⲙⲟⲟⲩⲧ⸗: ⲙⲟⲩⲟⲩⲧ
ⲙⲟⲟϣ(ⲧ)ⲉ: ⲙⲟϣⲧⲉ
ⲙⲟⲣ⸗: ⲙⲟⲩⲣ
ⲙⲟⲣⲥ̅: ⲙⲟⲩⲣ
ⲙⲟⲣϣ̅: ⲙ̅ⲣⲟϣ
ⲙⲟⲥⲉ: ⲙⲓⲥⲉ
ⲙⲟⲥⲕ̅: ⲙⲟⲩⲥⲕ̅
ⲙⲟⲧⲉ: ⲙⲟⲩⲧ
ⲙⲟⲧⲛ̅: ⲙ̅ⲧⲟⲛ
ⲙⲟⲧⲛ⸗: ⲙ̅ⲧⲟⲛ
ⲙⲟⲧⲛⲉⲥ: ⲙ̅ⲧⲟⲛ

ⲁ ⲃ ⲉ ⲏ ⲉⲓ ⲕ ⲗ ⲙ ⲛ ⲟ ⲡ ⲣ ⲥ ⲧ ⲟⲩ ⲱ ϣ ϥ ϩ ϫ ϭ

ⲙⲟⲩ: ⲙⲟⲩⲉ

ⲙⲟⲩⲉⲓ: ⲙⲟⲩⲓ, ⲙⲟⲩⲉ

ⲙⲟⲩⲉⲓⲏ: ⲙⲟⲟⲩ

ⲙⲟⲩⲉⲓⲟⲟⲩⲉ: ⲙⲟⲟⲩ

ⲙⲟⲩⲏⲉⲓⲉ: ⲙⲟⲟⲩ

ⲙⲟⲩⲓ: ⲙⲟⲩⲉ

ⲙⲟⲩⲛⲅ̄: ⲙⲟⲩⲛⲕ̄

ⲙⲟⲩⲛⲉⲓⲟⲟⲩⲉ: ⲙⲟⲟⲩ

ⲙⲟⲩⲣϩ̄: ⲙⲟⲩⲗϩ̄

ⲙⲟⲩⲣϫⲛⲁϩ: ϫⲛⲁϩ

ⲙⲟⲩⲧⲛ̄: ⲙ̄ⲧⲟⲛ

ⲙⲟⲩϫⲕ̄: ⲙⲟⲩϫϭ̄

ⲙⲟⲩϫⲧ̄: ⲙⲟⲩϫϭ̄

ⲙⲟϣⲉ: ⲙⲟⲟϣⲉ

ⲙⲟϣⲧ(⸗): ⲙⲟⲩϣⲧ̄

ⲙⲟϩ⸗: ⲙⲟⲩϩ

ⲙⲟϫⲕ⸗: ⲙⲟⲩϫϭ̄

ⲙⲟϫⲕϩ̄: ⲙⲟϫϩ̄

ⲙⲟϫⲧ(⸗): ⲙⲟⲩϫϭ̄

ⲙⲟϫϥ̄: ⲙⲟϫϩ̄

ⲙⲟϫϭ(⸗): ⲙⲟⲩϫϭ̄

ⲙ̄ⲡⲣ̄-: ⲙ̄ⲡⲱⲣ

ⲙⲣ̄-: ⲙⲟⲩⲣ

ⲙ̄ⲣⲁϣ: ⲙ̄ⲣⲟϣ

ⲙ̄ⲣⲟⲟⲩⲉ: ⲙ̄ⲣⲱ

ⲙⲣ̄ⲣⲉ: ⲙⲟⲩⲣ

ⲙ̄ⲣⲱϩⲉ: ⲙ̄ⲣⲱϣⲉ

ⲙⲣ̄ϣ: ⲙ̄ⲣⲟϣ

ⲙ̄ⲥⲉ: ⲱⲙⲥ̄

ⲙ̄ⲥⲟⲟϩ: ⲙ̄ⲥⲁϩ

ⲙ̄ⲥⲱⲡⲉ: ⲙ̄ⲥⲱⲃⲉ

ⲙ̄ⲧⲟ: ⲙ̄ⲧⲱ

ⲙⲱ: ⲙⲟ

ⲙ̄ϣⲁ: ⲙ̄ⲡϣⲁ

ⲙϣ̄ϣⲉ: ϣϣⲉ

ⲙ̄ϫⲁⲧϩ̄: ⲙ̄ϫⲁϩⲧ̄

ⲙ̄ϫⲛ̄ϩ: ⲉⲛϩ̄

N

N̄ 소유격을 표시하는 전치사; §2.3을 보라.

N̄ (NA⸗) prep. ~에게, ~을 위하여 (여격; §10.2를 보라); MA NAI⸗에서 나에게 주어라 (+ 대명사 접미사).

N̄ 명사와 형용사 연결 (§15.1), 명사와 명사 (§23.2).

N̄ 예상되는 접미사에 명사 연결 (§10.4).

N̄ . . . AN 부정; 문법 색인을 보라.

N̄ (M̄MO⸗) prep. (1) 장소: 안에, 안으로, 안에서; (2) 시간: ~에, ~때에, 동안; (3) 매개물, 도구: ~로, ~에 의해; (4) 부사를 만드는데 사용; (5) EBOλ N̄ ~로부터, 안으로부터; (6) 직접 목적어의 표시로 사용 (§10.1); (7) 부분사: ~중의.

NA (NAA, NAE, NAI) vb. intr. 측은하게 여기다 (~를: NA⸗, ϩA); n.m. 연민, 자비, 자선. EIPE N̄ OYNA, P̄-ΠNA 자비롭게 대하다, 친절하게 대우하다 (MN̄, EϩPAI EϪN̄). ATNA 무자비한; P̄-ATNA (Q O N̄) 무자비해지다. MN̄TNA 자비, 자선; P̄-MN̄T-NA 자선하다; CP̄-MN̄TNA 자선을 베풀다; †-MN̄TNA 자비를 주다; ϪI-MN̄TNA 자비를 받다; ϢA(A)T-MN̄TNA 자비를 구하다. NA-HT adj. 가엾게 여기는; P̄-NA-HT 가엾게 여기다; MAI-NA-HT 자비심이 많은; MN̄TNA-HT 자비, 자선.

NA vb. intr. 가다 (~로: E, EPAT⸗); NA E TωN 어디로 가는가? NA EϩOYN 들어가다 (E, ϢA); NA EϩPAI 올라가다. NA . . . NHY 오고 가다.

NAA- (NAE-), NAA⸗ 서술 형용사. 크다, 위대하다 (§29.2).

NAAKE n.f. 진통, 산고; 일반적으로 고통. †-NAAKE 진통 중이다, 산고를 겪고 있다 (함께: M̄MO⸗).

NAEIω, NAIω, NEIω n.f. 걸이용 못, 말뚝.

NANOY- (NANE-), NANOY⸗ 서술 형용사. 좋다, 공정하다, 정당하

다. **ⲛⲁⲛⲟⲩⲥ** 비인칭. 좋다, 올바르다 (**ⲉ, ⲉⲧⲣⲉ**). **ⲡⲉⲧ ⲛⲁⲛⲟⲩϥ** 좋은 것, 선한 것, 선; **ⲙⲁⲓ-ⲡⲉⲧ ⲛⲁⲛⲟⲩϥ** 선한 것을 좋아하는; **ⲣ̄-ⲡⲉⲧ ⲛⲁⲛⲟⲩϥ** 선을 행하다 (~에게: **ⲛⲁ⸗**; **ⲙⲛ̄**); **ⲣⲉϥⲣ̄-ⲡⲉⲧ ⲛⲁⲛⲟⲩϥ** 선을 행하는 자; **ⲙⲛ̄ⲧⲣⲉϥⲣ̄-ⲡⲉⲧ ⲛⲁⲛⲟⲩϥ** 은혜를 베풂, 선행.

ⲛⲁⲡⲣⲉ, ⲛⲉⲡⲣⲉ n.f. 낟알, 씨앗.

ⲛⲁⲧ, ⲛⲉⲧ, ⲛⲏⲧ n.m. 베틀, 피륙.

ⲛⲁⲩ (imptv. **ⲁⲛⲁⲩ**) vb. tr. 보다, 바라보다 (**ⲉ**; ~을: **ϫⲉ**); 찾아내다, 얻다. **ⲛⲁⲩ ⲉⲃⲟⲗ** 볼 수 있다 (즉 눈먼 자가 아니다). n.m. 시각, 시력, 시야. **ⲁⲧⲛⲁⲩ ⲉⲣⲟ⸗** 눈에 보이지 않는. **ⲣⲉϥⲛⲁⲩ** 보는 자.

ⲛⲁⲩ n.m. 시간, 시각. **ⲡⲛⲁⲩ ⲛ̄ ϣⲱⲣⲡ̄** 이른 아침. **ⲡⲛⲁⲩ ⲙ̄ ⲙⲉⲉⲣⲉ** 한낮. **ⲡⲛⲁⲩ ⲛ̄ ⲣⲟⲩϩⲉ** 저녁. 앞의 표현에서 **ⲛⲁⲩ** 대신에 **ⲛⲟⲩ-**로 사용될 수 있다. **ⲟⲩⲛⲟϭ ⲛ̄ ⲛⲁⲩ** 오랫동안. **ⲛ̄ ⲛⲁⲩ ⲛⲓⲙ** 항상, 언제나. **ⲛ̄ ⲁϣ ⲛ̄ ⲛⲁⲩ** 언제? **ⲙ̄ ⲡⲉⲓ-ⲛⲁⲩ** 그때(에), 바로 그때. **ϣⲁ ⲡⲛⲁⲩ** ~할 때까지 (+ 관계절). **ϫⲓⲛ ⲡⲛⲁⲩ** ~이후, ~한 후 (+ 관계절). **ⲣ̄-ⲛⲁⲩ** 시간이 되다. **ⲧⲛⲁⲩ, ⲧⲛ̄ⲛⲁⲩ** 언제? **ϣⲁ ⲧⲛ̄ⲛⲁⲩ** 언제까지?

ⲛⲁϣⲉ-, ⲛⲁϣⲱ⸗ 서술 형용사. 많다, 다양하다 (§29.2).

ⲛⲁϩⲧⲉ, ⲛ̄ϩⲉⲧ-, Q **ⲛ̄ϩⲟⲩⲧ** (**ⲛ̄ϩⲟⲧ**) vb. intr./tr. 믿다, 신뢰하다 (~을: **ⲉ, ϩⲛ̄, ⲉϫⲛ̄**); Q 믿을 만하다, 충실하다; n.m. 신뢰, 믿음. **ⲁⲧⲛⲁϩⲧⲉ** 믿지 않는; **ⲣ̄-ⲁⲧⲛⲁϩⲧⲉ** 신뢰하지 않다, 믿지 않다. **ⲣⲉϥⲛⲁϩⲧⲉ** 믿는 자. **ⲛ̄ϩⲟⲧ** n. 신뢰, 믿음; **ⲟ ⲛ̄ϩⲟⲧ** Q 믿을 만하다.

ⲛⲁϫϩⲉ, ⲛⲁⲁϫϩⲉ, ⲛⲁ(ⲁ)ϫⲉ, ⲛⲉϫⲉ n.f. 이, 치아.

ⲛⲉⲉϥ, ⲛⲉϥ, ⲛⲉⲉⲃ, ⲛⲏ(ⲏ)ϥ, ⲛⲏ(ⲏ)ⲃ n.m. 선원, 뱃사람.

ⲛⲉⲥⲃⲱⲱ⸗ 서술 형용사. 현명하다, 지혜롭다. §29.2 참조.

ⲛⲉⲥⲉ-, ⲛⲉⲥⲱ⸗ (**ⲛⲉⲥⲟ⸗**) 서술 형용사. 아름답다, 예쁘다. **ⲡⲉⲧ ⲛⲉⲥⲱϥ, ⲛⲉⲧ ⲛⲉⲥⲱⲟⲩ** 아름다운 것, 아름다운 것들. §29.2 참조.

ⲛⲉϩ, ⲛ̄ϩ, ⲛⲏϩ n.m. 기름. **ⲁⲧⲛⲉϩ** 기름 없이. **(ⲡ)ⲉⲣ-ⲛⲉϩ** 착유

ⲁ ⲃ ⲉ ⲏ ⲉⲓ ⲕ ⲗ ⲙ ⲛ ⲟ ⲡ ⲣ ⲥ ⲧ ⲟⲩ ⲱ ϣ ϥ ϩ ϫ ϭ

기. **ϯ-ⲛⲉϩ** 기름을 붓다. **ⲥⲁ ⲛ̄ ⲛⲉϩ** 기름 장수.

ⲛⲉϩⲡⲉ vb. intr. 애도하다, 슬퍼하다 (~을 위해: **ⲉ, ⲉϫⲛ̄**); n.m. 애도, 슬퍼함.

ⲛⲉϩⲥⲉ vb. tr. 깨우다, 일으키다 (**ⲙ̄ⲙⲟ⸗**); 재귀용법으로도 사용; vb. intr. (± **ⲉϩⲣⲁⲓ**) 깨어나다, 일어나다 (~에서: **ϩⲁ, ϩⲛ̄, ⲉⲃⲟⲗ ϩⲛ̄**).

ⲛⲉϭⲱ⸗ 서술 형용사. 추하다, 보기 흉하다, 수치스럽다. §29.2 참조.

ⲛⲏⲏⲃⲉ (**ⲛⲏⲃⲉ, ⲛⲓⲃⲉ, ⲛⲓϥⲉ**) vb. intr. 헤엄치다, 뜨다, 떠오르다.

ⲛⲏⲥⲉ n.f. 의자, 벤치.

ⲛⲏⲩ (**ⲛ̄ⲛⲏⲩ**) Q 오는 중이다, 막 ~하려고 하다, ~하는 도중이다. **ⲉⲓ**의 상태형.

ⲛⲓⲙ (1) 의문 대명사 누구? 무엇? **ⲛⲓⲙ ⲛ̄** adj. 무슨? 어떤? (2) 비한정 대명사 아무개; **ⲛⲓⲙ ⲙⲛ̄ ⲛⲓⲙ** idem. 문법 색인을 보라.

ⲛⲓⲙ adj. 모든, 각. 관사가 없는 단수 명사, 때로는 복수 재생과 함께 사용. §16.2를 보라.

ⲛⲓϥⲉ (**ⲛⲓⲃⲉ**), **ⲛⲁϥⲧ⸗** (**ⲛⲉϥⲧ⸗, ⲛⲓϥⲧ⸗**) vb. tr. (입으로) 불다 (**ⲙ̄ⲙⲟ⸗**; 불어 날리다; **ⲉⲃⲟⲗ**); vb. intr. (바람이) 불다, 숨쉬다. 전치사와 함께 일반적인 의미로 사용. n.m. 숨, 호흡. **ϯ-ⲛⲓϥⲉ** 숨을 내쉬다; **ϩⲙ̄-ⲛⲓϥⲉ** 호흡 곤란.

ⲛ̄ⲕⲁ n.m. 일반적으로 물건(들); 식품; 용기; 재산, 소유물. **ⲛ̄ⲕⲁ ⲛⲓⲙ** 모든 것, 만물.

ⲛ̄ⲕⲟⲧⲕ̄ (**ⲉⲛⲕⲟⲧⲕ̄, ⲛ̄ⲕⲟⲧⲉ**) vb. intr. 눕다, 자다 (~에: **ⲉ, ⲉϫⲛ̄, ϩⲓϫⲛ̄**); 죽다; n.m. 잠, 죽음. **ⲁⲧⲛ̄ⲕⲟⲧⲕ̄** 잠 못 이루는; **ⲙⲁ ⲛ̄ ⲛ̄ⲕⲟⲧⲕ̄** 잠자리. **ⲣⲉϥⲛ̄ⲕⲟⲧⲕ̄** 누워있는 자.

ⲛ̄ⲛⲟ 감탄사. 아니다!, 그렇지 않을 것이다!

ⲛⲟⲃⲉ n.m. 죄. **ⲁⲧⲛⲟⲃⲉ** 죄 없는. **ⲙⲁⲓ-ⲛⲟⲃⲉ** 죄를 사랑하는. **ⲣ̄-ⲛⲟⲃⲉ** 죄를 짓다 (~에 대해: **ⲉ**); **ⲣⲉϥⲣ̄-ⲛⲟⲃⲉ** 죄인; **ⲙⲛ̄ⲧ-ⲣⲉϥⲣ̄-ⲛⲟⲃⲉ** 죄가 많음, 악함.

ⲛⲟⲉⲓⲛ vb. tr. 흔들다, 떨다 (**ⲙ̄ⲙⲟ⸗**); intr. 흔들리다, 떨리다. **ⲁⲧ-ⲛⲟⲉⲓⲛ** 흔들리지 않는. n.m. 흔들기, 떨림.

ⲛⲟⲉⲓⲕ n.m. 간통을 범한 자. **ⲣ̅-ⲛⲟⲉⲓⲕ** 간통하다 (~와: **ⲉ, ⲙⲛ̅**); **ⲙⲛ̅ⲧⲛⲟⲉⲓⲕ** 간통, 간음.

ⲛⲟⲕⲛⲉⲕ vb. intr. 애정을 품다 (~에게: **ⲉϩⲟⲩⲛ ⲉ**); n.m. 애정, 애착.

ⲛⲟⲙ, ⲛⲁⲙ n.m. 전나무의 일종.

ⲛⲟⲙⲧⲉ n.f. 힘, 능력.

ⲛⲟⲩ vb. ~하려고 하다, ~할 것이다 (+ **ⲉ** + inf.).

ⲛⲟⲩⲃ, ⲛⲟⲩϥ n.m. 금; 돈, 동전. **ⲙⲁⲓ-ⲛⲟⲩⲃ** 금을 좋아하는. **ϩⲁⲙ-ⲛⲟⲩⲃ, ϩⲁⲩ-ⲛⲟⲩⲃ, ϩⲟⲩ-ⲛⲟⲩⲃ** n.m. 금세공인.

(**ⲛⲟⲩⲃⲧ̅**), **ⲛⲟⲃⲧ⸗** vb. tr. 짜다, 땋다, 엮다. **ⲛⲏⲃⲧⲉ** n.f. 엮은 것; 바구니 세공품.

ⲛⲟⲩⲛ n.m. (지옥의) 심연, (바다 또는 땅의) 깊은 곳.

ⲛⲟⲩⲛⲉ n.f. 뿌리. **ⲛⲉϫ-ⲛⲟⲩⲛⲉ** ~로 뿌리를 두다. **ϫⲓ-ⲛⲟⲩⲛⲉ** (± **ⲉⲃⲟⲗ**) 뿌리를 내리다.

ⲛⲟⲩⲣⲉ n.f.m. 독수리.

ⲛⲟⲩⲧ n. 웅덩이, 저수지.

ⲛⲟⲩⲧ, ⲛⲁⲧ⸗ vb. tr. 갈다, 빻다 (**ⲙ̅ⲙⲟ⸗**). **ⲙⲁ ⲛ̅ ⲛⲟⲩⲧ** 방앗간. **ⲣⲉϥⲛⲟⲩⲧ** 찧는 자[것]. **ⲛⲟⲉⲓⲧ** n.m. 방앗간, 빻은 곡물.

ⲛⲟⲩⲧⲉ (pl. **ⲛ̅ⲧⲏⲣ, ⲉⲛⲧⲁⲓⲣ**) 신. **ⲡⲛⲟⲩⲧⲉ** 하나님, 하느님. **ⲁⲧ-ⲛⲟⲩⲧⲉ** 신을 믿지 않는; **ⲙⲛ̅ⲧⲁⲧⲛⲟⲩⲧⲉ** 신을 믿지 않음; **ⲣ̅-ⲁⲧⲛⲟⲩⲧⲉ** 신을 믿지 않다. **ⲙⲛ̅ⲧⲛⲟⲩⲧⲉ** 신성. **ⲙⲁⲓ-ⲛⲟⲩⲧⲉ** 하나님을 사랑하는; **ⲙⲛ̅ⲧⲙⲁⲓ-ⲛⲟⲩⲧⲉ** 경건, 신앙심이 두터움. **ⲙⲁⲥ-ⲛⲟⲩⲧⲉ, ϫⲡⲉ-ⲛⲟⲩⲧⲉ** 하나님을 낳는. **ⲙⲁⲥⲧⲉ-ⲛⲟⲩⲧⲉ** 하나님을 미워하는. **ⲣⲙ̅ⲛ̅ⲛⲟⲩⲧⲉ** 경건한 사람; **ⲙⲛ̅ⲧⲣⲙ̅ⲛ̅ⲛⲟⲩⲧⲉ** 신앙심이 두터움. **ϩⲁⲧⲃ̅-ⲛⲟⲩⲧⲉ** 하나님을 죽이는. **ⲣⲉϥϣⲉⲙϣⲉ-ⲛⲟⲩⲧⲉ** 하나님을 섬기는; **ⲙⲛ̅ⲧ-ⲣⲉϥϣⲉⲙϣⲉ-ⲛⲟⲩⲧⲉ** 경건.

ⲛⲟⲩⲧⲙ̅, Q **ⲛⲟⲧⲙ̅** vb. intr. 기분이 좋다, 즐겁다; n.m. 단맛, 감미로움.

ⲛⲟⲩⲧϥ̅ (**ⲛⲟⲩϥⲧ̅**), **ⲛⲉⲧϥ̅-** (**ⲛⲉⲧⲃ̅-**), Q **ⲛⲟⲧϥ̅** (**ⲛⲟⲧⲃ̅**) vb. tr. 풀다, 누그러뜨리다, 늦추다 (**ⲙ̅ⲙⲟ⸗**); **ⲛⲉⲧϥ̅-ⲣⲱ⸗, ⲛⲉⲧϥ̅-ⲡ(⸗)**

ϩⲟ 미소짓다; vb. intr. 긴장이 풀리다, 누그러지다; 미소짓다. n.m. 휴식, 완화.

ⲛⲟⲩϣⲡ̄, ⲛⲉϣⲡ̄-, ⲛⲟϣⲡ⸗ (**ⲛⲁϣⲡ⸗**) Q **ⲛⲟϣⲡ̄** vb. tr. 두렵게 하다 (**ⲙ̄ⲙⲟ⸗**), 위압하다; intr. 두려워하다. **ⲛⲟⲩϣⲡ̄ ⲉⲃⲟⲗ, ⲛ̄ ⲥⲁⲃⲟⲗ** 겁을 주어 쫓아내다 (~로부터: **ⲙ̄ⲙⲟ⸗**).

ⲛⲟⲩϣⲥ̄, ⲛⲟϣⲥ⸗ vb. tr. 무감각하게 하다; 치다, 비난하다; n.m. 감각을 잃음, 마비. **ⲛⲟϣⲥϥ̄** n.m. 치는 자.

ⲛⲟⲩϣⲧ̄ vb. intr. 무거워지다, 단단해지다, 어려워지다. **ⲛ̄ϣⲟⲧ** 참조.

ⲛⲟⲩϥⲣ̄ Q **ⲛⲟϥⲣ̄** vb. intr. 좋다. **ⲛⲉϥⲣ̄-** 서술 형용사. 좋다. **ⲛⲟϥⲣⲉ, ⲛⲟⲃⲣⲉ** n.f. 좋음, 선, 이익, 이점; **ⲣ̄-ⲛⲟϥⲣⲉ** 이익이 되다 (~에게, ~을 위해: **ⲛⲁ⸗**; ~하는 것이: **ⲉ, ⲉⲧⲣⲉ**). **ⲛⲟⲩϥⲉ** adj. 좋은; 복합어를 제외하고는 드물다. (**ⲥⲧⲟⲓ, ϩⲉ, ϣⲓⲛⲉ**).

ⲛⲟⲩϥⲧ̄ (**ⲛⲟⲩⲃⲧ̄**) vb. intr. 붓다, 부풀다, 팽창하다.

ⲛⲟⲩϩ, ⲛⲱϩ n.m. 밧줄[끈]로 묶다. **ⲥⲣ̄-ⲛⲟⲩϩ ⲉⲃⲟⲗ** 측량하는 줄을 펴다. **ⲥⲕ̄-ⲛⲟⲩϩ** n.m. 줄로 측정한 부분. **ϣⲉϣ-ⲛⲟⲩϩ** 밧줄을 만들다 (lit. 꼬다).

ⲛⲟⲩϩⲃ̄, ⲛⲁϩⲃ̄-, ⲛⲁϩⲃ⸗, Q **ⲛⲁϩⲃ̄** vb. tr. 멍에를 걸다 (마차: **ⲙ̄ⲙⲟ⸗**), 멍에를 메게 하다 (동물: **ⲙ̄ⲙⲟ⸗**; ~에게: **ⲉϩⲟⲩⲛ ⲉ**). **ⲛⲁϩⲃ̄, ⲛⲁϩⲉⲃ** n.m. 멍에. **ⲛⲁϩⲃⲉϥ** n.m. idem. **ϥⲁⲓ-ⲛⲁϩⲃ̄** 짐 운반용 동물. **ⲛⲁϩⲃ̄, ⲛⲁϩϥ̄, ⲛⲁϩⲃⲉ** n.f. 어깨, 등, 목; **ϣⲓ ⲛ̄ ⲛⲁϩⲃ̄** 어깨 높이. **ϩⲃ̄ⲥ-ⲛⲁϩⲃ̄** 어깨를 덮는.

ⲛⲟⲩϩⲃ̄ vb. intr. 교미하다, 성교하다.

ⲛⲟⲩϩⲉ (**ⲛⲱϩⲉ, ⲛⲟⲩϩ, ⲛⲟⲩ**), **ⲛⲉϩ-, ⲛⲁϩ⸗,** Q **ⲛⲏϩ** (**ⲛⲉϩ**) vb. tr. (1) 흔들다, 던져 버리다 (**ⲙ̄ⲙⲟ⸗**; ± **ⲉⲃⲟⲗ**); (2) 분리하다, 구별하다 (**ⲙ̄ⲙⲟ⸗** ± **ⲉⲃⲟⲗ**); vb. reflex. (자신을) 분리하다; 돌리다, 돌아오다[가다]; vb. intr. (± **ⲉⲃⲟⲗ**) 떨어지다, 벗겨지다.

ⲛⲟⲩϩⲉ n.f. 무화과 나무의 일종.

ⲛⲟⲩϩⲙ̄, ⲛⲉϩⲙ̄-, ⲛⲁϩⲙ⸗, Q **ⲛⲁϩⲙ̄** vb. tr. 구하다, 구조하다, 보호하다 (**ⲙ̄ⲙⲟ⸗**; ~로부터: **ⲉ, ⲉⲧⲛ̄, ⲛ̄ⲧⲛ̄, ϩⲛ̄, ⲉⲃⲟⲗ ϩⲛ̄,**

ⲁ ⲃ ⲉ ⲏ ⲉⲓ ⲕ ⲗ ⲙ ⲛ ⲟ ⲡ ⲣ ⲥ ⲧ ⲟⲩ ⲱ ϣ ϥ ϩ ϫ ϭ

ⲉⲃⲟⲗ ϩⲓⲧⲛ̄); vb. intr. 구해지다, 구조되다 (위와 같은 전치사); Q 안전하다. n.m. 안전. ⲣⲉϥⲛⲟⲩϩⲙ̄ 구원자.

ⲛⲟⲩϫ adj. 거짓말하는, 거짓의 (일반적으로 명사 뒤에서 ⲛ̄과 함께); n.m. 거짓말쟁이. ⲙⲛ̄ⲧⲛⲟⲩϫ 거짓말. ⲥⲁ ⲛ̄ ⲙⲛ̄ⲧⲛⲟⲩϫ 거짓말쟁이.

ⲛⲟⲩϫⲉ (ⲛⲟⲩϫ), ⲛⲉϫ-, ⲛⲟϫ⸗, Q ⲛⲏϫ vb. tr. 던지다, 버리다 (ⲙ̄ⲙⲟ⸗). 모든 범위의 전치사 및 부사와 함께 일반적인 의미로 사용; Q 위치해 있다, 놓여 있다, 누워 있다 (식탁에서). ⲛⲟⲩϫⲉ ⲙ̄ⲙⲟ⸗ ⲉ (감옥에) 집어넣다, (배를) 물에 띄우다. ⲛⲏϫ ⲉ ~에 기대다. ⲛⲟⲩϫⲉ ⲙ̄ⲙⲟ⸗ ⲉϫⲛ̄ ~에게 ~을 부과하다; (옷을) 입히다. ⲛⲟⲩϫⲉ ⲙ̄ⲙⲟ⸗ ⲉϩⲟⲩⲛ 집어넣다, 소개하다. n.m. 던지기.

ⲛⲟⲩϫⲕ̄, ⲛⲟϫⲕ⸗ (ⲛⲟϫϭ⸗, ⲛⲟϫ⸗) vb. tr. 뿌리다, 성수를 뿌리다 (ⲙ̄ⲙⲟ⸗; 위에: ⲉϫⲛ̄); n.m. 뿌리기.

ⲛⲟⲩϭⲥ̄, ⲛⲉϭⲥ̄-, Q ⲛⲟϭⲥ̄- vb. intr. 화가 나다, 격노하다 (~에 대해: ⲉ, ⲉϫⲛ̄); n.m. 분노, 진노. ⲣ̄-ⲛⲟⲩϭⲥ̄ 화나게 하다. ⲣⲉϥ-ⲛⲟⲩϭⲥ̄ 분노에 찬 사람. ϯ-ⲛⲟⲩϭⲥ̄ ⲛⲁ⸗ 화나게 하다. ⲛⲁϭⲥⲉ n. 분노, 진노.

ⲛⲟϭⲛⲉϭ, ⲛⲉϭⲛⲉϭ-, ⲛⲉϭⲛⲟⲩϭ⸗ vb. tr. 비난하다, 나무라다, 조롱하다 (ⲙ̄ⲙⲟ⸗); nm. 비난; ⲣ̄-ⲛⲟϭⲛⲉϭ 비난하게 되다.

ⲛⲟϭ adj. 큰, 위대한; 손위의 (아들, 형제, 자매); 명사 앞이나 뒤에서 ⲛ̄과 함께; 명사 뒤에서 ⲛ̄ 없이; n.m. 중요한 사람[것], 노인. ⲙⲛ̄ⲧ-ⲛⲟϭ 큼, 위대함; 연상; ⲣ̄-ⲙⲛ̄ⲧⲛⲟϭ 위대한 일을 하다. ⲣ̄-ⲛⲟϭ (Q ⲟ ⲛ̄) 크게 되다; 성장하다, 어른이 되다; ⲙⲁⲓ-ⲣ̄-ⲛⲟϭ 야심적인. ⲛⲟϭ ⲉ ~보다 큰, ~보다 나이가 든; ⲣ̄-ⲛⲟϭ ⲉ 더 나이가 들게 되다, ~보다 뛰어나게 되다. ⲣ̄-ⲟⲩⲛⲟϭ, ϣⲱⲡⲉ ⲛ̄ ⲟⲩⲛⲟϭ 크게 되다. ⲛⲟϭ ⲛ̄ ⲣⲱⲙⲉ 충분히 성장한 사람; 나이든 사람; n.m. 연장자, 어른, 중요 인물; ⲙⲛ̄ⲧⲛⲟϭ ⲛ̄ ⲣⲱⲙⲉ (남자의) 노년, 노령. ⲛⲟϭ ⲛ̄ ⲥϩⲓⲙⲉ (여자의) 노년, 노령.

ⲛ̄ⲧⲉ, ⲛ̄ⲧⲁ⸗ 소유격 및 소유를 표현하는 전치사; 문법 색인 참조.

ⲛ̄ⲧⲏϭ, ⲉⲛⲧⲏϭ n.m. 식물, 약초, 잡초; ⲣ̄-ⲛ̄ⲧⲏϭ 잡초가 되다. ϫⲓ-

ⲚⲦⲎϬ 씨를 뿌리다.

ⲚⲦⲞ 독립 인칭 대명사. 너, 당신 (f.s.).

ⲚⲦⲞⲔ 독립 인칭 대명사. 너, 당신 (m.s.).

ⲚⲦⲞⲞⲨ 독립 인칭 대명사. 그들; **ⲚⲦⲞϤ** 참조.

ⲚⲦⲞⲞⲨⲚ̄, ⲚⲦⲰⲞⲨⲚ adv. 그 뒤에, 다음에, 그 후 곧; 따라서, 그러므로.

ⲚⲦⲞⲤ 독립 인칭 대명사. 그녀, 그것 (f.); **ⲚⲦⲞϤ** 참조.

ⲚⲦⲞϤ (1) 독립 인칭 대명사. 그, 그것 (m.); (2) adv. 그러나, 오히려, 한편으로는; 더욱이, 게다가; **ⲚⲦⲞⲤ** 및 **ⲚⲦⲞⲞⲨ**는 f. 또는 pl. 주어 참조와 유사하게 사용될 수 있다. **ⲚⲦⲞϤ ⲚⲦⲞϤ ⲠⲈ** 그는 동일한 사람이다.

ⲚⲦⲰⲦⲚ̄ 독립 인칭 대명사. 너희, 당신들, 그대들.

Ⲛ̄ϢⲞⲦ (ⲈⲚϢⲞⲦ), Q **ⲚⲀϢⲦ̄** vb. intr. 단단해지다, 강해지다, 어려워지다; Q 단단하다, 거칠다, 어렵다. **ⲚⲀϢⲦ̄-ϨⲢⲀ⸗** 건방진. **ⲚⲀϢⲦ̄-(Ⲛ̄)-ϨⲎⲦ** 마음이 굳은; **ⲘⲚ̄ⲦⲚⲀϢⲦ̄-ϨⲎⲦ** 굳은 마음을 가짐; **Ⲣ̄-ⲚⲀϢⲦ̄-ϨⲎⲦ** (Q **Ⲟ Ⲛ̄**) 마음이 굳어지다. n.m. 엄격함, 거침, 대담함; **ϨⲚ̄ ⲞⲨⲚ̄ϢⲞⲦ** 엄하게, 거칠게; **ϯ-Ⲛ̄ϢⲞⲦ Ⲛ̄/Ⲉ Ⲡ(⸗)ϨⲎⲦ** 용기를 북돋우다. **ⲚⲀϢⲦⲈ** n.f. 보호, 보호자; **Ⲣ̄-ⲚⲀϢⲦⲈ** (Q **Ⲟ Ⲛ̄**) 보호자가 되다.

Ⲛ̄ϬⲒ 동사 뒤에서 주어를 도입하는 불변화사.

▽ 상호 참조

Ⲛ-: **Ⲡ-**

Ⲛ̄-: **ⲈⲒⲚⲈ**

ⲚⲀ⸗: **Ⲛ̄**

ⲚⲀ-: **ⲠⲀ-, Ⲁ**

ⲚⲀⲀ: **ⲚⲀ**

ⲚⲀⲀⲨ: **ⲈⲒⲀⲀⲨ**

ⲚⲀⲀϪ(Ϩ)Ⲉ: **ⲚⲀϪϨⲈ**

ⲚⲀⲈ-: **ⲚⲀⲀ-**

ⲚⲀⲈ: **ⲚⲀ**

ⲚⲀⲒ: **ⲠⲀⲒ; ⲚⲀ**

ⲚⲀⲒⲀⲦ⸗: **ⲈⲒⲀ**

ⲚⲀⲘ: **ⲚⲞⲘ**

ⲁ ⲃ ⲉ ⲏ ⲉⲓ ⲕ ⲗ ⲙ **ⲛ** ⲟ ⲡ ⲣ ⲥ ⲧ ⲟⲩ ⲱ ϣ ϥ ϩ ϫ ϭ

ⲛⲁⲧ⸗: ⲛⲟⲩⲧ
ⲛⲁϣⲡ⸗: ⲛⲟⲩϣⲡ̅
ⲛⲁϣⲧ̅(-): ⲛ̅ϣⲟⲧ
ⲛⲁϣⲧⲉ: ⲛ̅ϣⲟⲧ
ⲛⲁϣⲧⲓⲙⲙⲉ: ⲉⲓⲙⲉ
ⲛⲁϣⲧⲙ̅ⲙⲉ: ⲉⲓⲙⲉ
ⲛⲁϥⲧ⸗: ⲛⲓϥⲉ
ⲛⲁϩ⸗: ⲛⲟⲩϩⲉ
ⲛⲁϩⲃ⸗: ⲛⲟⲩϩⲃ̅
ⲛⲁϩ(ⲉ)ⲃ: ⲛⲟⲩϩⲃ̅
ⲛⲁϩⲙ(⸗): ⲛⲟⲩϩⲙ̅
ⲛⲁϩⲣⲁ⸗: ϩⲟ
ⲛⲁϩⲣⲛ̅: ϩⲟ
ⲛⲁϩϥ̅: ⲛⲟⲩϩⲃ̅
ⲛⲁϭⲥⲉ: ⲛⲟⲩϭⲥ̅
ⲛ̅ⲃⲗ̅-, ⲛ̅ⲃⲗ̅ⲗⲁ⸗: ⲃⲱⲗ
ⲛⲉ: ⲡⲉ
ⲛⲉ: ⲉⲛⲉ
ⲛⲉⲓⲁⲁⲩ: ⲉⲓⲁⲁⲩ
ⲛⲉⲓⲱ: ⲛⲁⲉⲓⲱ
ⲛⲉⲡⲣⲉ: ⲛⲁⲡⲣⲉ
ⲛⲉⲧ: ⲛⲁⲧ
ⲛⲉⲧⲃ̅-: ⲛⲟⲩⲧϥ̅
ⲛⲉⲧϥ̅: ⲛⲟⲩⲧϥ̅
ⲛⲉϣⲡ̅-: ⲛⲟⲩϣⲡ̅
ⲛⲉϥ: ⲛⲉⲉϥ
ⲛⲉϥⲣ̅-: ⲛⲟⲩϥⲣ̅
ⲛⲉϥⲧ⸗: ⲛⲓϥⲉ
ⲛⲉϩ(-): ⲛⲟⲩϩⲉ
ⲛⲉϩⲙ̅-: ⲛⲟⲩϩⲙ̅
ⲛⲉϫ-: ⲛⲟⲩϫⲉ
ⲛⲉϫⲉ: ⲛⲁϫϩⲉ
ⲛⲉϭⲥ̅-: ⲛⲟⲩϭⲥ̅
ⲛⲏ: ⲡⲏ
ⲛⲏⲃⲉ: ⲛⲏⲏⲃⲉ
ⲛⲏⲃⲧⲉ: ⲛⲟⲩⲃⲧ̅
ⲛⲏⲏⲃ: ⲛⲉⲉϥ
ⲛⲏⲏϥ: ⲛⲉⲉϥ
ⲛⲏⲧ: ⲛⲁⲧ
ⲛⲏϩ: ⲛⲉϩ
ⲛⲏϩ: ⲛⲟⲩϩⲉ
ⲛⲏⲩ: ⲉⲓ
ⲛⲏϫ: ⲛⲟⲩϫⲉ
ⲛⲓⲁⲁⲩ: ⲉⲓⲁⲁⲩ
ⲛⲓⲃⲉ: ⲛⲏⲏⲃⲉ
ⲛⲓⲃⲉ: ⲛⲓϥⲉ
ⲛⲓϥⲉ: ⲛⲏⲏⲃⲉ
ⲛⲓϥⲧ⸗: ⲛⲓϥⲉ
ⲛ̅ⲗⲓⲕⲧ⸗: ⲗⲓⲕⲧ⸗
ⲛ̅ⲙ̅: ⲙⲛ̅
ⲛ̅ⲙ̅ⲙⲁ⸗: ⲙⲛ̅
ⲛⲟⲃⲣⲉ: ⲛⲟⲩϥⲣ̅
ⲛⲟⲃⲧ⸗: ⲛⲟⲩⲃⲧ̅
ⲛⲟⲉⲓⲧ: ⲛⲟⲩⲧ
ⲛⲟⲧⲃ̅: ⲛⲟⲩⲧϥ̅
ⲛⲟⲧⲙ̅: ⲛⲟⲩⲧⲙ̅
ⲛⲟⲧϥ̅: ⲛⲟⲩⲧϥ̅
ⲛⲟⲩ⸗: ⲡⲱ⸗
ⲛⲟⲩ: ⲛⲟⲩϩⲉ
ⲛⲟⲩⲃⲧ̅: ⲛⲟⲩϥⲧ̅

ⲛ̅ⲟⲩⲉϣⲛ̅: ⲟⲩⲱϣ
ⲛ̅ⲟⲩⲟⲉⲓ: ⲟⲩⲟⲉⲓ
ⲛⲟⲩϥ: ⲛⲟⲩⲃ
ⲛⲟⲩϥⲉ: ⲛⲟⲩϥⲣ̅
ⲛⲟⲩϥⲧ̅: ⲛⲟⲩⲧϥ̅
ⲛⲟⲩϩ: ⲛⲟⲩϩⲉ
ⲛⲟⲩϫ: ⲛⲟⲩϫⲉ
ⲛⲟϣⲡ(⸗): ⲛⲟⲩϣⲡ̅
ⲛⲟϣⲥ⸗: ⲛⲟⲩϣⲥ̅
ⲛⲟϥⲣ̅: ⲛⲟⲩϥⲣ̅
ⲛⲟϥⲣⲉ: ⲛⲟⲩϥⲣ̅
ⲛⲟϫ⸗: ⲛⲟⲩϫⲉ
ⲛⲟϫ⸗: ⲛⲟⲩϫⲕ̅
ⲛⲟϫⲕ⸗: ⲛⲟⲩϫⲕ̅
ⲛⲟϫϭ⸗: ⲛⲟⲩϫⲕ̅
ⲛⲟϭⲥ̅: ⲛⲟⲩϭⲥ̅
ⲛ̅ⲥⲁⲃⲏⲗ: ⲃⲱⲗ
ⲛ̅ⲥⲁⲃⲟⲗ: ⲃⲱⲗ
ⲛ̅ⲥⲁ ⲛ̅ ⲃⲟⲗ: ⲃⲱⲗ
ⲛ̅ⲧ⸗: ⲉⲓⲛⲉ
ⲛ̅ⲧⲁ⸗: ⲛ̅ⲧⲉ-
ⲛ̅ⲧⲉ: ⲧⲱⲣⲉ
ⲛ̅ⲧⲛ̅: ⲧⲱⲣⲉ
ⲛ̅ⲧⲟⲟⲧ⸗: ⲧⲱⲣⲉ
ⲛ̅ⲧⲱⲟⲩⲛ: ⲛ̅ⲧⲟⲟⲩⲛ̅
ⲛⲱϩ: ⲛⲟⲩϩ
ⲛⲱϩⲉ: ⲛⲟⲩϩⲉ
ⲛϩ̅: ⲛⲉϩ, ⲉⲛϩ̅
ⲛ̅ϩⲉⲧ-: ⲛⲁϩⲧⲉ
ⲛ̅ϩⲏⲧ⸗: ϩⲛ̅
ⲛ̅ϩⲟⲧ: ⲛⲁϩⲧⲉ
ⲛ̅ϩⲟⲩⲧ: ⲛⲁϩⲧⲉ
ⲛ̅ϫⲉ: ϫⲉ

ⲁ ⲃ ⲉ ⲏ ⲉⲓ ⲕ ⲗ ⲙ ⲛ ⲟ ⲡ ⲣ ⲥ ⲧ ⲟⲩ ⲱ ϣ ϥ ϩ ϫ ϭ

O

O, ω adj. 큰, 위대한; 복합어에서 마지막 요소를 제외하고는 고어임: **ЄІЄРО, Р̄РО, ϨλλΟ, ϨλλΩ, Р̄ТΩ, ϨΡΟΥΟ**를 보라.

ОВН̄, ОВЄΝ, ΑΒЄΝ n.m. 명반.

ОВϨЄ, ОВϨ̄ n.m. 이, 치아, 엄니; 괭이(?).

ОЄІК n.m. (1) 빵, 빵 조각; (2) 똥 (참조. **МН**). **МΑ Ν̄ ΚΑ-/†-/ΟΥЄϨ-ОЄІК** 창고, 저장실. **Р̄-ОЄІК** 빵이 되다. **ΡЄϤΤΑΜΙЄ-ОЄІК** 빵을 굽는 자.

ОЄІК n.m. 갈대.

ОЄІМЄ, ΟΙΜЄ, ОЄІМ n.f. 갈고리, 걸이.

ОЄІПЄ, ΟΙΠЄ n.f. 에바, 에파 (곡물 측량 단위).

ОЄІϢ n. 외치다. 복합어에서만: **ΑϢ-ОЄІϢ** 이야기하기 좋아하는; **ΤΑϢЄ-ОЄІϢ** 설교하다, 선포하다 (**М̄МО⸗**); n.m. 설교, 선포, 선언; **ΡЄϤΤΑϢЄ-ОЄІϢ** 설교자, 전령; **Р̄-ΡЄϤΤϢЄ-ОЄІϢ** 설교자가 되다, 전령이 되다; **ΜΝ̄ΤΡЄϤΤΑϢЄ-ОЄІϢ** 선언, 선포.

ΟΚЄ n.m. 참깨.

ΟλЄΙЄ, ΟΙλЄΙЄ n. m. (거세하지 않은) 숫양.

ΟΜЄ, ΟΟΜЄ, ΑΜЄ n.m.f. 진흙, 점토. **Р̄-ΟΜЄ** 진흙이 되다. **ΑΜ-ΠΗΡϢ̄** 붉은 점토; **ΑΜ-ϨΑΤ** 흰 점토. **ΟΥΑΜ-ΟΜЄ** n.f. 괴저, 궤양; **Р̄-ΟΥΑΜ-ΟΜЄ** 괴저처럼 퍼지다.

ΟΝ adv. 다시, 또한, 역시, 여전히, 게다가, 아직.

ΟΟΤ vb. (Q?) 신음하다.

ΟΟΤЄ, ΟΤЄ n.f. 자궁.

ΟΟΥϢ n.m. 죽, 수프 (빵이나 콩의).

ΟΟϨ, ΟϨ, ΩϨ n.m. 달.

ΟΡΒЄ n. 웨이퍼, 전병.

ⲟⲥⲉ n.m. 손실, 손해; 벌금. **ϯ-ⲟⲥⲉ** 손해를 입다 (~의: **ⲙ̄ⲙⲟ⸗**); 벌금을 물다.

ⲟⲑⲉ n.f. (물의) 배출구; 길, 행로.

ⲟϩⲉ, ⲟⲟϩⲉ, ⲱϩⲉ n.m. 마당; 외양간, 우리; 목초지; 떼, 무리.

▽ 상호 참조

ⲟ: **ⲉⲓⲣⲉ**
ⲟⲃ⸗: **ⲱϥⲉ**
ⲟⲃⲉ: **ⲉⲓⲃⲉ**
ⲟⲃⲉⲛ: **ⲟⲃⲛ̄**
ⲟⲃⲧ(⸗): **ⲱϥⲧ̄**
ⲟⲃϣⲥ̄: **ⲱⲃϣ̄**
ⲟⲓ: **ⲁⲓⲁⲓ**
ⲟⲓⲗⲉⲓⲉ: **ⲟⲗⲉⲓⲉ**
ⲟⲗⲉⲕⲥ: **ⲱⲗⲕ̄**
ⲟⲗⲕⲥ̄: **ⲱⲗⲕ̄**
ⲟⲗⲥ̄: **ⲱⲗ**
ⲟⲙⲕ⸗: **ⲱⲛⲕ̄**
ⲟⲛⲅ⸗: **ⲱⲛⲕ̄**
ⲟⲛϣ⸗: **ⲱϣ**
ⲟⲛϣⲥ̄: **ⲱⲛϣ̄**
ⲟⲛϩ̄: **ⲁⲛϩ**
ⲟⲟⲙⲉ: **ⲟⲙⲉ**
ⲟⲟⲛϣ̄: **ⲱⲛϣ̄**
ⲟⲟϩⲉ: **ⲟϩⲉ**
ⲟⲣϥ⸗: **ⲱⲣⲃ̄**
ⲟⲥϩϥ̄: **ⲱϩⲥ̄**
ⲟⲧⲉ: **ⲟⲟⲧⲉ**
ⲟⲧϭ⸗: **ⲱϭⲧ̄**
ⲟϥ⸗: **ⲱϥⲉ**
ⲟϣ: **ⲁϣⲁⲓ**
ⲟϩ: **ⲟⲟϩ**
ⲟϫⲧ⸗: **ⲱϭⲧ̄**
ⲟϭⲃⲥ̄: **ⲱϭⲃ̄**
ⲟϭϥ̄: **ⲱϭⲃ̄**

ⲡ

ⲡ-, ⲧ-, ⲛ- 정관사; §1.3을 보라.

ⲡⲁ-, ⲧⲁ-, ⲛⲁ- 절대 관계 대명사. ~의, ~소유의, ~에 속한; §22.2를 보라.

ⲡⲁⲓ, ⲧⲁⲓ, ⲛⲁⲓ 지시 대명사. 이 것, 이 사람; §5.2를 보라.

ⲡⲁⲓϣⲉ, ⲡⲁϣⲉ, ⲡⲉϣⲉ, ⲡⲓϣⲉ n.f. 질병의 이름.

ⲡⲁⲕⲉ (ⲡⲁⲁⲕⲉ), Q ⲡⲟⲕ(ⲉ) vb. intr. 가벼워지다, 얇아지다; ϩⲏⲧ와 함께: (마음이) 가난해지다. ⲡⲟⲕϥ̄ n.m. 얇은 종이, 얇은 판.

ⲡⲁⲡⲟⲓ, ⲡⲁⲡⲁⲓ n.m. 새, 닭.

ⲡⲁⲟⲡⲉ, ⲡⲟⲟⲡⲉ, ⲡⲁⲁⲡⲉ 콥트력의 2번째 달.

ⲡⲁⲣⲙⲟⲩⲧⲉ, ⲡⲁⲣⲙⲟⲩϯ 콥트력의 3번째 달.

ⲡⲁⲣⲙ̄ϩⲟⲧⲡ̄, ⲡⲁⲣⲉⲙϩⲟⲧⲡ̄, -ϩⲟⲧ, -ϩⲁⲧ(ⲡ̄) 콥트력의 7번째 달.

ⲡⲁⲧ n.f. 다리; 정강이, 무릎, 발. ⲕⲗ̄ϫ-ⲡⲁⲧ 무릎을 굽히다.

ⲡⲁⲧⲁⲗⲁⲥ n. 알려지지 않은 폭력적인 민족(?)의 이름; 아마도 이교도.

ⲡⲁⲱⲛⲉ, ⲡⲁⲱⲛⲓ, ⲡⲁⲟⲩⲛⲓ n 콥트력의 10번째 달.

ⲡⲁϣ n.m. 덫, 함정. ⲡⲁϣϥ̄ n. idem.

ⲡⲁϣⲟⲛⲥ̄, ⲡⲁϣⲱⲛⲥ̄, ⲡⲁϫⲟⲛⲥ̄ 콥트력의 9번째 달.

ⲡⲁϩⲣⲉ, ⲡⲁϩⲣ̄ n.m. (f.) 약, 약제; 물감. ⲣ̄-ⲡⲁϩⲣⲉ 낫게 하다, 치료하다 (ⲉ); ⲣⲉϥⲣ̄-ⲡⲁϩⲣⲉ 마법사, 치료자; ⲙⲛ̄ⲧⲣⲉϥⲣ̄-ⲡⲁϩⲣⲉ 마법, 마술. ϯ-ⲡⲁϩⲣⲉ 낫게 하다, 치료하다 ϫⲓ-ⲡⲁϩⲣⲉ 약을 복용하다, 치료받다; 물이 들다, 염색되다. ⲙⲁ ⲛ̄ ϫⲓ-ⲡⲁϩⲣⲉ 치료하는 장소.

ⲡⲁϩⲟⲩ n.m. 등, 뒷부분, 엉덩이; adj. 이전의. ⲉⲡⲁϩⲟⲩ adv. 뒤에, 뒤쪽으로. ⲉⲡⲁϩⲟⲩ ⲉ prep. ~의 뒤에. ⲥⲁ-ⲡⲁϩⲟⲩ = ⲉⲡⲁϩⲟⲩ. ⲛ̅ ⲥⲁ-ⲡⲁϩⲟⲩ adv. 뒤에, 뒤쪽에, ~의 뒤에서부터. ϩⲁ ⲡⲁϩⲟⲩ adv. 이전에, 과거에. ϩⲓ ⲡⲁϩⲟⲩ 뒤쪽에; prep. + ⲙ̅ⲙⲟ⸗.

ⲡⲁϭⲥⲉ, ⲡⲁⲧⲥⲉ n.f. 침; ⲛⲉϫ-ⲡⲁϭⲥⲉ 침을 뱉다.

ⲡⲉ, ⲧⲉ, ⲛⲉ 대명사/계사. 콥트어 사전의 문법 색인을 보라.

ⲡⲉ (pl. ⲡⲏⲩⲉ) n.f. 하늘, 창공. ⲁⲩⲁⲛ ⲙ̅ ⲡⲉ '하늘색의'에 사용하는 형용사에 주의하라. ⲁⲗ ⲙ̅ ⲡⲉ 우박. ⲣⲙ̅ⲙ̅ⲡⲉ 하늘의 사람. ϩⲣⲟⲩ-ⲙ̅-ⲡⲉ 천둥. ϩⲱⲟⲩ ⲙ̅ ⲡⲉ 비. ⲧⲡⲉ 위에 있는 것; ⲉⲧⲡⲉ adv. 위쪽으로; ⲛ̅ ⲧⲡⲉ (1) adj. 위쪽의; (2) adv. 위로; (3) prep. ~보다 위에 (+ ⲛ̅). ϩⲛ̅ ⲧⲡⲉ idem (2,3). (ⲛ̅) ⲥⲁ-ⲧⲡⲉ idem (2,3). ϩⲓ ⲧⲡⲉ idem (2,3). ⲣ̅-ⲧⲡⲉ ~을 넘다 (ⲙ̅ⲙⲟ⸗). ⲙ̅ ⲡⲉⲧⲡⲉ ⲛ̅, ϩⲙ̅ ⲡⲉⲧⲡⲉ ⲛ̅ prep. ~보다 위에, 위의. ⲣ̅-ⲡⲉⲧⲡⲉ = ⲣ̅-ⲧⲡⲉ.

ⲡⲉⲓ, ⲡⲓ n.f. 입맞춤. ϯ-ⲡⲉⲓ 입맞추다 (ⲉ, ⲉⲣⲛ̅, ⲉϫⲛ̅).

ⲡⲉⲓⲣⲉ (ⲡⲓⲣⲉ), Q ⲡⲟⲣⲉ (ⲡⲣⲉⲓⲱⲟⲩ, ⲡⲉⲣⲉⲓⲱⲟⲩ) ± ⲉⲃⲟⲗ vb. intr. ~이 나오다 (빛, 꽃, 머리카락); 꽃이 피다; 빛나다, 밝다. n.m. 방출, 빛남; 이야기; 욕설. ⲙⲁ ⲙ̅ ⲡⲉⲓⲣⲉ 해 뜨는 곳.

ⲡⲉⲛⲛⲉ, ⲡⲉⲛⲛⲏ n. 벌레, 곤충.

ⲡⲉⲣⲓⲡⲉⲣⲟⲓ n.m. 왕궁.

ⲡⲉϫⲉ-, ⲡⲉϫⲁ⸗ vb. 말했다 (접미사가 주어이다). 일반적으로 + ϫⲉ; 직접 화법을 도입할 때만 사용된다.

ⲡⲏ, ⲧⲏ, ⲛⲏ 지시 대명사. 저 것, 저 사람; §30.8을 보라.

ⲡⲏⲓ n. 벼룩.

ⲡⲏⲣⲉ, ⲡⲏⲣⲁ n.m. 메추라기. ϩⲏ ⲙ̅ ⲡⲏⲣⲉ 메추라기 떼.

ⲡⲏⲣϣ̅ n.m. 붉은 물질; 녹, 마름병. ⲁⲙ-ⲡⲏⲣϣ̅ 붉은 점토.

ⲡⲓⲛ n.m. 쥐.

ⲡⲓⲥⲉ (ⲡⲓⲥ), ⲡⲉⲥ(ⲧ̅)-, ⲡⲁⲥⲧ⸗ (ⲡⲓⲥⲧ⸗), Q ⲡⲟⲥⲉ (ⲡⲏⲥ) vb. tr. 요리하다, 익히다, 굽다 (ⲙ̅ⲙⲟ⸗); 녹이다 (밀랍, 금속, 유리 등); vb. intr. 조리되다, 녹다; n.m. 요리된 것. ⲡⲁⲥⲉ n. 요리된 음식.

ⲡⲓⲧⲉ n.f. 활; **ⲣⲁ ⲙ̄ ⲡⲓⲧⲉ** 창살 틈삿 5:28; 활 쏘는 창.

ⲡⲓϭⲁ, ⲡⲓϭⲏ, ⲡⲓϭⲓ n. 자만(심), 허영(심); **ⲙⲛ̄ⲧⲡⲓϭⲁ** idem.

ⲡⲗ̄ϭⲉ, ⲡⲉⲗϭⲉ, ⲡⲉⲗϫⲉ, ⲡⲣ̄ϭⲉ n.m. 헝겊, 낡은 옷; adj. 낡은, 닳은. **ⲡⲗ̄ϭⲉ ⲛ̄ ⲧⲟⲉⲓⲥ** idem; 덧대는 조각. **ⲣ̄-ⲡⲗ̄ϭⲉ** (Q **ⲟ ⲛ̄**) 해어지다, 너덜너덜해지다.

ⲡⲛ̄ⲛⲏ, ⲡⲛⲏ n.f. 문설주, 문턱, 입구.

ⲡⲟⲉⲓϣ n. m. 가로대, 계단.

ⲡⲟⲓ n.m. 벤치, 긴 의자.

ⲡⲟⲣⲕ̄ n.m. 팔리움 (성직자의 외투).

ⲡⲟⲣⲕ̄, ⲡⲟⲣⲉⲕ n.m. 망아지, 송아지. **ⲙⲉⲥ-ⲡⲟⲣⲕ̄, ⲙⲁⲥ-ⲡⲟⲣⲕ̄** 노새.

ⲡⲟⲧⲡⲧ̄ vb. tr. 베어 넘어뜨리다 (**ⲙ̄ⲙⲟ⸗**); intr. 떨어지다, 쓰러지다.

ⲡⲣⲱ n.f. 겨울. **ⲣ̄-ⲧⲉⲡⲣⲱ** 겨울을 나다.

ⲯⲓⲥ, ⲯⲓⲧ (f. **ⲯⲓⲧⲉ, ⲯⲓⲥⲉ**) 숫자: 9, 아홉. **ⲙⲉϩⲯⲓⲥ** 제 9의, 아홉 번째. **ⲡⲥ̄ⲧⲁⲓⲟⲩ** 90, 아흔; **ⲯⲁⲓⲧ-** idem (복합 숫자에서)

ⲡⲱ⸗, ⲧⲱ⸗, ⲛⲟⲩ⸗ 소유 대명사; §22.2를 보라.

ⲡⲱⲗϩ̄, ⲡⲟⲗϩ⸗, Q **ⲡⲟⲗϩ̄** vb. tr. 상처를 입히다 (**ⲙ̄ⲙⲟ⸗**); intr. 상처를 입다, 기분이 상하다 (~에 의해; **ⲉ**); n.m. 상처, 고통.

ⲡⲱⲗϭ̄, ⲡⲗ̄ϭ- (**ⲡⲉⲗⲕ-**), **ⲡⲟⲗϭ⸗** (**-ⲕ⸗, -ϫ⸗, ⲡⲁⲗϭ⸗**) ± **ⲉⲃⲟⲗ** vb. tr. 결정하다, 해결하다 (~을: **ⲙ̄ⲙⲟ⸗**); 벗어나게 하다, 자유롭게 하다 (~로부터: **ⲉⲃⲟⲗ ⲛ̄, ⲉⲃⲟⲗ ϩⲛ̄, ϩⲁ**); vb. intr. 만족하거나 동의하기 위해 노력하다 (~에: **ⲙⲛ̄**); 결론에 이르다; ~에서 벗어나다, ~로부터 자유롭게 되다 (**ⲉⲃⲟⲗ ⲉ, ⲉⲃⲟⲗ ⲛ̄, ⲉⲃⲟⲗ ϩⲛ̄**). **ⲡⲗⲟϭ** n.m. 부분, 일부. **ⲡⲟⲗϭⲥ̄** n.f. 덩어리.

ⲡⲱⲛ (**ⲡⲱⲱⲛ, ⲡⲱⲱⲛⲉ**), **ⲡⲉⲛ-** (**ⲡⲉⲉⲛ-, ⲡⲉⲛⲉ**), Q **ⲡⲏⲛ** vb. intr. 쏟아지다, 흐르다 (± **ⲉⲃⲟⲗ**: 밖으로); n.m. 주입, 따르기; 유출.

ⲡⲱⲛⲕ̄ (**ⲡⲱⲛⲅ̄, ⲡⲱⲛϭ̄**), **ⲡⲛ̄ⲅ-** (**ⲡⲉⲛⲕ̄-**), **ⲡⲟⲛⲕ⸗** vb. tr. (± **ⲉⲃⲟⲗ**) 퍼 올리다, 퍼내다 (물을: **ⲙ̄ⲙⲟ⸗**); 이동하다, 옮기다, 운반하다 (**ⲙ̄ⲙⲟ⸗**; ~로: **ⲉϫⲛ̄**; ~로부터: **ϩⲛ̄**; 안으로: **ⲉϩⲟⲩⲛ ⲉ**).

ⲡⲱⲣⲕ̄, ⲡⲣ̄ⲕ- (ⲡⲉⲣⲕ̄-), ⲡⲟⲣⲕ⸗ (± ⲉⲃⲟⲗ) vb. tr. 뽑아내다, 뿌리를 뽑다 (ⲙ̄ⲙⲟ⸗; ~에서: ϩⲛ̄); vb. intr. 뿌리가 뽑히다, 파괴되다. n.m. 뽑음, 몰아냄.

(ⲡⲱⲣⲥ̄), Q ⲡⲟⲣⲥ̄ vb. intr. 펼쳐 있다, 뻗어 있다. ⲡⲟⲣⲥ̄ n.f. 커튼(?), 매트(?). ⲡⲣⲉⲥⲣⲁⲥⲧ̄ Q 뻣뻣하다 (머리카락).

ⲡⲱⲣϣ̄, ⲡⲣ̄ϣ- (ⲡⲉⲣϣ̄-), ⲡⲟⲣϣ⸗, Q ⲡⲟⲣϣ̄ vb. tr. 펴다, 늘리다, 확장하다 (ⲙ̄ⲙⲟ⸗; ± ⲉⲃⲟⲗ 밖으로); 일반적인 의미로 ⲉ, ⲉϫⲛ̄, ϩⲓ, ϩⲓϫⲛ̄, ⲛⲁϩⲣⲛ̄, ⲟⲩⲃⲉ와 함께; vb. intr. 펴지다, 늘어나다. n.m. 펼쳐진 것, 매트, 덮개; + ⲉⲃⲟⲗ: 펴지는, 확장되는. ⲙⲁ ⲙ̄ ⲡⲱⲣϣ̄ 소파, 침대. ⲡⲟⲣϣⲥ̄ n.f. 식탁을 차림. ⲡⲣⲏϣ n.m. 펼쳐진 것, 매트, 덮개; 망토.

ⲡⲱⲣϫ̄, ⲡⲣ̄ϫ- (ⲡⲉⲣϫ̄-), ⲡⲟⲣϫ⸗ ± ⲉⲃⲟⲗ vb. tr. 나누다, 분리하다 (ⲙ̄ⲙⲟ⸗; ~로부터: ⲉ, ⲙ̄ⲙⲟ⸗; ~로: ⲉ; 반으로: ⲉ ⲧ(⸗) ⲙⲏⲧⲉ; vb. intr. 나누어지다, 분리되다; 떠나다, 출발하다. n.m. (± ⲉⲃⲟⲗ) 나누어짐, 분리됨; ⲉⲓⲣⲉ ⲛ̄ ⲟⲩⲡⲱⲣϫ̄ 분류하다; ϯ-ⲡⲱⲣϫ̄, ϯ ⲛ̄ ⲟⲩⲡⲱⲣϫ̄ idem. ⲁⲧⲡⲱⲣϫ̄ 분리되지 않는, 나눌 수 없는; ⲣ̄-ⲁⲧⲡⲱⲣϫ̄ 갈라놓을 수 없게 되다 (~와: ⲉ); ⲙⲛ̄ⲧⲁⲧⲡⲱⲣϫ̄ 나눌 수 없음, 불가분성. ⲙⲁ ⲙ̄ ⲡⲱⲣϫ̄ 국경(지방). ⲣⲉϥⲡⲱⲣϫ̄ 나누는 자.

ⲡⲱⲧ, Q ⲡⲏⲧ vb. intr. 달리다, 도망가다, 피하다; 행로를 달리다; 모든 범위의 전치사 및 부사와 함께 일반적인 의미로 사용. ⲡⲱⲧ ⲛ̄ⲥⲁ 추적하다, 뒤쫓다. ⲡⲱⲧ ⲛ̄ⲧⲛ̄ ~에서 달아나다; ⲡⲱⲧ ϩⲏⲧ⸗ idem. n.m. 행로. 도피. ⲙⲁ ⲙ̄ ⲡⲱⲧ 도피 장소; 육상 경기장; + ⲉⲃⲟⲗ: 출구. ⲣⲉϥⲡⲱⲧ 달리는 자.

ⲡⲱⲧⲥ̄, Q ⲡⲟⲧⲥ̄ vb. tr. 가르다, 나누다, 금이 가게 하다 (ⲙ̄ⲙⲟ⸗, ⲉ). ⲡⲁⲧⲥⲉ n.f. 판자, 선반.

ⲡⲱⲧϩ̄, ⲡⲟⲧϩ⸗, Q ⲡⲟⲧϩ̄ vb. tr. 조각하다, 새기다, 묘사하다 (ⲙ̄ⲙⲟ⸗).

ⲡⲱⲱⲛⲉ (ⲡⲱⲛⲉ), ⲡⲉⲉⲛⲉ- (ⲡⲉⲛⲉ-), ⲡⲟⲟⲛⲉ⸗ (ⲡⲁⲁⲛⲉ⸗), Q ⲡⲟⲟⲛⲉ (1) vb. tr. ~의 방향을 바꾸다 (ⲙ̄ⲙⲟ⸗); 옮기다, 바꾸다,

전환하다, 베끼다 (M̄MO⸗; ~로: ⲉ, ⲉϩⲟⲩⲛ ⲉ, ⲉϩⲣⲁⲓ ⲉ); + ⲉⲃⲟⲗ: 제거하다, 실행하다, 꺼내다 (M̄MO⸗; ~로부터: ⲛ̄, ϩⲛ̄, ϩⲓϫⲛ̄). (2) vb. intr. 방향을 바꾸다, 바뀌다, 달라지다 (~에서: ϩⲛ̄; ~로: ⲉ); + ⲉⲃⲟⲗ: 떠나다. ⲡⲱⲱⲛⲉ ⲉⲃⲟⲗ n.m. 이사, 변화, 죽음. ⲁⲧⲡⲱⲱⲛⲉ 움직이지 않는, 변경할 수 없는; ⲙⲛ̄ⲧⲁⲧ-ⲡⲱⲱⲛⲉ 불변성. ⲣⲉϥⲡⲱⲱⲛⲉ, ⲣⲉϥⲡⲟⲟⲛⲉϥ 변덕스러운 사람; ⲙⲛ̄ⲧⲣⲉϥⲡⲱⲱⲛⲉ 변덕이 심함. ⲡⲱⲱⲛⲉⲥ, ⲡⲟⲟⲛⲉⲥ n.f. 움직임, 이동.

ⲡⲱⲱⲡⲉ, ⲡⲁⲡⲉ-, ⲡⲁⲡⲱ⸗ vb. tr. 벽돌을 만들다 (ⲧⲱⲃⲉ). ⲙⲛ̄ⲧⲡⲁⲡⲉ-ⲧⲱⲃⲉ 벽돌 제조. ⲙⲁ ⲙ̄ ⲡⲁⲡⲉ-ⲧⲱⲃⲉ 벽돌 만드는 곳. ⲡⲁⲡⲉⲓⲧ n. 벽돌 만드는 자.

ⲡⲱⲱⲣⲉ, ⲡⲉⲣⲉ-, ⲡⲟⲟⲣ⸗ vb. tr. 꿈을 꾸다 (+ ⲣⲁⲥⲟⲩ). ⲣⲉϥ-ⲡⲱⲱⲣⲉ 꿈꾸는 자.

ⲡⲱϣ (ⲡⲱϣⲉ), ⲡⲉϣ-, ⲡⲟϣ⸗, Q ⲡⲏϣ vb. tr. 나누다, 분리하다 (M̄MO⸗; ~으로: ⲉ; ~에서: ϩⲛ̄, ⲙⲛ̄); 공유하다 (~와: ⲉϩ-ⲣⲛ̄, ⲉϫⲛ̄, ⲛⲁ⸗); vb. intr. 갈라지다, 나눠 가지다, 나누어지다 (앞과 같은 전치사); n.m. 분할, 분배. ⲁⲧⲡⲱϣ 분할되지 않은, 분할할 수 없는; ⲣⲉϥⲡⲱϣ 나누는 자, 분배하는 자. ⲡⲁϣⲉ, ⲡⲏϣⲉ, ⲡⲓϣⲉ (ⲡⲁϣ-, ⲡϣ̄-) n.f. 절반, 분할; ⲡⲁϣⲉ ⲛ̄ ⲧⲉⲩϣⲏ 한밤중. ⲣ̄-ⲡⲁϣⲉ (Q ⲟ ⲛ̄) 반이다, 중반이다 (+ ⲛ̄ + inf. 또는 상황절과 함께); 또한 복합어에서 ⲣ̄-ⲡⲁϣ-ⲙⲟⲩ 반쯤 죽다.

ⲡⲱϣⲛ̄, ⲡⲉϣⲛ̄- ⲡⲟϣⲛ⸗, Q ⲡⲟϣⲛ̄ vb. tr. (성직자로) 임명하다 (M̄MO⸗; ~로: ⲛ̄); vb. intr. (사제로) 섬기다, 봉사하다; n.m. 봉사, 섬김, 성직 서임. ⲣⲉϥⲡⲱϣⲛ̄ 하인, 봉사자. ⲡⲁϣⲛⲉ n.f. 봉사, 섬김.

ⲡⲱϣⲥ̄ (ⲡⲱⲥϣ̄), ⲡⲉϣⲥ̄-, ⲡⲟϣⲥ⸗ (ⲡⲁϣⲥ⸗), Q ⲡⲟϣⲥ̄ (ⲡⲟⲥϣ̄) vb. tr. ~을 놀라게 하다 (M̄MO⸗); 벗어나다 (M̄MO⸗); vb. intr. (± ⲉⲃⲟⲗ) 놀라게 되다, 이성을 잃다 (~에: ⲉϫⲛ̄, ⲛ̄ⲥⲁ); 벗어나다, 바뀌다 (~로: ⲉ). n.m. 놀람, 놀라움.

ⲡⲱϣⲥ̄ ⲛ̄ ϩⲏⲧ 놀라다, 매우 불안해하다 (~에: **ⲉϫⲛ̄, ⲛ̄ⲥⲁ**); n.m. 놀람, 놀라움.

ⲡⲱϩ, ⲡⲉϩ- (**ⲡⲁϩ-**), **ⲡⲟϩ⸗** (**ⲡⲁϩ⸗**), Q **ⲡⲏϩ** (**ⲡⲉϩ**) vb. tr. 터뜨리다, 가르다, 부수다, 찢다 (**ⲙ̄ⲙⲟ⸗**); vb. intr. idem; n.m. 분할, 부분, 조각. **ⲟ ⲙ̄ ⲡⲱϩ ⲡⲱϩ** Q 산산조각이 되다. **ⲣⲉϥⲡⲉϩ-** 나누는 자. **ⲡⲁϩⲉ** n.f. 파편, 조각; **ⲛ̄ ⲡⲁϩⲉ ⲡⲁϩⲉ** 산산조각으로, 조각 조각으로. **ⲡⲁϩⲥ̄** n.f. 먹이; **ⲣ̄-ⲡⲁϩⲥ̄, ⲉⲓⲣⲉ ⲙ̄ ⲡⲁϩⲥ̄** 먹이로 삼다. **ⲡⲁϩϥ̄** n.m. 파편.

ⲡⲱϩ, ⲡⲉϩ- (**ⲡϩ̄-**), Q **ⲡⲏϩ** (1) vb. tr./intr. 도착하다, 달성하다 (**ⲉ, ⲉϩⲟⲩⲛ ⲉ, ϣⲁϩⲣⲁⲓ ⲉ**); 우연히 만나다 (**ⲉϫⲛ̄**); ~에 도착하다 (**ϣⲁ**), ~에 돌리다 (**ϣⲁ**); 성숙하다, 익다. (2) aux. vb. + inf.: 한번에 하다, ~하는 데 성공하다.

ⲡⲱϩⲥ̄, ⲡⲉϩⲥ̄-, Q **ⲡⲟϩⲥ̄** vb. tr. 물다, 물어뜯다 (**ⲙ̄ⲙⲟ⸗**); n.m. 물기.

ⲡⲱϩⲧ̄, ⲡⲉϩⲧ̄- (**ⲡⲁϩⲧ̄-**), **ⲡⲁϩⲧ⸗**, Q **ⲡⲁϩⲧ̄** (1) vb. tr. 구부리다, (**ⲙ̄ⲙⲟ⸗**); intr. / reflex. 고개를 숙이다, 엎드리다. 일반적인 의미로 **ⲉ, ⲉϫⲛ̄, ⲉϩⲣⲁⲓ ⲉϫⲛ̄, ⲛⲁ⸗, ϩⲁⲣⲁⲧ⸗**와 함께 사용. (2) vb. tr. (± **ⲉⲃⲟⲗ**) 붓다, 따르다, 흘리다 (**ⲙ̄ⲙⲟ⸗**; ~을 **ⲉ, ⲉϫⲛ̄, ⲉϩⲣⲁⲓ ⲉϫⲛ̄** 일반적인 의미로); vb. intr. 흘러나오다, 흐르다 (앞과 마찬가지로); **ⲡⲱϩⲧ̄ ⲉⲃⲟⲗ ⲙⲛ̄** ~에 자신을 버리다. n.m. 붓기, 따르기, 흘리기. **ⲁⲧⲡⲉϩⲧ̄-ⲥⲛⲟϥ** 피를 흘리지 않는. **ⲣⲉϥ-ⲡⲉϩⲧ̄-ⲥⲛⲟϥ** 피를 흘리는 자.

ⲡⲱϫϭ (**ⲡⲱϫⲕ̄, ⲡⲱϫⲧ̄**), Q **ⲡⲟϫⲧ̄** vb. tr. 평평하게 하다; n.m. 폭, 평평한 부분.

ⲡⲱϭⲉ, ⲡⲟϭ⸗ (**ⲡⲟⲕ⸗, ⲡⲟⲅ⸗**), Q **ⲡⲟⲅⲉ** vb. tr. 부수다, 터뜨리다 (**ⲙ̄ⲙⲟ⸗**); intr. idem. **ⲡⲟϭⲉ, ⲡⲱϭⲉ, ⲡⲟⲕⲉ, ⲡⲁϭⲉ** n.f. 파편, 조각.

▽ 상호 참조

ⲡⲁⲁⲕⲉ: ⲡⲁⲕⲉ
ⲡⲁⲁⲛⲉ⸗: ⲡⲱⲱⲛⲉ
ⲡⲁⲁⲡⲉ: ⲡⲁⲟⲡⲉ
ⲡⲁⲭⲟⲛⲥ̄: ⲡⲁϣⲟⲛⲥ̄
ⲡⲁⲗϭ⸗: ⲡⲱⲗϭ̄
ⲡⲁⲛⲓⲡ: ⲃⲉⲛⲓⲡⲉ
ⲡⲁⲟⲩⲛⲓ: ⲡⲁⲱⲛⲉ
ⲡⲁⲡⲉ-: ⲡⲱⲱⲡⲉ
ⲡⲁⲡⲉⲓⲧ: ⲡⲱⲱⲡⲉ
ⲡⲁⲡⲱ⸗: ⲡⲱⲱⲡⲉ
ⲡⲁⲣⲉⲙϩⲟⲧⲡ̄: ⲡⲁⲣⲙ̄ϩⲟⲧⲡ̄
ⲡⲁⲥⲉ: ⲡⲓⲥⲉ
ⲡⲁⲥⲧ⸗: ⲡⲓⲥⲉ
ⲡⲁⲧⲥⲉ: ⲡⲁϭⲥⲉ
ⲡⲁϣ-: ⲡⲱϣ
ⲡⲁϣⲉ: ⲡⲱϣ
ⲡⲁϣⲉ: ⲡⲁⲓϣⲉ
ⲡⲁϣⲛⲉ: ⲡⲱϣⲛ̄
ⲡⲁϣϥ̄: ⲡⲁϣ
ⲡⲁϩ-/⸗: ⲡⲱϩ
ⲡⲁϩⲉ: ⲡⲱϩ
ⲡⲁϩⲥ̄: ⲡⲱϩ
ⲡⲁϩⲧ(-/⸗): ⲡⲱϩⲧ̄
ⲡⲁϩϥ̄: ⲡⲱϩ
ⲡⲁϭⲉ: ⲡⲱϭⲉ
ⲡⲉⲉⲛ-: ⲡⲱⲛ
ⲡⲉⲗⲕ-: ⲡⲱⲗϭ̄
ⲡⲉⲗϫⲉ: ⲡⲗ̄ϭⲉ
ⲡⲉⲛ(ⲉ)-: ⲡⲱⲛ, ⲡⲱⲱⲛⲉ
ⲡⲉⲛⲓⲡⲉ: ⲃⲉⲛⲓⲡⲉ
ⲡⲉⲣⲉ-: ⲡⲱⲱⲣⲉ
ⲡⲉⲣⲉⲓⲱⲟⲩ: ⲡⲉⲓⲣⲉ
ⲡⲉⲣⲕⲓⲃⲉ: ⲉⲕⲓⲃⲉ
ⲡⲉⲥ(ⲧ)-: ⲡⲓⲥⲉ
ⲡⲉⲧⲃⲉ: ⲡⲱⲱⲃⲉ
ⲡⲉⲧⲡⲉ: ⲡⲉ
ⲡⲉⲑⲟⲟⲩ: ϩⲟⲟⲩ
ⲡⲉϣⲉ: ⲡⲁⲓϣⲉ
ⲡⲉϩ-: (ⲃⲱϩ)
ⲡⲉϫⲁ⸗, ⲡⲉϫⲉ-: ϫⲱ
ⲡⲏⲥ: ⲡⲓⲥⲉ
ⲡⲏⲩⲉ: ⲡⲉ
ⲡⲏϣⲉ: ⲡⲱϣ
ⲡⲓ: ⲡⲉⲓ
ⲡⲓⲛⲓⲡⲉ: ⲃⲉⲛⲓⲡⲉ
ⲡⲓⲥⲧ⸗: ⲡⲓⲥⲉ
ⲡⲓϣⲉ: ⲡⲁⲓϣⲉ
ⲡⲕⲉ: ⲕⲉ
ⲡⲗⲟϭ: ⲡⲱⲗϭ̄
ⲡⲟⲅ⸗: ⲡⲱϭⲉ
ⲡⲟⲅⲉ: ⲡⲱϭⲉ
ⲡⲟⲕ⸗: ⲡⲱϭⲉ
ⲡⲟⲕ(ⲉ): ⲡⲁⲕⲉ
ⲡⲟⲕⲉ: ⲡⲱϭⲉ
ⲡⲟⲕϥ̄: ⲡⲁⲕⲉ

ⲁ ⲃ ⲉ ⲏ ⲉⲓ ⲕ ⲗ ⲙ ⲛ ⲟ ⲡ ⲣ ⲥ ⲧ ⲟⲩ ⲱ ϣ ϥ ϩ ϫ ϭ

ⲡⲟⲗⲕ⸗: ⲡⲱⲗϭ
ⲡⲟⲗϫ⸗: ⲡⲱⲗϭ
ⲡⲟⲗϭⲥ̄: ⲡⲱⲗϭ
ⲡⲟⲟⲛⲉ⸗: ⲡⲱⲱⲛⲉ
ⲡⲟⲟⲛⲉⲥ: ⲡⲱⲱⲛⲉ
ⲡⲟⲟⲡⲉ: ⲡⲁⲟⲡⲉ
ⲡⲟⲟⲣ⸗: ⲡⲱⲱⲣⲉ
ⲡⲟⲟⲩ: ϩⲟⲟⲩ
ⲡⲟⲣⲉ: ⲡⲉⲓⲣⲉ
ⲡⲟⲣϣⲥ̄: ⲡⲱⲣϣ̄
ⲡⲟⲥⲉ: ⲡⲓⲥⲉ
ⲡⲟⲥϣ⸗: ⲡⲱϣⲥ̄
ⲡⲟϫⲧ̄: ⲡⲱϫϭ
ⲡⲟϭ⸗: ⲡⲱϭⲉ
ⲡⲟϭⲉ: ⲡⲱϭⲉ
ⲡⲛ̄ⲅ-: (ⲡⲱⲛⲕ̄)
ⲡⲛⲏ: ⲡⲛ̄ⲛⲏ
ⲡⲛ̄ⲛⲉ-: ⲡⲱⲱⲛⲉ
ⲡⲣⲉⲓⲱⲟⲩ: ⲡⲉⲓⲣⲉ
ⲡⲣⲉⲥⲣⲁⲥⲧ̄: ⲡⲱⲣⲥ̄
ⲡⲣⲏϣ: ⲡⲱⲣϣ̄
ⲡⲣ̄ϭⲉ: ⲡⲗ̄ϭⲉ
ⲯⲁⲓⲧ-: ⲯⲓⲥ
ⲡⲥⲧⲁⲓⲟⲩ: ⲯⲓⲥ
ⲡⲱⲛⲅ̄: ⲡⲱⲛⲕ̄
ⲡⲱⲛⲉ: ⲡⲱⲱⲛⲉ
ⲡⲱⲛϭ: ⲡⲱⲛⲕ̄
ⲡⲱⲥϣ̄: ⲡⲱϣⲥ̄
ⲡⲱⲱⲛ(ⲉ): ⲡⲱⲱⲛⲉ
ⲡⲱϫⲕ̄: ⲡⲱϫϭ
ⲡⲱϫⲧ̄: ⲡⲱϫϭ

ⲣ

ⲣⲁ n.m. 상태, 조건; 명사 또는 동사와 합성하여 추상적 또는 지역적 의미를 부여한다. 예를 들어 **ⲣⲁ-(ⲛ̄)-ϣⲁ** 동쪽. **ⲣⲁ-ⲱϩⲥ̄** 추수, 수확. **ϣⲁ ⲡⲣⲁ** 범위까지 (~의: **ⲛ̄**), ~까지 (+ 관계절), ~이라도.

ⲣⲁⲓⲧⲉ n.f. 친척, 일가. **ⲣⲙ̄ⲣⲁⲓⲧⲉ** 동족인 사람. **ϫⲓ-ⲣⲁⲓⲧⲉ** 동족이다.

ⲣⲁⲛ, ⲣⲓⲛ (**ⲣⲉⲛ-, ⲣⲛ̄-; ⲣⲓⲛ⸗, ⲣⲛ̄ⲧ⸗, ⲣⲉⲛⲧ⸗, ⲣⲁⲛⲧ⸗**) n.m. 이름, 명성, 명예. **ϯ-ⲣⲛ̄ⲧ⸗ (ⲉ) ϫⲉ, ϯ-ⲣⲛ̄-ⲡⲣⲁⲛ ϫⲉ** 부르다, 명명하다. **ⲁⲧϯ-ⲣⲁⲛ ⲛⲁ⸗** 이름이 없는, 무명의. **ⲙⲟⲩⲧⲉ**는 어휘 목록 17을 보라. **ⲧⲁⲩⲉ-ⲣⲓⲛ⸗** 이름을 부르다. **ⲣⲙ̄ⲛ̄ⲣⲁⲛ** 고위 인사, 저명 인사. **ϩⲟⲟⲩ ⲛ̄ ⲣⲁⲛ** 휴일, 성명 축일.

ⲣⲁⲙⲡⲉⲓ, ⲣⲁⲙⲡⲓ, ⲣⲁⲛⲡⲓ n. 반지.

ⲣⲁⲙⲱⲛⲉ, ⲣⲁⲙⲟⲩⲛⲉ n.m. 문(門)의 일부.

ⲣⲁⲥⲧⲉ n.m. 내일, 다음 날. **ⲣⲁⲥⲧⲉ, ⲡⲣⲁⲥⲧⲉ, ⲛ̄ ⲣⲁⲥⲧⲉ, ⲉ ⲣⲁⲥⲧⲉ, ⲙ̄ ⲡⲉϥⲣⲁⲥⲧⲉ** 내일에. **ⲛ̄ⲥⲁ/ⲙⲛ̄ⲛ̄ⲥⲁ (ⲡⲉϥ) ⲣⲁⲥⲧⲉ** 내일 이후. **ϣⲁ (ⲡⲉϥ)ⲣⲁⲥⲧⲉ** 내일까지.

ⲣⲁⲥⲟⲩ n.f. 꿈. **ⲣ̄-ⲣⲁⲥⲟⲩ** 꿈을 꾸다. **ⲣⲉϥⲟⲩⲉϩ-ⲣⲁⲥⲟⲩ** 꿈의 해석자.

ⲣⲁⲧ⸗ n.m. 발; 낮은 부분, 바닥. **ⲣⲙ̄(ⲛ̄)ⲣⲁⲧ⸗** 하인. **ⲕⲁ-ⲣⲁⲧ⸗** 발을 들여놓다; + **ⲉⲃⲟⲗ** 착수하다. **ⲙⲟⲟϣⲉ ⲛ̄ ⲣⲁⲧ⸗** 걸어서 가다. **ⲛ̄-ⲣⲁⲧ⸗** 추적하다; **ⲁⲧⲛ̄-ⲣⲁⲧ⸗** 추적할 수 없는. **ⲥⲁⲣ-ⲣⲁⲧ⸗** 배변하다. **ϯ ⲉⲣⲁⲧ⸗** 신을 신기다. **ⲟⲩⲉϩ-ⲣⲁⲧ⸗** 발을 들여놓다. **ϫⲓ-ⲣⲁⲧ⸗** 지연시키다. **ϭⲛ̄-ⲣⲁⲧ⸗** 추적하다, 찾아내다; **ⲁⲧ-ϭⲛ̄-ⲣⲁⲧ⸗** 도달[성취]할 수 없는. **ⲉⲣⲁⲧ⸗** prep. ~에, ~의 발치에. **ϩⲁⲣⲁⲧ⸗** prep. 아래에. **ϩⲓⲣⲁⲧ⸗** ~의 쪽에, ~을 향하여.

ⲣⲁⲩⲏ, ⲣⲁⲩⲉ, ⲣⲏⲩⲉ n.f. 도시의 한 구역, 인근, 이웃. **ⲣⲙ̄ⲣⲁⲩⲏ** 이웃.

ⲁ ⲃ ⲉ ⲏ ⲉⲓ ⲕ ⲗ ⲙ ⲛ ⲟ ⲡ ⲣ ⲥ ⲧ ⲟⲩ ⲱ ϣ ϥ ϩ ϫ ϭ

ⲣⲁϣ (**ⲣⲙ̄ⲣⲁϣ**로만), 온화한 사람, 친절한 사람. **ⲙⲛ̄ⲧⲣⲙ̄ⲣⲁϣ** 온화함, 관대함; **ⲣ̄-ⲣⲙ̄ⲣⲁϣ** (Q **ⲟ** **ⲛ̄**) 온화해지다.

ⲣⲁϣⲉ vb. intr. 기뻐하다 (~을: **ⲉϫⲛ̄, ⲉϩⲣⲁⲓ ⲉϩⲛ̄**; ~으로: **ⲙⲛ̄**); vb. tr. 조롱하다, 비웃다 (**ⲙ̄ⲙⲟ⸗**); n.m. 기쁨.

ⲣⲁϩⲧⲉ, ⲣⲟϩⲧⲉ, ⲗⲟϩⲧⲉ n.f. 큰 솥, 큰 냄비.

ⲣⲁϩⲧⲟⲩ n. 수도자 의복의 일종.

ⲣⲃ̄ⲧ̄, ⲉⲣⲃⲧ̄, ⲣ̄ϥⲧ̄ adj. **ϣⲧⲏⲛ**과 함께 겉옷의.

ⲣⲏ n.m. 해, 태양; (연금술의) 금.

ⲣⲏⲥ n.m. 남쪽. **ⲉ ⲣⲏⲥ** 남쪽으로. **ⲙ̄ ⲡⲣⲏⲥ ⲙ̄ⲙⲟ⸗** ~의 남쪽에. **ϩⲁ/ϩⲓ ⲡⲣⲏⲥ ⲙ̄ⲙⲟ⸗** idem. **ⲡⲁⲥ-(ⲛ̄)-ⲣⲏⲥ** 남쪽 지역. **ⲥⲁ-ⲣⲏⲥ** 남쪽에 (~의: **ⲛ̄**). **ⲣⲙ̄ⲣⲏⲥ** 남부 사람. **ⲙⲁⲣⲏⲥ** n.m. 상이집트.

ⲣⲏⲧⲉ n.m. 방식, 관습. 사히드 방언에서는 드물고, **ϩⲉ**를 사용한다.

ⲣⲓ, ⲣⲉⲓ n.f. 독방 (수도자, 죄수); (집의) 방.

ⲣⲓⲕⲉ, ⲣⲉⲕ(ⲧ̄)-, ⲣⲁⲕ(ⲧ)⸗ (**ⲣⲉⲕⲧ⸗**), Q **ⲣⲟⲕⲉ** vb. tr. 구부리다, 굽히다 (**ⲙ̄ⲙⲟ⸗**; ~쪽으로: **ⲉ, ⲉϫⲛ̄, ⲛⲁ⸗, ⲛ̄ⲥⲁ, ϣⲁ**; 멀어지는: **ⲉⲃⲟⲗ**; ~에서 멀어지는: **ⲉⲃⲟⲗ ⲛ̄/ϩⲛ̄, ϩⲓ**); vb. intr./reflex. idem; n.m 전환, 성향. **ⲣⲁⲕⲧⲥ̄** n.f. 방향, 성향.

ⲣⲓⲙⲉ vb. intr. 울다 (~에 대해, ~을 위해: **ⲉ, ⲉϫⲛ̄, ⲛⲁ⸗**); n.m. 울기. **ϫⲓ-ⲣⲓⲙⲉ** 울다. **ⲣⲙ̄ⲉⲓⲏ, ⲣⲙ̄ⲉⲓⲉ** (pl. **ⲣⲙ̄ⲉⲓⲟⲟⲩⲉ**) n.f. 눈물; **ϯ-ⲣⲙ̄ⲉⲓⲏ** 울게 하다.

ⲣⲓⲣ, ⲣⲏⲗ, ⲗⲓⲗ (**ⲣⲣ̄-**) n.m. 멧돼지, 돼지. **ⲣⲓⲣ ⲛ̄ ⲧⲟⲟⲩ** 야생 멧돼지. **ⲙⲁⲛⲉ-ⲣⲓⲣ** 돼지를 치는 자. **ⲥⲁ ⲛ̄ ⲣⲓⲣ** 돼지 상인.

ⲣⲕ̄ⲣⲓⲕⲉ, ϩⲣⲕ̄ⲣⲓⲕⲉ n.f. (졸면서) 꾸벅거림; **ϯ-ⲣⲕ̄ⲣⲓⲕⲉ ⲛⲁ⸗** ~를 재우다; **ϫⲓ-ⲣⲕ̄ⲣⲓⲕⲉ** 꾸벅 꾸벅 졸다.

ⲣⲙ̄ⲙⲁⲟ n.m. 부자, 중요 인물; **ⲙⲛ̄ⲧⲣⲙ̄ⲙⲁⲟ** 부, 재산; **ⲣ̄-ⲣⲙ̄ⲙⲁⲟ** 부유하게 되다.

ⲣ̄ⲙⲟⲛⲧ, ⲣ̄ⲙⲟⲟⲧ n.f. 냉기, 오한, 학질.

ⲣⲙ̄ϩⲉ (f. **ⲣⲙ̄ϩⲏ**; pl. **ⲣⲙ̄ϩⲉⲉⲩⲉ**) n.m.f. 자유로운 자. **ⲙⲛ̄ⲧⲣⲙ̄ϩⲉ** 자유, 벗어남. **ⲕⲱ** (**ⲉⲃⲟⲗ**) **ⲛ̄ ⲣⲙ̄ϩⲉ** 자유롭게 해주다. **ⲣ̄-ⲣⲙ̄ϩⲉ** (Q **ⲟ** **ⲛ̄**) 자유로워지다; 벗어나게 하다 (~로부터: **ϩⲛ̄, ⲉⲃⲟⲗ**

ϩN̄).

ⲣⲟ n.m. 거위.

ⲣⲟ n.m. 줄, (끈의) 가닥.

ⲣⲟ (ⲣⲱ⸗; pl. ⲣⲱⲟⲩ) n.m. 입; 문, 입구; 칼날; **ⲁⲧⲣⲱ⸗** 언어를 말하지 않는. **ⲕⲱ ⲛ̄ ⲣⲱ⸗, ⲕⲁ-ⲣⲱ⸗** (Q **ⲕⲁⲣⲁⲉⲓⲧ**) 침묵을 지키다; **ⲕⲁ-ⲣⲱϥ** n. 침묵; **ⲁⲧⲕⲁ-ⲣⲱϥ** 침묵하지 않는; **ϫⲓ-ⲣⲱϥ** 가로막다, 방해하다 (**ⲙ̄ⲙⲟ⸗**); 중단시키다. **ⲡⲁ-ⲡⲣⲟ** 문지기. **ϩⲁⲛ-ⲣⲟ** n.m. 출입구. **ⲣⲁ-, ⲣⲉ-** 뒤따르는 숫자와 함께 분수를 형성한다: **ⲣⲁ-ϣⲟⲙⲛ̄ⲧ** 삼분의 일. **ⲉⲣⲛ̄** (**ⲉⲣⲱ⸗**) prep. ~의 입구까지. **ϩⲓⲣⲛ̄** (**ϩⲓⲣⲱ⸗**) prep. ~의 입구에, ~에. **ϩⲁⲣⲛ̄** (**ϩⲁⲣⲱ⸗**) prep. 앞에, 이전에. **ⲉⲃⲟⲗ ϩⲓⲣⲛ̄** 이전 부터.

ⲣⲟⲉⲓⲥ, Q **ⲣⲏⲥ** vb. intr. 깨어 있다, 방심하지 않다; 지켜보다, 감시하다 (~을: **ⲉ**); 지키다 (**ⲉ**; ~으로부터: **ⲉ, ⲉⲃⲟⲗ ϩⲛ̄**); n.m. 경비, 감시. **ⲣⲉϥⲣⲟⲉⲓⲥ** 파수꾼, 경비원. **ⲙⲁ ⲛ̄ ⲣⲟⲉⲓⲥ** 감시탑, 망루. **ⲟⲩϣⲏ ⲛ̄ ⲣⲟⲉⲓⲥ** 철야, 불침번; **ⲣ̄-ⲟⲩϣⲏ ⲛ̄ ⲣⲟⲉⲓⲥ** 야간 경비를 하다.

ⲣⲟⲙⲡⲉ, ⲣⲁⲙⲡⲉ (**ⲣⲙ̄ⲡⲉ-**; pl. **ⲣⲙ̄ⲡⲟⲟⲩⲉ**) n.f. 해, 년. **ⲉⲓⲥ ϩⲉⲛⲣⲟⲙⲡⲉ** 몇 년 prep. **ⲛ̄ ⲟⲩⲣⲟⲙⲡⲉ** 1년 동안. **ⲕⲁⲧⲁ ⲣⲟⲙⲡⲉ** 매년. (**ⲛ̄**) **ⲧⲣⲟⲙⲡⲉ** 올해. **ⲧⲣ̄ⲣⲟⲙⲡⲉ, ⲧⲛ̄ⲣⲟⲙⲡⲉ, ⲧⲉⲣⲟⲙⲡⲉ** 매년, 년간. **ⲣ̄-**X **ⲛ̄ ⲣⲟⲙⲡⲉ** X살의 나이가 되다; X 년을 넘기다.

ⲣⲟⲟⲩⲉ, ⲁⲣⲟⲟⲩⲉ n.m. 그루터기. **ⲥⲃ̄-ⲣⲟⲟⲩⲉ** n.f. 줄기.

ⲣⲟⲟⲩⲛⲉ n.m. 처녀, 처녀성. **ⲙⲛ̄ⲧⲣⲟⲟⲩⲛⲉ** idem; 결혼 적령기.

ⲣⲟⲟⲩϣ n.m. 걱정, 염려, 불안. **ⲕⲁ-ⲣⲟⲟⲩϣ ⲛⲁ⸗** 조심하다 (접미사는 재귀용법). **ⲛⲉϫ-ⲣⲟⲟⲩϣ ⲉ** ~에게 관심을 옮기다. **ⲣ̄-ⲣⲟⲟⲩϣ** (Q **ⲟ ⲛ̄**) 걱정하다, 염려하다 (~을: **ⲛⲁ⸗**); 불안해지다 (**ⲛⲁ⸗** reflex.); 주의를 기울이다 (~에: **ⲛⲁ⸗**). **ϥⲓ-ⲣⲟⲟⲩϣ** 주의하다, 조심하다 (~에: **ⲉ, ⲉⲧⲃⲉ, ⲛⲁ⸗, ϩⲁ,** 또는 소유격 접미사); n.m. 걱정, 염려; **ϥⲁⲓ-ⲣⲟⲟⲩϣ** 보호자, 돌보는 자 (~을: **ϩⲁ**); **ⲙⲛ̄ⲧϥⲁⲓ-ⲣⲟⲟⲩϣ** 섭리, 돌보는 자. **ⲁⲧⲣⲟⲟⲩϣ** 걱정이 없는;

ⲘⲚ̄ⲦⲀⲦⲢⲞⲞⲨϢ 평온함, 걱정으로부터의 자유.

ⲢⲞⲨϨⲈ n.m. 저녁. ⲢⲞⲨϨⲈ, Ⲉ/Ⲛ̄/ϨⲒ ⲢⲞⲨϨⲈ 저녁에. ϢⲀ ⲢⲞⲨϨⲈ 저녁까지. ⲠⲚⲀⲨ Ⲛ̄ ⲢⲞⲨϨⲈ 저녁. ϪⲒ-ⲢⲞⲨϨⲈ 저녁을 보내다. ϨⲀⲢⲞⲨϨⲈ, ϨⲒⲢⲞⲨϨⲈ = ⲢⲞⲨϨⲈ.

Ⲣ̄ⲠⲈ, ⲈⲢⲠⲈ (pl. Ⲣ̄ⲠⲎⲨⲈ) n.m. 신전, 사원. ϢⲰⲖ Ⲛ̄ ⲞⲨⲢ̄ⲠⲈ, ϢⲖ̄-Ⲣ̄ⲠⲈ 신전을 약탈하다. ⲢⲈϤϢⲖ̄-Ⲣ̄ⲠⲈ, ϢⲀⲖ-Ⲣ̄ⲠⲈ 신전 강도.

Ⲣ̄ⲢⲞ, ⲈⲢⲞ (f. Ⲣ̄ⲢⲰ, ⲈⲢⲰ; pl. Ⲣ̄ⲢⲰⲞⲨ, ⲈⲢⲰⲞⲨ) n.m.f. 왕; adj. 왕의. ⲘⲚ̄ⲦⲈⲢⲞ, ⲘⲚ̄ⲦⲢ̄ⲢⲞ (pl. -Ⲣ̄ⲢⲰⲞⲨ, -ⲈⲢⲰⲞⲨ) 왕국. Ⲣ̄-Ⲣ̄ⲢⲞ (Q Ⲟ Ⲛ̄) 왕이 되다; 통치하다, 지배하다 (~을: ⲈϪⲚ̄). ⲈⲒⲢⲈ Ⲙ̄ⲘⲞ⸗ Ⲛ̄ Ⲣ̄ⲢⲞ 왕으로 세우다.

Ⲣ̄ⲤⲰ, ⲈⲢⲤⲰ n.f. 우리 (양이나 소를 위한).

Ⲣ̄ⲦⲞⲂ, ⲈⲢⲦⲞⲂ, (Ⲉ)ⲢⲦⲞϤ n.m. 곡물 측량 단위.

Ⲣ̄ⲦⲰ, ⲈⲢⲦⲰ n.f. 한 뼘 (측정 단위로서).

ⲢⲰ, ⲢⲰⲰ 일반적으로 대조에서, 강조의 전접어 불변화사: 그러나, 그렇지만, 한편으로는, 오히려; 부정 문맥에서: ~가 아닌, 전혀 ~가 아닌. 다른 불변화사를 따를 수 있다: ⲀⲢⲎⲨ, ⲘⲈϢⲀⲔ, ⲈϢ-ⲰⲠⲈ, ⲈϢϪⲈ, ⲈⲚⲈ.

ⲢⲰⲔϨ̄, ⲢⲈⲔϨ̄-, ⲢⲞⲔϨ⸗ (ⲢⲀⲔϨ⸗), Q ⲢⲞⲔϨ̄ vb. tr. 태우다 (Ⲙ̄ⲘⲞ⸗); vb. intr. 타오르다 (~에 뒤이어, ~을 좇아서: Ⲛ̄ⲤⲀ, Ⲉ); n.m. 불타오름, 열기, 열정. ⲢⲞⲔϨⲈ n.f. 연료.

ⲢⲰⲘⲈ, (ⲢⲰⲘ-, ⲢⲘ̄-, ⲢⲈⲘ-) n.m. 남자, 사람, 인간; 비한정 용법: 누구, 아무, 아무도 ~않다; adj. 인간의; 남자의 (자주 중복). ⲀⲦ-ⲢⲰⲘⲈ 친구가 없는, 고독한; 아무도 없는; ⲘⲚ̄ⲦⲀⲦⲢⲰⲘⲈ 친구가 없음. ⲘⲀⲒ-ⲢⲰⲘⲈ 사람을 좋아하는. ⲘⲀⲤⲦⲈ-ⲢⲰⲘⲈ 사람을 싫어하는. ⲘⲚ̄ⲦⲢⲰⲘⲈ 인간성, 인간애; 인간다움. Ⲣ̄-ⲢⲰⲘⲈ 사람이 되다. ⲢⲘ̄-, ⲢⲈϤ- 복합어는 2번째 요소를 보라; §27.2 참조.

ⲢⲰⲦ, ⲢⲈⲦ-, Q ⲢⲎⲦ vb. intr. 싹이 나다, 자라다 (식물이); 초목으로 뒤덮히다, 너무 성장하다 (~으로: Ⲙ̄ⲘⲞ⸗); n.m. (pl. ⲢⲀⲦⲈ) 초목;

양털.

ⲣⲱϣⲉ, ⲣⲉϣⲧ̄-, ⲣⲁϣⲧ̄⸗ vb. tr. 만족시키다 (**ⲙ̄ⲙⲟ⸗**); vb. intr. 충분하다 (~으로: **ⲉ, ⲛⲁ⸗**); 책임을 지다 (~에 대한: **ⲉ**), 처리하다. n.m. 충분, 충분함; **ⲉ ⲡⲣⲱϣⲉ** adv. 충분히. **ⲣ̄-ⲡⲣⲱϣⲉ** 충분히 하다, 충분하다.

ⲣⲱϩⲉ, Q **ⲣⲁϩⲉ** vb. tr. 씻다, 깨끗이 하다 (**ⲙ̄ⲙⲟ⸗**); **ⲣⲁϩⲧ̄** n.m.f. 세탁하는 사람.

ⲣⲱϩⲧ̄, ⲣⲉϩⲧ̄-, ⲣⲁϩⲧ⸗ (**ⲣⲟϩⲧ⸗**) Q **ⲣⲁϩⲧ̄** vb. tr. 치다, 때려 눕히다, 죽이다, 넘어뜨리다 (**ⲙ̄ⲙⲟ⸗**; ~에: **ⲉ, ⲉϩⲟⲩⲛ ⲉ, ⲉϫⲛ̄, ⲉϩⲣⲁⲓ ⲉϫⲛ̄**; 또한 + **ⲉⲡⲉⲥⲏⲧ**); vb. intr. 구타당하다, 넘어지다; Q 눕혀있다. n.m. 치기, 때리기, 구타. **ⲣⲁϩⲧⲥ̄** n.f. 학살, 도살.

ⲣ̄ϣⲱⲛ, ⲉⲣϣⲱⲛ n.m. 망토, 외투.

▽ 상호 참조

ⲣ̄-: ⲉⲓⲣⲉ
ⲣ̄-ⲁⲛⲁ⸗: ⲁⲛⲁⲓ
ⲣⲁ-: ⲣⲟ
ⲣⲁⲕ(ⲧ̄)-/⸗: ⲣⲓⲕⲉ
ⲣⲁⲕⲧⲉ: ⲣⲓⲕⲉ
ⲣⲁⲕⲧⲥ̄: ⲣⲓⲕⲉ
ⲣⲁⲕϩ⸗: ⲣⲱⲕϩ̄
ⲣⲁⲙⲡⲉ: ⲣⲟⲙⲡⲉ
ⲣⲁⲛⲡⲓ: ⲣⲁⲙⲡⲉⲓ
ⲣⲁⲛⲧ⸗: ⲣⲁⲛ
ⲣⲁⲧⲉ: ⲣⲱⲧ
ⲣⲁϣⲧ⸗: (ⲣⲱϣⲉ)
ⲣⲁϩⲉ: ⲣⲱϩⲉ
ⲣⲁϩⲧ̄: ⲣⲱϩⲉ
ⲣⲁϩⲧ⸗: ⲣⲱϩⲧ̄
ⲣⲁϩⲧⲥ̄: ⲣⲱϩⲧ̄
ⲣ̄ⲃⲉ: ⲱⲣⲃ̄
ⲣ̄ⲃⲏϭ: ⲉⲃⲣⲏϭⲉ
ⲣⲉ-: ⲣⲟ
ⲣⲉ-ⲙⲏⲧ: ⲙⲏⲧ
ⲣⲉⲕ(ⲧ̄)-: ⲣⲓⲕⲉ
ⲣⲉⲕⲧ⸗: ⲣⲓⲕⲉ
ⲣⲉⲙ-: ⲣⲱⲙⲉ
ⲣⲉⲛ-: ⲣⲁⲛ
ⲣⲉⲛⲧ⸗: ⲣⲁⲛ
ⲣⲉϣⲧ̄-: ⲣⲱϣⲉ
ⲣⲏⲃ: ⲁⲣⲏⲃ
ⲣⲏⲗ: ⲣⲓⲣ

ⲁ ⲃ ⲉ ⲏ ⲉⲓ ⲕ ⲗ ⲙ ⲛ ⲟ ⲡ ⲣ ⲥ ⲧ ⲟⲩ ⲱ ϣ ϥ ϩ ϫ ϭ

ⲣⲏⲥ: ⲣⲟⲉⲓⲥ
ⲣⲏⲧ: ⲉⲣⲏⲧ
ⲣⲏⲩⲉ: ⲣⲁⲩⲏ
ⲣⲓⲛ(⸗): ⲣⲁⲛ
ⲣⲙ̄-: ⲣⲱⲙⲉ
ⲣⲙ̄ⲉⲓⲏ: ⲣⲓⲙⲉ
ⲣⲙ̄ⲉⲓⲟⲟⲩⲉ: ⲣⲓⲙⲉ
ⲣⲙ̄ⲡⲉ-: ⲣⲟⲙⲡⲉ
ⲣⲙ̄ⲡⲟⲟⲩⲉ: ⲣⲟⲙⲡⲉ
ⲣⲙ̄ⲣⲁϣ: ⲣⲁϣ
ⲣⲙ̄ⲟⲩⲁ: ⲟⲩⲟⲉⲓⲉ
ⲣⲙ̄ⲟⲩⲉ: ⲟⲩⲟⲉⲓⲉ
ⲣⲛ̄-: ⲣⲁⲛ
ⲣⲛ̄-, ⲣⲛ̄ⲧ⸗: ⲣⲁⲛ
ⲣⲟⲕⲉ: ⲣⲓⲕⲉ
ⲣⲟⲕϩⲉ: ⲣⲱⲕϩ̄
ⲣⲟⲟⲩⲧ: ⲟⲩⲣⲟⲧ
ⲣⲟϩⲧⲉ: ⲣⲁϩⲧⲉ
ⲣ̄ⲡ-: ⲏⲣⲡ̄
ⲣ̄ⲡⲁⲥ: ⲁⲥ
ⲣⲣ̄-: ⲣⲓⲣ
ⲣ̄ⲣⲏⲧ: ⲉⲣⲏⲧ
ⲣⲱ⸗, ⲣⲱⲟⲩ: ⲣⲟ
ⲣⲱⲙ: ⲙ̄ⲣⲱⲙ
ⲣϥ̄ⲧ: ⲣⲃ̄ⲧ
ⲣ̄ϩⲏⲙ: ⲗ̄ϩⲏⲙ
ⲣ̄ϫ-: ⲱⲣϫ̄

ⲥ

ⲥⲁ n.m. 방향, 쪽, 면, 부분. (**ⲛ̄**) **ⲥⲁ ⲥⲁ ⲛⲓⲙ** 모든 면에서, 사방팔방으로. **ⲡⲓⲥⲁ** (**ⲙⲛ̄**) **ⲡⲁⲓ, ⲡⲉⲓⲥⲁ** ... (**ⲙⲛ̄**) **ⲡⲁⲓ, ⲡⲥⲁ ⲡⲥⲁ, ⲡⲓⲥⲁ** ... **ⲡⲓⲕⲉⲥⲁ** 이리 저리, 이쪽 저쪽. 방향 또는 위치를 나타내는 **ⲥⲁ** (**ⲛ̄**)의 복합어에 대해서는 2번째 요소를 보라. §28.7 참조. **ⲕⲉⲥⲁ** 다른 곳에[으로], 떨어져. (**ⲛ̄**) **ⲥⲁ ⲟⲩⲥⲁ** 벗어나, 떨어져, 홀로. (**ⲛ̄**) **ⲥⲁ ⲗⲁⲁⲩ ⲛ̄ ⲥⲁ** 어느 쪽도 아닌. **ⲛ̄ⲥⲁ** (**ⲛ̄ⲥⲱ⸗**) prep. (1) 뒤쪽에; 뒤에, 후에 (장소 또는 시간); (2) ~을 찾아서, ~을 쫓아서; (3) 일부 동사와 함께: ~에 대하여; (4) 이외에, 제외하고. **ⲙⲛ̄ⲛ̄ⲥⲁ** (**ⲙⲛ̄ⲛ̄ⲥⲱ⸗**) prep. 뒤에 (시간); **ⲙⲛ̄ⲛ̄ⲥⲱⲥ** adv. 뒤에, 나중에.

ⲥⲁ, Q **ⲥⲁⲉⲓⲟⲟⲩ** vb. intr. 아름다워지다; n.m. 아름다움. **ⲥⲁⲉⲓⲉ, ⲥⲁⲓⲉ, ⲥⲁⲉⲓⲏ** adj. 아름다운 (일반적으로 **ⲛ̄**과 함께, 명사 앞이나 뒤에); **ⲛ̄/ⲉ ⲥⲁⲉⲓⲉ** adv. 완전히, 철저히. **ⲣ̄-ⲥⲁⲉⲓⲉ** (Q **ⲟ ⲛ̄**) 아름다워지다. **ⲙⲛ̄ⲧⲥⲁⲉⲓⲉ** 아름다움. **ϯ-ⲥⲁ** 아름답게 하다 (**ⲉ, ⲛⲁ⸗**).

ⲥⲁ n.m. 복합어에서, ~을 만드는 자, ~상인, ~의 소유자. 2번째 요소 그리고 §23.2를보라.

ⲥⲁⲁⲛϣ̄ (**ⲥⲁⲛϣ̄**), **ⲥⲁ(ⲁ)ⲛϣ̄-, ⲥⲁⲛⲟⲩϣ⸗** vb. tr. 영양분을 주다, 양육하다, 돌보다, 유지하다 (**ⲙ̄ⲙⲟ⸗**); vb. intr. 살아있다; Q 영양분을 얻다, 영양이 좋다. n.m. 음식물, 영양(물). **ⲙⲁ ⲛ̄ ⲥⲁⲁⲛϣ̄** 먹이는 곳. **ⲣⲉϥⲥⲁⲁⲛϣ̄** 양육자; **ⲙⲛ̄ⲧⲣⲉϥⲥⲁⲁⲛϣ̄** 양육, 사육. Q **ⲥⲁⲛⲁϣⲧ̄**.

ⲥⲁⲁⲥⲉ, ⲥⲁⲥⲉ n 천, 아마(亞麻)포.

ⲥⲁⲃⲉ (f. **ⲥⲁⲃⲏ**; pl. **ⲥⲁⲃⲉⲉⲩ, ⲥⲁⲃⲉⲉⲩⲉ**) adj. 지혜로운, 현명한; n. 지혜로운 사람; **ⲛ̄**과 함께 명사 앞이나 뒤에. **ⲙⲛ̄ⲧⲥⲁⲃⲉ** 지혜. **ⲣ̄-ⲥⲁⲃⲉ** (Q **ⲟ ⲛ̄**) 현명해지다. **ⲥⲃⲟⲩⲓ** n.m. 제자, 수습생. **ⲥⲃⲱ**

(pl. ⲥⲃⲟⲟⲩⲉ, ⲥⲃⲱⲟⲩⲉ) n.f. 교육, 교훈, 교리; ϯ-ⲥⲃⲱ 가르치다, 알려주다 (사람: ⲛⲁ⸗; 과목: ⲉ); ⲙⲁ ⲛ̄ ϯ-ⲥⲃⲱ 학교; ⲣⲉϥϯ-ⲥⲃⲱ 교사, 선생 ϫⲓ-ⲥⲃⲱ 가르침을 받다 (과목: ⲉ) ⲣⲉϥϫⲓ-ⲥⲃⲱ 학생, 문하생; ⲙⲁ ⲛ̄ ϫⲓ-ⲥⲃⲱ 학교. ⲁⲧⲥⲃⲱ 무지한, 무식한. ⲙⲁⲓ-ⲥⲃⲱ 배우기를 좋아하는. ⲣ̄ⲙⲛ̄ⲥⲃⲱ 아는 것이 많은 사람.

ⲥⲁⲉⲓⲛ, ⲥⲁⲓⲛⲉ n.m. 의사; ⲙⲛ̄ⲧⲥⲁⲉⲓⲛ 의사의 기교.

ⲥⲁⲕ n.m. 모양, 겉모습, 외모; ϯ-ⲥⲁⲕ 과시하다.

ⲥⲁⲗⲟ, ⲥⲁⲗⲱ, ⲥⲁⲣⲟ n.f. 바구니.

ⲥⲁⲙⲓⲧ n.m. 고운 밀가루.

ⲥⲁⲙⲛ̄ⲧ n.f. 웅덩이.

ⲥⲁⲣⲁⲕⲱⲧⲉ, ⲥⲁⲣⲁⲕⲟⲧⲉ n. 방랑자, 나그네.

ⲥⲁⲣⲁϭⲱⲟⲩϣ, ⲥⲁⲣⲁⲛϭⲱϣ, ⲥⲁⲗⲁϭⲱⲱϣ n.m. 토끼, 산토끼.

ⲥⲁⲧ, ⲥⲏⲧ n.m. 꼬리. ⲥⲏⲧ, ⲥⲉⲉⲧ n.m. 남근, 자지.

ⲥⲁⲧⲃⲉ vb. intr. 심사숙고하다, 곰곰이 생각하다.

ⲥⲁⲧⲉ, ⲥⲁⲁⲧⲉ, ⲥⲟⲧⲉ n.f. 불. ϣⲁⲣ ⲛ̄ ⲥⲁⲧⲉ 불꽃, 화염. ⲣ̄-ⲥⲁⲧⲉ (Q ⲟ ⲛ̄) (성질이) 불같다.

ⲥⲁⲧⲉⲉⲣⲉ n.f. 스타테르 (동전 또는 무게).

ⲥⲁⲧⲱ, ⲥⲁⲧⲟ n.f. 부채. ⲥⲁⲧⲉ vb. 부채질 하다.

ⲥⲁϣϥ̄ (f. ⲥⲁϣϥⲉ) 숫자: 7, 일곱. ⲙⲛ̄ⲧⲥⲁϣϥ̄ (f. -ⲥⲁϣϥⲉ) 17, 열일곱. ⲙⲉϩⲥⲁϣϥ̄ 일곱 번째. ϣϥⲉ, ϣⲃⲉ, ⲥϣ̄ϥⲉ 70, 칠십.

ⲥⲁϥ n.m. 어제. ⲥⲁϥ ⲛ̄ ϩⲟⲟⲩ idem. ⲛ̄ ⲥⲁϥ idem.

ⲥⲁϩ, ⲥⲁϩϥ̄ n.m. 송곳.

ⲥⲁϩⲛ̄- vb. tr. 가까이 가져오다.

ⲥⲁϩⲛⲉ n.m. 공급, 제공. ⲟⲩⲉϩ-ⲥⲁϩⲛⲉ 명령하다 (무엇을: ⲙ̄ⲙⲟ⸗; 누구에게: ⲛⲁ⸗, ⲉⲧⲛ̄; ~하기를: ⲉ, ⲉⲧⲣⲉ); n.m. 명령.

ⲥⲁϩⲧⲉ vb. tr. 불붙이다, 태우다; n.m. 불. ⲁⲧⲥⲁϩⲧⲉ 불기가 없는. ⲙⲁ ⲛ̄ ⲥⲁϩⲧⲉ 부엌, 주방.

ⲁ ⲃ ⲉ ⲏ ⲉⲓ ⲕ ⲗ ⲙ ⲛ ⲟ ⲡ ⲣ ⲥ ⲧ ⲟⲩ ⲱ ϣ ϥ ϩ ϫ ϭ

ⲥⲁϩⲟⲩ (ⲥⲁϩⲟⲩⲉ), ⲥϩ̄ⲟⲩⲣ̄- (ⲥϩ̄ⲟⲩⲉⲣ-), ⲥϩ̄ⲟⲩⲱⲣ⸗, Q ⲥϩ̄ⲟⲩⲟⲣⲧ̄ vb. tr. 저주하다, 욕지거리하다 (ⲙ̄ⲙⲟ⸗); n.m. 저주, 악담; ⲉ/ϩⲁ ⲡⲥⲁϩⲟⲩ 저주 아래에. ϫⲓ-ⲥⲁϩⲟⲩ 저주받다. ⲣⲉϥⲥⲁϩⲟⲩ 저주하는 자.

ⲥⲃ̄ⲃⲉ, ⲥⲃ̄ⲃⲉ-, ⲥⲃ̄ⲃⲏⲧ⸗, Q ⲥⲃ̄ⲃⲏⲩ(ⲧ) vb. tr. 할례를 행하다; n.m. 할례. ⲁⲧⲥⲃ̄ⲃⲉ 할례를 받지 않은; ⲟ ⲛ̄ ⲁⲧⲥⲃ̄ⲃⲉ Q 할례를 받지 않은 상태이다. ⲙⲛ̄ⲧⲁⲧⲥⲃ̄ⲃⲉ 할례를 받지 않음.

ⲥⲃⲉ n.m. 문.

ⲥⲃⲗ̄ⲧⲉ, ⲥⲗ̄ⲃⲧⲉ, ⲥⲗ̄ϥⲧⲉ vb. intr. 구르다, 뒹굴다.

ⲥⲃⲟⲕ, Q ⲥⲟⲃⲕ̄ vb. intr. 적어지다, 작아지다, 드물어지다 ; n.m. 적음, 작음, 왜소. ⲥⲃ̄ⲕⲉ n.m. 적음, 작음.

ⲥⲃ̄ϣⲉ, ⲥϣ̄ⲃⲉ, ϣⲃ̄ϣⲉ n.f. 방패, 보호물.

ⲥⲉ 긍정의 불변화사; 예, 그렇다; 정말, 사실, 참으로.

ⲥⲉⲉⲡⲉ, ⲥⲉⲡⲉ, ⲥⲓⲡⲉ vb. intr. ~한 채로 남아있다 (~으로부터: ⲉ, ϩⲛ̄). n.m.f. (ⲥⲏⲏⲡⲉ, ⲥⲏⲡⲉ도) 나머지, 잔여물; 자주 여분의 -ⲕⲉ-와 함께.

ⲥⲉⲓ, ⲥⲓⲉ n.f. 나무의 일종 (오크?)

ⲥⲉⲗⲉⲡⲓⲛ n.m. (1) 비장(脾臟); (2) 새끼 손가락 또는 새끼 발가락.

ⲥⲉⲣⲥⲱⲣ Q 드러나 있다.

ⲥⲉⲧⲏ, ⲥⲓⲧⲉ, ⲥⲛ̄ⲧⲉ n. 무화과, 무화과의 발달 상태.

ⲥⲉϩⲥⲱϩ⸗, Q ⲥⲉϩⲥⲱϩ vb. tr. (대패로) 깎아내다, 문질러 닦다.

ⲥⲏⲃⲉ, ⲥⲏϥⲉ n.f. reed. ⲥⲏⲃⲉ ⲛ̄ ⲣⲁⲧ⸗ 정강이뼈; 정강이받이. ⲥⲏⲃⲉ ⲛ̄ ϫⲱ 갈대 피리.

ⲥⲏⲛⲉ, ⲥⲉⲛⲏ, ⲥⲉⲛⲉ n.f. 곡물 저장고, (과일·빵 등을 담는) 뚜껑이 달린 상자.

ⲥⲏⲧ, ⲥⲟⲧⲉ Q 실을 잣다. ⲥⲏⲧⲉ n.f. 방적 직물.

ⲥⲏⲩ (ⲥⲟⲩ-) n.m. 시기, 계절, 시대. ⲙ̄ ⲡⲓⲥⲏⲩ 이때에, 이번에. ⲛ̄ ⲟⲩⲥⲏⲩ 이전에는, 한때는. ⲛ̄ ⲥⲏⲩ ⲛⲓⲙ 언제나. ⲙ̄/ϩⲙ̄ ⲡⲥⲏⲩ ~하는 때는. ⲕⲁⲧⲁ ⲥⲏⲩ 때때로, 가끔. ⲁⲧⲥⲏⲩ 시대[시간]을 초월한. ⲥⲟⲩ-는 날짜 또는 기타 지정된 기간을 나타내는 숫자가

포함된 복합어이다. **ⲥⲟⲩⲁ** = **ⲥⲟⲩ-ⲟⲩⲁ**.

ⲥⲏϥⲉ, ⲥⲏⲃⲉ n.f. 검, 칼.

ⲥⲏϭ n.m.f. 망아지, 새끼 나귀.

ⲥⲓ (**ⲥⲉⲓ**), Q **ⲥⲏⲩ** vb. intr. 충분해지다, 만족해지다 (~으로: **ⲙ̄ⲙⲟ⸗**, **ϩⲁ, ϩⲛ̄**); 즐기다; n.m. 충분, 충만, 과다, 과식. **ⲁⲧⲥⲓ** 만족할 줄 모르는, 탐욕스러운; **ⲙⲛ̄ⲧⲁⲧⲥⲓ** 탐욕, 욕심. **ⲣ̄-ⲁⲧⲥⲓ** 탐욕스럽다.

ⲥⲓⲃ n.m. 진드기.

ⲥⲓⲃⲧ̄ n.f. 언덕.

ⲥⲓⲕⲉ, ⲥⲁⲕⲧ⸗, Q **ⲥⲟⲕⲉ** (**ⲥⲟⲟⲕⲉ**) vb. tr. 갈다, 빻다 (**ⲙ̄ⲙⲟ⸗**); n.m. 갈기, 빻기. **ⲕⲟⲧ ⲛ̄ ⲥⲓⲕⲉ** 물레방아 바퀴. **ⲱⲛⲉ ⲛ̄ ⲥⲓⲕⲉ** 방아, 맷돌.

ⲥⲓⲙ (**ⲥⲙ̄-**) n.m. 풀, 꼴, 사료, 목초; 무.

ⲥⲓⲙⲥⲓⲙ, ⲥⲙ̄ⲥⲓⲙ, ⲥⲙ̄ⲥⲙ̄ n.m. 참깨.

ⲥⲓⲛⲉ, ⲥⲛ̄- (**ⲥⲉⲛ-, ⲥⲁⲁⲧ-**), **ⲥⲁⲁⲧ⸗** (**ⲥⲁⲧ⸗, ⲥⲟⲧ⸗, ⲥⲛ̄ⲧ⸗**) vb. tr. 통과하다, 가로지르다; + **ⲉⲃⲟⲗ** ~에서 멀어지다, 떠나다; vb. intr. idem (**ϩⲛ̄**: ~을 통해; **ⲉⲃⲟⲗ**: ~에서; **ⲉⲃⲟⲗ ϩⲛ̄** ~을 통해); **ⲁⲧⲥⲓⲛⲉ** 통과할 수 없는.

ⲥⲓⲛⲉ n.f. 쟁기날, 보습.

ⲥⲓⲟⲟⲩⲛ, ⲥⲓⲁⲟⲩⲛ n.f. 목욕.

ⲥⲓⲟⲩ (**ⲥⲟⲩ-**) n.m. 별. **ⲥⲟⲩ-ⲛ̄-ϩⲧⲟⲟⲩⲉ** 새벽별; **ⲥⲟⲩ-ⲛ̄-ⲣⲟⲩϩⲉ** 금성; **ⲥⲟⲩ-ⲛ̄-ϩⲱⲣ** 오리온 별자리; **ⲥⲓⲟⲩ ⲥⲓⲟⲩ** 별이 가득한.

ⲥⲓⲟⲩⲣ n.m. 환관, 내시.

ⲥⲓⲣ n.m. 머리카락; 선, 줄, 줄무늬.

ⲥⲓⲣ, ⲥⲉⲣ(ⲉ) n.m. 효모.

ⲥⲓⲣ, ⲥⲁⲉⲓⲣ(ⲉ), ⲥⲏⲣⲉ n.m. 초유; 버터.

ⲥⲓⲧ, ⲥⲓⲧⲉ n.m. 바실리스크, 뱀, 용.

ⲥⲓⲧⲉ, ⲥⲉⲧ- (**ⲥⲁⲧ-**), **ⲥⲁⲧ⸗** (**ⲥⲉⲧ⸗, ⲥⲓⲧ⸗**), Q **ⲥⲏⲧ** vb. tr. 던지다, 버리다 (**ⲙ̄ⲙⲟ⸗**; 위에, 안에: **ⲉϫⲛ̄, ϩⲓϫⲛ̄, ϩⲓ**; ~에, 뒤에: **ⲉ, ⲛ̄ⲥⲁ**), 특히 (씨를) 뿌리다; 부사와 함께 일반적인 의미로 사용.

ⲥⲟⲧⲉ, ⲥⲟⲟⲧⲉ (pl. **ⲥⲟⲟⲧⲉ**) n.m.f. 화살, 짧은 화살; **ⲛⲉϫ-ⲥⲟⲧⲉ** 화살을 쏘다; **ⲙⲁ ⲛ̄ ⲛⲉϫ-ⲥⲟⲧⲉ** 활터. **ⲣⲉϥⲧⲕ̄-ⲥⲟⲧⲉ** 궁수. **ϫⲓ-ⲥⲟⲧⲉ** 화살에 맞다. **ϩⲛⲁⲁⲩ ⲛ̄ ⲕⲁ-ⲥⲟⲧⲉ** 화살통.

ⲥⲓϣⲉ, Q **ⲥⲁϣⲉ** vb. intr. 쓰다, 쓰라리다. n.m. 쓴맛, 쓰라림; **ϩⲛ̄ ⲟⲩⲥⲓϣⲉ** 몹시. **ϯ-ⲥⲓϣⲉ** 쓰라리게 하다.

ⲥⲓϣϥ̄, ⲥⲓϣⲃ̄, ϣⲓϥ n.m. 조각, 부스러기.

ⲥⲓϥⲉ, ⲥⲏϥⲉ, ⲥⲓⲃⲉ, ⲥⲏⲃⲉ n.m. 타르; **ϣⲉ ⲛ̄ ⲥⲓϥⲉ** 삼나무(?).

ⲥⲓϩⲉ, ⲥⲉϩ-, ⲥⲁϩⲧ⸗ (**ⲥⲉϩⲧ⸗**) vb. tr. reflex. 제거하다, 빼다; vb. intr. 이동하다, 물러가다.

ⲥⲓϭⲉ = **ⲥⲱϭ** intr.

ⲥⲕⲁⲓ, ⲥⲉⲕ-, ⲥⲟⲕ⸗ vb. tr. (밭을) 갈다 (**ⲙ̄ⲙⲟ⸗**; with: **ⲙ̄ⲙⲟ⸗, ϩⲛ̄**); n.m. 쟁기질, 밭 갈이. **ϩⲃ̄ⲃⲉ ⲛ̄ ⲥⲕⲁⲓ** 경작. **ⲣⲉϥⲥⲕⲁⲓ** 쟁기질하는 자.

ⲥⲕⲓⲙ, ⲥϭⲓⲙ n.m. 흰머리, 백발; **ⲣⲙ̄ⲥⲕⲓⲙ** 백발인 사람.

ⲥⲕⲟⲣⲕⲣ̄, ⲥⲕⲣ̄ⲕⲣ̄-, ⲥⲕⲣ̄ⲕⲱⲣ⸗, Q **ⲥⲕⲉⲣⲕⲱⲣ** vb. tr. 굴리다 (**ⲙ̄ⲙⲟ⸗**); vb. intr. 구르다, 말리다; n.m. 구르기, 굴림. 다양한 전치사 및 부사와 함께 일반적인 의미로 사용. **ⲥⲕⲁⲣⲁⲕⲓⲣ, ⲥⲕⲟⲣⲁ-ⲕⲓⲣ, ⲥⲕⲉⲗⲁⲕⲓⲣ** n. 급경사.

ⲥⲭⲁⲧ, ⲥⲭⲁⲁⲧ, ϣⲟⲧ, ⲥϩⲁⲧ n.m. (신랑의) 결혼 선물.

ⲥⲗⲁⲁⲧⲉ vb. intr. 발이 걸리다, 비틀거리다, 미끄러지다; n.m. 걸림, 비틀거림. **ϯ-ⲥⲗⲁⲁⲧⲉ** 비틀거리게 만들다 (**ⲛⲁ⸗**).

ⲥⲗⲟⲡⲗⲉⲡ, ⲥⲗⲉⲡⲗⲱⲡ⸗ (± **ⲉⲃⲟⲗ**) vb. tr. 갈기갈기 찢다.

ⲥⲗⲟϭⲗϭ̄, Q **ⲥⲗⲉϭⲗⲱϭ** (**ⲥⲗⲉⲕⲗⲱⲕ**) vb. tr. 매끄럽게 하다 (**ⲙ̄ⲙⲟ⸗**); vb. intr. 매끄럽게 되다; n.m. 매끄러움, 평탄.

ⲥⲙⲁⲩ n.m. 관자놀이; 눈꺼풀.

ⲥⲙⲁϩ n.m. 송이, 다발.

ⲥⲙⲏ n.f. 목소리, 소리. **ϯ-ⲥⲙⲏ** ~을 말로 나타내다, 말하다. **ϫⲓ-ⲥⲙⲏ** 듣다 (~을: **ⲉ**). **ⲁⲧⲥⲙⲏ** 말이 없는, 소리가 없는. **ϫⲁⲥⲧ̄-ⲥⲙⲏ** 수다스러운.

ⲁ ⲃ ⲉ ⲏ ⲉⲓ ⲕ ⲗ ⲙ ⲛ ⲟ ⲡ ⲣ ⲥ ⲧ ⲟⲩ ⲱ ϣ ϥ ϩ ϫ ϭ

ⲤⲘⲒⲚⲈ, ⲤⲘ̅Ⲛ̅- (ⲤⲘⲈⲚ-), ⲤⲘ̅ⲚⲦ⸗, Q **ⲤⲘⲞⲚⲦ̅** vb. tr. 설립하다, 건설하다, 세우다 (**Ⲙ̅ⲘⲞ⸗**); 세우다, ~을 바로잡다; 구성하다, 쓰다; (문서를) 작성하다; vb. intr. 설립되다, 바로 잡히다, 정돈되다; Q 존재하다, 서 있다, 현존하다; 바르다, 순조롭다. n.m. 설립, 확인, 합의. **ⲤⲘ̅Ⲛ̅-ⲦⲞⲞⲦ⸗ ⲘⲚ̅** ~와 어울려 지내다. **ⲤⲘⲒⲚⲈ Ⲙ̅ⲘⲞ⸗ ⲘⲚ̅** ~와 화해하다, ~와 합의하다 **ⲤⲘⲒⲚⲈ Ⲙ̅ⲘⲞ⸗ Ⲉ** ~에 대하여 조작하다. **ⲤⲘ̅ⲚⲦⲤ̅ Ⲉ** ~하기를 결심하다.

ⲤⲘ̅ⲘⲈ vb. intr. 호소하다 (~에게: **ⲚⲀ⸗, ϨⲀϨⲦⲚ̅**; 위하여, 관하여: **ϨⲀ, ⲈϨⲢⲀⲒ ϨⲀ, ⲈⲦⲂⲈ**); 고발하다 (~을: **Ⲉ, ⲞⲨⲂⲈ**); n.m. 호소, 간청, 고발. **ⲀⲚⲤⲘ̅ⲘⲈ** n. 법령, 조례.

ⲤⲘⲞⲦ n.m. 형상, 모습; 외관; 양식; 특징; 습관적인 태도. **ⲤⲘⲞⲦ Ⲛ̅** ~의 종류, ~의 일종. **ⲀⲦⲤⲘⲞⲦ** 형상이 없는. **Ⲣ̅-(ⲞⲨ)ⲤⲘⲞⲦ** 마치 ~인 것처럼 되다 (**ϪⲈ**); **Ⲣ̅-ⲤⲘⲞⲦ ⲚⲒⲘ** 모든 측면을 고려하다; **Ⲣ̅-ⲚⲈⲒⲤⲘⲞⲦ** ~한 행동을 하다; **Ⲣ̅-ⲠⲈⲤⲘⲞⲦ Ⲛ̅** ~와 같이 행동하다. **ϯ-ⲤⲘⲞⲦ Ⲉ** ~한 형상을 만들다. **ϪⲒ-ⲤⲘⲞⲦ Ⲛ̅** ~처럼 되다.

ⲤⲘⲞⲨ, Q **ⲤⲘⲀⲘⲀⲀⲦ** (**ⲤⲘⲀⲀⲦ, ⲤⲘⲀⲘⲀⲀⲚⲦ**) vb. tr. 축복하다 (**Ⲉ**); n.m. 축복, 칭찬; **ϯ-ⲤⲘⲞⲨ** 축복하다, 성찬을 베풀다; **ϪⲒ-ⲤⲘⲞⲨ** 성찬을 받다; 인사하다, 경의를 표하다 (누군가에게: **Ⲛ̅ⲦⲚ̅**).

ⲤⲚⲀⲈⲒⲚ vb. intr. 가볍게 뛰다, 거닐다, 산책하다 (**Ⲙ̅ⲘⲞ⸗**와 함께 재귀용법으로도 사용).

ⲤⲚⲀⲦ vb. intr. 두려워하다 (~을: **ϨⲎⲦ⸗**).

ⲤⲚⲀⲨ (f. **ⲤⲚ̅ⲦⲈ**) 숫자: 2, 둘 (§15.3). **ⲘⲚ̅ⲦⲤⲚⲞⲞⲨⲤ** (f. **-ⲤⲚⲞⲞⲨⲤⲈ**) 12, 열둘. **Ⲙ̅ ⲠⲈⲤⲚⲀⲨ, Ⲛ̅ ⲦⲤⲚ̅ⲦⲈ** adv. 둘 다. **ⲘⲈϨⲤⲚⲀⲨ** (f. **-ⲤⲚ̅ⲦⲈ**) 두 번째. **ϨⲞ ⲤⲚⲀⲨ** adj. 두 얼굴의. **ϨⲎⲦ ⲤⲚⲀⲨ** 의심; **Ⲣ̅-ϨⲎⲦ ⲤⲚⲀⲨ** 의심스럽게 되다; **ⲘⲚ̅Ⲧ-ϨⲎⲦ ⲤⲚⲀⲨ** 의심의 상태. **Ⲣ̅-ⲤⲚⲀⲨ** 둘로 되다; **ⲘⲚ̅ⲦⲢⲈϤⲢ̅-ⲤⲚⲀⲨ** 이중성.

ⲤⲚⲞⲨϤ, ⲤⲚⲞⲨⲂ n. 지난 해.

ⲤⲚⲞϤ, ⲤⲚⲞⲂ (pl. **ⲤⲚⲰⲰϤ**) n.m. 피. **ⲀⲦⲤⲚⲞϤ** 무혈의. **Ⲣ̄-ⲤⲚⲞϤ** 피로 되다.

ⲤⲚ̄Ⲥⲛ̄ (**ⲤⲈⲚⲤⲈⲚ**) vb. intr. 울려 퍼지다, 반향하다; n.m. 메아리.

ⲤⲞ n. 보호. **ϯ-ⲤⲞ** 해를 가하지 않다, 자제하다 (**Ⲉ**); 피하다, ~을 삼가다 (**Ⲉ** + n. 또는 inf.). n.m. 자제, 용서; **ⲀϪⲚ̄ ϯ-ⲤⲞ** 가차 없이. **ⲘⲚ̄ⲦⲀⲦϯ-ⲤⲞ** 무자비함.

ⲤⲞⲂⲚ̄ vb. intr. 부채질하다.

ⲤⲞⲂⲦ̄ n.m. 벽, 담, 울타리. **ⲔⲦⲈ-ⲤⲞⲂⲦ̄ Ⲉ** 벽으로 둘러싸다.

ⲤⲞⲂⲦⲈ (**ⲤⲞϤⲦⲈ**), **ⲤⲂ̄ⲦⲈ-** (**ⲤⲈⲂⲦⲈ-**), **ⲤⲂ̄ⲦⲰⲦ⸗**, Q **ⲤⲂ̄ⲦⲰⲦ** vb. tr. 준비하다, 대비하다 (**ⲘⲘⲞ⸗**; ~을: **Ⲉ**); vb. intr. 준비되다; vb. reflex. 준비하다. n.m. 준비, 준비된 것; 가구; **Ⲣ̄-ⲤⲞⲂⲦⲈ** 준비를 하다. **ⲀⲦⲤⲂ̄ⲦⲰⲦ⸗** 갖추어지지 않은.

ⲤⲞⲈⲒⲦ n.m. 명성, 평판. **Ⲣ̄-ⲤⲞⲈⲒⲦ** (Q **Ⲟ Ⲛ̄**) 유명해지다. **ϯ-ⲤⲞⲈ-ⲒⲦ** 칭송하다, 명성을 높여 주다 (~에게: **ⲚⲀ⸗, Ⲉ**; ~으로: **ϨⲚ̄**). **ⲢⲘ̄Ⲛ̄ⲤⲞⲈⲒⲦ** 유명 인사.

ⲤⲞⲈⲒϢ, ⲤⲞⲈⲒϨ n.m. 짝, 한 쌍.

ⲤⲞⲒ n.m. 등; 허리.

ⲤⲞⲒ n.m.f. 들보; **ⲞⲨⲈϨ-ⲤⲞⲒ** n.f. 지붕보.

ⲤⲞⲔ, ⲤⲞⲞⲔ, ⲤⲀⲔ, ⲤⲰ(Ⲱ)Ⲕ n.m. 자루, 부대, 가방.

ⲤⲞⲔⲤⲈⲔ, ⲤⲈⲔⲤⲈⲔ-, ⲤⲈⲔⲤⲞⲔ⸗ vb. tr. (잡아) 끌다, 당기다.

ⲤⲞⲖ n.m. 심지, 등심. **ⲘⲀ Ⲛ̄ ϯ-ⲤⲞⲖ** 심지 구멍.

(**ⲤⲞⲖⲤⲖ̄**), **ⲤⲖ̄ⲤⲖ̄, ⲤⲈⲖⲤⲰⲖ⸗** vb. tr. 장식하다, 꾸미다 (**ⲘⲘⲞ⸗**; ~으로: **ϨⲚ̄**).

ⲤⲞⲖⲤⲖ̄, ⲤⲖ̄ⲤⲖ̄, ⲤⲖ̄ⲤⲰⲖ⸗, Q **ⲤⲖ̄ⲤⲰⲖ** vb. tr. 위로하다, 격려하다 (**ⲘⲘⲞ⸗**; ~에 대해: **Ⲉ, ⲈⲦⲂⲈ, ⲈϪⲚ̄, ϨⲀ**); vb. intr. 고무되다, 힘을 얻다; n.m. 위안; 오락, 기분전환. **ϢⲰⲠⲈ** (Q **ϢⲞⲞⲠ**) **Ⲛ̄ ⲤⲞⲖⲤⲖ̄** 위안이 되다. **ϪⲒ-ⲤⲞⲖⲤⲖ̄** 위안을 얻다.

ⲤⲞⲖϤ̄, ⲤⲞⲢϤ̄, ⲤⲞⲖⲒⲂ, ⲤⲰⲖϤ̄ n.m. 체, 소쿠리.

ⲤⲞⲘⲤ̄ vb. intr. 보다, 살펴보다 (사히드 방언에서는 드물다).

ⲤⲞⲚ (**ⲤⲚ̄-, ⲤⲈⲚ-**; pl. **ⲤⲚⲎⲨ**) n.m. 형제 (문자적 및 비유적); **ⲚⲞϬ**

ⲁ ⲃ ⲉ ⲏ ⲉⲓ ⲕ ⲗ ⲙ ⲛ ⲟ ⲡ ⲣ ⲥ ⲧ ⲟⲩ ⲱ ϣ ϥ ϩ ϫ ϭ

ⲛ̄ ⲥⲟⲛ 형; ⲕⲟⲩⲓ ⲛ̄ ⲥⲟⲛ 남동생; ⲥⲟⲛ ⲛ̄ ⲉⲓⲱⲧ 삼촌; ϣⲛ̄-ⲥⲟⲛ 남자 조카; ⲥⲟⲛ ⲙ̄ ⲙⲟⲟⲛⲉ 젖형제. 수도자의 칭호로 자주 사용. ⲙⲛ̄ⲧⲥⲟⲛ 형제애. ⲙⲛ̄ⲧⲙⲁⲓ-ⲥⲟⲛ 동족애.

ⲥⲟⲛⲧⲉ n.m. 송진.

ⲥⲟⲟⲛⲉ n.m. 강도. ⲙⲁ ⲛ̄ ⲥⲟⲟⲛⲉ 강도의 소굴.

ⲥⲟⲟⲩ (ⲥⲉⲩ-; f. ⲥⲟ, ⲥⲟⲉ, ⲥⲟⲟⲩⲉ) 숫자: 6, 여섯. ⲙⲛ̄ⲧⲁⲥⲉ 16, 열여섯. ⲥⲉ 60, 육십. ⲙⲉϩⲥⲟⲟⲩ 여섯 번째. ⲙⲉϩⲥⲉ 60 번째의. §16.5; §24.3을 보라.

ⲥⲟⲟⲩⲛ̄, ⲥⲟⲩⲛ̄- (ⲥⲟⲩⲱⲛ-, ⲥⲟⲩⲉⲛ-), **ⲥⲟⲩⲱⲛ⸗** vb. tr. 알다 (ⲙ̄ⲙⲟ⸗, ⲉ; ~에 대하여: ⲉⲧⲃⲉ; ~을: ϫⲉ; ~하는 방법을: ⲛ̄ + inf.); 인식하다, ~을 알다; 성관계를 하다; n.m. 지식. ϣⲣ̄ⲡ-ⲥⲟⲟⲩⲛ̄ 예지, 선견지명. ⲁⲧⲥⲟⲟⲩⲛ̄ 무식한; ⲙⲛ̄ⲧⲁⲧ-ⲥⲟⲟⲩⲛ̄ 무지; ⲣ̄-ⲁⲧⲥⲟⲟⲩⲛ̄ (Q ⲟ ⲛ̄) 모르다 (~을: ⲉ, ⲙ̄ⲙⲟ⸗). ⲣⲙⲛ̄ⲥⲟⲟⲩⲛ̄ 아는 사람, 지인. ϫⲓ-ⲥⲟⲟⲩⲛ̄ 지식을 얻다.

ⲥⲟⲟⲩⲧⲛ̄, ⲥⲟⲩⲧⲛ̄- (ⲥⲟⲩⲧⲱⲛ-), **ⲥⲟⲩⲧⲱⲛ⸗**, Q **ⲥⲟⲩⲧⲱⲛ** vb. tr. 곧게 하다, 바르게 하다 (ⲙ̄ⲙⲟ⸗); ± ⲉⲃⲟⲗ: 뻗다 (ⲙ̄ⲙⲟ⸗; ~로: ⲉ, ϣⲁ, ⲉϩⲟⲩⲛ ⲉ); vb. intr. 곧게 되다, 똑바로 서다; 뻗다; 적합하다 (~에게: ⲉ; ~으로: ⲙⲛ̄). n.m. 강직함. ϩⲛ̄ ⲟⲩⲥⲟⲟⲩⲧⲛ̄ 똑바로; 당장. ⲛ̄ ⲥⲟⲟⲩⲧⲛ̄ 지금 당장. ⲉ ⲡⲥⲟⲟⲩⲧⲛ̄ 곧장, 예상대로.

ⲥⲟⲟⲩϩⲉ n.f. 달걀, 알; 정수리. ⲙⲟⲟⲩ ⲛ̄ ⲥⲟⲟⲩϩⲉ (알의) 흰자위.

ⲥⲟⲟϩⲉ (ⲥⲟϩⲉ), **ⲥⲁϩⲉ-, ⲥⲁϩⲱ⸗** (1) vb. tr. 똑바로 세우다, 세우다 (ⲙ̄ⲙⲟ⸗); vb. intr. 서다, 똑바로 서다. (2) vb. tr. 나무라다, 비난하다 (ⲙ̄ⲙⲟ⸗); vb. intr. 교정되다, 질책을 받다.

ⲥⲟⲟϩⲉ, ⲥⲁϩⲉ-, ⲥⲁϩⲱ(ⲱ)⸗, Q **ⲥⲁϩⲏⲩ** vb. tr. 이동시키다, 제거하다; 일반적으로 ⲉⲃⲟⲗ과 함께 재귀용법: 떠나다, 출발하다, 빼다; 또한 ⲉⲡⲁϩⲟⲩ, ⲉϩⲟⲩⲛ, ⲉϩⲣⲁⲓ와 함께. n.m. 떠남, 출발.

ⲁ ⲃ ⲉ ⲏ ⲉⲓ ⲕ ⲗ ⲙ ⲛ ⲟ ⲡ ⲣ ⲥ ⲧ ⲟⲩ ⲱ ϣ ϥ ϩ ϫ ϭ

ⲥⲟⲡ (**ⲥⲡ̅-**, **ⲥⲉⲡ-**; pl. **ⲥⲱⲱⲡ**, **ⲥⲟⲟⲡ**) n.m. 시간, 때; 차례. **ⲥⲟⲡ** ... **ⲥⲟⲡ** 어떤 때는 … 또 어떤 때는 (자주 **ⲙⲉⲛ** ... **ⲇⲉ**와 함께). **ⲉ ⲡⲥⲟⲡ** 가끔, 때때로; 동시에, 한꺼번에. **ⲙ̅ ⲡⲥⲟⲡ** ~하는 때 (+ 관계절). **ⲙ̅ ⲡⲉⲓⲥⲟⲡ** 이 기회에. **ⲛ̅ ⲟⲩⲥⲟⲡ** 한번은, 언젠가. **ⲛ̅ ⲟⲩⲥⲟⲡ ⲉⲩⲥⲟⲡ** 가끔, 때때로. **ϩⲓ ⲟⲩⲥⲟⲡ** 아주, 완전히, 한꺼번에. **ⲕⲁⲧⲁ ⲥⲟⲡ** 가끔, 때때로. (**ⲛ̅**) **ⲕⲉⲥⲟⲡ** 다시. **ⲙ̅ ⲡⲉⲓⲕⲉⲥⲟⲡ** 다시 한 번. **ⲟⲩⲙⲏⲏϣⲉ/ϩⲁϩ ⲛ̅ ⲥⲟⲡ** 여러 번. **ⲧⲙ̅ⲡⲥⲟⲡ** idem. **ⲥⲟⲡ ⲛⲓⲙ** 언제나.

ⲥⲟⲡⲥ̅, **ⲥⲡ̅ⲥ̅-** (**ⲥⲉⲡⲥ̅-**) vb. tr. 기도하다. n.m. = **ⲥⲟⲡⲥⲡ̅**. **ⲣ̅-ⲥⲟⲡⲥ̅** 기도하다를 보라. **ϫⲓ-ⲥⲟⲡⲥ̅** 위안을 받다.

ⲥⲟⲡⲥⲡ̅, **ⲥⲡ̅ⲥⲡ̅-**, **ⲥⲡ̅ⲥⲱⲡ⸗**, Q **ⲥⲉⲡⲥⲱⲡ** vb. tr. 간청하다, 애원하다 (**ⲙ̅ⲙⲟ⸗**, **ⲉ**); 기도하다 (~을 위해: **ⲉⲧⲃⲉ**, **ⲉϫⲛ̅**, **ϩⲁ**, **ϩⲓϫⲛ̅**); 위로하다; n.m. 기도, 간청, 위안.

ⲥⲟⲣⲙ̅, **ⲥⲁⲣⲙ̅** n.m. 찌꺼기.

ⲥⲟⲣⲧ̅, **ⲥⲁⲣⲧ̅** n.m.f. 양털.

ⲥⲟⲧ, **ⲥⲟⲟⲧ**, **ⲥⲁⲧ**, **ⲥⲁⲁⲧⲉ** n.m. 똥, 대변.

ⲥⲟⲧⲃⲉϥ, **ⲥⲁⲧⲃⲉϥ**, **ⲥⲟⲧ(ϩ)ϥ̅** n.m. 도구, 무기; + **ⲙ̅ ⲙⲓϣⲉ** 무기.

ⲥⲟⲩⲛ̅ⲧ⸗ n.m. 값, 가치; **ⲛⲁϣⲉ-ⲥⲟⲩⲛ̅ⲧ⸗** 대단히 가치가 있다.

ⲥⲟⲩⲟ n.m. 곡물, 밀.

(**ⲥⲟⲩⲟⲗⲟⲩⲗ̅**), **ⲥⲟⲩⲉⲗⲟⲩⲱⲗ⸗** (**ⲥⲟⲩⲗⲱⲗ⸗**, **ⲥⲟⲩⲗⲟⲗ⸗**) Q **ⲥⲟⲩⲗⲱⲗ** vb. tr. 두르다, 감싸다 (**ⲙ̅ⲙⲟ⸗**; ~에: **ⲙ̅ⲙⲟ⸗**, **ϩⲛ̅**; ~을: **ⲉ**).

ⲥⲟⲩⲣⲉ (**ⲥⲟⲩⲣ-**, **ⲥⲉⲣ-**, **ⲥⲁⲣ-**, **ⲥⲣ̅-**) n.f. 가시, 못, 작은 화살, 송곳, 바늘. 복합어는 2번째 요소를 보라.

ⲥⲟⲩⲥⲟⲩ n.m. 시점, 순간, 때.

ⲥⲟϭ, **ⲥⲏϭⲉ**, **ⲥⲉϭⲉ** n.m. 바보, 어리석은 사람; adj. 어리석은. **ϣϫ̅-ⲥⲟϭ** 헛소리. **ⲙⲛ̅ⲧⲥⲟϭ** 어리석음. **ⲣ̅-ⲥⲟϭ** 바보짓을 하다.

ⲥⲟϭⲛ̅, (**ⲥⲕⲉⲛ-**) n.m. 연고, 기름. **ⲙⲛ̅ⲧⲥⲟϭⲛ̅** 기름을 바름. **ⲡⲉⲥ-**

ⲥⲟϭⲛ̄ 기름을 바르다; ⲡⲁⲥ-/ⲣⲉϥⲡⲉⲥ-ⲥⲟϭⲛ̄ 기름을 바르는 사람. ⲥⲕⲉⲛ-ⲉ-ⲡⲓⲥⲉ 요리용 기름.

ⲥⲡ̄-, ⲥⲉⲡ- n.f. 해, 년. 날짜를 만드는 형식에서, 예를 들어 ϩⲛ̄ (ⲧ) ⲥⲡ̄-ϥⲧⲟⲉ 네 번째 해에, 제 4년에.

ⲥⲡⲓⲣ (pl. ⲥⲡⲓⲣⲟⲟⲩⲉ) n.m. 갈비. ⲃⲏⲧ-ⲥⲡⲓⲣ 갈비. ⲛ̄/ϩⲓ ⲥⲁ-ⲥⲡⲓⲣ ⲙ̄ⲙⲟ⸗ prep. 옆에. ϩⲓ ⲟⲩⲥⲡⲓⲣ 따로.

ⲥⲡⲟⲧⲟⲩ n.m. 입술; 기슭, 가장자리.

ⲥⲣⲁϥ, ⲥⲉⲣⲉⲃ n.m. 상처.

ⲥⲣⲓⲧ, ⲥⲣⲁⲧ⸗ (ⲥⲣⲓⲧ⸗) vb. tr. 줍다, (주워) 모으다 (ⲙ̄ⲙⲟ⸗); ~을 상하게 하다.

ⲥⲣⲟⲙⲣⲙ̄, ⲥⲣⲙ̄ⲣⲱⲙ⸗ Q ⲥⲣⲙ̄ⲣⲱⲙ vb. tr. 멍해지게 하다, 망연하게 하다 (ⲙ̄ⲙⲟ⸗); vb. intr. 망연하다, 멍하게 움직이다. n.m. 정신이 나간 듯이 멍함, 망연자실.

ⲥⲣⲟϥⲣⲉϥ (ⲥⲣⲟⲃⲣⲉⲃ), **ⲥⲣⲉϥⲣⲱϥ⸗** (ⲥⲣⲉⲃⲣⲱⲃ⸗) vb. tr. 소멸시키다 (ⲙ̄ⲙⲟ⸗); vb. intr. 시들다, 쓸모없게 되다; n.m. 떨어짐, 시듦. ⲥⲣⲉϥⲣⲓϥⲉ, ⲥⲣ̄ϥⲣⲓⲃⲉ, ⲥⲣⲉϥⲣⲉϥ n. (동물의) 똥, 찌꺼기.

ⲥⲣ̄ϥⲉ (ⲥⲣ̄ⲃⲉ), Q ⲥⲣⲟϥⲧ̄ (ⲥⲣⲟⲃⲧ̄) vb. intr. 한가하다, 여가가 있다; ~할 시간이 있다, ~에 몰두하다 (ⲉ); n.m. 여가. ⲙⲛ̄ⲧⲁⲧⲥⲣ̄ϥⲉ 여가 부족.

ⲥⲧⲉⲃⲁⲉⲓϩ n. 도구, 기구.

ⲥⲧⲏⲙ n.m. 안티몬, 콜(kohl).

ⲥⲧⲟⲓ, (ⲥϯ-, ⲥⲧⲁⲓ-, ⲥⲧⲉ-) n.m. 냄새, 향기, 향; ⲥϯ-ⲛⲟⲩϥⲉ 향수, 향; ⲥϯ-ⲁⲛ idem; ⲥϯ-ⲃⲱⲱⲛ 악취; ⲣ̄-ⲥⲧⲟⲓ 악취가 나다.

ⲥⲧⲣ̄ⲧⲣ̄ n.m. 떨림.

ⲥⲧⲱ n.f. 강기슭, 강둑.

ⲥⲧⲱⲧ vb. intr. 떨다 (~로: ϩⲏⲧ⸗, ϩⲁ); n.m. 떨림.

ⲥⲱ n. 갈대 돗자리.

ⲥⲱ (ⲥⲟⲩ), **ⲥⲉ-** (ⲥⲉⲩ-, ⲥⲟⲩ-), **ⲥⲟⲟ⸗** vb. tr. (술을) 마시다 (ⲙ̄ⲙⲟ⸗); n.m. 음주. ⲙⲁ ⲛ̄ ⲥⲱ 술자리. ⲣⲉϥⲥⲉ-/ⲥⲁⲩ- ~을

ⲁ ⲃ ⲉ ⲏ ⲉⲓ ⲕ ⲗ ⲙ ⲛ ⲟ ⲡ ⲣ ⲥ ⲧ ⲟⲩ ⲱ ϣ ϥ ϩ ϫ ϭ

마시는 자.

ⲤⲰⲂⲈ vb. tr. 놀리다, 조롱하다, 비웃다 (**ⲘⲘⲞ⸗**); vb. intr. 비웃다 (~을: **ⲈϪⲚ̄, Ⲛ̄ⲤⲀ**), 희롱하다 (~을: **ⲘⲚ̄**); n.m. 웃음거리, 조롱, 희롱. **ⲢⲈϤⲤⲰⲂⲈ** 조롱하는 자. **ϢϪ̄-ⲤⲰⲂⲈ** 농담.

ⲤⲰⲂⲈ, ⲤⲰⲠⲈ n.f. 가장자리, 주변.

ⲤⲰⲂϨ̄, ⲤⲞⲂϨ̄-, ⲤⲞⲂϨ⸗, Q **ⲤⲞⲂϨ̄** vb. tr. 나병에 걸리게 하다; vb. intr. 나병에 걸리다; n.m. 나병. **ⲤⲞⲂϨ̄** n.m. 나환자.

ⲤⲰⲔ, ⲤⲈⲔ- (**ⲤⲔ̄-, ⲤⲀⲔ-**), **ⲤⲞⲔ⸗,** Q **ⲤⲎⲔ** (1) vb. tr. 끌다, 끌어당기다 (**ⲘⲘⲞ⸗**); 끌다, 끌어들이다; (시간을) 오래 끌다, 길게 하다; 데려오다, 데려다 주다, 이끌다; (2) vb. intr. 부드럽게 움직이다, 미끄러지다. 따라서: 흐르다, 흩날리다; 끌려가다; 가다, 전진하다; vb. reflex. = intr. 모든 범위의 전치사 및 부사와 함께 일반적인 의미로 사용. **ⲤⲰⲔ ϨⲀ** ~에 따르다, ~와 함께 움직이다. **ⲤⲰⲔ** n.m 끌기; (± **ⲈⲂⲞⲖ**) 죽음.

ⲤⲰⲖⲠ̄, ⲤⲖ̄Ⲡ- (**ⲤⲈⲖⲠ-**), **ⲤⲞⲖⲠ⸗,** Q **ⲤⲞⲖⲠ̄** (± **ⲈⲂⲞⲖ**) vb. tr. 꺾다, 자르다, 끊다 (**ⲘⲘⲞ⸗**); 결심하다; vb. intr. 꺾이다, 끊어지다; 터지다, 부러지다; n.m. 분리, 구분. **ⲤⲖ̄ⲠⲈ** n. 가느다란 조각.

ⲤⲰⲖϬ, ⲤⲞⲖϬ⸗, Q **ⲤⲞⲖ(Ⲉ)Ϭ** vb. tr. 문질러 지우다 (**ⲘⲘⲞ⸗**; ~에: **Ⲉ**), 없애다, 제거하다; n.m. 제거, 소멸.

ⲤⲰⲘ, ⲤⲞⲘ⸗ (**ⲤⲀⲘ⸗**), Q **ⲤⲎⲘ** 누르다, 제압하다.

ⲤⲰⲘⲦ̄ (**ⲤⲰⲘⲚ̄Ⲧ**), **ⲤⲞⲘⲦ⸗** (**ⲤⲞⲘⲚ̄Ⲧ⸗**), Q **ⲤⲞⲘ(Ⲛ̄)Ⲧ** vb. tr. 늘이다, 연장하다 (**ⲘⲘⲞ⸗**; ± **ⲈⲂⲞⲖ**); 묶다 (~에; **Ⲉ**); vb. intr. 늘어나다; 지체하다, 머무르다.

ⲤⲰⲚⲈ n.f. 자매. **ⲚⲞϬ/ⲔⲞⲨⲒ Ⲛ̄ ⲤⲰⲚⲈ** 누나, 언니/여동생. **ⲤⲰⲚⲈ Ⲙ̄ ⲘⲀϨⲦ̄** 친누이; **ⲤⲰⲚⲈ ϨⲀ ⲈⲒⲰⲦ** 이복자매.

ⲤⲰⲚⲔ̄ (**ⲤⲰⲚⲄ̄, ⲤⲰⲘⲔ̄, ⲤⲰⲘⲄ̄**) vb. tr. 빨다, 빨아들이다 (**ⲘⲘⲞ⸗**).

ⲤⲰⲚⲦ̄ (**ⲤⲰⲰⲚⲦ̄**), **ⲤⲚ̄Ⲧ-** (**ⲤⲈⲚⲦ̄-**), **ⲤⲞⲚⲦ⸗** (**ⲤⲞⲞⲚⲦ⸗**), Q **ⲤⲞⲚⲦ̄** vb. tr. 세우다, 창조하다 (**ⲘⲘⲞ⸗**); vb. intr. 창조되다; n.m. 창조물, 창조. **ⲀⲦⲤⲞⲚⲦ⸗** 창조되지 않은. **ⲢⲈϤⲤⲰⲚⲦ̄** 창조자, 제

작자. ϣⲁ-ⲥⲱⲛⲧ̄ 첫 창조(물). ⲥⲛ̄ⲧⲉ n.f. 기초, 토대; ⲕⲁ-ⲥⲛ̄ⲧⲉ 기초를 놓다; ⲥⲙ̄ⲛ̄/ϯ-ⲥⲛ̄ⲧⲉ idem.

ⲥⲱⲛⲧ̄ n.m. 관습, 습관. ⲡⲥⲱⲛⲧ̄ ⲛ̄ ⲛⲉϩⲓⲟⲙⲉ 월경. ⲉⲓⲣⲉ ⲙ̄ ⲡⲥⲱⲛⲧ̄ 관습에 따르다.

ⲥⲱⲛϩ̄, ⲥⲟⲛϩ⸗, Q ⲥⲟⲛϩ̄ vb. tr. 속박하다, 묶다 (ⲙ̄ⲙⲟ⸗; ~을; ⲉ, ⲛ̄ⲧⲛ̄; 발에 관련된: ϩⲛ̄, ⲙ̄ⲙⲟ⸗); vb. intr. 속박되다; n.m. 속박, 구속. ⲥⲛⲁⲩϩ n.m. 속박, 구속.

ⲥⲱⲟⲩϩ, ⲥⲉⲩϩ-, ⲥⲟⲟⲩϩ⸗, Q ⲥⲟⲟⲩϩ vb. tr. (± ⲉϩⲟⲩⲛ) 모으다, 수집하다 (ⲙ̄ⲙⲟ⸗; ~에: ⲉ, ⲉϫⲛ̄, ϩⲛ̄; ~으로: ⲙⲛ̄; ~에 대한 것을: ⲉ); vb. intr. idem, 모이다. n.m. 모임; 집회; ⲣ̄- ⲡⲥⲱⲟⲩϩ 예배에 참석하다; ⲙⲁ ⲛ̄ ⲥⲱⲟⲩϩ 집회 장소. ⲥⲟⲟⲩϩⲥ̄ n.f. 집회, 수집, 수금; ⲣ̄-ⲥⲟⲟⲩϩⲥ̄ 걷히다.

ⲥⲱⲡ, ⲥⲡ̄- (ⲥⲉⲡ-), ⲥⲟⲡ⸗ vb. tr. 담그다, 적시다 (ⲙ̄ⲙⲟ⸗; ~에: ϩⲛ̄).

ⲥⲱⲣ, ⲥⲣ̄- (ⲥⲉⲣ-), ⲥⲟⲣ⸗, Q ⲥⲏⲣ (p.c. ⲥⲁⲣ-) ± ⲉⲃⲟⲗ vb. tr. 뿌리다, 퍼뜨리다, 뻗다, 나눠주다 (ⲙ̄ⲙⲟ⸗); ⲥⲱⲣ ⲛ̄ⲥⲁ (문서를) 배포하다; vb. intr. 흩어지다, 퍼지다 (특히 햇빛); n.m. (± ⲉⲃⲟⲗ) 퍼짐, 확산.

ⲥⲱⲣⲙ̄, ⲥⲉⲣⲙ̄-, ⲥⲟⲣⲙ⸗, Q ⲥⲟⲣⲙ̄ vb. tr. 잘못된 길로 이끌다, 잃다 (ⲙ̄ⲙⲟ⸗; ± ⲉⲃⲟⲗ); ⲥⲱⲣⲙ̄ ⲙ̄ⲙⲟ⸗ ⲛ̄ⲧⲟⲟⲧ⸗ reflex. 잃다; vb. intr. 방황하다, 헤매다, 잘못을 저지르다 (~으로부터: ϩⲛ̄, ⲛ̄ ⲥⲁⲃⲟⲗ ⲛ̄); n.m. 실수. ⲣⲉϥⲥⲱⲣⲙ̄ 잘못된 길로 이끄는 자. ⲙⲟⲩ-ⲛ̄-ⲥⲱⲣⲙ̄ 급류. ⲥⲣ̄ⲙⲉ n. 방랑자, 부랑자. ⲥⲟⲣⲙⲉⲥ n.f. 실수.

ⲥⲱⲥ, ⲥⲟⲥ⸗ Q ⲥⲏⲥ vb. tr. 뒤흔들다, 뒤엎다 (ⲙ̄ⲙⲟ⸗); vb. intr. 전복되다.

ⲥⲱⲧ, ⲥⲟⲧ⸗ (ⲥⲟⲟⲧ⸗, ⲥⲁⲁⲧ⸗) (1) vb. intr. / reflex. 반복하다, 다시 하다 (+ ⲉ + inf. 또는 + 상황절); (2) vb. intr. 도달하다 (~에: ⲉ; ± ⲉⲃⲟⲗ).

ⲥⲱⲧⲉ, ⲥⲉⲧ-, ⲥⲟⲧ⸗ (ⲥⲟⲟⲧ⸗, ⲥⲁⲧ⸗) vb. tr. 구하다, (몸값을

주고) 구해내다 (ⲙ̅ⲙⲟ⸗; ~에서: ⲛ̅ⲧⲛ̅, ⲉ, ϩⲛ̅, ⲉⲃⲟⲗ ϩⲛ̅); n.m. 몸값. ϯ-ⲥⲱⲧⲉ 몸값을 주다. ϫⲓ-ⲥⲱⲧⲉ 몸값을 받다. ⲣⲉϥⲥⲱⲧⲉ 몸값을 주고 빼내는 사람, 구속자.

ⲥⲱⲧⲙ̅, ⲥⲉⲧⲙ̅-, ⲥⲟⲧⲙ⸗ vb. tr. 듣다, 귀를 기울이다 (ⲉ); 따르다, 귀를 기울이다 (ⲛⲁ⸗, ⲛ̅ⲥⲁ); ~에게서 연락을 받다 (ⲉⲧⲛ̅, ⲛ̅ⲧⲛ̅, ϩⲓⲧⲛ̅); n.m. 듣기, 복종. ⲁⲧⲥⲱⲧⲙ̅ 듣지 않는, 복종하지 않는; ⲙⲛ̅ⲧⲁⲧⲥⲱⲧⲙ̅ 불복종; ⲣ̅-ⲁⲧⲥⲱⲧⲙ̅ (Q ⲟ ⲛ̅) 불복종하다. ⲙⲛ̅ⲧⲣⲉϥⲥⲱⲧⲙ̅ 복종. ⲥⲧ̅ⲙⲏⲧ, ⲥⲉⲧⲙⲏⲧ, ⲥⲙⲏⲧ adj. 복종하는; ⲁⲧⲥⲧ̅ⲙⲏⲧ 복종하지 않는; ⲙⲛ̅ⲧⲥⲧ̅ⲙⲏⲧ 복종; ⲣ̅-ⲥⲧ̅ⲙⲏⲧ (Q ⲟ ⲛ̅) 복종하다.

ⲥⲱⲧⲡ̅, ⲥⲉⲧⲡ̅-, ⲥⲟⲧⲡ⸗, Q ⲥⲟⲧⲡ̅ vb. 선택하다, 선발하다 (ⲙ̅ⲙⲟ⸗); Q 선택되다, 선발되다; 우수하다, 훌륭하다; 자주 ⲉ, ⲛ̅ ϩⲟⲩⲟ와 함께 비교급으로: 더 낫다, 더 뛰어나다, 더 유리하다. n.m. 선택된 사람, 선발된 사람; 자주 adj. ⲙⲛ̅ⲧⲥⲱⲧⲡ̅ 선택의; 우월한.

ⲥⲱⲧⲣ̅, Q ⲥⲟⲧⲣ̅ vb. intr. 돌다, 비틀다.

ⲥⲱⲧϥ̅, ⲥⲉⲧϥ̅-, ⲥⲟⲧϥ⸗, Q ⲥⲟⲧϥ̅ vb. tr. 정화하다, 여과하다, 거르다, 붓다 (ⲙ̅ⲙⲟ⸗; ± ⲉⲃⲟⲗ); vb. intr. 정화되다, 깨끗해지다, 맑아지다; 넘쳐흐르다. n.m. 순수함. ⲣⲉϥⲥⲱⲧϥ̅ 정화시키는 자.

ⲥⲱⲱⲙⲉ, ⲥⲟⲙⲉ⸗ vb. tr. 문지르다, 닦다.

ⲥⲱⲱϥ, ⲥⲉⲉϥ- (ⲥⲉⲉⲃⲉ-, ⲥⲉϥ-), ⲥⲟⲟϥ⸗ (ⲥⲟⲟⲃ⸗, ⲥⲟϥ⸗), Q ⲥⲟⲟϥ vb. tr. 더럽히다, 오염시키다 (ⲙ̅ⲙⲟ⸗); vb. intr. 더러워지다, 오염되다; n.m. 오염, 혐오.

ⲥⲱϣ, ⲥⲉϣ- (ϣⲉⲥ-), ⲥⲟϣ⸗ vb. tr. 치다, 때리다. ⲥⲁϣ (ⲥϣ̅-, ϣⲥ̅-, ⲥⲥ̅-, ϣⲥⲉ-, ϣⲉ-, ϣⲧⲉ-; pl. ⲥⲏϣⲉ) n.m.f. 강타, 타격, 치기; 상처, 고통; ⲣ̅-ⲥⲁϣ (Q ⲟ ⲛ̅) 덮여 있다, 덮이다 (종기, 상처로). ϯ-ⲥⲁϣ 일격을 가하다 (~에게: ⲛⲁ⸗). ϫⲓ-ⲥⲁϣ 상처가 나다. 축약형 + ⲛ̅의 복합어는 2번째 요소를 보라.

ⲥⲱϣ, ⲥⲉϣ- (ϣⲉⲥ-), ⲥⲟϣ⸗ (ϣⲟⲥ⸗), Q ⲥⲏϣ (ϣⲏⲥ) vb. tr. 경멸하다, 멸시하다, 업신여기다 (ⲙ̅ⲙⲟ⸗); vb. intr. 멸시당하다,

괄시를 받다; n.m. 부끄러움, 수치심, 경멸, 모욕. ⲣⲉϥⲥⲱϣ 모욕을 주는 자; ⲙⲛ̄ⲧⲣⲉϥⲥⲱϣ 경멸. ϯ-ⲥⲱϣ ⲛⲁ⸗ 업신여기다, 경멸하다. ϫⲓ-ⲥⲱϣ 모욕을 받다.

ⲥⲱϣⲉ vb. tr. 끌다, 끌어당기다 (ⲙ̄ⲙⲟ⸗); vb. intr. 끌리다, 기어가다.

ⲥⲱϣⲉ n.f. 들판, 탁 트인 지역. ⲣⲙ̄ⲛ̄ⲥⲱϣⲉ 시골 사람.

ⲥⲱϣⲙ̄ (ϣⲱⲥⲙ̄), Q ⲥⲟϣⲙ̄ (ϣⲟⲥⲙ̄) vb. intr. (± ⲛ̄ ϩⲏⲧ) 정신을 잃다, 기절하다 (~에 따라: ⲛ̄ⲥⲁ; ~로 인해: ϩⲁ), 낙담하다; 귀찮게 되다 (~에: ⲉ, ⲙⲛ̄); n.m. 실신, 기절.

ⲥⲱϣⲧ̄, ⲥⲉϣⲧ̄-, ⲥⲟϣⲧ⸗ (ⲥⲁϣⲧ⸗), Q ⲥⲟϣⲧ̄ (ⲥⲁϣⲧ̄) vb. tr. 그만두게 하다, 막다 (ⲙ̄ⲙⲟ⸗; ~을: ⲉ + [부정] inf.); vb. intr. 그만두다, 중단하다, 방해받다 (~을: ⲉ + inf.).

ⲥⲱϣϥ̄, ⲥⲉϣϥ̄-, ⲥⲟϣϥ⸗ Q ⲥⲟϣϥ̄ vb. tr. intr. = ⲥⲱϣ 경멸하다를 보라.

ⲥⲱϩ n.m. 청각 장애인. ⲣ̄-ⲥⲱϩ 청각을 잃게 되다.

ⲥⲱϩⲉ, ⲥⲁϩⲧ̄-, ⲥⲁϩⲧ⸗, Q ⲥⲁϩⲧ̄ (ⲥⲁϣⲧ̄) vb. tr. 엮다, 짜다 (ⲙ̄ⲙⲟ⸗, ⲉ; ~에: ⲉϩⲟⲩⲛ ⲉ); n.m. 엮기, 짜기. ⲥⲁϩⲧ̄- 복합어에서: ~을 엮는 사람. ⲥⲁϩⲧ̄ n.m. 엮는 사람.

ⲥⲱϩⲙ̄, ⲥⲁϩⲙ⸗ Q ⲥⲁϩⲙ̄ vb. tr. 억누르다, 눌러 부수다, 압도하다 (ⲙ̄ⲙⲟ⸗); vb. intr. 가라앉다, 눌리다, 부서지다; 물러나다 (~에서: ϩⲁ). ⲥⲁϩⲙⲉⲥ n. 절굿공이.

ⲥⲱϩⲡ̄, ⲥⲉϩⲡ̄-, ⲥⲁϩⲡ⸗ vb. tr. 마시다, 흡수하다 (ⲙ̄ⲙⲟ⸗); vb. intr. ~에 빠지다, 먹히다. ⲥⲓϩⲡⲉ n. 떨어지기.

ⲥⲱϩⲣ̄, ⲥⲉϩⲣ̄-, ⲥⲁϩⲣ⸗ (ⲥⲟϩⲣ⸗), Q ⲥⲁϩⲣ̄ vb. tr. 쓸다, 치우다 (ⲙ̄ⲙⲟ⸗); n.m. 쓸기.

ⲥⲱϭ, ⲥⲉϭ-, ⲥⲟϭ⸗, Q ⲥⲏϭ vb. tr. 강하게 하다, 단단하게 하다, 마비시키다 (ⲙ̄ⲙⲟ⸗); vb. intr. 경직되다, 마비되다.

ⲥϩⲁⲓ (ⲥⲁϩⲉⲓ, ⲥϩⲏⲧ), ⲥⲉϩ-, ⲥϩⲁⲓ⸗ (ⲥϩⲁⲓⲥ⸗, ⲥϩⲁⲓⲧ⸗, ⲥⲁϩ⸗, ⲥⲁϩⲧ⸗, ⲥⲉϩⲧ⸗), Q ⲥⲏϩ vb. tr. 쓰다, 기록하다 (ⲙ̄ⲙⲟ⸗; ~에: ⲉ, ⲉϫⲛ̄, ϩⲓ, ϩⲓϫⲛ̄, ϩⲛ̄; ~에게 ⲉ, ⲛⲁ⸗, ⲉⲣⲁⲧ⸗, ϣⲁ; ~를 위해: ⲉ, ⲉⲧⲛ̄, ϩⲁ); 등록하다; 그리다, 칠하

다. ⲥϩⲁⲓ ⲙ̄ⲙⲟ⸗ ⲛ̄ⲥⲁ ~의 결과라고 보다; ⲥϩⲁⲓ ⲛ̄ⲥⲁ 글로 쓰다. ⲥϩⲁⲓ n.m. 글쓰기, 편지, 서간; 알파벳 문자. ϫⲓ-ⲥϩⲁⲓ 편지를 받다. ⲁⲧⲥϩⲁⲓ 읽고 쓸 줄 모르는, 문맹의. ⲣⲉϥⲥϩⲁⲓ 필사자. ⲥⲁϩ n.m. 필사자, 작가; 선생, 스승, 명인; ⲙⲛ̄ⲧⲥⲁϩ 기술, 기능; ⲣ̄-ⲥⲁϩ (Q ⲟ ⲛ̄) 기술이 뛰어나게 되다, 숙련되다. ⲥⲁϫⲟ, ⲥⲁϫⲱ n.m.f. 마을 서기관; = ⲥⲁϩ.

ⲥϩ̄ⲃⲏⲏⲧⲉ, ⲥⲃⲏⲏⲧⲉ, ⲥⲃⲉⲉⲧⲉ, ϩⲃⲏⲏⲧⲉ n.m. 거품. ⲧⲁⲩⲉ-ⲥϩ̄ⲃⲏⲏⲧⲉ ⲉⲃⲟⲗ 거품이 일다.

ⲥϩⲓⲙⲉ (pl. ϩⲓⲟⲙⲉ) n.f. 여자, 여인, 아내; 여성. ϩⲓⲙⲉ n.f. 아내. ⲙⲛ̄ⲧⲥϩⲓⲙⲉ 여자다움. ⲣ̄-ⲥϩⲓⲙⲉ 아내가 되다 (~에게: ⲛⲁ⸗). ϫⲓ-ⲥϩⲓⲙⲉ 아내를 얻다; n.m. 결혼.

ⲥϭⲏⲣ (ⲥⲕⲏⲣ, ϣϭⲏⲣ, ϣⲥ̄ϭⲏⲣ, ϣⲕⲉⲣ) vb. intr. 배로 가다, 항해하다 (전치사와 함께 일반적인 의미로); n.m. 항해.

ⲥϭⲣⲁϩⲧ̄ (ⲥϭⲣⲉϩⲧ̄, ϣϭⲣⲁϩⲧ̄, ⲥϣϭⲣⲁϩⲧ̄) vb. intr. 멈추다, 조용해지다, 평온해지다, 고요해지다; ⲙ̄ⲙⲟ⸗와 함께 재귀용법으로도; n.m. 고요, 휴식; ϩⲛ̄ ⲟⲩⲥϭⲣⲁϩⲧ̄ 움직이지 않고, 조용히.

▽ 상호 참조

ⲥⲁⲁⲧ⸗: ⲥⲱⲧ
ⲥⲁⲁⲧ⸗/-: ⲥⲓⲛⲉ
ⲥⲁⲁⲧⲉ: ⲥⲁⲧⲉ
ⲥⲁⲃⲏⲗ: ⲃⲱⲗ
ⲥⲁⲃⲟ(⸗): ⲧⲥⲁⲃⲟ
ⲥⲁⲃⲟⲗ: ⲃⲱⲗ
ⲥⲁⲉⲓⲉ: ⲥⲁ
ⲥⲁⲉⲓⲟⲟⲩ: ⲥⲁ
ⲥⲁⲉⲓⲣ(ⲉ): ⲥⲓⲣ
ⲥⲁⲕ: ⲥⲟⲕ
ⲥⲁⲕ-: ⲥⲱⲕ
ⲥⲁⲕⲧ⸗: ⲥⲓⲕⲉ
ⲥⲁϫⲟ: ⲥϩⲁⲓ
ⲥⲁⲗⲁϭⲱⲱϣ: ⲥⲁⲣⲁϭⲱⲟⲩϣ
ⲥⲁⲙ⸗: ⲥⲱⲙ
ⲥⲁⲛⲁϣⲧ̄: ⲥⲁⲁⲛϣ̄
ⲥⲁ-ⲛ-ⲃⲟⲗ: ⲃⲱⲗ
ⲥⲁⲛⲟⲩϣ⸗: ⲥⲁⲁⲛϣ̄
ⲥⲁⲛϣ̄: ⲥⲁⲁⲛϣ̄

ⲥⲁⲣ-: ⲥⲱⲣ
ⲥⲁⲣ-: ⲥⲟⲩⲣ
ⲥⲁⲣⲙ̄: ⲥⲟⲣⲙ̄
ⲥⲁⲣⲟ: ⲥⲁⲗⲟ
ⲥⲁⲣⲧ̄: ⲥⲟⲣⲧ̄
ⲥⲁⲥⲉ: ⲥⲁⲁⲥⲉ
ⲥⲁⲧ: ⲥⲟⲧ
ⲥⲁⲧ-/⸗: ⲥⲓⲧⲉ
ⲥⲁⲧ⸗: ⲥⲓⲛⲉ
ⲥⲁⲧ⸗: ⲥⲱⲧⲉ
ⲥⲁⲧⲃⲉϥ: ⲥⲟⲧⲃⲉϥ
ⲥⲁⲧⲉ: ⲥⲁⲧⲱ
ⲥⲁⲩ-: ⲥⲱ
ⲥⲁⲩ-ⲏⲣⲡ̄: ⲏⲣⲡ̄
ⲥⲁϣ: ⲥⲱϣ
ⲥⲁϣⲉ: ⲥⲓϣⲉ
ⲥⲁϣⲧ̄: ⲥⲱϩⲉ
ⲥⲁϣ(ⲧ)⸗: ⲥⲱϣⲧ̄
ⲥⲁϩ(⸗): ⲥϩⲁⲓ
ⲥⲁϩⲉ-: ⲥⲟⲟϩⲉ
ⲥⲁϩⲉⲓ: ⲥϩⲁⲓ
ⲥⲁϩⲏⲩ: ⲥⲟⲟϩⲉ
ⲥⲁϩⲙ(⸗): ⲥⲱϩⲙ̄
ⲥⲁϩⲙⲉⲥ: ⲥⲱϩⲙ̄
ⲥⲁϩⲡ⸗: ⲥⲱϩⲡ̄
ⲥⲁϩⲣ(⸗): ⲥⲱϩⲣ̄
ⲥⲁϩⲧ⸗: ⲥⲓϩⲉ
ⲥⲁϩⲧ(-/⸗): ⲥⲱϩⲉ
ⲥⲁϩⲧ⸗: ⲥϩⲁⲓ
ⲥⲁϩⲱ(ⲱ)⸗: ⲥⲟⲟϩⲉ
ⲥⲁϩϥ̄: ⲥⲁϩ
ⲥⲃⲉⲉⲧⲉ: ⲥϩ̄ⲃⲏⲏⲧⲉ
ⲥⲃⲏⲏⲧⲉ: ⲥϩ̄ⲃⲏⲏⲧⲉ
ⲥⲃ̄ⲕⲉ: ⲥⲃⲟⲕ
ⲥⲃⲟ: ⲧⲥⲁⲃⲟ
ⲥⲃⲟⲟⲩⲉ: ⲥⲃⲱ
ⲥⲃⲟⲩⲓ: ⲥⲁⲃⲉ
ⲥⲃ̄ⲣⲟⲟⲩⲉ: ⲣⲟⲟⲩⲉ
ⲥⲃ̄ⲧⲉ-: ⲥⲟⲃⲧⲉ
ⲥⲃ̄ⲧⲱⲧ(⸗): ⲥⲟⲃⲧⲉ
ⲥⲃⲱ: ⲥⲁⲃⲉ
ⲥⲉ: ⲥⲟⲟⲩ
ⲥⲉ-: ⲥⲱ
ⲥⲉⲉⲧ: ⲥⲁⲧ
ⲥⲉⲉϥ-: ⲥⲱⲱϥ
ⲥⲉⲕ-: ⲥⲕⲁⲓ
ⲥⲉⲕⲱⲧ: ⲕⲱⲧ
ⲥⲉⲗϭⲁⲙ: ϣⲗ̄ϭⲟⲙ
ⲥⲉⲛ-: ⲥⲟⲛ
ⲥⲉⲛ-: ⲥⲓⲛⲉ
ⲥⲉⲛⲉ, ⲥⲉⲛⲏ: ⲥⲏⲛⲉ
ⲥⲉⲛⲥⲉⲛ: ⲥⲛ̄ⲥⲛ̄
ⲥⲉⲡ-: ⲥⲟⲡ
ⲥⲉⲡ-: ⲥⲡ̄-
ⲥⲉⲡⲉ: ⲥⲉⲉⲡⲉ
ⲥⲉⲡⲥ̄-: ⲥⲟⲡⲥ̄
ⲥⲉⲣ-: ⲥⲟⲩⲣ
ⲥⲉⲣ(ⲉ): ⲥⲓⲣ
ⲥⲉⲣⲉⲃ: ⲥⲣⲁϥ
ⲥⲉⲧ-: ⲥⲱⲧⲉ

ⲥⲉⲧ-/⸗: ⲥⲓⲧⲉ
ⲥⲉⲧⲙⲏⲧ: ⲥⲱⲧⲙ̄
ⲥⲉⲩ-: ⲥⲱ
ⲥⲉⲩ-: ⲥⲱ
ⲥⲉⲩ-: ⲥⲟⲟⲩ
ⲥⲉϥ-: ⲥⲱⲱϥ
ⲥⲉϩ-: ⲥϩⲁⲓ
ⲥⲉϩ-: ⲥⲓϩⲉ
ⲥⲉϩⲧ⸗: ⲥϩⲁⲓ
ⲥⲉϩⲧ⸗: ⲥⲓϩⲉ
ⲥⲉϭⲉ: ⲥⲟϭ
ⲥⲏⲃⲉ: ⲥⲏϥⲉ
ⲥⲏⲃⲉ: ⲥⲓϥⲉ
ⲥⲏⲏⲡⲉ: ⲥⲉⲉⲡⲉ
ⲥⲏⲡⲉ: ⲥⲉⲉⲡⲉ
ⲥⲏⲣⲉ: ⲥⲓⲣ
ⲥⲏⲧ: ⲥⲁⲧ
ⲥⲏⲧ: ⲥⲓⲧⲉ
ⲥⲏⲩ: ⲥⲓ
ⲥⲏϣⲉ: ⲥⲱϣ
ⲥⲏϥⲉ: ⲥⲏⲃⲉ
ⲥⲏϥⲉ: ⲥⲓϥⲉ
ⲥⲏϩ: ⲥϩⲁⲓ
ⲥⲏϭⲉ: ⲥⲟϭ
ⲥⲓⲁⲟⲩⲛ̄: ⲥⲓⲟⲟⲩⲛ̄
ⲥⲓⲃⲉ: ⲥⲓϥⲉ
ⲥⲓⲏⲩ: ⲧⲥⲓⲟ
ⲥⲓⲕ: ⲁⲥⲓⲕ
ⲥⲓⲡⲉ: ⲥⲉⲉⲡⲉ
ⲥⲓⲧ⸗: ⲥⲓⲧⲉ
ⲥⲓⲧⲉ: ⲥⲉⲧⲏ
ⲥⲓϩⲡⲉ: ⲥⲱϩⲡ̄
ⲥⲕⲁⲣⲁⲕⲓⲣ: ⲥⲕⲟⲣⲕⲣ̄
ⲥⲕⲉⲗⲁⲕⲓⲣ: ⲥⲕⲟⲣⲕⲣ̄
ⲥⲕⲉⲛ-: ⲥⲟϭⲛ̄
ⲥⲕⲏⲣ: ⲥϭⲏⲣ
ⲥⲕⲟⲣⲁⲕⲓⲣ: ⲥⲕⲟⲣⲕⲣ̄
ⲥⲗ̄ⲃⲧⲉ: ⲥⲃⲗ̄ⲧⲉ
ⲥⲗⲉⲕⲗⲱⲕ: ⲥⲗⲟϭⲗϭ̄
ⲥⲗ̄ⲡⲉ: ⲥⲱⲗⲡ̄
ⲥⲗ̄ϥⲧⲉ: ⲥⲃⲗ̄ⲧⲉ
ⲥⲙ̄-: ⲥⲓⲙ
ⲥⲙⲁⲁⲧ: ⲥⲙⲟⲩ
ⲥⲙⲁⲙⲁⲁⲧ: ⲥⲙⲟⲩ
ⲥⲙⲉⲛ-: ⲥⲙⲓⲛⲉ
ⲥⲙⲏⲧ: ⲥⲱⲧⲙ̄
ⲥⲙⲛ̄-: ⲥⲙⲓⲛⲉ
ⲥⲙⲛ̄ⲧ⸗: ⲥⲙⲓⲛⲉ
ⲥⲙⲟⲛⲧ̄: ⲥⲙⲓⲛⲉ
ⲥⲙ̄ⲥⲓⲙ: ⲥⲓⲙⲥⲓⲙ
ⲥⲛ̄-: ⲥⲟⲛ
ⲥⲛⲁⲩϩ: ⲥⲱⲛϩ̄
ⲥⲛⲏⲩ: ⲥⲟⲛ
ⲥⲛ̄ⲕⲟ: ⲧⲥⲉⲛⲕⲟ
ⲥⲛⲟⲃ: ⲥⲛⲟϥ
ⲥⲛⲟⲟⲩⲥ(ⲉ): ⲥⲛⲁⲩ
ⲥⲛ̄-: ⲥⲓⲛⲉ
ⲥⲛ̄ⲧ-/⸗: ⲥⲓⲛⲉ
ⲥⲛ̄ⲧⲉ: ⲥⲱⲛⲧ̄
ⲥⲛ̄ⲧⲉ: ⲥⲛⲁⲩ

ⲥⲛ̄ⲧⲉ: ⲥⲉⲧⲏ

ⲥⲛⲱⲱϥ: ⲥⲛⲟϥ

ⲥⲟ: ⲥⲟⲟⲩ

ⲥⲟⲃⲕ̄: ⲥⲃⲟⲕ

ⲥⲟⲉ: ⲥⲟⲟⲩ

ⲥⲟⲉⲓϩ: ⲥⲟⲉⲓϣ

ⲥⲟⲕ⸗: ⲥⲕⲁⲓ

ⲥⲟⲕⲉ: ⲥⲓⲕⲉ

ⲥⲟⲗⲓⲃ: ⲥⲟⲗϥ̄

ⲥⲟⲙⲉ⸗: ⲥⲱⲱⲙⲉ

ⲥⲟⲙⲛ̄ⲧ(⸗): ⲥⲱⲙⲧ̄

ⲥⲟⲟ⸗: ⲥⲱ

ⲥⲟⲟⲕ: ⲥⲟⲕ

ⲥⲟⲟⲕⲉ: ⲥⲓⲕⲉ

ⲥⲟⲟⲧ⸗: ⲥⲱⲧ

ⲥⲟⲟⲧ⸗: ⲥⲱⲧⲉ

ⲥⲟⲟⲧ: ⲥⲟⲧ

ⲥⲟⲟⲧ⸗: ⲥⲓⲛⲉ

ⲥⲟⲟⲧⲉ: ⲥⲓⲧⲉ

ⲥⲟⲟⲩϩⲥ̄: ⲥⲱⲟⲩϩ

ⲥⲟⲟϥ(⸗): ⲥⲱⲱϥ

ⲥⲟⲣⲙⲉⲥ: ⲥⲱⲣⲙ̄

ⲥⲟⲣϥ̄: ⲥⲟⲗϥ̄

ⲥⲟⲧ⸗: ⲥⲱⲧⲉ

ⲥⲟⲧ⸗: ⲥⲓⲛⲉ

ⲥⲟⲧⲉ: ⲥⲁⲧⲉ

ⲥⲟⲧⲉ: ⲥⲏⲧ

ⲥⲟⲧⲉ: ⲥⲓⲧⲉ

ⲥⲟⲧϥ̄: ⲥⲟⲧⲃⲉϥ

ⲥⲟⲧϩϥ̄: ⲥⲟⲧⲃⲉϥ

ⲥⲟⲩ(-): ⲥⲱ

ⲥⲟⲩ-: ϣⲟⲩ

ⲥⲟⲩ-: ⲥⲓⲟⲩ, ⲥⲏⲩ

ⲥⲟⲩⲁ: ⲥⲏⲩ

ⲥⲟⲩⲃⲛ̄ⲛⲉ: ⲃⲛ̄ⲛⲉ

ⲥⲟⲩⲉⲗⲟⲩⲱⲗ⸗: ⲥⲟⲩⲟⲗⲟⲩⲗ̄

ⲥⲟⲩⲉⲛ-: ⲥⲟⲟⲩⲛ̄

ⲥⲟⲩⲗⲱⲗ(⸗): ⲥⲟⲩⲟⲗⲟⲩⲗ̄

ⲥⲟⲩⲛ̄-: ⲥⲟⲟⲩⲛ̄

ⲥⲟⲩ-ⲟⲩⲏⲣ: ⲟⲩⲏⲣ

ⲥⲟⲩⲥⲟⲟⲩϣⲉ: ϣⲟⲩⲥⲟⲟⲩϣⲉ

ⲥⲟⲩⲧⲛ̄-: ⲥⲟⲟⲩⲧⲛ̄

ⲥⲟⲩⲧⲱⲛ(-/⸗): ⲥⲟⲟⲩⲧⲛ̄

ⲥⲟⲩⲱⲛ-/⸗: ⲥⲟⲟⲩⲛ̄

ⲥⲟϥ⸗: ⲥⲱⲱϥ

ⲥⲟϥⲧⲉ: ⲥⲟⲃⲧⲉ

ⲥⲟϩⲉ: ⲥⲟⲟϩⲉ

ⲥⲡ̄-: ⲥⲟⲡ

ⲥⲡ̄ⲥ̄-: ⲥⲟⲡ̄ⲥ̄

ⲥⲣ̄-: ⲥⲟⲩⲣ

ⲥⲣ̄ⲁⲣⲟⲟⲩⲉ: ⲁⲣⲟⲟⲩⲉ

ⲥⲣⲁⲧ⸗: ⲥⲣⲓⲧ

ⲥⲣ̄ⲃⲉ: ⲥⲣ̄ϥⲉ

ⲥⲣ̄ⲃⲛ̄ⲛⲉ: ⲃⲛ̄ⲛⲉ

ⲥⲣⲉϥⲣⲓϥⲉ: ⲥⲣⲟϥⲣϥ̄

ⲥⲣ̄ⲙⲉ: ⲥⲱⲣⲙ̄

ⲥⲣⲟⲃⲣⲉⲃ: ⲥⲣⲟϥⲣϥ̄

ⲥⲣⲟⲃⲧ̄: ⲥⲣ̄ϥⲉ

ⲥⲣⲟϥⲧ̄: ⲥⲣ̄ϥⲉ

ⲥⲣⲝ̅ⲣⲓⲃⲉ: ⲥⲣⲟϥⲣϥ̅
ⲥⲥ̅-: ⲥⲱϣ
ⲥⲧⲁⲁⲧⲉ: ⲧⲁⲁⲧⲉ
ⲥⲧⲁⲓ-: ⲥⲧⲟⲓ
ⲥⲧⲉ-: ⲧⲥ̅ⲧⲟ
ⲥⲧⲉ-: ⲥⲧⲟⲓ
ⲥⲧ̅ⲉⲓⲱϩⲉ: ⲉⲓⲱϩⲉ
ⲥⲧⲏⲩ: ⲧⲥ̅ⲧⲟ
ⲥϯ-: ⲥⲧⲟⲓ
ⲥⲧ̅ⲙⲏⲧ: ⲥⲱⲧⲙ̅
ⲥⲧⲟ(⸗): ⲧⲥ̅ⲧⲟ(⸗)
ⲥⲧⲱϩⲉ: ⲉⲓⲱϩⲉ
ⲥⲑⲟ: ⲧⲥ̅ⲧⲟ
ⲥⲱⲕ: ⲥⲟⲕ
ⲥⲱⲗϥ̅: ⲥⲟⲗϥ̅
ⲥⲱⲙⲅ̅: ⲥⲱⲛⲕ̅
ⲥⲱⲙⲕ̅: ⲥⲱⲛⲕ̅
ⲥⲱⲙⲛ̅ⲧ: ⲥⲱⲙⲧ̅
ⲥⲱⲛⲅ̅: ⲥⲱⲛⲕ̅
ⲥⲱⲡⲉ: ⲥⲱⲃⲉ
ⲥⲱⲱⲛⲧ̅: ⲥⲱⲛⲧ̅
ⲥϣ̅-: ⲥⲱϣ
ⲥϣ̅ⲃⲉ: ⲥⲃ̅ϣⲉ
ⲥϣⲉ: ϣϣⲉ
ⲥϣ̅ⲛⲉ: ϣⲥ̅ⲛⲉ
ⲥϣⲟⲧ: ⲥϫⲁⲧ
ⲥϣ̅ϥⲉ: ⲥⲁϣϥ̅
ⲥϣ̅ϭⲣⲁϩⲧ̅: ⲥϭ̅ⲣⲁϩⲧ̅
ⲥϩⲁⲓⲥ⸗: ⲥϩⲁⲓ
ⲥϩⲁⲓⲧ⸗: ⲥϩⲁⲓ
ⲥϩⲁⲧ: ⲥϫⲁⲧ
ⲥϩⲏⲧ: ⲥϩⲁⲓ
ⲥϩ̅ⲟⲩⲟⲣⲧ: ⲥⲁϩⲟⲩ
ⲥϩ̅ⲟⲩⲣ̅-: ⲥⲁϩⲟⲩ
ⲥϩ̅ⲟⲩⲱⲣ⸗: ⲥⲁϩⲟⲩ
ⲥϭⲓⲙ: ⲥⲕⲓⲙ
ⲥϭⲟⲗ: ϣϭⲟⲣ

ⲁ ⲃ ⲉ ⲏ ⲉⲓ ⲕ ⲗ ⲙ ⲛ ⲟ ⲡ ⲣ ⲥ ⲧ ⲟⲩ ⲱ ϣ ϥ ϩ ϫ ϭ

Ⲧ

ⲧ-, ⲧⲉ- 정관사 여성 단수; §1.3을 보라.

ⲧⲁ- 소유 대명사 여성 단수; §22.2를 보라.

ⲧⲁⲁⲧⲉ (**ⲧⲟⲟⲧⲉ**) vb. intr. 빛나다 (으로: **ⲙ̄ⲙⲟ⸗**; ± **ⲉⲃⲟⲗ**).

ⲧⲁⲁⲧⲉ, ⲥⲧⲁⲁⲧⲉ vb. tr. 박수를 치다; 펼치다 (**ⲙ̄ⲙⲟ⸗**).

ⲧⲁⲃⲓⲣ n.m. (성전의) 성소.

ⲧⲁⲉⲓⲟ (**ⲧⲁⲓⲟ**), **ⲧⲁⲉⲓⲉ-** (**ⲧⲁⲓⲉ-**), **ⲧⲁⲉⲓⲟ⸗** (**ⲧⲁⲓⲟ⸗**), Q **ⲧⲁⲉⲓⲏⲩ, ⲧⲁⲏⲩ** vb. tr. 존경하다, 경의를 표하다 (**ⲙ̄ⲙⲟ⸗**); 존중하다, 높이 평가하다, 귀하게 여기다; Q 존경받다, 존중받다, 뛰어나다, 소중하다, 귀하다; n.m. 명예, 명예로운 상태; 경의의 선물. **ⲣⲉϥⲧⲁⲉⲓⲟ** 명예로운 사람. **ϯ-ⲧⲁⲉⲓⲟ** (**ⲛⲁ⸗**) 존경하다, 경의의 선물을 주다. **ϫⲓ-ⲧⲁⲉⲓⲟ** 존경받다, 경의의 선물을 받다.

ⲧⲁⲓ adv. 여기, 이 곳에.

ⲧⲁⲓⲃⲉ, ⲧⲏⲏⲃⲉ, ⲧⲏⲃⲉ n.f. 궤, 관, 상자; 주머니, 호주머니.

ⲧⲁⲕⲟ, ⲧⲁⲕⲉ-, ⲧⲁⲕⲟ⸗, Q **ⲧⲁⲕⲏⲩ** (**ⲧⲁⲕⲏⲩⲧ**) vb. tr. 파괴하다, ~을 그만두게 하다 (**ⲙ̄ⲙⲟ⸗**); vb. intr. 사라지다, 잃다, 파괴되다; n.m. 영벌, 파괴. **ⲁⲧⲧⲁⲕⲟ** 파괴할 수 없는, 불멸의; **ⲙⲛ̄ⲧⲁⲧⲧⲁⲕⲟ** 오염되지 않음. **ⲣⲉϥⲧⲁⲕⲟ** (1) 파괴자; (2) 썩기 쉬운 것.

ⲧⲁⲗ, ⲧⲟⲗ n.m. 무더기, 작은 언덕.

ⲧⲁⲗⲟ (**ⲧⲁⲗⲉ, ⲧⲁⲣⲟ**) **ⲧⲁⲗⲉ-, ⲧⲁⲗⲟ⸗**, Q **ⲧⲁⲗⲏⲩ** vb. tr. (± **ⲉϩⲣⲁⲓ**) 들어올리다, 올리다, (기도를) 드리다, 올려 보내다 (**ⲙ̄ⲙⲟ⸗**; 위로: **ⲉϫⲛ̄, ϩⲓϫⲛ̄**); (동물에) 타게 하다; (동물의) 등에 타다; 누비듯이 나아가다 (**ⲙ̄ⲙⲟ⸗**); vb. intr. 올라가다, 오르다, (말 등에) 타다, (탈것을) 타다; n.m. 올려드리는 것, 제물.

ⲧⲁⲗϭⲟ, ⲧⲁⲗϭⲉ-, ⲧⲁⲗϭⲟ⸗, Q **ⲧⲁⲗϭⲏⲩ** vb. tr. 고치다, 치유하다 (**ⲙ̄ⲙⲟ⸗**; ~을: **ϩⲛ̄, ⲉⲃⲟⲗ ϩⲛ̄**); vb. intr. 치유되다; n.m. 고침, 치유. **ⲁⲧⲧⲁⲗϭⲟ** 고쳐지지 않는. **ⲣⲉϥⲧⲁⲗϭⲟ** 치료하는 사람.

ⲣⲉϥϯ-ⲧⲁⲗϭⲟ idem. ⲙⲛ̄ⲧⲣⲉϥⲧⲁⲗϭⲟ 치유력.

ⲧⲁⲙⲓⲟ, ⲧⲁⲙⲓⲉ-, ⲧⲁⲙⲓⲟ⸗, Q ⲧⲁⲙⲓⲏⲩ vb. tr. 창조하다, 만들다 (ⲙ̄ⲙⲟ⸗); 대비하다, 준비하다; n.m. 만들어진 것, 창조물.

ⲧⲁⲙⲟ, ⲧⲁⲙⲉ-, ⲧⲁⲙⲟ⸗ vb. tr. 말하다, 알리다 (~에게: ⲙ̄ⲙⲟ⸗; ~에 대해: ⲉ, ⲉⲧⲃⲉ; ~을: ϫⲉ).

ⲧⲁⲛⲟ, ⲧⲉⲛⲁ- (ⲧⲛⲁ-), ⲧⲁⲛⲟ⸗ vb. tr. 만들다, 창조하다 (ⲙ̄ⲙⲟ⸗); (증서를) 작성하다.

ⲧⲁⲛϩⲟ, ⲧⲁⲛϩⲉ-, ⲧⲁⲛϩⲟ⸗, Q ⲧⲁⲛϩⲏⲩ vb. tr. 살리다, 살아있게 하다, 살려 두다 (ⲙ̄ⲙⲟ⸗); vb. intr. 살아나다; n.m. 살려 줌, 구함. ⲣⲉϥⲧⲁⲛϩⲟ 구원자, 생명을 주는 자; ⲙⲛ̄ⲧⲣⲉϥⲧⲁⲛϩⲟ 생명을 구함.

ⲧⲁⲛϩⲟⲩⲧ, ⲧⲁⲛϩⲉⲧ-, ⲧⲁⲛϩⲟⲩⲧ⸗, Q ⲧⲁⲛϩⲏⲩⲧ vb. tr. 믿다, 신뢰하다 (ⲙ̄ⲙⲟ⸗; ~을; ϫⲉ); 맡기다 (ⲙ̄ⲙⲟ⸗; ~에: ⲉ, ⲉϫⲛ̄; 재귀용법으로도); 털어놓다 (~에게: ⲙⲛ̄).

ⲧⲁⲡ n.m. 뿔, 나팔. ⲡⲁ-ⲡⲧⲁⲡ ⲛ̄ ⲟⲩⲱⲧ 일각수. ϩⲟϥ ⲛ̄ ⲧⲁⲡ 뿔 달린 뱀. ⲁϣ-ⲧⲁⲡ 나팔을 불다; n.m. 나팔 불기.

ⲧⲁⲡⲛ̄, ⲧⲉⲡⲛ̄, ⲧⲉⲡⲛⲉ n. 쿠민.

ⲧⲁⲡⲣⲟ n.f. 입; 비유적으로 우물; 검; 무덤. (ⲛ̄) ⲧⲁⲡⲣⲟ ϩⲓ ⲧⲁⲡⲣⲟ 입에서 입으로, 마주보고.

ⲧⲁⲣ n.m. 가지, 잔 가지.

ⲧⲁⲣⲕⲟ (ⲧⲉⲣⲕⲟ), ⲧⲁⲣⲕⲉ-, ⲧⲁⲣⲕⲟ⸗ (ⲧⲉⲣⲕⲟ⸗, ⲧⲣ̄ⲕⲟ⸗) vb. tr. 명하다, 맹세시키다 (ⲙ̄ⲙⲟ⸗; ~으로: ⲙ̄ⲙⲟ⸗, ⲕⲁⲧⲁ, ⲉ).

ⲧⲁⲩⲟ (ⲧⲁⲟⲩⲟ), ⲧⲁⲩⲉ- (ⲧⲁⲟⲩⲉ-), ⲧⲁⲩⲟ⸗ vb. tr. (1) ± ⲉⲃⲟⲗ: 보내다, 내보내다 (ⲙ̄ⲙⲟ⸗; ~로: ⲉ, ⲛⲁ⸗, ϣⲁ; ~을 위해: ⲛ̄ⲥⲁ); 내놓다, 만들어 내다; (2) 던지다 (ⲙ̄ⲙⲟ⸗; 앞으로: ⲉⲃⲟⲗ; 아래로: ⲉⲡⲉⲥⲏⲧ, ⲉϩⲣⲁⲓ); (3) 말하다, 선언하다, 다시 말하다, 낭독하다 (ⲙ̄ⲙⲟ⸗; ~에게: ⲉ, ⲉⲧⲛ̄, ⲛⲁ⸗). n.m. 임무; + ⲉⲃⲟⲗ: 생산물. ⲁⲧⲧⲁⲩⲟ 말로 표현할 수 없는, 설명할 수 없는.

ⲧⲁϣⲟ, ⲧⲁϣⲉ-, ⲧⲁϣⲟ⸗ vb. tr. 증가시키다 (ⲙ̄ⲙⲟ⸗); ⲧⲁϣⲉ- + inf. 더 많이 하다; ~하는 것이 늘다.

ⲧⲁϥ n.m. 침. **ⲛⲉϫ-/ⲥⲉⲧ-ⲧⲁϥ** 침을 뱉다.

ⲧⲁϩⲟ, ⲧⲁϩⲉ-, ⲧⲁϩⲟ⸗ Q **ⲧⲁϩⲏⲩ** vb. tr. 서게 하다, 설립하다, 일으키다 (**ⲙ̄ⲙⲟ⸗**); 도착하다, 달성하다, 만나다, ~을 따라잡다 (**ⲙ̄ⲙⲟ⸗**); 체포하다; 맞닥뜨리다 (사람: 목적어 접미사로; ~을: **ⲉ, ⲉⲧⲣⲉ**); 할당하다 (**ⲙ̄ⲙⲟ⸗**; ~에: **ⲉ**); vb. intr. ~을 할 수 있다, 관리하다, 운영하다 (~을: **ⲉ** + inf.). **ⲁⲧⲧⲁϩⲟ⸗** 달성할 수 없는, 이해할 수 없는; **ⲙⲛ̄ⲧⲁⲧⲧⲁϩⲟ⸗** 이해할 수 없는 일. **ⲣⲉϥⲧⲁϩⲉ-** 잡는 사람. **ⲧⲁϩⲉ (ⲉ)ⲣⲁⲧ⸗** 세우다, 설립하다 (**ⲙ̄ⲙⲟ⸗**); n.m. 설립.

ⲧⲁϩⲧ̄, ⲧⲁϩⲧϩ̄, ⲧⲁⲑ n.m. 납.

ⲧⲁϩⲧϩ̄ (ⲧⲁϩⲧ̄), ⲧⲉϩⲧⲱϩ⸗, Q **ⲧⲉϩⲧⲱϩ** vb. tr. 섞다, 혼합하다, ~을 혼동하다 (**ⲙ̄ⲙⲟ⸗**); n.m. 혼합, 혼동, 혼란.

ⲧⲁϫⲟ vb. tr. 재판하다, 심판하다, 비난하다; n.m. 판단.

ⲧⲁϫⲣⲟ, ⲧⲁϫⲣⲉ-, ⲧⲁϫⲣⲟ⸗, Q **ⲧⲁϫⲣⲏⲩ (ⲧⲁϫⲣⲁⲉⲓⲧ)** vb. tr. 강하게 하다, 단언하다, 굳게 하다, 단단히 매다 (**ⲙ̄ⲙⲟ⸗**; ~으로: **ϩⲛ̄**; ~에: **ⲉ, ⲉϫⲛ̄**); 단호하게 이끌다 (**ⲙ̄ⲙⲟ⸗**; ~을 향해: **ⲉ**); vb. intr. 강해지다, 단호하다; 의존하다 (~에: **ⲉϫⲛ̄**); n.m. 견고, 힘, 단호함; **ϩⲛ̄ ⲟⲩⲧⲁϫⲣⲟ** 단호히, 분명히. **ϯ-ⲧⲁϫⲣⲟ** 힘을 주다. **ϫⲓ-ⲧⲁϫⲣⲟ** 확정을 받다.

ⲧⲁϭ, ⲧⲁⲕ n.m. 덩어리.

ⲧⲁϭⲥⲉ, ⲧⲁⲧⲥⲉ n.f. 발바닥; 발자국. **ϣⲥ̄-ⲛ̄-ⲧⲁϭⲥⲉ** n.f. 발자국. **ϫⲓ-ⲧⲁϭⲥⲉ ⲛ̄ⲥⲁ** 따라가다. **ⲁⲧϫⲓ-ⲧⲁϭⲥⲉ** 추적되지 않다.

ⲧⲃⲁ n.m. 숫자: 일만; §30.7을 보라. **ϭⲓⲥⲧⲃⲁ** 오천.

ⲧⲃ̄ⲃⲟ, ⲧⲃ̄ⲃⲉ-, ⲧⲃ̄ⲃⲟ⸗, Q **ⲧⲃ̄ⲃⲏⲩ** vb. tr. 깨끗하게 하다, 정화하다 (**ⲙ̄ⲙⲟ⸗**: ~에서: **ⲉ, ⲉⲃⲟⲗ ϩⲛ̄, ϩⲁ**); vb. intr. 깨끗해지다, 맑아지다; n.m. 깨끗함, 정화; **ϩⲛ̄ ⲟⲩⲧⲃ̄ⲃⲟ** 순결한 방식으로; **ⲙⲁ ⲛ̄ ⲧⲃ̄ⲃⲟ** 정화 장소.

ⲧⲃⲏⲣ n.m. 발길질. **ⲛⲉϫ-ⲧⲃⲏⲣ ⲉⲃⲟⲗ** 발길질하다. **ϯ-ⲧⲃⲏⲣ** 차다 (~을: **ⲉϩⲟⲩⲛ ⲉ/ϩⲛ̄**); **ⲣⲉϥϯ-ⲧⲃⲏⲣ** 차는 사람.

ⲧⲃ̄ⲕⲉ-, ⲧⲃ̄ⲕⲟ⸗ 보내다.

ⲧⲃ̄ⲛⲏ (pl. **ⲧⲃ̄ⲛⲟⲟⲩⲉ, ⲧⲉⲃⲛⲏⲟⲩ, ⲧϥ̄ⲛⲏⲩ, ⲧⲃ̄ⲛⲉⲩ**) n.m. 짐승,

ⲁ ⲃ ⲉ ⲏ ⲉⲓ ⲕ ⲗ ⲙ ⲛ ⲟ ⲡ ⲣ ⲥ ⲧ ⲟⲩ ⲱ ϣ ϥ ϩ ϫ ϭ

가축. **ⲡⲁ-ⲛ̄ⲧⲃ̄ⲛⲏ** 목동. **ⲙⲛ̄ⲧⲧⲃ̄ⲛⲏ** 야수성. **ⲣⲉϥⲥⲁⲛϣ̄-ⲧⲃ̄ⲛⲏ** 목축업자.

ⲧⲃ̄ⲧ, ⲧⲏⲃⲧ̄, ⲧⲏϥⲧ̄ n.m. 물고기. **ϭⲡ̄-ⲧⲃ̄ⲧ** 물고기를 잡다; **ⲣⲉϥϭⲡ̄-ⲧⲃ̄ⲧ** 어부. **ⲥⲁ ⲛ̄ ⲧⲃ̄ⲧ** 생선 장수.

ⲧⲉ 여성 단수 대명사 및 계사; §5.1을 보라.

ⲧⲉ, ⲧⲏ n.m. 시간, 시기, 시대. **ⲙ̄/ϩⲙ̄ ⲡⲉϥⲧⲉ** 적당한 때에. **ⲉⲓ ⲉ ⲡⲧⲉ** 성년이 되다. **ⲣ̄-ⲧⲉ** idem.

ⲧⲉⲗⲏⲗ vb. intr. 기뻐하다 (~을: **ⲉϫⲛ̄**); **ⲙ̄ⲙⲟ⸗**와 함께 재귀용법으로도 사용; n.m. 기쁨, 즐거움.

ⲧⲉⲣⲡⲟⲥⲉⲛ, ⲧⲉⲣⲡⲟⲥⲉ n.f. 구운 벽돌.

ⲧⲉϩⲛⲉ n.f. 이마.

ⲧⲉϭⲧⲱϭ Q 눌려있다.

ⲧⲏⲏⲃⲉ, ⲧⲏⲃⲉ, ⲧⲉⲃⲉ n.m. 손가락, 발가락; 측정 용어로: 손가락 너비, 소량.

ⲧⲏⲛⲉ n.m. 둑, 제방.

ⲧⲏⲣ⸗ adj. 전부, 전체, 모든; 일반적으로 동격의 명사가 뒤따른다; §16.4를 보라. **ⲡⲧⲏⲣϥ̄** 모든 피조물, 모든 것; 전체the All (영지주의의); **ⲉ ⲡⲧⲏⲣϥ̄** 전체적으로, 완전히, 전혀.

ⲧⲏⲩ, ⲧⲏⲟⲩ, ⲧⲉⲩ (ⲧⲟⲩ-) n.m. 바람, 숨, 호흡. **ⲧⲟⲩ-ⲣⲏⲥ** 남풍. **ⲕⲱ ⲙ̄ ⲡⲧⲏⲩ, ⲕⲁ-ⲡⲧⲏⲩ** 죽다; **ⲛⲉϫ-ⲧⲏⲩ ⲉⲃⲟⲗ** idem. **ⲁⲛϣ̄-/ⲁⲛϩ̄-ⲧⲏⲩ, ⲥⲉⲕ-ⲧⲏⲩ** 숨쉬다, 숨을 내쉬다. **ϩⲏ-ⲧⲏⲩ** n.m. 산들바람. **ϩⲁ-ⲧⲏⲩ** n.f. 회오리바람. **ϫⲓⲛⲧⲏⲩ** n. 풍해; **ⲣ̄-ϫⲓⲛⲧⲏⲩ** 풍해를 입다.

ϯ (ⲧⲉⲓ, ϯⲓ, ϯⲉⲓ), ϯ-, ⲧⲁⲁ⸗ (ϯ⸗), Q **ⲧⲟ (ⲧⲱ)**, (imptv. **ⲙⲁ ⲙⲁⲙⲁⲧ⸗, ⲙⲏⲉⲓ⸗**) vb. tr. 주다 (**ⲙ̄ⲙⲟ⸗**; ~에게: **ⲛⲁ⸗, ⲉ**); (돈을) 내놓다; 팔다 (~으로: **ϩⲁ**); 두다, 놓다; vb. reflex. 가다, (~로: **ⲉ, ⲉⲣⲛ̄, ⲉϩⲟⲩⲛ ⲉⲣⲛ̄, ⲉϩⲟⲩⲛ ⲉ**), 시작하다 (~을: **ⲉ, ⲉⲧⲣⲉ**); vb. intr. 움직이다, 가다; Q 비인칭 **ⲥⲧⲟ** 어울리다, 적합하다 (~에게: **ⲛⲁ⸗**; ~가: **ⲉ** + inf.). n.m. 선물, 구호물; **ⲣⲉϥϯ** 기부자, 투사; **ⲙⲛ̄ⲧⲣⲉϥϯ** 너그러움; **ⲣ̄-ⲣⲉϥϯ** 기부자가 되다. **ⲧⲁⲓ-** (p.c.) 주는

사람. ϫⲓ-ϯ 사다/팔다; 망설이다; n.m. 교환. *Transitive idioms* (목적. ⲙ̄ⲙⲟ⸗): ⲉⲧⲛ̄, ⲛ̄ⲧⲛ̄: 맡기다, 명하다, 지시하다. ⲉϫⲛ̄: ~에 더하다, ~에 적용되다. ϩⲓ: 옷을 입다, 걸치다, (모자 등을) 쓰다 (Q ⲧⲟ ϩⲓ 입고 있다). ⲉⲃⲟⲗ: 팔다, 거저 주다. ⲉⲡⲉⲥⲏⲧ: 내려놓다 (~에: ⲉ). ⲉϩⲟⲩⲛ: 제출하다, 굴복하다; 투자하다. ⲉϩⲣⲁⲓ: 보내다, 넘겨주다 (~에; ⲉ). *Intransitive idioms*: ⲉϫⲛ̄: ~을 위해 싸우다. ⲙⲛ̄: ~와 싸우다. ⲛ̄ⲥⲁ: 뒤쫓다. ⲟⲩⲃⲉ: ~에 대항하여 싸우다. ⲉⲑⲏ: 나아가다. ⲉϩⲟⲩⲛ ⲉ ~을 공격하다; 반항하다. ϯ-를 가진 복합어는 2번째 요소를 보라.

ϯⲃⲥ̄, ⲧⲉⲃⲥ̄, ⲧⲃ̄ⲥ n.f. 발뒤꿈치; ϫⲓ-ϯⲃⲥ̄ 걸려 넘어지게 하다 (ⲙ̄ⲙⲟ⸗); ⲙⲛ̄ⲧϫⲓ-ϯⲃⲥ̄ 걸려 넘어지게 함.

ϯⲙⲉ, ⲧⲓⲙⲉ (pl. ⲧⲙⲉ) n.m. 마을, 동네, 읍. ⲣⲙ̄ϯⲙⲉ 마을 주민.

ϯⲟⲩ (f. ϯⲉ, ϯ) 숫자: 5, 다섯. ⲙⲛ̄ⲧⲏ 열다섯. ⲧⲁⲉⲓⲟⲩ, ⲧⲁⲓⲟⲩ 오십. ⲙⲉϩϯⲟⲩ 다섯 번째. ⲙⲉϩⲧⲁⲓⲟⲩ 오십 번째.

ϯⲡⲉ n.f. 허리, 엉덩이.

ϯϩⲉ, Q ⲧⲁϩⲉ vb. intr. 취하다 (~에: ϩⲁ, ⲙ̄ⲙⲟ⸗, ϩⲛ̄); n.m. 취기. ⲣⲉϥϯϩⲉ 주정뱅이, 술꾼.

ϯϩⲙⲉϩ n.m. 상자; 벌통.

ϯϭⲉ n.f. 박, 채소. ⲙⲁ ⲛ̄ ϩⲁⲣⲉϩ ⲛ̄ ϯϭⲉ 박 원두막사 1:8.

ⲧⲕⲁⲥ, ⲕⲁⲥ n.m. 고통. ϯ-ⲧⲕⲁⲥ 고통을 주다 (~에게: ⲉ); n.m. 고통.

ⲧⲗⲏ n. 물방울; ⲏⲣⲡ̄ ⲛ̄ ⲧⲗⲏ 정제 포도주.

ⲧⲗⲟⲙ, ⲧⲗⲟⲟⲙ, ⲧⲛⲟⲙ n.m. 밭고랑.

ⲧⲗ̄ⲧⲗ̄ vb. tr. 똑똑 떨어뜨리다 (ⲙ̄ⲙⲟ⸗); intr. 똑똑 떨어지다. ⲧⲗ̄ⲧⲓⲗⲉ n.f. 물방울.

ⲧⲙ̄- 부정 접두사 (시간절, 접속절, 조건절 및 부정사에 사용). 문법 색인을 보라.

ⲧⲙⲁⲉⲓⲟ (ⲧⲙⲁⲓⲟ), ⲧⲙⲁⲉⲓⲉ- (ⲧⲙⲁⲓⲉ-), ⲧⲙⲁⲉⲓⲟ⸗ (ⲧⲙⲁⲓⲟ⸗), Q ⲧⲙⲁⲉⲓⲏⲩ (ⲧⲙⲁⲓⲏⲩ) vb. tr. 정당화하다 (ⲙ̄ⲙⲟ⸗), 정당하다고 간주하다; intr. 정당화되다; n.m. 정당화, 의롭

다함을 인정받음.

ⲧⲙⲏ n.f. 갈대 매트. **ⲥⲁϩⲧ̄-(ⲧ)ⲙⲏ** 매트 엮는 사람.

ⲧⲙ̄ⲙⲟ (**ⲧⲙⲟ**), **ⲧⲙ̄ⲙⲉ-** (**ⲧⲙⲉ-**), **ⲧⲙ̄ⲙⲟ⸗** (**ⲧⲙ̄ⲙⲉ⸗**, **ⲧⲙⲟ⸗**), Q **ⲧⲙ̄ⲙⲏⲩ** vb. tr. 밥을 먹이다, 기르다 (**ⲙ̄ⲙⲟ⸗**; ~을: **ⲙ̄ⲙⲟ⸗**, **ϩⲛ̄**). **ⲧⲙ̄ⲙⲉ⸗ ⲟⲉⲓⲕ** 빵을 먹이다.

ⲧⲙ̄ⲧⲙ̄, **ⲧⲙ̄ⲧⲙ̄-**, Q **ⲧⲙ̄ⲧⲱⲙ** vb. intr. 무거워지다; + **ⲉⲃⲟⲗ**: 울려 퍼지다, 반향하다.

ⲧⲙ̄ϩⲟ, **ⲧⲙ̄ϩⲉ-**, **ⲧⲙ̄ϩⲟ⸗** vb. tr. 불붙이다, 불태우다 (**ⲙ̄ⲙⲟ⸗**); intr. 불타다, 활활 타다; n.m. 불에 탐, 열기.

ⲧⲛ̄ⲛⲟ (**ⲧⲛⲟ**, **ⲧⲛⲁ**), **ⲧⲛ̄ⲛⲟ⸗** (**ⲧⲛⲟ⸗**, **ⲧⲁⲛⲁ⸗**), Q **ⲧⲛ̄ⲛⲏⲩ** vb. tr. 마구 치다, 짓밟다 (**ⲙ̄ⲙⲟ⸗**); intr. 두들겨 맞다, 밟히다; Q 뉘우치다; n.m. 파괴, 뉘우침, 회개.

ⲧⲛ̄ⲛⲟⲟⲩ, **ⲧⲛ̄ⲛⲉⲩ-** (**ⲧⲛⲉⲩ-**), **ⲧⲛ̄ⲛⲟⲟⲩ⸗** (**ⲧⲛ̄ⲛⲟⲟⲩⲧ⸗**, **ⲧⲛⲟⲟⲩ⸗**) vb. tr. 보내다 (**ⲙ̄ⲙⲟ⸗**; ~에게: **ⲉ**, **ⲉⲣⲁⲧ⸗**, **ⲛⲁ⸗**, **ϣⲁ**; ~을 뒤쫓아: **ⲛ̄ⲥⲁ**); **ⲉⲃⲟⲗ**, **ⲉϩⲟⲩⲛ**, **ⲉϩⲣⲁⲓ**와도 함께 사용.

ⲧⲛ̄ϩ, **ⲧⲛⲁϩ**, **ⲧⲉⲛⲁϩ** n.m. 날개, 지느러미; **ⲣ̄-ⲧⲛ̄ϩ** 날개가 달리다. **ⲣⲉⲧ-ⲧⲛ̄ϩ** (Q **ⲣⲏⲧ ⲛ̄ ⲧⲛ̄ϩ**) idem. **ϫⲓ-ⲧⲛ̄ϩ** 날개를 얻다.

ⲧⲟⲃⲧⲃ̄, **ⲧⲃ̄ⲧⲃ̄-**, **ⲧⲃ̄ⲧⲱⲃ⸗** vb. tr. 형성하다, 만들다, 제작하다.

ⲧⲟⲉ, **ⲧⲟ**, **ⲧⲟⲓⲉ**, **ⲧⲁ**, **ⲧⲁⲉ** n.f. 부분, 일부, 몫. **ϫⲓ-ⲧⲟⲉ** ~을 함께 하다 (**ϩⲛ̄**). **ⲙⲁⲓ-ⲧⲟⲉ ⲛ̄ ϩⲟⲩⲟ** 욕심 많은. **ⲙⲛ̄ⲧⲙⲁⲓ-ⲧⲟⲉ ⲛ̄ ϩⲟⲩⲟ** 탐냄, 갈망함.

ⲧⲟⲉ, **ⲧⲟ** n.f. 반점, 얼룩. **ⲣ̄-ⲧⲟ** (Q **ⲟ ⲛ̄ ⲧⲟ**) 더러워지다.

ⲧⲟⲉⲓⲥ, **ⲧⲟⲓⲥ**, **ⲧⲟⲉⲓⲥⲉ** n.f. 천 조각, 헝겊; 지갑.

ⲧⲟⲉⲓⲧ vb. intr. 슬퍼하다 (~을: **ⲉ**, **ⲉϫⲛ̄**); n.m. 슬픔.

ⲧⲟⲓⲗⲉ vb. intr. 위로 오르다, 솟아오르다.

ⲧⲟⲕ, **ⲧⲟϭ** n.m. 칼, 면도칼.

ⲧⲟⲙ n.m. 갈대 매트.

ⲧⲟⲛⲧⲛ̄, **ⲧⲛ̄ⲧⲛ̄-**, **ⲧⲛ̄ⲧⲱⲛ⸗**, Q **ⲧⲛ̄ⲧⲱⲛ** (**ⲧⲛ̄ⲧⲟⲛⲧ̄**) (1) vb. tr. 비유하다, 비교하다 (**ⲙ̄ⲙⲟ⸗**; ~에: **ⲉ**, **ⲙⲛ̄**, **ⲉϫⲛ̄**); intr. ~와 같다, ~

ⲁ ⲃ ⲉ ⲏ ⲉⲓ ⲕ ⲗ ⲙ ⲛ ⲟ ⲡ ⲣ ⲥ ⲧ ⲟⲩ ⲱ ϣ ϥ ϩ ϫ ϭ

에 비교될 수 있다. (2) vb. tr. 추정하다 (ⲙ̄ⲙⲟ⸗, ⲉ), ~에 대해 짐작하다. n.m. 닮음, 유사함; 신탁. ϯ-ⲧⲟⲛⲧⲛ̄ 추측하다, 추정하다. ⲁⲧⲧⲟⲛⲧⲛ̄ 비교할 수 없는. ⲣⲉϥⲧⲟⲛⲧⲛ̄ 예언자, 점쟁이.

ⲧⲟⲛϩ⸗, Q ⲧⲟⲛϩ̄ vb. reflex. 휘말리다 (~에: ⲉ); 이야기하다 (~와: ⲙⲛ̄).

ⲧⲟⲟⲃⲉϥ n.m. 나뭇잎.

ⲧⲟⲟⲧⲉ (ⲧⲁⲁⲧⲉ) vb. tr. 돌다; intr. idem (ⲉⲡⲁϩⲟⲩ: 뒤로).

ⲧⲟⲟⲩ n.m. 산; 수도원; 사막의 묘지; adj. 언덕의-, 황량한, 사막의. ⲣⲙ̄ⲛ̄ⲧⲟⲟⲩ 산지 거주자. ϩⲁⲛⲧⲟⲟⲩ n.m. 산악 국가. pl. ⲧⲟⲩⲉⲓⲏ.

ⲧⲟⲟⲩ, ⲧⲉⲩ-, ⲧⲟⲟⲩ⸗ vb. tr. 사다.

ⲧⲟⲟⲩⲉ n.m. 신발, 샌들; 신발 한 켤레. ⲙⲟⲩⲥ ⲛ̄ ⲧⲟⲟⲩⲉ 신발끈. ϭⲟⲡ ⲛ̄ ⲧⲟⲟⲩ 신발창.

ⲧⲟⲟⲩⲧⲉ, ⲧⲟⲩⲏⲧ⸗, Q ⲧⲟⲩⲏⲧ vb. tr. 수집하다, 모으다.

ⲧⲟⲡ, ⲧⲱⲡ n.m. 가장자리, 경계, 단; 용골; 가슴, 포옹.

ⲧⲟⲣⲧⲣ̄, ⲧⲣ̄ⲧⲣ̄-, ⲧⲣ̄ⲧⲱⲣ⸗, Q ⲧⲣ̄ⲧⲱⲣ vb. tr. (못, 검으로) 박다 (~을: ⲙ̄ⲙⲟ⸗; ~에: ⲉ, ϩⲛ̄); 꿰뚫다 (ⲙ̄ⲙⲟ⸗, ⲉ).

ⲧⲟⲩⲁ n.m.f. 문설주, 인방.

ⲧⲟⲩⲉⲓⲟ (ⲧⲟⲩⲓⲟ), ⲧⲟⲩⲓⲟ⸗ vb. tr. 갚다, 돌려주다 (ⲙ̄ⲙⲟ⸗); n.m. 상환. ϫⲱⲱⲙⲉ ⲛ̄ ⲧⲟⲩⲉⲓⲟ 이혼장.

(ⲧⲟⲩⲛⲟ), ⲧⲟⲩⲛ- (ⲧⲟⲩⲛⲉ-), ⲧⲟⲩⲛⲟ⸗ (ⲧⲟⲩⲛⲟⲩ⸗) vb. tr. 열다.

ⲧⲟⲩⲛⲟⲥ (ⲧⲟⲩⲛⲟⲩⲥ), ⲧⲟⲩⲛⲉⲥ-, ⲧⲟⲩⲛⲟⲥ⸗ vb. tr. 깨우다, 일으키다, 세우다, 설립하다 (ⲙ̄ⲙⲟ⸗; ~로부터: ⲉⲃⲟⲗ ϩⲛ̄); 선동하다 (ⲙ̄ⲙⲟ⸗; ~에 대해: ⲉϫⲛ̄); n.m. 일으킴, 올림; ⲣⲉϥⲧⲟⲩⲛⲉⲥ- 들어올리는 사람.

ⲧⲟⲩⲟ, ⲧⲟⲩⲟ⸗ vb. tr. 보여 주다, 가르치다 (~에게: ⲙ̄ⲙⲟ⸗; ~을: ⲉ); intr. 배우다. = ⲧⲁⲩⲟ.

ⲧⲟⲩⲱ⸗ n. 가슴. ⲉⲧⲟⲩⲛ̄-, ⲉⲧⲟⲩⲉⲛ-; ⲉⲧⲟⲩⲱ⸗ prep. ~에, 가까이에, 곁에. ϩⲓⲧⲟⲩⲛ̄-, ϩⲓⲧⲟⲩⲉⲛ-; ϩⲓⲧⲟⲩⲱ⸗ idem.

ⲧⲟⲩⲱⲧ, ⲧⲟⲩⲟⲟⲧⲉ n.m. 기둥; 우상.

ⲧⲟⲩϫⲟ, ⲧⲟⲩϫⲉ-, ⲧⲟⲩϫⲟ⸗, Q **ⲧⲟⲩϫⲏⲩ** vb. tr. 회복시키다 (ⲙ̅ⲙⲟ⸗); 구하다, 구조하다 (~로부터: ⲉ, ⲉⲧⲛ̅, ⲙ̅ⲙⲟ⸗, ϩⲛ̅, ⲉⲃⲟⲗ ϩⲛ̅, ϩⲓⲧⲛ̅); intr. 구조되다, 안전하다; n.m. 안전, 구제, 구원.

ⲧⲣⲁ, ϭⲣⲁ n.f. (사지의) 말단, 손발; 관절.

ⲧⲣ̅ⲃⲏⲓⲛ, ⲧⲏⲣⲃⲏⲓⲛ, ⲧⲉⲣⲃⲉⲉⲓⲛ, ⲧⲉⲣϥⲉⲉⲓⲛ n.m. 파피루스 식물.

ⲧⲣⲉ, ⲧⲣⲏ n.m.f. 솔개.

ⲧⲣⲓⲙ, ⲉⲧⲣⲓⲙ n.m. 토끼풀.

ⲧⲣⲓⲣ n.f. 화덕, 아궁이.

ⲧⲣⲟ, ⲧⲣⲉ- vb. tr. ~하게 하다; 굴절 (사역) 부정사의 접두사 이외에는 드물다. §20.1을 보라.

ⲧⲣ̅ⲣⲉ, Q **ⲧⲣ̅ⲉⲓⲱⲟⲩ** vb. intr. 무서워하다 (~을: ϩⲏⲧ⸗ ⲛ̅).

ⲧⲣⲱⲙ n.m. 태풍.

ⲧⲥⲁⲃⲟ, ⲧⲥⲁⲃⲉ- (ⲧⲥⲉⲃⲉ-), ⲧⲥⲁⲃⲟ⸗ (ⲧⲥ̅ⲃⲟ⸗), Q **ⲧⲥⲁⲃⲏⲩ(ⲧ)** vb. tr. 현명하게 만들다, 가르치다, 보여주다 (ⲙ̅ⲙⲟ⸗ ~에게; ⲉ ~을); n.m. 가르침, 교육. **ⲙⲛ̅ⲧⲣⲉϥⲧⲥⲁⲃⲟ** 가르침. **ⲥⲁⲃⲟ (ⲥⲃⲟ), ⲥⲁⲃⲟ⸗** 배우다 (ⲉ).

ⲧⲥⲁⲉⲓⲟ (ⲧⲥⲁⲓⲟ), ⲧⲥⲁⲓⲉ-, ⲧⲥⲁⲉⲓⲟ⸗, Q **ⲧⲥⲁⲓⲏⲩ** vb. tr. 아름답게 하다.

ⲧⲥⲁⲛⲟ (ⲧⲥ̅ⲛⲟ), ⲧⲥⲁⲛⲉ-, ⲧⲥⲁⲛⲟ⸗, Q **ⲧⲥⲁⲛⲏⲩ(ⲧ)** vb. tr. 정돈하다 (ⲙ̅ⲙⲟ⸗); 꾸미다, 장식하다; 제공하다, 주다; n.m. 적절성, 정돈. **ⲙⲁⲓ-ⲧⲥⲁⲛⲟ⸗** 자신을 꾸미는 것을 좋아하는.

ⲧⲥⲃ̅ⲕⲟ, ⲧⲥⲃ̅ⲕⲉ-, ⲧⲥⲃ̅ⲕⲟ⸗, Q **ⲧⲥⲃ̅ⲕⲏⲩ** vb. tr. 줄이다 (ⲙ̅ⲙⲟ⸗).

ⲧⲥⲉⲛⲕⲟ (ⲧⲥⲛ̅ⲕⲟ, ⲥⲛ̅ⲕⲟ), ⲧⲥⲉⲛⲕⲟ⸗ vb. tr. 젖을 주다, 키우다 (ⲙ̅ⲙⲟ⸗); **ⲁⲧⲧⲥⲉⲛⲕⲟ** 모유를 주지 않는.

ⲧⲥ̅ⲓⲟ (ⲧⲥ̅ⲉⲓⲟ), ⲧⲥ̅ⲓⲉ-, ⲧⲥ̅ⲓⲟ⸗, Q **ⲧⲥ̅ⲓⲏⲩ (ⲥⲓⲏⲩ)** vb. tr. 충족시키다, 만족시키다 (ⲙ̅ⲙⲟ⸗; ~에: ⲙ̅ⲙⲟ⸗, ϩⲛ̅).

ⲧⲥⲟ, ⲧⲥⲉ-, ⲧⲥⲟ⸗, Q **ⲧⲥⲏⲩ** vb. tr. 마실 것을 주다, 갈증을 해소시키다, 물을 주다 (ⲙ̅ⲙⲟ⸗; ~에: ⲙ̅ⲙⲟ⸗); n.m. 급수. **ⲙⲁ ⲛ̅ ⲧⲥⲟ**

마시는 곳; ⲣⲉϥⲧⲥⲟ 마실 것을 주는 사람.

ⲧⲥ̅ⲧⲟ (ⲥⲧⲟ, ⲥⲑⲟ), ⲧⲥ̅ⲧⲉ- (ⲥⲧⲉ-), ⲧⲥ̅ⲧⲟ⸗ (ⲥⲧⲟ⸗), Q **ⲧⲥ̅ⲧⲏⲩ (ⲥⲧⲏⲩ)** vb. tr. 되가져가다, 돌아가다 (ⲙ̅ⲙⲟ⸗); reflex. 되돌아가다. **ⲧⲥ̅ⲧⲟ ⲉⲃⲟⲗ** vb. tr. 거부하다, 버리다 (ⲙ̅ⲙⲟ⸗); n.m. 거부, 거절. **ⲧⲥ̅ⲧⲉ ⲉⲃⲟⲗ, ⲥⲧⲉ ⲉⲃⲟⲗ, ⲥⲧⲉⲃⲟⲗ** n. 거부된 것. **ⲧⲥ̅ⲧⲟ ⲉⲡⲁϩⲟⲩ** 돌리다 (ⲙ̅ⲙⲟ⸗) 뒤로; 재귀용법으로도. **ⲥⲑⲟ** (ⲙⲁ ⲛ̅ ⲥⲑⲟ에서) n.m. 물러섬, 후퇴.

ⲧⲧⲉ-, ⲧⲧⲟ⸗ vb. tr. 요구하다, ~을 필요로 하다 (ⲙ̅ⲙⲟ⸗).

ⲧⲱⲃⲥ̅, ⲧⲉⲃⲥ̅- (ⲧⲃ̅ⲥ-), ⲧⲟⲃⲥ⸗ vb. tr. 막대기로 찌르다, 자극하다 (ⲙ̅ⲙⲟ⸗, ⲉ); n.m. 양심의 가책, 죄책감.

ⲧⲱⲃϩ̅ (ⲧⲱⲃⲁϩ), ⲧⲉⲃϩ̅- (ⲧⲃ̅ϩ-), ⲧⲟⲃϩ⸗ vb. tr. 기도하다, 탄원하다 (~에게: ⲙ̅ⲙⲟ⸗; ~을 위해: **ⲉ, ⲉⲧⲃⲉ, ⲉϫⲛ̅, ⲉϩⲣⲁⲓ ⲉϫⲛ̅, ϩⲁ**); n.m. 기도, 간청. ⲣⲉϥⲧⲱⲃϩ̅ 기도자, 탄원자.

ⲧⲱⲕ, ⲧⲉⲕ-, ⲧⲟⲕ⸗, Q **ⲧⲏⲕ** vb. tr. 강화하다, 굳게 하다 (ⲙ̅ⲙⲟ⸗); 경직시키다, 두껍게 하다; vb. intr. 강해지다, 단단해지다, 두꺼워지다; vb. reflex. 자신을 강화하다. **ⲧⲱⲕ ⲉϩⲟⲩⲛ** 집요하게 계속하다, 자신이 있다 (~할: 상황절); 견디다 (ⲉ). **ϯ-ⲧⲱⲕ** 강화하다 (ⲛⲁ⸗). **ϫⲓ-ⲧⲱⲕ** 용기를 얻다. **ⲧⲱⲕ ⲛ̅ ϩⲏⲧ** intr. 마음이 강해지다, 용기를 가지다, 의지하다 (~에게: **ⲉϫⲛ̅, ϩⲛ̅**); n.m. 자신, 자신감. **ϯ-ⲧⲱⲕ ⲛ̅ ϩⲏⲧ** 자신감을 주다 (~에게: ⲛⲁ⸗); **ϫⲓ-ⲧⲱⲕ ⲛ̅ ϩⲏⲧ** 용기를 가지다.

ⲧⲱⲕ (ⲧⲱϭⲉ), ⲧⲉⲕ- (ⲧⲕ̅-), ⲧⲉⲕ⸗ Q **ⲧⲏⲕ** vb. tr. 던지다 (ⲙ̅ⲙⲟ⸗); **ⲧⲱⲕ ⲉⲃⲟⲗ** 버리다, 쫓아내다, 발산하다 (ⲙ̅ⲙⲟ⸗). ⲣⲉϥⲧⲕ̅-ⲥⲟⲧⲉ 궁수.

ⲧⲱⲕ (ⲧⲱϭ, -ⲉ), ⲧⲟⲕ⸗ (ⲧⲁⲕ⸗, ⲧⲟϭ⸗) vb. tr. (1) 불붙이다, 불을 지피다, 목적어로 ⲙ̅ⲙⲟ⸗ 또는 ⲉ와 함께. **ⲙⲁ ⲛ̅ ⲧⲱⲕ** 아궁이; ⲣⲉϥⲧⲱⲕ 화부. (2) 굽다 (빵을: ⲙ̅ⲙⲟ⸗); n.m. 굽기. **ⲙⲁ ⲛ̅ ⲧⲱⲕ** 빵 굽는 곳. **ⲧⲓⲕ** n.m. 불꽃.

ⲧⲱⲕⲙ̅, ⲧⲉⲕⲙ̅-, ⲧⲟⲕⲙ⸗, Q **ⲧⲟⲕⲙ̅ (ⲧⲁⲕⲙ̅)** vb. tr. 잡아끌다 (ⲙ̅ⲙⲟ⸗); 검을 뽑다. **ⲧⲱⲕⲙ̅ ⲛ̅ ϩⲏⲧ** 곤란해지다.

ⲁ ⲃ ⲉ ⲏ ⲉⲓ ⲕ ⲗ ⲙ ⲛ ⲟ ⲡ ⲣ ⲥ ⲧ ⲟⲩ ⲱ ϣ ϥ ϩ ϫ ϭ

ⲧⲱⲕⲥ̄ (ⲧⲱϭⲥ̄, ⲧⲱⲧⲥ̄), ⲧⲉⲕⲥ̄-, ⲧⲟⲕⲥ⸗ (ⲧⲟϭⲥ⸗), Q ⲧⲟⲕⲥ̄ (ⲧⲟϭⲥ̄, ⲧⲟⲧⲥ̄) vb. tr. 뚫다, 찌르다, 물다 (ⲙ̄ⲙⲟ⸗); 박다 (못을: ⲙ̄ⲙⲟ⸗; ~에; ⲉ); 손가락질하다 (ⲙ̄ⲙⲟ⸗; ~을: ⲉ); Q 못에 박히다, 고정되다 (~에: ⲉ), 아로새겨져 있다 (~으로: ⲙ̄ⲙⲟ⸗); 뚫리다 (~으로: ϩⲛ̄). ⲧⲱⲕⲥ̄, ⲧⲱϭⲥ̄ n.m. 뚫기, 관통. ⲧⲱϭⲥ̄, ⲧⲟⲟⲧⲥ̄ n.m. 고정 좌석. ⲧⲁⲝ n.m. 어금니.

ⲧⲱⲗⲕ̄, ⲧⲟⲗⲕ⸗ vb. tr. 뽑아내다 (ⲙ̄ⲙⲟ⸗).

ⲧⲱⲗⲙ̄, ⲧⲟⲗⲙ⸗ Q ⲧⲟⲗⲙ̄ vb. tr. 더럽히다, 오염시키다 (ⲙ̄ⲙⲟ⸗); vb. intr. 더러워지다 (~으로: ϩⲛ̄, ⲙ̄ⲙⲟ⸗); n.m. 얼룩, 오염. ϯ-ⲧⲱⲗⲙ̄ ⲉ 더러워지다. ⲁⲧⲧⲱⲗⲙ̄ 흠이 없는, 오염되지 않은.

ⲧⲱⲗⲥ̄, Q ⲧⲟⲗⲥ̄ vb. intr. 갇히다, 빠지다, 가라앉다 (~에: ⲉ, ϩⲛ̄).

ⲧⲱⲙ, ⲧⲉⲙ- (ⲧⲙ̄-), ⲧⲟⲙ⸗ Q ⲧⲏⲙ vb. tr. 닫다, 잠그다 (ⲙ̄ⲙⲟ⸗); vb. intr. idem.

ⲧⲱⲙ, Q ⲧⲏⲙ vb. tr. 날카롭게 하다; vb. intr. 날카로워지다.

ⲧⲱⲙⲛ̄ⲧ (ⲧⲉⲙⲧ̄), Q ⲧⲟⲙⲛ̄ⲧ vb. intr. 만나다 (~을: ⲉ, ⲉϩⲟⲩⲛ ⲉ); n.m. 만남, 사건.

ⲧⲱⲙⲛ̄ⲧ vb. intr. 놀라다, 망연해지다.

ⲧⲱⲙⲥ̄, ⲧⲉⲙⲥ̄- (ⲧⲙ̄ⲥ-), ⲧⲟⲙⲥ⸗ (ⲧⲟⲙⲉⲥ⸗), Q ⲧⲟⲙⲥ̄ vb. tr. 파묻다 (ⲙ̄ⲙⲟ⸗; ~에: ⲉ, ϩⲛ̄); ⲙⲁ ⲛ̄ ⲧⲱⲙⲥ̄ 매장지, 묘소.

ⲧⲱⲛ adv. 어디? 어떻게? ⲉ ⲧⲱⲛ 어디로? ⲛ̄ ⲧⲱⲛ = ⲧⲱⲛ. ⲉⲃⲟⲗ ⲧⲱⲛ 어디로부터? ϩⲛ̄ ⲧⲱⲛ 어디에? ϣⲁ ⲧⲱⲛ 어디로? ϫⲓⲛ ⲧⲱⲛ 어디서부터? ⲣⲙ̄ⲛ̄ⲧⲱⲛ 어디서 온 사람?

ⲧⲱⲛ (ϯ-ⲧⲱⲛ에서) vb. intr. 다투다, 언쟁하다 (~와: ⲙⲛ̄, ⲟⲩⲃⲉ, ⲉϩⲟⲩⲛ ⲉϩⲣⲛ̄, ⲛ̄ⲛⲁϩⲣⲛ̄; ~에 대해: ⲉⲧⲃⲉ, ⲉϫⲛ̄); ϯ-ⲧⲱⲛ n.m. 논쟁, 분쟁. ⲁⲧϯ-ⲧⲱⲛ 분쟁 없이. ⲣⲉϥϯ-ⲧⲱⲛ 다툼쟁이; ⲙⲛ̄ⲧⲣⲉϥϯ-ⲧⲱⲛ 알력; 불일치.

ⲧⲱⲛⲟⲩ, ⲧⲱⲛⲉ, ⲧⲱⲛⲁ, ⲧⲟⲛⲟⲩ, ⲧⲟⲛⲱ, ⲧⲟⲛⲛⲉ, ⲧⲟⲛⲛⲟⲩ adv. 매우, 아주, 크게; 분명히; ⲥⲉ ⲧⲱⲛⲟⲩ 당연하다, 그렇다.

ⲦⲰⲞⲨⲚ, ⲦⲞⲨⲚ-, ⲦⲰⲞⲨⲚ⸗ vb. intr./reflex. 일어나다, 올라가다, 솟아오르다 (± ⲈⲂⲞⲖ, ± ⲈϨⲢⲀⲒ; ~에 맞서: Ⲉ, ⲈϪⲚ̄; ~에서: ϨⲒ, ϨⲒϪⲚ̄, ϨⲚ̄); ⲦⲰⲞⲨⲚ ϨⲀ 들어올리다, 나르다; vb. tr. (들어) 올리다, 옮기다 (ⲘⲘⲞ⸗); n.m. 올라감, 되살아 남 (± ⲈⲂⲞⲖ).

ⲦⲰⲠ, ⲦⲞⲠ⸗ vb. tr. 막다, 메우다 (ⲘⲘⲞ⸗). ⲘⲈϨ-ⲦⲰⲠ 바늘, 걸이용 못. ϨⲀⲘ Ⲛ̄ ⲦⲰⲠ idem.

ⲦⲰⲠⲈ, ⲦⲈⲠ-, ⲦⲞⲠ⸗, (ⲦⲰⲠ⸗) vb. tr. 맛보다 (ⲘⲘⲞ⸗). ϯⲠⲈ n.f. 맛; ϪⲒ-ϯⲠⲈ 맛보다 (ⲘⲘⲞ⸗); n.m. 맛보기.

ⲦⲰⲢⲈ n. 버드나무. ⲂⲈ Ⲛ̄ ⲦⲰⲢⲈ 버드나무.

ⲦⲰⲢⲈ, ⲦⲞⲢⲈ n.f. (손); 손잡이; 삽, 곡괭이, 노. Ⲣ̄-ⲦⲰⲢⲈ 박수를 치다, 도장을 찍다. ϢⲠ̄-ⲦⲰⲢⲈ (손을 잡다), 보증을 서다 (~을 위해: ⲘⲘⲞ⸗; ~에게: ⲚⲀ⸗); n.m 보증, 보증인; ϪⲒ-ϢⲠ̄-ⲦⲰⲢⲈ 보증인으로 삼다; ϯ-ϢⲠ̄-ⲦⲰⲢⲈ 보증인으로 세우다; ⲢⲈϤϢⲠ̄-ⲦⲰⲢⲈ 보증인. ϢⲢⲰⲢⲈ, ϢⲦⲞⲢⲈ = ϢⲠ̄-ⲦⲰⲢⲈ; ⲢⲘ̄ϢⲦⲰⲢⲈ 보증인. ⲦⲞⲞⲦ⸗ 손, 많은 동사와 함께 문자 그대로 (cf. ⲔⲰ, ⲘⲞⲨϨ, ⲤⲰⲔ, ⲀⲘⲀϨⲦⲈ, ⲈⲒⲰ, ⲈⲒⲚⲈ, ⲤⲘⲒⲚⲈ, ⲞⲨⲰϨ). ⲈⲒⲢⲈ Ⲛ̄ Ⲁ(ⲠⲀ)ⲦⲞⲞⲦ⸗, Ⲣ̄-Ⲁ(ⲠⲀ)ⲦⲞⲞⲦ⸗ 노력하다 (~하기를: Ⲉ, ⲈⲦⲢⲈ). ⲔⲰ Ⲛ̄ ⲦⲞⲞⲦ⸗ ⲈⲂⲞⲖ, ⲔⲀ-ⲦⲞⲞⲦ⸗ ⲈⲂⲞⲖ 그만두다 (~하는 것을: 상황절); 절망하다; 행동을 억누르다; ⲀⲦⲔⲀ-ⲦⲞⲞⲦ⸗ ⲈⲂⲞⲖ 끊임없는. ϯ Ⲛ̄ ⲦⲞⲞⲦ⸗, ϯ-ⲦⲞⲞⲦ⸗ 손을 내밀다, 도와주다; ⲦⲞⲞⲦ⸗의 접미 대명사는 일반적으로 대상을 나타낸다. 예를 들어, ⲀⲒϯ-ⲦⲞⲞⲦϤ̄ 나는 그를 도왔다. ϯ-Ⲛ̄ ⲦⲞⲞⲦ⸗ ⲘⲘⲞ⸗/Ⲉ ~을 손에 잡다, 붙잡다 (ⲦⲞⲞⲦ⸗의 접미사는 재귀용법이다). ϯ-Ⲛ̄ ⲦⲞⲞⲦ⸗ ⲘⲚ̄ 도와주다, 도움을 주다. ϯ-ⲦⲞⲞⲦ⸗ n.m. 도움; ⲢⲈϤϯ-ⲦⲞⲞⲦ⸗ 도와주는 사람, 보조자. ϢⲠ̄-ⲦⲞⲞⲦ⸗ 손을 잡다 (인사 등); 약혼시키다 (여성 목적 접미사; ⲚⲀ⸗ 남자에게). Q ⲦⲞⲞⲦ⸗ ϢⲎⲠ ⲚⲀ⸗ ~와 약혼하다 (강독선집의 누가복음 1:27의 각주 18을 보라). Ⲛ̄ⲤⲀ ⲦⲞⲞⲦ⸗ adv. 즉시, 바로, 곧 (접미사는 절의 주어를 나타낸다). ⲈⲦⲚ̄ (ⲈⲦⲞⲞⲦ⸗) prep. ~에, ~의 손에; 자주 수여 동사, 위임 동사

와 함께. ⲛ̄ⲧⲛ̄ (ⲛ̄ⲧⲟⲟⲧ⸗) prep. (1) ~로부터, ~의 손에서; (2) 함께, 옆에, 곁에; ~의 손에; (3) ~로 인해, ~을 통해. ⲉⲃⲟⲗ ⲛ̄ⲧⲛ̄ ~로부터. ⲛ̄ⲧⲉ = ⲛ̄ⲧⲛ̄. ϩⲁⲧⲛ̄ (ϩⲁⲧⲟⲟⲧ⸗) prep. 곁에, 함께, 근처에; ~의 영향하에, ~의 손 아래에; ϩⲁϩⲧⲛ̄과 실질적으로 교환 가능하다. ϩⲓⲧⲛ̄ (ϩⲓⲧⲟⲟⲧ⸗) prep. ~의 손에 의해, ~의 작용으로, ~로부터; ~동안에, ~이후에; (장소) ~을 통해, ~로부터; ± ⲉⲃⲟⲗ: 수동 동사 뒤에서 행위자를 나타낸다.

ⲧⲱⲣⲡ̄, ⲧⲉⲣⲡ̄- (ⲧⲣ̄ⲡ-), ⲧⲟⲣⲡ⸗ vb. tr ~을 잡다, 빼앗다 (ⲙ̄ⲙⲟ⸗; ~에게서: ⲛ̄ⲧⲛ̄, ϩⲛ̄, ϩⲓ); 정복하다, 획득하다; 약탈하다 (~에: ⲉ); n.m. 약탈; ⲙⲁⲓ-ⲧⲱⲣⲡ̄ 약탈을 좋아하는.

ⲧⲱⲣⲡ̄, ⲧⲟⲣⲡ⸗, Q ⲧⲟⲣⲡ̄ vb. tr. 깁다, 바느질하다 (ⲙ̄ⲙⲟ⸗; ~에: ⲉ). ⲁⲧⲧⲱⲣⲡ̄ 꿰매지 않은. ⲛ̄ⲕⲁ ⲛ̄ ⲧⲱⲣⲡ̄ 바늘. ⲣⲉϥⲧⲱⲣⲡ̄ 재봉사.

ⲧⲱⲣⲧ̄ n.m. 계단. ⲧⲱⲣⲧⲣ̄, ⲧⲱⲧⲣ̄ n.m. 사다리, 계단, 등급.

ⲧⲱⲣϣ̄ vb. intr. 붉어지다; adj. 붉은. ⲧⲣⲟϣ, Q ⲧⲟⲣϣ̄ 붉어지다. ⲧⲣⲟϣⲣϣ̄ (ⲧⲣⲟϣⲣⲉϣ), Q ⲧⲣ̄ϣⲣⲱϣ (ⲧⲣⲉϣⲣⲱϣ) 붉어지다; n.m. 붉음.

ⲧⲱⲣϩ̄, Q ⲧⲟⲣϩ̄ (ⲧⲁⲣϩ̄, ⲧⲁϩⲣ̄) vb. intr. 침착해지다, 기민해지다.

ⲧⲱⲥ, ⲧⲉⲥ-, ⲧⲟⲥ⸗, Q ⲧⲏⲥ (ⲧⲉⲥ) ± ⲉⲃⲟⲗ vb. tr. (드물게) 강화하다, 고정시키다; intr. 경직되다, 단단해지다, 고정되다. ⲁⲧⲧⲱⲥ adj. 축 처진. ⲧⲁⲥ-ⲃⲁⲗ 무례한; ⲙⲛ̄ⲧⲧⲁⲥ-ⲃⲁⲗ 무례함, 몰염치.

ⲧⲱⲧ, ⲧⲉⲧ-, ⲧⲟⲧ⸗, Q ⲧⲏⲧ vb. tr. 결합하다, 합치다 (ⲙ̄ⲙⲟ⸗); 평평하게 하다; vb. intr. 마음에 들다, 동의하다 (~에: ⲙⲛ̄, ⲉ, ⲉϫⲛ̄); 설득되다, 만족하다; 합쳐지다; 같아지다, 평평해지다. n.m. 동의, 합의, 어울림. ⲧⲱⲧ ⲙ̄ ⲡ(⸗)ϩⲏⲧ, ⲧⲉⲧ-ⲡ(⸗)ϩⲏⲧ 설득하다, 만족시키다. ⲧⲱⲧ ⲛ̄ ϩⲏⲧ 동의하다, 승낙하다; n.m. 동의, 합의; ⲁⲧ-ⲧⲱⲧ ⲛ̄ ϩⲏⲧ 설득되지 않은.

ⲧⲱⲧⲉ, ⲧⲱⲱⲧⲉ, ⲧⲟⲧⲉ n.f. 주변, 가장자리, (의복의) 테두리.

ⲧⲱⲱⲃⲉ, ⲧⲱⲃⲉ n.f.m. 벽돌; ⲡⲁⲡⲉ-ⲧⲱⲱⲃⲉ 벽돌을 만들다.

ⲁ ⲃ ⲉ ⲏ ⲉⲓ ⲕ ⲗ ⲙ ⲛ ⲟ ⲡ ⲣ ⲥ ⲧ ⲟⲩ ⲱ ϣ ϥ ϩ ϫ ϭ

ⲧⲱⲱⲃⲉ, ⲧⲉⲃⲉ-, ⲧⲟⲟⲃ⸗ vb. tr. 갚다, 상환하다, 보답하다 (**ⲙ̄ⲙⲟ⸗**; ~에게: **ⲛⲁ⸗**; ~을 위해, ~대신에: **ⲉ**); n.m. 보답, 보복, 보상. **ⲣⲉϥⲧⲱⲱⲃⲉ** 갚는 자.

ⲧⲱⲱⲃⲉ, ⲧⲟⲟⲃ⸗, Q **ⲧⲟⲟⲃⲉ** (**ⲧⲟⲃⲉ**) vb. tr. 봉하다, 도장을 찍다 (**ⲙ̄ⲙⲟ⸗, ⲉ, ⲉⲣⲛ̄**; ~으로: **ⲙ̄ⲙⲟ⸗, ϩⲛ̄**); n.m. 봉인, 도장. **ⲧⲟⲟⲃⲉⲥ** n.f.; **ⲧⲟⲟⲃⲉϥ, ⲧⲟⲟⲃϥ̄** n.m. 날인. **ⲧⲃ̄ⲃⲉ** n.f. 봉인.

ⲧⲱⲱⲙⲉ, Q **ⲧⲟⲟⲙⲉ** vb. tr. 결합하다, 합치다; 대부분 Q에서: 붙어 있다 (~에: **ⲉ**); 적절하다, 적합하다 (~을 위해, ~에게: **ⲉ, ⲛⲁ⸗**).

ⲧⲱⲱⲙⲉ, ⲧⲟⲟⲙⲉ n.f. 지갑.

ⲧⲱⲱⲡ (**ⲧⲱⲡ**), **ⲧⲉⲡ-, ⲧⲟⲡ⸗**, Q **ⲧⲏⲡ** (**ⲧⲏⲏⲡ**) vb. tr. 길들이다 (**ⲙ̄ⲙⲟ⸗**; ~에: **ⲉ**); intr. 길들여지다 (**ⲉ**: ~에), 익숙하다; n.m. 습관, 관습. **ⲧⲟⲡⲥ̄, ⲧⲁⲡⲥ̄, ⲧⲁⲁⲡⲥ̄** n.f. 습관, 버릇.

ⲧⲱⲱϭⲉ (**ⲧⲱϭⲉ**), **ⲧⲉϭ-** (**ⲧⲉⲕ-**), **ⲧⲟⲟϭ⸗** (**ⲧⲟϭ⸗, ⲧⲟⲕ⸗, ⲧⲟⲟⲕ⸗**), Q **ⲧⲏϭ** (**ⲧⲏⲕ**) (1) vb. tr. 합치다, 붙이다 (**ⲙ̄ⲙⲟ⸗**; ~에: **ⲉ, ⲉϫⲛ̄**); 씌우다, 전가하다 (**ⲙ̄ⲙⲟ⸗**; ~에게; **ⲉ**); vb. intr. 스스로 합치다 (~에: **ⲉ, ⲉϩⲟⲩⲛ ⲉ**), 들러붙다; **ⲧⲱⲱϭⲉ ⲙ̄ⲙⲟ⸗ ⲉⲃⲟⲗ** 발표하다. (2) vb. tr. 심다 (**ⲙ̄ⲙⲟ⸗**); n.m. 심기, 식수.

ⲧⲱϣ, ⲧⲉϣ-, ⲧⲟϣ⸗, Q **ⲧⲏϣ** vb. tr. 제한하다, 정하다 (**ⲙ̄ⲙⲟ⸗**); 지명하다, 지정하다, 정하다 (**ⲙ̄ⲙⲟ⸗**; ~을: **ⲉ, ⲉϩⲟⲩⲛ ⲉ, ⲉϫⲛ̄, ⲛⲁ⸗**); vb. intr. 고정되다, 제한되다, 결정되다; 절제하다. n.m. 법령, 운명; 방식, 관습; 일, 문제. **ⲁⲧⲧⲱϣ** 제한 없는; 과도한. **ⲣ̄-(ⲡ)ⲧⲱϣ** 준비하다, 정돈하다. **ϯ-(ⲡ)ⲧⲱϣ** 명령하다 (~에게: **ⲛⲁ⸗, ⲉ**), 대비하다 (~에, ~을: **ⲉ, ⲛⲁ⸗**). **ⲣⲉϥⲧⲱϣ** 명령자, 지휘관. **ⲧⲟϣ, ⲧⲱϣ** (pl. **ⲧⲱϣ, ⲧⲟⲟϣ** ?) 경계, 한계; 고대 이집트의 주(州); 지방, 지역; 주교의 관할구; **ⲣⲙ̄ⲛ̄ⲧⲟϣ** 놈(nome)의 사람; **ⲣ̄-ⲧⲟϣ ⲛⲁ⸗** ~에 인접해 있다; **ϯ-ⲧⲟϣ ⲉ** ~을 제한하다; **ϫⲓ-ⲧⲟϣ** ~에 인접하다 (**ⲉ, ⲙⲛ̄**). **ⲧⲉϣⲉ** (pl. **ⲧⲉϣⲉⲉⲩ**) n.f. 이웃; 인접하고 있는 것.

ⲧⲱϩ, ⲧⲉϩ- (**ⲧⲁϩ-**), **ⲧⲁϩ⸗**, Q **ⲧⲏϩ** vb. tr. 섞다, 젓다 (**ⲙ̄ⲙⲟ⸗**; ~에 넣어, ~으로: **ⲉ, ⲙⲛ̄, ⲙ̄ⲙⲟ⸗, ϩⲓ, ϩⲛ̄**); vb. intr. 섞이다, 뒤흔들

ⲁ ⲃ ⲉ ⲏ ⲉⲓ ⲕ ⲗ ⲙ ⲛ ⲟ ⲡ ⲣ ⲥ ⲧ ⲟⲩ ⲱ ϣ ϥ ϩ ϫ ϭ

리다, 흐려지다; n.m. 혼합, 소란. ⲁⲧⲧⲱϩ 섞이지 않은, 구별되는. ⲙⲁⲓ-ⲧⲱϩ 간섭을 좋아하는. ⲣⲉϥⲧⲱϩ 간섭하는 자, 섞는 자; ⲙⲛ̄ⲧⲣⲉϥⲧⲱϩ 혼란.

ⲧⲱϩ n.m. 왕겨, 여물.

ⲧⲱϩⲃ̄, ⲧⲁϩⲃ⸗, Q ⲧⲁϩⲃ̄ vb. tr. 축축하게 하다, 적시다. ⲑⲁⲃ n.m. 효모; ⲣ̄-ⲑⲁⲃ, ϫⲓ-ⲑⲁⲃ 발효되다. ⲁⲧⲑⲁⲃ 발효되지 않은.

ⲧⲱϩⲙ̄, ⲧⲁϩⲙ⸗ vb. tr. 쫓다, 추적하다 (ⲙ̄ⲙⲟ⸗, ⲛ̄ⲥⲁ).

ⲧⲱϩⲙ̄, ⲧⲉϩⲙ̄-, ⲧⲁϩⲙ⸗, Q ⲧⲁϩⲙ̄ (± ⲉϩⲟⲩⲛ) 소환하다 (ⲙ̄ⲙⲟ⸗; ~에: ⲉ, ⲉϫⲛ̄); (문 등을) 두드리다 (~을: ⲉ); n.m. 소환, 소집.

ⲧⲱϩⲥ̄, ⲧⲉϩⲥ̄-, ⲧⲁϩⲥ⸗ (ⲧⲟϩⲥ⸗), Q ⲧⲁϩⲥ̄ vb. tr. 기름을 바르다 (ⲙ̄ⲙⲟ⸗; ~에: ⲙ̄ⲙⲟ⸗, ϩⲓ, ϩⲛ̄); 붓다, 따르다 (ⲙ̄ⲙⲟ⸗; ~에: ⲉ); n.m. 기름을 바름. ϫⲓ-ⲧⲱϩⲥ̄ 기름부음을 받다.

ⲧⲱϭⲛ̄, ⲧⲉϭⲛ̄- (ⲧⲁϭⲛ̄-), ⲧⲟϭⲛ⸗ (ⲧⲁϭⲛ⸗) vb. tr. 밀다 (ⲙ̄ⲙⲟ⸗).

ⲧⲱϭⲣ̄ (ⲧⲱⲕⲣ̄, ⲧⲱⲣϭ̄), Q ⲧⲟϭⲣ̄ (ⲧⲟⲣⲕ̄, ⲧⲁⲕⲣ̄) vb. intr. 붙다, 고정되다 (~에: ⲉ; 안에: ϩⲛ̄).

ⲧⲱϭⲥ̄, ⲧⲟϭⲥ⸗ (ⲧⲁϭⲥ⸗), Q ⲧⲟϭⲥ̄ vb. tr. 표백하다, 염색하다 (ⲙ̄ⲙⲟ⸗).

ⲑⲃ̄ⲃⲓⲟ, ⲑⲃ̄ⲃⲓⲉ-, ⲑⲃ̄ⲃⲓⲟ⸗, Q ⲑⲃ̄ⲃⲓⲏⲩ(ⲧ) vb. tr. 겸손하게 만들다, 창피를 주다 (ⲙ̄ⲙⲟ⸗); intr. 겸손하게 되다, 창피해 하다; n.m. 겸손.

ⲑⲏⲛ n.m. 유황.

ⲧϩⲓⲟ (ⲑⲓⲟ), ⲑⲓⲉ-, ⲑⲓⲟ⸗, Q ⲑⲓⲏⲩ vb. tr. 떨어뜨리다, 내려가게 하다 (ⲙ̄ⲙⲟ⸗).

ⲑⲗⲟ, ⲑⲗⲟ⸗ vb. tr. 날아가게 하다, 쫓아버리다.

ⲑⲙ̄ⲕⲟ, ⲑⲙ̄ⲕⲉ-, ⲑⲙ̄ⲕⲟ⸗, Q ⲑⲙ̄ⲕⲏⲩ vb. tr. 몹시 괴롭히다, 나쁘게 대우하다 (ⲙ̄ⲙⲟ⸗); n.m. 고통, 불행, 학대.

ⲑⲙⲟ vb. tr. 따뜻하게 하다 (ⲙ̄ⲙⲟ⸗).

ⲑⲙ̄ⲥⲟ, ⲑⲙ̄ⲥⲉ-, ⲑⲙ̄ⲥⲟ⸗, Q ⲑⲙ̄ⲥⲟⲉⲓⲧ vb. tr. 앉히다 (ⲙ̄ⲙⲟ⸗).

ⲑⲛⲟ (ⲧϩ̄ⲛⲟ), ⲧϩ̄ⲛⲉ-, ⲑⲛⲟ⸗, Q ⲑⲛⲏⲩ (± ⲉϩⲟⲩⲛ) vb. tr. 접

근하게 하다 (**ⲘⲘⲞ⸗**); 고용하다.

ⲐⲚⲞ, ⲐⲚⲞ⸗ (**ⲐⲚⲰ⸗, ⲐⲈⲚⲞ⸗, ⲐⲀⲚⲞ⸗**), Q **ⲐⲚⲎⲨ** (**ⲐⲈⲚⲎⲨ**) vb. tr. 마구 치다, 눌러 부수다, 으깨다 (**ⲘⲘⲞ⸗**).

ⲦϨⲞ (**ⲐⲞ**) vb. intr. 나빠지다; n.m. 나쁨.

ⲐⲞⲞⲨⲦ, ⲐⲰⲞⲨⲦ, ⲐⲰⲐ n. 콥트력의 첫 번째 달.

ⲦϨ̄ⲠⲞ (**ⲐⲠⲞ**), **ⲦϨ̄ⲠⲞ⸗** vb. tr. 인도하다, 동반하다 (**ⲘⲘⲞ⸗**; **ⲈⲂⲞⲖ**: ~로).

ⲦϨⲢ̄ϢⲞ (**ⲐⲢ̄ϢⲞ**), **ⲐⲢ̄ϢⲈ-, ⲐⲢ̄ϢⲞ⸗** vb. tr. 무섭게 하다, 억압하다.

ⲦϬⲀⲈⲒⲞ (**ϬⲀⲈⲒⲞ**), (**Ⲧ**)**ϬⲀⲈⲒⲈ-**, (**Ⲧ**)**ϬⲀⲈⲒⲞ⸗**, Q (**Ⲧ**)**ϬⲀⲈⲒⲎⲨ** vb. tr. 창피하게 만들다, 비난하다 (**ⲘⲘⲞ⸗**); vb. intr. 창피해 하다, 비난을 받다 (~에: **Ⲉ**); n.m. 망신, 수치, 비난. **ϬⲀⲈⲒⲈ, ϬⲀⲈⲒⲎ** adj. 추(악)한; n. 추(악)한 사람; **ⲘⲚ̄ⲦϬⲀⲈⲒⲈ** 망신, 수치, 추(악)함. **Ⲟ Ⲛ̄ ϬⲀⲈⲒⲈ** 수치스럽다. **ϬⲀ** n.m. 추(악)함.

▽ 상호 참조

Ⲧ-: Ⲡ-
ⲦⲀ: ⲦⲞⲈ
ⲦⲀ-: ⲠⲀ-
ⲦⲀⲀⲠⲤ̄: ⲦⲰⲰⲠ
ⲦⲀⲀⲦⲈ: ⲦⲞⲞⲦⲈ
ⲦⲀⲈ: ⲦⲞⲈ
ⲦⲀⲈⲒⲞⲨ: ϮⲞⲨ
ⲦⲀⲒ: ⲠⲀⲒ
ⲦⲀⲔ: ⲦⲀϬ
ⲦⲀⲔ⸗: ⲦⲰⲔ
ⲦⲀⲔⲘ̄: ⲦⲰⲔⲘ̄
ⲦⲀⲔⲢ̄: ⲦⲰϬⲢ̄
ⲦⲀⲜ: ⲦⲰⲔⲤ̄
ⲦⲀⲚⲀ⸗: ⲦⲚ̄ⲚⲞ
ⲦⲀⲚϨⲈⲦ-: ⲦⲀⲚϨⲞⲨⲦ
ⲦⲀⲚϨⲎⲦ: ϨⲎⲦ
ⲦⲀⲚϨⲎⲨⲦ: ⲦⲀⲚϨⲞⲨⲦ
ⲦⲀⲠⲈⲚ: ⲦⲀⲠⲚ̄
ⲦⲀⲠⲤ̄: ⲦⲰⲰⲠ
ⲦⲀⲢⲞ: ⲦⲀⲖⲞ
ⲦⲀⲢϨ̄: ⲦⲰⲢϨ̄
ⲦⲀⲤⲂⲀⲖ: ⲦⲰⲤ
ⲦⲀⲦⲤⲈ: ⲦⲀϬⲤⲈ
ⲦⲀⲐ: ⲦⲀϨⲦ̄

ⲧⲁϣⲉ-ⲱⲣⲕ̅: ⲱⲣⲕ̅
ⲧⲁϩ-/⸗: ⲧⲱϩ
ⲧⲁϩⲃ(⸗): ⲧⲱϩⲃ̅
ⲧⲁϩⲉ: ⲧⲓϩⲉ
ⲧⲁϩⲏⲩ: ⲧⲁϩⲟ
ⲧⲁϩⲙ(⸗): ⲧⲱϩⲙ̅
ⲧⲁϩⲣ̅: ⲧⲱⲣϩ̅
ⲧⲁϩⲥ⸗: ⲧⲱϩⲥ̅
ⲧⲁϭⲛ(⸗): ⲧⲱϭⲛ̅
ⲧⲁϭⲥ⸗: ⲧⲱϭⲥ̅
ⲧⲃ̅ⲃⲉ: ⲧⲱⲱⲃⲉ
ⲧⲃ̅ⲛⲉⲩ: ⲧⲃ̅ⲛⲏ
ⲧⲃ̅ⲛⲟⲟⲩⲉ: ⲧⲃ̅ⲛⲏ
ⲧⲃ̅ⲥ: ϯⲃⲥ̅
ⲧⲉ: ⲡⲉ
ⲧⲉⲃⲉ: ⲧⲏⲏⲃⲉ
ⲧⲉⲃⲉ-: ⲧⲱⲱⲃⲉ
ⲧⲉⲃⲥ̅: ϯⲃⲥ̅
ⲧⲉⲕ-: ⲧⲱⲱϭⲉ
ⲧⲉⲛⲁ-: ⲧⲁⲛⲟ
ⲧⲉⲛⲁϩ: ⲧⲛ̅ϩ
ⲧⲉⲛⲟⲩ: ⲟⲩⲛⲟⲩ
ⲧⲉⲡ-: ⲧⲱⲡⲉ, ⲧⲱⲱⲡ
ⲧⲉⲡⲛ̅, ⲧⲉⲡⲛⲉ: ⲧⲁⲡⲛ̅
ⲧⲉⲣⲃⲁⲉⲓⲛ: ⲧⲣ̅ⲃⲏⲓⲛ
ⲧⲉⲣⲃⲉⲉⲓⲛ: ⲧⲣ̅ⲃⲏⲓⲛ
ⲧⲉⲣⲕⲟ(⸗): ⲧⲁⲣⲕⲟ
ⲧⲉⲣϥⲉⲉⲓⲛ: ⲧⲣ̅ⲃⲏⲓⲛ
ⲧⲉⲩ-: ⲧⲟⲟⲩ
ⲧⲉⲩ: ⲧⲏⲩ
ⲧⲉⲩⲛⲟⲩ: ⲟⲩⲛⲟⲩ
ⲧⲉϣⲉ: ⲧⲱϣ
ⲧⲉϣⲉⲉⲩ: ⲧⲉϣⲉ
ⲧⲉϩⲧⲱϩ(⸗): ⲧⲁϩⲧϩ̅
ⲧⲉϭ-: ⲧⲱⲱϭⲉ
ⲧⲏ: ⲧⲉ, ⲡⲏ
-ⲧⲏ: ϯⲟⲩ
ⲧⲏⲃⲉ: ⲧⲁⲓⲃⲉ, ⲧⲏⲏⲃⲉ
ⲧⲏⲃⲧ̅: ⲧⲃ̅ⲧ
ⲧⲏⲏⲃⲉ: ⲧⲁⲓⲃⲉ
ⲧⲏⲏⲡ: ⲧⲱⲱⲡ
ⲧⲏⲕ: ⲧⲱⲱϭⲉ
ⲧⲏⲡ: ⲧⲱⲱⲡ
ⲧⲏⲣⲃⲏⲓⲛ: ⲧⲣ̅ⲃⲏⲓⲛ
ⲧⲏϥⲧ̅: ⲧⲃ̅ⲧ
ⲧⲏϩ: ⲧⲱϩ
ⲧⲏϭ: ⲧⲱⲱϭⲉ
ϯ: ϯⲟⲩ
ϯⲉ: ϯⲟⲩ
ϯⲕ: ⲧⲱⲕ
ϯⲡⲉ: ⲧⲱⲡⲉ
ⲧⲗⲟⲟϭⲉ: ϭⲗⲟⲟϭⲉ
ⲧⲗⲟϭ: ϭⲗⲟϭ
ⲧⲗ̅ⲧⲓⲗⲉ: ⲧⲗ̅ⲧⲗ̅
ⲧⲗⲱϭⲉ: ϭⲗⲟⲟϭⲉ
ⲧⲙⲉ-/⸗: ⲧⲙ̅ⲙⲟ
ⲧⲙⲉ: ϯⲙⲉ
ⲧⲙⲟ(⸗): ⲧⲙ̅ⲙⲟ
ⲧⲙ̅ⲡⲥⲟⲡ: ⲥⲟⲡ
ⲧⲛⲁ-: ⲧⲁⲛⲟ

ⲧⲛⲁ: ⲧⲛ̄ⲛⲟ

ⲧⲛⲉⲩ-: ⲧⲛ̄ⲛⲟⲟⲩ

ⲧⲛⲏ: ⲉⲓⲧⲛ̄

ⲧⲛ̄ⲛⲉⲩ-: ⲧⲛ̄ⲛⲟⲟⲩ

ⲧⲛⲟ(⸗): ⲧⲛ̄ⲛⲟ

ⲧⲛⲟⲙ: ⲧⲗⲟⲙ

ⲧⲛⲟⲟⲩ⸗: ⲧⲛ̄ⲛⲟⲟⲩ

ⲧⲛⲟⲩ⸗: ⲧⲛ̄ⲛⲟⲟⲩ

ⲧⲛ̄ⲣⲟⲙⲡⲉ: ⲣⲟⲙⲡⲉ

ⲧⲟ: ⲧⲟⲉ

ⲧⲟⲃⲉ: ⲧⲱⲱⲃⲉ

ⲧⲟⲓⲉ: ⲧⲟⲉ

ⲧⲟⲕ⸗: ⲧⲱⲱϭⲉ

ⲧⲟⲗ: ⲧⲁⲗ

ⲧⲟⲙⲛ̄ⲧ: ⲧⲱⲙⲛ̄ⲧ

ⲧⲟⲛⲛⲉ, ⲧⲟⲛⲛⲟⲩ: ⲧⲱⲛⲟⲩ

ⲧⲟⲛⲟⲩ: ⲧⲱⲛⲟⲩ

ⲧⲟⲛⲱ: ⲧⲱⲛⲟⲩ

ⲧⲟⲟⲃ⸗: ⲧⲱⲱⲃⲉ

ⲧⲟⲟⲃⲉ(ⲥ/ϥ): ⲧⲱⲱⲃⲉ

ⲧⲟⲟⲕ⸗: ⲧⲱⲱϭⲉ

ⲧⲟⲟⲙⲉ: ⲧⲱⲱⲙⲉ

ⲧⲟⲟⲧ⸗: ⲧⲱⲣⲉ

ⲧⲟⲟⲧⲉ: ⲧⲁⲁⲧⲉ

ⲧⲟⲟⲩⲉ: ϩⲧⲟⲟⲩⲉ

ⲧⲟⲡ⸗: ⲧⲱⲡⲉ, ⲧⲱⲱⲡ, ⲧⲱⲡ

ⲧⲟⲡⲥ̄: ⲧⲱⲱⲡ

ⲧⲟⲣⲉ: ⲧⲱⲣⲉ

ⲧⲟⲣⲕ̄: ⲧⲱϭⲣ

ⲧⲟⲧⲉ: ⲧⲱⲧⲉ

ⲧⲟⲧⲥ̄: ⲧⲱⲕⲥ̄

ⲧⲟⲩⲉⲓⲏ: ⲧⲟⲟⲩ

ⲧⲟⲩⲏⲧ(⸗): ⲧⲟⲟⲩⲧⲉ

ⲧⲟⲩⲛ-: ⲧⲟⲩⲱ⸗

ⲧⲟⲩⲛ-: ⲧⲱⲟⲩⲛ

ⲧⲟⲩⲛⲉⲥ-: ⲧⲟⲩⲛⲟⲥ

ⲧⲟⲩⲟⲟⲧⲉ: ⲧⲟⲩⲱⲧ

ⲧⲟⲩⲣⲏⲥ: ⲧⲏⲩ

ⲧⲟϣ: ⲧⲱϣ

ⲧⲟϭ(⸗): ⲧⲟⲕ, ⲧⲱⲕ

ⲧⲟϭ⸗: ⲧⲱⲱϭⲉ

ⲧⲟϭⲥ⸗, ⲧⲟϭⲥ̄: ⲧⲱⲕⲥ̄

ⲧⲣⲉ-: ⲧⲣⲟ

ⲧⲣ̄ⲉⲓⲟⲟⲩ: ⲧⲣ̄ⲣⲉ

ⲧⲣⲏ: ⲧⲣⲉ

ⲧⲣ̄ⲕⲟ⸗: ⲧⲁⲣⲕⲟ

ⲧⲣⲟϣ: ⲧⲱⲣϣ̄

ⲧⲣⲟϣⲣϣ̄: ⲧⲱⲣϣ̄

ⲧⲣ̄ⲣⲟⲙⲡⲉ: ⲣⲟⲙⲡⲉ

ⲧⲣ̄ϣⲣⲱϣ: ⲧⲱⲣϣ̄

ⲧⲥ̄ⲃⲟ⸗: ⲧⲥⲁⲃⲟ

ⲧⲥⲉⲃⲉ-: ⲧⲥⲁⲃⲟ

ⲧⲥ̄ⲛⲟ: ⲧⲥⲁⲛⲟ

ⲧⲧⲟ⸗: ⲧⲧⲉ-

ⲧⲱ⸗: ⲡⲱ⸗

ⲧⲱⲃⲁϩ: ⲧⲱⲃϩ̄

ⲧⲱⲃⲉ: ⲧⲱⲱⲃⲉ

ⲧⲱⲕⲣ̄: ⲧⲱϭⲣ̄

ⲧⲱⲙⲧ̄: ⲧⲱⲙⲛ̄ⲧ

ⲧⲱⲛⲁ, ⲧⲱⲛⲉ: ⲧⲱⲛⲟⲩ

ⲁ
ⲃ
ⲉ
ⲏ
ⲉⲓ
ⲕ
ⲗ
ⲙ
ⲛ
ⲟ
ⲡ
ⲣ
ⲥ
ⲧ
ⲟⲩ
ⲱ
ϣ
ϥ
ϩ
ϫ
ϭ

ⲧⲱⲡ: ⲧⲟⲡ

ⲧⲱⲡ: ⲧⲱⲡⲉ, ⲧⲱⲱⲡ

ⲧⲱⲣϭ̅: ⲧⲱϭⲣ̅

ⲧⲱⲧⲣ̅: ⲧⲱⲣⲧ̅

ⲧⲱⲧⲥ̅: ⲧⲱⲕⲥ̅

ⲧⲱⲱⲧⲉ: ⲧⲱⲧⲉ

ⲧⲱϭ: ⲧⲱⲕ

ⲧⲱϭⲉ: ⲧⲱⲱϭⲉ

ⲧⲱϭⲉ: ⲧⲱⲕ

ⲧⲱϭⲥ̅: ⲧⲱⲕⲥ̅

ⲑⲁⲃ: ⲧⲱϩⲃ̅

ⲑⲁⲛⲟ⸗: ⲑⲛⲟ

ⲑⲉⲛⲟ⸗: ⲑⲛⲟ

ⲑⲉⲛⲏⲩ: ⲑⲛⲟ

ⲑⲓⲏⲩ: ⲑⲓⲟ

ⲑⲱⲟⲩⲧ, ⲑⲱⲑ: ⲑⲟⲟⲩⲧ

ⲧϫⲁⲉⲓⲟ: ϫⲁⲉⲓⲟ

ⲞⲨ

ⲟⲩ 의문 대명사. 무엇?, 어떤? 덜 일반적으로: 누구? **ⲟⲩ ⲉⲣⲟ⸗** ~에게 무슨 이득이 있나? **ⲟⲩ ⲛ̄** ~중에 어떤? **ⲟⲩⲟⲩ** 어떤? (부정 관사와 함께). **ⲣ̄-ⲟⲩ** 무엇을 하는가? **ⲉⲧⲃⲉ ⲟⲩ** 왜? **ⲉⲧⲃⲉ ⲟⲩ ⲛ̄ ϩⲱⲃ** idem. **ⲟⲩ ⲙⲛ̄ ⲟⲩ** 이것 저것, 이런저런 것(일).

ⲟⲩ 단수 부정 관사 §2.1을 보라.

ⲟⲩⲁ (f. **ⲟⲩⲉⲓ**) (1) 비한정 대명사. 한, 어떤; (2) 하나 (숫자); §15.3을 보라. **ⲙⲛ̄ⲧⲟⲩⲉ** (열하나)에 있는 **-ⲟⲩⲉ**; §24.3을 보라. **ⲟⲩⲁ ⲟⲩⲁ** 차례로, 한 사람씩. **ⲟⲩⲁ ... ⲟⲩⲁ ...** 한쪽은 … 다른 한쪽은 …. **ϩⲉⲛⲟⲩⲁ ⲟⲩⲁ** 몇, 조금. **ⲉ ⲡⲟⲩⲁ** 분배: 각각. **ⲡⲟⲩⲁ ⲡⲟⲩⲁ** 각자. **ⲕⲉⲟⲩⲁ** 다른 것[사람]. **ⲣ̄-ⲕⲉⲟⲩⲁ** 다르게 되다, 변해지다. **ⲙⲛ̄ⲧⲟⲩⲁ** 단일(성), 일치. **ⲣ̄-ⲟⲩⲁ** 하나가 되다; 연합하다 (**ⲙⲛ̄**).

ⲟⲩⲁ n.m. 신성모독; adj. 신성모독적인. **ϫⲓ-/ϫⲉ-ⲟⲩⲁ** 신성모독을 하다 (~에 대해: **ⲉ, ⲉϩⲟⲩⲛ ⲉ**). **ⲣⲉϥϫⲓ-ⲟⲩⲁ** 신성모독하는 자. **ⲙⲛ̄ⲧⲣⲉϥϫⲓ-ⲟⲩⲁ** 신성모독. **ϫⲁⲧ-ⲟⲩⲁ** 신성모독하는 자.

ⲟⲩⲁⲁ⸗ 강조대명사. 스스로, 홀로, ~만; 동격으로 사용된다. **ⲛ̄ⲧⲟⲕ ⲟⲩⲁⲁⲕ** 너 스스로, 너 혼자; **ⲧⲉⲥϩⲓⲙⲉ ⲟⲩⲁⲁⲥ** 그 여자 스스로. **ⲛ̄ ⲟⲩⲁⲁ⸗** idem. **ⲣ̄-ⲟⲩⲁⲁ⸗** 혼자가 되다.

ⲟⲩⲁϩ n.m. 장대, 막대기.

ⲟⲩⲁϩⲃⲉϥ, ⲟⲩⲁϩⲙⲉϥ, ⲟⲩⲟϩⲃⲉϥ vb. intr. 짖다, 으르렁거리다.

ⲟⲩⲁϩⲉ n. 오아시스.

ⲟⲩⲁϩⲓϩⲏⲧ, ⲟⲩⲁϩⲉⲓⲏⲧ adj. 잔인한. **ⲙⲛ̄ⲧⲟⲩⲁϩⲓϩⲏⲧ** 잔인함. **ⲣ̄-ⲟⲩⲁϩⲓϩⲏⲧ** 잔인해지다.

ⲟⲩⲁϩⲙⲉ n.f. (건물의) 층.

ⲟⲩⲃⲁϣ, Q **ⲟⲩⲟⲃϣ̄** vb. intr. 희어지다; n.m. 흼, 백색. **ⲟⲩⲱⲃϣ̄** adj. 흰 (명사 뒤에서 **ⲛ̄**이 있거나 없이); **ⲣ̄-ⲟⲩⲱⲃϣ̄** 희어지다.

ⲟⲩⲃⲉ (**ⲟⲩⲃⲏ⸗**) prep. ~에 반대하여; ~을 향하여, 건너편에.

ⲟⲩⲉ, Q **ⲟⲩⲏⲩ** vb. intr. 멀어지다, 떨어지다 (± **ⲉⲃⲟⲗ**); **ⲟⲩⲉ ⲉ** ~로부터 멀어지다; 전치사 **ⲙ̄ⲙⲟ⸗**, **ⲉⲃⲟⲗ ⲙ̄ⲙⲟ⸗**, **ⲥⲁⲃⲟⲗ ⲙ̄ⲙⲟ⸗**, **ⲉⲃⲟⲗ ϩⲛ̄**과 함께 idem. n.m. 먼 곳, 먼 거리; **ⲟⲩⲉ ⲉⲡⲉⲥⲏⲧ** 아래 먼 곳. **ⲉ ⲡⲟⲩⲉ** 멀다 (~에서: **ⲙ̄ⲙⲟ⸗**). **ⲙ̄ ⲡⲟⲩⲉ** 멀리서. **ϩⲓ/ϩⲙ̄ ⲡⲟⲩⲉ** idem.

ⲟⲩⲉ 높은 수에서의 일의 자리 (11, 21, 등.).

ⲟⲩⲉⲉⲓⲉⲛⲓⲛ n.m. 그리스인. **ⲙⲛ̄ⲧⲟⲩⲉⲉⲓⲉⲛⲓⲛ** n.f. 그리스어.

ⲟⲩⲉⲓⲛⲉ vb. intr. ~이 지나가다 (대상은 일반적으로 기간이다). **ⲁⲧⲟⲩⲉⲓⲛⲉ** 지나가지 않은.

ⲟⲩⲉⲓⲥⲉ, **ⲟⲩⲁⲥⲧ⸗** vb. tr. 톱질하다 (**ⲙ̄ⲙⲟ⸗**). **ⲣⲉϥⲟⲩⲉⲓⲥⲉ** 톱질하는 사람.

ⲟⲩⲉⲓⲧⲉ (**ⲟⲩⲉⲉⲧⲉ**) vb. intr. 줄어들다, 바싹 마르다; vb. tr. 마르게 하다, 줄어들게 하다 (**ⲙ̄ⲙⲟ⸗**), ± **ⲉⲃⲟⲗ**.

ⲟⲩⲉⲗⲟⲩⲉⲗⲉ vb. intr. 울부짖다.

ⲟⲩⲉⲣⲏⲧⲉ, **ⲟⲩⲣⲏⲏⲧⲉ** n.f. 발, 다리.

ⲟⲩⲉⲣⲧ̄, **ⲟⲩⲣ̄ⲧ**, **ⲟⲩⲁⲣⲧ̄** n.f.m. 장미.

ⲟⲩⲉϩ-ⲣⲁⲥⲟⲩ 꿈 해석자.

ⲟⲩⲉϭⲣⲟ n.f. 문설주.

ⲟⲩⲏⲣ (f. **ⲟⲩⲏⲣⲉ**) 의문 형용사. 얼마나? 얼마나 많이? 얼마나 큰? **ⲟⲩⲏⲣ ⲡⲉ** N? N이 얼마나 대단한가? (감탄사로도 사용). **ⲣ̄-ⲟⲩⲏⲣ** 얼마나 많아지는가? **ⲛ̄ ⲟⲩⲏⲣ** 얼마만큼? 어느 정도까지? **ⲁ ⲟⲩⲏⲣ** 얼마나 오래? 얼마나 더? (삼단논법에서). **ⲥⲟⲩ-ⲟⲩⲏⲣ** 이러이러한 날. **ⲙⲉϩⲟⲩⲏⲣ** 얼마나 많이?

ⲟⲩⲏⲧⲉ n.f. 재난, 불행.

ⲟⲩⲗ̄ⲗⲉ, **ⲟⲩⲉⲗⲗⲉ** n.f. 선율, 음악.

ⲟⲩⲗ̄ⲡⲉ n. 피부의 함몰 (질병 등으로 남은).

ⲟⲩⲙⲟⲧ, Q **ⲟⲩⲟⲙⲧ̄** (**ⲟⲩⲟⲙⲛ̄ⲧ**) vb. intr. 두꺼워지다, 부풀어지다; n.m. 두께, 팽창.

ⲟⲩⲛ̄- 존재 술어: ~가 있다. 문법 색인을 보라.

ⲟⲩⲛⲁⲙ n.f. 오른손, 오른쪽; **ϭⲓϫ ⲛ̄ ⲟⲩⲛⲁⲙ** 오른손; **ⲉ ⲟⲩⲛⲁⲙ** 오른쪽으로. **ⲛ̄ⲥⲁ/ϩⲓ ⲟⲩⲛⲁⲙ ⲙ̄ⲙⲟ⸗** ~의 오른쪽에. **ⲧⲏⲩ ⲛ̄ ⲟⲩⲛⲁⲙ** 순풍.

ⲟⲩⲛⲟⲩ (pl. **ⲟⲩⲛⲟⲟⲩⲉ**) n.f. 시간. **ⲛ̄ ⲧⲉⲩⲛⲟⲩ** adv. 즉시, 그 후 곧, 당장. **ϩⲛ̄ ⲧⲉⲩⲛⲟⲩ** idem. **ⲡⲣⲟⲥ ⲧⲉⲩⲛⲟⲩ** 한동안, 잠시 동안. **ⲣⲉϥⲕⲁ-ⲟⲩⲛⲟⲩ** 점성가. **ⲧⲉⲛⲟⲩ** adv. 지금, 이제; **ⲧⲉⲛⲟⲩ ϭⲉ** 그래서 지금은; **ⲉ/ⲛ̄ ⲧⲉⲛⲟⲩ** 지금; **ϣⲁ ⲧⲉⲛⲟⲩ** 지금까지; **ϫⲓⲛ ⲧⲉⲛⲟⲩ** 지금부터.

ⲟⲩⲛⲟϥ vb. intr. 기뻐하다 (~을: **ⲉϫⲛ̄, ϩⲓϫⲛ̄**); **ⲙ̄ⲙⲟ⸗**와 함께 재귀 용법으로도 사용. n.m. 기쁨, 즐거움.

ⲟⲩⲛ̄ⲧ, ⲟⲩⲟⲛⲧ n.m. 선창(船倉); 우묵한 곳.

ⲟⲩⲛ̄ⲧⲉ, ⲟⲩⲛ̄ⲧⲁ⸗ 소유 술어: ~을 가지고 있다. §22.1을 보라.

ⲟⲩⲟⲉⲓ, ⲟⲩⲟⲓ n.m. 돌진, 속행. **ϯ-ⲟⲩⲟⲉⲓ** 찾으러 가다, 찾다 (~을: **ⲉ, ⲉϩⲟⲩⲛ ⲉ, ⲛ̄ⲥⲁ**). **ϯ-ⲡⲟⲩⲟⲉⲓ, ϯ ⲙ̄ ⲡⲟⲩⲟⲉⲓ, ϯ-ⲡ(⸗)ⲟⲩⲟⲉⲓ, ϯ-ⲡ(⸗)ⲛ̄ⲟⲩⲟⲉⲓ** 나아가다, 진행하다 (~로: **ⲉ**; ~안에: **ⲉϩⲟⲩⲛ ⲉ**; ~에: **ⲉϩⲣⲁⲓ ⲉ, ⲉϫⲛ̄**). **ϭⲓⲛϯ-ⲡⲟⲩⲟⲉⲓ** 나아감, 진행함. **ⲛ̄ⲟⲩⲟⲉⲓ** = **ⲟⲩⲟⲉⲓ**.

ⲟⲩⲟⲉⲓ, ⲟⲩⲟⲓ 감탄사. 슬프도다!, 화(禍)로다! (~에게: **ⲛⲁ⸗**). n.m. 비애로는 드물게 나온다.

ⲟⲩⲟⲉⲓⲉ (pl. **ⲟⲩⲉⲉⲓⲏ, ⲟⲩⲉⲓⲏ**) n.m. 농부, 경작자. 많은 이형이 있다. **ⲙⲛ̄ⲧⲟⲩⲟⲉⲓⲉ** 농사. **ⲙⲁ ⲛ̄ ⲟⲩⲟⲉⲓⲉ** 농장. **ⲣⲙ̄ⲟⲩⲟⲉⲓⲉ** 농부, 소작농 (이형. **ⲣⲙ̄ⲟⲩⲉ, ⲣⲙ̄ⲟⲩⲁ**). **ⲣ̄-ⲟⲩⲟⲉⲓⲉ** 경작하다, 농사짓다.

ⲟⲩⲟⲉⲓⲛ n.m. 빛; 여명; 시야. **ⲁⲧⲟⲩⲟⲉⲓⲛ** 빛 없이. **ⲣ̄-ⲟⲩⲟⲉⲓⲛ** 빛나다, 빛을 내다 (~을 위해; **ⲉ, ⲛⲁ⸗**; ~에서: **ⲉϫⲛ̄, ϩⲓϫⲛ̄**). **ⲣⲉϥⲣ̄-ⲟⲩⲟⲉⲓⲛ** 빛을 주는 사람, 조명 기구. **ϫⲓ-ⲟⲩⲟⲉⲓⲛ** 빛을 얻다, 빛을 받다.

ⲟⲩⲟⲉⲓⲧ n.m. 기둥.

ⲟⲩⲟⲉⲓϣ n.m. 시간, 때, 기회. **ⲡⲉⲟⲩⲟⲉⲓϣ ⲉⲧ ⲙ̄ⲙⲁⲩ** 그때. **ⲙ̄ ⲡⲉⲓⲛⲟϭ ⲛ̄ ⲟⲩⲟⲉⲓϣ** 지금껏 내내. **ⲛ̄ ⲟⲩⲙⲏⲏϣⲉ ⲛ̄**

ⲟⲩⲟⲉⲓϣ 오랫동안; ⲛ̄ ⲟⲩⲟⲉⲓϣ ⲛⲓⲙ 언제나, 항상. ⲙ̄ ⲡⲓⲟⲩⲟⲉⲓϣ, ⲙ̄ ⲡⲉⲟⲩⲟⲉⲓϣ 그 때에. ⲛ̄ (ⲟⲩ)ⲟⲩⲟⲉⲓϣ (과거에) 한때는. ϣⲁ ⲟⲩⲟⲉⲓϣ 나중에, 다음 시간에. ϩⲙ̄ ⲡⲉⲟⲩⲟⲉⲓϣ 그 때에. ⲡⲣⲟⲥ (ⲟⲩ)ⲟⲩⲟⲉⲓϣ 당분간은, 일시적으로. ⲁⲧⲟⲩⲟⲉⲓϣ 때가 좋지 않은. ϩⲛ̄ ⲟⲩⲙⲛ̄ⲧⲁⲧⲟⲩⲟⲉⲓϣ adv. idem. ⲣ̄-ⲟⲩⲟⲉⲓϣ 시간을 보내다. ϭⲙ̄-ⲡⲟⲩⲟⲉⲓϣ 시간을 내다, 여가를 가지다.

ⲟⲩⲟⲓ 동의 불변화사: 예, 그래, 그렇다. ⲟⲩⲟⲉⲓ와 비교하라.

ⲟⲩⲟⲙⲧⲉ, ⲟⲩⲟⲟⲙⲧⲉ, ⲟⲩⲟⲙⲡⲧⲉ n.f. 탑.

ⲟⲩⲟⲙϥ̄ n.m. 여물통, 구유.

ⲟⲩⲟⲛ 비한정 대명사. 어떤 사람, 어떤 것, 어떤 사람들, 어떤 것들; 부정문에서: ~가 아닌 사람, 아무 것도 아닌 것. 복수로도 사용된다: ⲛ̄ⲟⲩⲟⲛ, ϩⲉⲛⲟⲩⲟⲛ 어떤 사람[것]들, 그러한 것들. ⲟⲩⲟⲛ ⲛⲓⲙ 모든 사람 (단수 또는 복수).

ⲟⲩⲟⲟϩⲉ, ⲟⲩⲟϩⲉ n.f. 전갈.

ⲟⲩⲟⲟϭⲉ, ⲟⲩⲟϭⲉ n.f. 볼, 뺨, 턱.

ⲟⲩⲟⲡ, Q ⲟⲩⲁⲁⲃ vb. intr. 깨끗해지다, 순결해지다, 거룩해지다 (~로부터: ⲉ, ⲉⲃⲟⲗ ϩⲛ̄); n.m. 깨끗함, 순수; ϩⲛ̄ ⲟⲩⲟⲩⲟⲡ 순수하게; ϫⲓ-ⲟⲩⲟⲡ 순결함을 얻다, 신성해지다. ⲡⲉⲧ ⲟⲩⲁⲁⲃ 거룩한 자[것]. 특히 성자; 관사 또는 소유 접두사와 함께 사용. ⲟⲩⲏⲏⲃ n.m. 사제 (기독교 또는 비기독교); ⲣ̄-ⲟⲩⲏⲏⲃ 사제가 되다. ⲙⲛ̄ⲧⲟⲩⲏⲏⲃ 사제직, 성직.

ⲟⲩⲟⲥⲣ̄ n.m. 노. ⲣⲉϥⲥⲉⲕ-ⲟⲩⲟⲥⲣ̄, ⲣⲉϥⲥⲱⲕ ⲛ̄ ⲛ̄ⲟⲩⲟⲥⲣ̄ 노 젓는 사람, 사공.

ⲟⲩⲟⲥⲧⲛ̄, Q ⲟⲩⲉⲥⲧⲱⲛ 넓어지다, 광범위해지다; 드물게 tr.: 넓히다. n.m. 폭, 너비.

ⲟⲩⲟⲧⲟⲩⲉⲧ, Q ⲟⲩⲉⲧⲟⲩⲱⲧ vb. intr. 파래지다, 창백해지다; n.m. 푸르름, 야채; 창백.

ⲟⲩⲟϣⲟⲩⲉϣ, ⲟⲩⲉϣⲟⲩⲱϣ⸗, Q ⲟⲩⲉϣⲟⲩⲱϣ vb. tr. 치다, 두드리다, 때리다.

ⲁ ⲃ ⲉ ⲏ ⲉⲓ ⲕ ⲗ ⲙ ⲛ ⲟ ⲡ ⲣ ⲥ ⲧ ⲟⲩ ⲱ ϣ ϥ ϩ ϫ ϭ

ⲟⲩⲟϥ n.m. 폐, 허파.

ⲟⲩⲟϭⲟⲩⲉϭ, ⲟⲩⲉϭⲟⲩⲱϭ⸗ vb. tr. 씹다, 눌러 부수다 (**ⲙ̄ⲙⲟ⸗**).

ⲟⲩⲣⲁⲥ n. 버팀목; 지팡이.

ⲟⲩⲣⲟⲧ, Q **ⲣⲟⲟⲩⲧ** vb. intr. ~하고 싶어하다, 준비가 되다, 기뻐하다; Q 신선하다, 번창하다; n.m. 열심, 열광, 열망, 기쁨; **ϩⲛ̄ ⲟⲩⲟⲩⲣⲟⲧ** 기쁘게, 열망하여. **ϯ-ⲟⲩⲣⲟⲧ** 기쁘게 하다; 선동하다, 자극하다 (사람: **ⲛⲁ⸗**).

ⲟⲩⲣⲱ n.m. 콩.

ⲟⲩⲣ̄ϣⲉ, ⲟⲩⲉⲣϣⲉ n.f. 경계, 감시, 감시탑. **ⲁⲛⲟⲩⲣ̄ϣⲉ** n.m. 보초.

ⲟⲩⲥ n.m. 대머리; **ⲙⲛ̄ⲧⲟⲩⲥ** 대머리임.

ⲟⲩⲧⲁϩ n.m. 과일, 열매, 농산물 (사히드 방언에서 드물다).

ⲟⲩⲧⲉ (**ⲟⲩⲧⲱ⸗**) prep. 사이에, ~의 가운데에; 종종 예변법 구문에서; **ⲟⲩⲧⲉ** X **ⲙⲛ̄** Y, **ⲟⲩⲧⲉ** X **ⲙⲛ̄ ⲟⲩⲧⲉ** Y, **ⲟⲩⲧⲱ⸗** X **ⲟⲩⲧⲱ⸗** Y X와 Y사이에. **ⲉⲃⲟⲗ ⲟⲩⲧⲉ** ~의 가운데서, ~의 사이에서. 동일한 구문에서 자주 **ⲟⲩⲧⲉ** 뒤에 **ⲧⲙⲏⲧⲉ**가 뒤따른다.

ⲟⲩⲱ n.m. 소식, 보고. **ⲛ̄-ⲡⲟⲩⲱ ⲛⲁ⸗** ~에게 소식을 가져오다. **ⲣ̄-ⲟⲩⲱ** 응답하다, 대답하다, 말하다 (~에게: **ⲛⲁ⸗, ϩⲁⲣⲛ̄**). **ϯ-ⲟⲩⲱ** 소식을 주다. **ϥⲓ-ⲟⲩⲱ, ϥⲁⲓ-ⲟⲩⲱ** 소식을 전하는 자, 전령, 사자. **ϩⲉ-ⲡⲟⲩⲱ, ϩⲉ-ⲡ**(⸗)**ⲟⲩⲱ** 묻다. **ϫⲓ-ⲟⲩⲱ, ϫⲓ-ⲡⲟⲩⲱ** 알리다 (~에게: **ⲉ, ⲛⲁ⸗, ϣⲁ**); **ⲣⲉϥϫⲓ-ⲟⲩⲱ** 보고자. **ϭⲓⲛϫⲓ-ⲟⲩⲱ** 고지, 포고. **ϭⲙ̄-ⲡⲟⲩⲱ, ϭⲙ̄-ⲡ**(⸗)**ⲟⲩⲱ** 묻다. **ϩⲗ̄-ⲟⲩⲱ** n. 분쟁, 논쟁.

ⲟⲩⲱ vb. intr. 그치다, 그만두다, 끝나다; 중지하다 (~하기를: **ⲛ̄ⲧⲛ̄, ϩⲛ̄, ⲉⲃⲟⲗ ⲛ̄**); + 상황절: ~하는 것을 그만두다, ~하는 것을 끝내다; 이미 다 해놓았다. 드물게, + **ⲉ/ⲛ̄** + inf. idem. vb. tr. ~을 멈추다, 끝내다 (**ⲙ̄ⲙⲟ⸗**). **ⲁⲧⲟⲩⲱ** 끊임없는, 끝이 없는. **ϯ-ⲟⲩⲱ** 중단되다; 중단시키다 (**ⲙ̄ⲙⲟ⸗**); 풀어 주다 (~에서: **ϩⲛ̄**); **ⲁⲧϯ-ⲟⲩⲱ** 끝이 없는.

ⲟⲩⲱ n. (**ϯ-ⲟⲩⲱ** (± **ⲉⲃⲟⲗ**)에서) 꽃이 피다, 싹이 나다; ~을 낳다,

생산하다 (ⲙ̅ⲙⲟ⸗); n.m. 싹, 꽃. ϫⲓ-ⲟⲩⲱ 임신하다 (ⲙ̅ⲙⲟ⸗); n.m. 임신.

ⲟⲩⲱⲗⲥ̅, ⲟⲩⲉⲗⲥ̅-, ⲟⲩⲟⲗⲥ⸗, Q **ⲟⲩⲟⲗⲥ̅** vb. tr. 부끄럽게 하다, 창피를 주다, 곤란하게 하다 (ⲙ̅ⲙⲟ⸗); vb. intr. 허리를 굽히다[=얼굴을 가리다?] (수치심, 약함, 패배로); 기대다 (~에: ⲉϫⲛ̅, ϩⲓϫⲛ̅, ⲉϩⲟⲩⲛ ⲉ); n.m. 굴욕. ⲟⲩⲱⲗⲥ̅ ⲛ̅ ϩⲏⲧ 기가 죽다.

ⲟⲩⲱⲙ, ⲟⲩⲉⲙ- (ⲟⲩⲙ̅-), ⲟⲩⲟⲙ⸗ vb. tr. 먹다; 마시다 (ⲙ̅ⲙⲟ⸗); 또한 비유적으로: ~에 따르다 (예, 처벌); 회개하다. ⲟⲩⲱⲙ ⲛ̅ⲥⲁ 파먹다, 갉아먹다. ⲟⲩⲱⲙ (ⲉⲃⲟⲗ) ϩⲛ̅ 파먹다, 먹어치우다; ~을 먹다. ⲟⲩⲱⲙ n.m. 음식, 식사. 복합어에서 ⲟⲩⲁⲙ-: ~을 먹는 자 (예, ⲟⲩⲁⲙ-ⲣⲱⲙⲉ 사람을 잡아먹는). ⲁⲧⲟⲩⲱⲙ 먹지 않는, 음식이 없는; ⲙⲛ̅ⲧⲁⲧⲟⲩⲱⲙ 음식이 없음. ⲙⲁⲓ-ⲟⲩⲱⲙ 먹기를 좋아하는. ⲙⲛ̅ⲧⲙⲁⲓ-ⲟⲩⲱⲙ 먹기를 좋아함; ⲙⲁ ⲛ̅ ⲟⲩⲱⲙ 먹는 곳, 식당. ⲣⲉϥⲟⲩⲱⲙ 대식가; ⲙⲛ̅ⲧⲣⲉϥⲟⲩⲱⲙ 과식. ϭⲓⲛ-ⲟⲩⲱⲙ (pl. ϭⲓⲛⲟⲩⲟⲟⲙ) n.m.f. 음식.

ⲟⲩⲱⲛ, Q **ⲟⲩⲏⲛ** (imptv. ⲁⲟⲩⲱⲛ, ⲟⲩⲛ̅-) vb. tr. 열다 (ⲙ̅ⲙⲟ⸗, ⲉ); vb. intr. 열리다 (~을 향해: ⲉ, ⲉϫⲛ̅, ⲉϩⲣⲁⲓ ⲉϫⲛ̅, ⲛ̅ⲥⲁ, ⲟⲩⲃⲉ); n.m. 열림.

ⲟⲩⲱⲛ n.m. 부분, 몫, 조각. 분수에서 ⲟⲩⲛ̅-은 §30.6을 보라.

ⲟⲩⲱⲛϣ̅ n.m. 늑대.

ⲟⲩⲱⲛϩ̅, ⲟⲩⲉⲛϩ̅-, ⲟⲩⲟⲛϩ⸗, Q **ⲟⲩⲟⲛϩ̅** (± ⲉⲃⲟⲗ) vb. intr. / reflex.: 드러나다, 나타나다; vb. tr. 드러내다, 나타내다, 분명히 하다, 선언하다 (ⲙ̅ⲙⲟ⸗; ~에, ~에게: ⲉ, ⲉϩⲟⲩⲛ ⲉ, ⲛⲁ⸗). n.m. (+ ⲉⲃⲟⲗ) 나타내기, 보여주기, 선언; ϩⲛ̅ ⲟⲩⲟⲩⲱⲛϩ̅ ⲉⲃⲟⲗ 드러내놓고, 공공연하게. ⲁⲧⲟⲩⲱⲛϩ̅ ⲉⲃⲟⲗ 보이지 않는, 드러나지 않은. ⲣ̅-ⲁⲧⲟⲩⲱⲛϩ̅ ⲉⲃⲟⲗ 보이지 않게 되다.

ⲟⲩⲱⲣⲡ̅, ⲟⲩⲟⲣⲡ⸗ vb. tr. 보내다 (보하이르 방언. 사히드 방언에서는 드물다).

ⲟⲩⲱⲣϩ̅, ⲟⲩⲉⲣϩ̅-, ⲟⲩⲟⲣϩ⸗, Q **ⲟⲩⲟⲣϩ̅** vb. tr. 자유롭게 하다, ~에 대한 권리를 포기하다; vb. intr. 자유롭다, ~할 책임이 없다.

ⲁ ⲃ ⲉ ⲏ ⲉⲓ ⲕ ⲗ ⲙ ⲛ ⲟ ⲡ ⲣ ⲥ ⲧ ⲟⲩ ⲱ ϣ ϥ ϩ ϫ ϭ

ⲟⲩⲉⲣⲏ̅ϩ̅ n.m. 자유로운 곳.

ⲟⲩⲱⲥϥ̅, ⲟⲩⲉⲥϥ̅-, ⲟⲩⲟⲥϥ⸗, Q **ⲟⲩⲟⲥϥ̅** vb. tr. 불모지로 남겨두다, 놀리다; 묵히다; 방치하다; vb. intr. 빈둥거리다, 머무르다 (~을 위해: **ⲉ**); 수포로 돌아가다. n.m. 게으름, 나태, 중지, 중단. **ⲟⲩⲁⲥϥⲉ** n.f. 게으름, 나태.

ⲟⲩⲱⲧ, ⲟⲩⲉⲧ-, ⲟⲩⲉⲧ⸗ vb. tr. 부드럽게 하다, 연하게 하다; vb. intr. 푸르다, 신선하다, 날것이다, 부드럽다, 연하다. **ⲟⲩⲟⲧⲉ, ⲟⲩⲟⲟⲧⲉ** n.m. 푸른 야채, 목초; **ⲙⲁ ⲛ̅ ⲟⲩⲟⲧⲉ** 정원.

ⲟⲩⲱⲧ (f. **ⲟⲩⲱⲧⲉ**) adj. 하나의, 단일한, 유일한, 다름 아닌 바로 동일한; 일반적으로 **ⲛ̅**과 함께 명사 뒤에서. **ⲟⲩⲁ ⲛ̅ ⲟⲩⲱⲧ** 각자, 하나. **ⲙⲛ̅ⲧⲟⲩⲁ ⲛ̅ ⲟⲩⲱⲧ** 단일, 단일성, 유일. **ⲣ̅-ⲟⲩⲁ ⲛ̅ ⲟⲩⲱⲧ** 똑같이 하다, 같은 것이 되다 (**ⲙⲛ̅**과 함께).

ⲟⲩⲱⲧⲃ̅, ⲟⲩⲉⲧⲃ̅-, ⲟⲩⲟⲧⲃ⸗, Q **ⲟⲩⲟⲧⲃ̅** vb. tr. 통과하다 (**ⲙ̅ⲙⲟ⸗**); 전환하다, 바꾸다, 교환하다; 이동시키다, 지나가게 하다; vb. intr. 변하다, 바뀌다 (장소나 상황); **ⲟⲩⲱⲧⲃ̅ ⲉ** ~로 변화하다, 넘어가다; Q 넘어가다. **ⲟⲩⲱⲧⲃ̅ ⲉⲃⲟⲗ** 바뀌다, 퍼지다. **ⲟⲩⲱⲧⲃ̅ ⲉϩⲟⲩⲛ** 들어가다 (안에: **ⲉ**). **ⲟⲩⲱⲧⲃ̅ ⲉϩⲣⲁⲓ** 넘어가다.

ⲟⲩⲱⲧⲃ̅ (위의 변화 형태) vb. 붓다, 따르다 (안에: **ⲉ**; ~에: **ⲉϫⲛ̅**; 아래로: **ⲉⲡⲉⲥⲏⲧ ϩⲓ**).

ⲟⲩⲱⲧⲃ̅ (위의 변화 형태) vb. 뚫다. **ⲟⲩⲁⲧⲃⲉ** n.f. 구멍.

ⲟⲩⲱⲧⲛ̅, ⲟⲩⲟⲧⲛ⸗ vb. tr. 붓다, 따르다; n.m. 제주(祭酒). **ⲟⲩⲱⲧⲛ̅ ⲉⲃⲟⲗ** 쏟아지다, 쏟아내다 (tr. / intr.); n.m. 제주(祭酒).

ⲟⲩⲱⲧϩ̅, ⲟⲩⲉⲧϩ̅-, ⲟⲩⲟⲧϩ⸗ vb. tr. 주조하다 (금속), 붓다 (물), 퍼올리다 (물); n.m. 주조된 것, 용융된 것. **ⲙⲁ ⲛ̅ ⲟⲩⲱⲧϩ̅** 도가니. **ⲣⲉϥⲟⲩⲱⲧϩ̅** 술을 따르는 사람. **ⲟⲩⲟⲧϩ̅** n.m. 잔(盞). **ⲟⲩⲟⲧϩⲉ, ⲟⲩⲁⲧϩⲉ** idem.

ⲟⲩⲱⲱⲗⲉ, ⲟⲩⲱⲗⲉ, Q **ⲟⲩⲟⲟⲗⲉ** (**ⲟⲩⲟⲗⲉ**) vb. intr. 부유해지다, 번영하다, 번성하다 (~에서: **ⲙ̅ⲙⲟ⸗, ϩⲁ**); n.m. 번영, 번성, 풍요로움. **ϩⲛ̅ ⲟⲩⲟⲩⲟⲟⲗⲉⲥ** 풍부하게.

ⲟⲩⲱⲱⲙⲉ (**ⲟⲩⲱⲙⲉ**), **ⲟⲩⲟⲟⲙ⸗** (**ⲟⲩⲟⲙ⸗**) vb. intr. (감정적으

ⲁ ⲃ ⲉ ⲏ ⲉⲓ ⲕ ⲗ ⲙ ⲛ ⲟ ⲡ ⲣ ⲥ ⲧ ⲟⲩ ⲱ ϣ ϥ ϩ ϫ ϭ

로) 무너지다; reflex.: 협조하다 (사람: ⲙⲛ̄).

ⲟⲩⲱⲱⲧⲉ (**ⲟⲩⲱⲧⲉ**), **ⲟⲩⲁⲁⲧⲉ-**, **ⲟⲩⲟⲟⲧ⸗** (**ⲟⲩⲁⲁⲧ⸗**), Q **ⲟⲩⲟⲟⲧⲉ** vb. tr. (1) 보내다 (ⲙ̄ⲙⲟ⸗; ~쪽으로: ⲉⲃⲟⲗ); (2) 분리하다, 구별하다, 선택하다 (특히 상태형에서), ± ⲉⲃⲟⲗ. **ⲟⲩⲱⲧ** 또는 **ⲟⲩⲉⲧ-** 비인칭. vb. 주어가 뒤따른다: 다르다, 분명하다. **ⲟⲩⲉⲧ-** ... **ⲟⲩⲉⲧ-** ... 하나는 ⋯, 또 다른 하나는 ⋯.

ⲟⲩⲱϣ, **ⲟⲩⲉϣ-**, **ⲟⲩⲁϣ⸗** (**ⲟⲩⲟϣ⸗**) vb. tr. 원하다, 바라다, 요구하다 (ⲙ̄ⲙⲟ⸗); 사랑하다; ~할 준비가 되어있다, 지경에 있다 (~할: ⲉ + inf., ⲉⲧⲣⲉ, ϫⲉ). **ⲟⲩⲉϣ-**는 **ϯⲟⲩⲉϣ-ⲉⲓⲙⲉ**처럼 부정사 앞에 직접 접두사로 붙을 수 있다. **ⲟⲩⲱϣ** n.m. 욕망, 사랑, 소원; **ⲟⲩⲱϣ ⲛ̄ ϩⲏⲧ** 염원, 소망; **ⲙ̄ ⲡ(⸗)ⲟⲩⲱϣ** 본인 스스로; 자발적으로, 기꺼이.

ⲟⲩⲱϣ n.m. 간격, 틈; 사이, 휴식, 휴일; **ⲡⲟⲩⲱϣ ⲛ̄ ⲧⲙⲏⲧⲉ** 목요일(?). **ⲕⲁ-ⲟⲩⲱϣ** 간격을 두다; **ϯ-ⲟⲩⲱϣ** idem. **ⲣ̄-ⲟⲩⲱϣ ⲉ** ~를 기다리다. (ⲛ̄) **ⲟⲩⲉϣⲛ̄** prep. ~이 없이.

ⲟⲩⲱϣⲃ̄, **ⲟⲩⲉϣⲃ̄-**, **ⲟⲩⲟϣⲃ⸗** vb. tr. 대답하다 (~에게: ⲉ, ⲛⲁ⸗, 드물게 suff.). **ⲟⲩⲱϣⲃ̄ ⲙⲛ̄** ~와 이야기하다. **ⲟⲩⲱϣⲃ̄ ⲛ̄ⲥⲁ** ~를 따라 말하다. **ⲟⲩⲱϣⲃ̄ ⲟⲩⲃⲉ** 불리한 증언을 하다. **ⲟⲩⲱϣⲃ̄** n.m. 대답, 답변.

ⲟⲩⲱϣⲉ (**ⲟⲩⲱⲱϣⲉ**) 소비하다, 소비되다, 전부 타버리다.

ⲟⲩⲱϣⲙ̄, **ⲟⲩⲉϣⲙ̄-**, **ⲟⲩⲟϣⲙ⸗**, Q **ⲟⲩⲟϣⲙ̄** vb. tr. 반죽하다, 섞다, 혼합하다 (ⲙ̄ⲙⲟ⸗; ~와: ⲙⲛ̄, ϩⲓ, ϩⲛ̄). n.m. 밀가루 반죽. **ⲙⲁ ⲛ̄ ⲟⲩⲱϣⲙ̄** 반죽하는 장소.

ⲟⲩⲱϣⲥ̄, **ⲟⲩⲉϣ̄ⲥ-**, **ⲟⲩⲟϣⲥ⸗**, Q **ⲟⲩⲟϣⲥ̄** 넓어지다, 평평해지다, 반반하다; 안심하다; tr.로도 사용. 넓히다 등. **ⲟⲩⲱϣⲥ̄ ⲉⲃⲟⲗ** tr./intr. 펴다, 뻗다; n.m. 넓이, 크기, 폭; 넉넉함. **ⲟⲩⲁϣⲥⲉ**, **ⲟⲩⲟϣⲥⲉ**, **ⲟⲩⲉϣⲥⲉ** n.f. 폭, 범위.

ⲟⲩⲱϣⲧ̄ vb. tr. 인사하다, 입맞추다; 경배하다 (ⲙ̄ⲙⲟ⸗, ⲉ, ⲛⲁ⸗); **ⲟⲩⲱϣⲧ̄ ⲉϫⲛ̄/ϩⲁ** 경배하다, 경의를 표하다. **ϣⲟⲩ-ⲟⲩⲱϣⲧ̄** adj. 존경받는. **ⲟⲩⲁϣⲧⲉ** n.f. 예배, 경배.

ⲟⲩⲱϣϥ̄, ⲟⲩⲉϣϥ̄-, ⲟⲩⲟϣϥ⸗ (ⲟⲩⲁϣϥ⸗), Q **ⲟⲩⲟϣϥ̄** vb. tr. 깨부수다, 눌러 부수다, 파괴하다 (**ⲙ̄ⲙⲟ⸗**); vb. intr. 닳다, 부서지다, 찌부러지다, 파괴되다. n.m. 파손, 파괴.

ⲟⲩⲱϩ, ⲟⲩⲉϩ-, ⲟⲩⲁϩ⸗, Q **ⲟⲩⲏϩ** (1) vb. tr. 두다, 놓다, 배치하다 (**ⲙ̄ⲙⲟ⸗**); Q 놓여 있다, 자리잡고 있다, 준비되어 있다; **ⲟⲩⲱϩ ⲙ̄ⲙⲟ⸗ ⲉ** ~에 덧붙이다, 적용되다, 초래하다; **ⲟⲩⲱϩ ⲉⲧⲟⲟⲧ⸗** 덧붙이다, 반복하다, 다시 하다 (vb. 상황절에서 보어. 또는 **ⲉ** + inf.); **ⲟⲩⲱϩ ⲉϫⲛ̄** ~에 덧붙이다 (~을: **ⲙ̄ⲙⲟ⸗**); **ⲟⲩⲱϩ ⲛ̄ⲧⲟⲟⲧ⸗** (보증금 또는 저당을) 맡기다; **ⲟⲩⲱϩ ϩⲁ** 투자하다, 맡기다; **ⲟⲩⲱϩ ⲉⲃⲟⲗ** 아래에 두다 (~을: **ⲙ̄ⲙⲟ⸗**), 맡기다; **ⲟⲩⲱϩ ⲉⲡⲉⲥⲏⲧ** 내려놓다. (2) vb. reflex. 스스로 자리잡다; **ⲟⲩⲁϩ⸗ ⲛ̄ⲥⲁ** 따르다. (3) intr. 살다, 거주하다, 체류하다, 자리잡다, 있다; **ⲟⲩⲱϩ ⲉ** ~으로 살다 등; **ⲟⲩⲱϩ ⲉϫⲛ̄, ⲉϩⲣⲁⲓ ⲉϫⲛ̄** ~을 먹고 살다 등; **ⲟⲩⲱϩ ⲙⲛ̄** ~와 함께 살다 등; sim. **ϩⲁ, ϩⲛ̄, ϩⲓ,** 및 **ϩⲓϫⲛ̄**과 함께. n.m. 멈추는 곳, 서 있는 곳, 거주하는 곳. **ⲙⲁ ⲛ̄ ⲟⲩⲱϩ** idem. **ϭⲓⲛⲟⲩⲱϩ** 생활 방식.

ⲟⲩⲱϩⲉ n.m. 어부; **ⲙⲛ̄ⲧⲟⲩⲱϩⲉ** 어부 직업.

ⲟⲩⲱϩⲙ̄, ⲟⲩⲉϩⲙ-, ⲟⲩⲁϩⲙ⸗, Q **ⲟⲩⲟϩⲙ̄** vb. tr. ~을 되풀이하다, 설명하다 (**ⲙ̄ⲙⲟ⸗**); intr. 되풀이하다, 대답하다, 응답하다 (~에: **ⲉ, ⲉϫⲛ̄, ⲛⲁ⸗, ⲛ̄ⲥⲁ**); 부인하다, ~에 반박하다 (**ⲟⲩⲃⲉ, ϩⲁ, ϩⲓ**); reflex. 되풀이하다, 응창하다. **ⲟⲩⲉϩⲙ̄-** 부정사에 접미사로 붙을 수 있다: 다시 (~하다), 한번 더 (~하다). n.m. 대답, 반대, 설명. **ⲛ̄ ⲟⲩⲱϩⲙ̄** adv. 다시, 또. **ⲣⲉϥⲟⲩⲱϩⲙ̄** 반박하는 사람; **ⲙⲛ̄ⲧ-ⲣⲉϥⲟⲩⲱϩⲙ̄** 반대, 불복종. **ϭⲓⲛⲟⲩⲱϩⲙ̄** 반대. **ⲟⲩⲁϩⲙⲉϥ** n.m. 해석자.

ⲟⲩⲱϫⲉ (ⲟⲩⲱⲱϫⲉ), ⲟⲩⲉⲉϫⲉ- (ⲟⲩⲉϫ-), ⲟⲩⲟⲟϫ⸗ (ⲟⲩⲟϫ⸗) vb. tr. 잘라내다, 끊다 (**ⲙ̄ⲙⲟ⸗**).

ⲟⲩⲱϭ n. (pl.) 건축 용어: 입구, 주랑 현관.

ⲟⲩⲱϭⲡ̄, ⲟⲩⲉϭⲡ̄-, ⲟⲩⲟϭⲡ⸗, Q **ⲟⲩⲟϭⲡ̄** vb. tr. 깨다, 부수다, 파괴하다; vb. intr. 깨지다, 부서지다. n.m. 파괴, 파손. **ⲁⲧⲟⲩⲱ-**

ⲁ ⲃ ⲉ ⲏ ⲉⲓ ⲕ ⲗ ⲙ ⲛ ⲟ ⲡ ⲣ ⲥ ⲧ ⲟⲩ ⲱ ϣ ϥ ϩ ϫ ϭ

ϭⲡ̄ 깨지지 않은, 말짱한.

ⲟⲩⲱϭ̄ⲥ̄ vb. 기부금을 모으다; n.m. 기부.

ⲟⲩϣⲁⲡ n.m. 대출; **ⲉ ⲡⲟⲩϣⲁⲡ** 대출하여. **ϯ ⲉ ⲡⲟⲩϣⲁⲡ** 대출해주다 (~에게: **ⲛⲁ⸗**); **ϫⲓ ⲉ ⲡⲟⲩϣⲁⲡ** 대출을 받다.

ⲟⲩϣⲏ (pl. **ⲟⲩϣⲟⲟⲩⲉ**) n.f. 밤. **ⲧⲡⲁϣⲉ ⲛ̄ ⲧⲉⲩϣⲏ** 한밤. **ⲛ̄ ⲟⲩⲟⲩϣⲏ** 밤 동안에. **ⲛ̄ ⲧⲉⲩϣⲏ** 밤중에. **ⲣ̄-ⲟⲩϣⲏ** 밤을 보내다.

ⲟⲩϩⲟⲣ (f. **ⲟⲩϩⲟⲣⲉ, ⲟⲩϩⲟⲟⲣⲉ, ⲟⲩϩⲱⲣⲉ**; pl. **ⲟⲩϩⲟⲟⲣ**) n.m. 개.

ⲟⲩϫⲁⲓ, Q **ⲟⲩⲟϫ** vb. intr. 완전해지다, 건강해지다, 안전해지다, 구원되다 (종교적인 의미로); **ⲟⲩϫⲁⲓ ⲉ** ~로부터 구원되다. n.m. 건강, 안전. **ⲁⲧⲟⲩϫⲁⲓ** 건강하지 않은, 고쳐지지 않는. **ⲙⲛ̄ⲧ-ⲁⲧⲟⲩϫⲁⲓ** 불안정, 건강하지 못함.

▽ 상호 참조

ⲟⲩⲁ ⲛ̄ ⲟⲩⲱⲧ: ⲟⲩⲱⲧ
ⲟⲩⲁⲁⲃ: ⲟⲩⲟⲡ
ⲟⲩⲁⲙⲟⲙⲉ: ⲟⲙⲉ
ⲟⲩⲁⲣⲧ̄: ⲟⲩⲉⲣⲧ̄
ⲟⲩⲁⲥⲧ⸗: ⲟⲩⲉⲓⲥⲉ
ⲟⲩⲁⲥϥⲉ: ⲟⲩⲱⲥϥ̄
ⲟⲩⲁⲧⲃⲉ: ⲟⲩⲱⲧⲃ̄
ⲟⲩⲁⲧϥⲉ: ⲟⲩⲱⲧⲃ̄
ⲟⲩⲁⲧϩⲉ: ⲱⲧϩ̄
ⲟⲩⲁϣⲥⲉ: ⲟⲩⲱϣⲥ̄
ⲟⲩⲁϣⲧⲉ: ⲟⲩⲱϣⲧ̄
ⲟⲩⲁϩⲙⲉ: ⲟⲩⲱϩⲙ̄
ⲟⲩⲁϩⲙⲉϥ: ⲟⲩⲱϩⲙ̄
ⲟⲩⲁϫⲉ: ⲁϫⲉ
ⲟⲩⲉⲉⲓⲏ: ⲟⲩⲟⲉⲓⲉ
ⲟⲩⲉⲉⲧⲉ: ⲟⲩⲉⲓⲧⲉ
ⲟⲩⲉⲓ: ⲟⲩⲁ
ⲟⲩⲉⲓⲏ: ⲟⲩⲟⲉⲓⲉ
ⲟⲩⲉⲛⲧ̄: ϥⲛ̄ⲧ
ⲟⲩⲉⲣϩ̄: ⲟⲩⲱⲣϩ̄
ⲟⲩⲉⲥⲧⲱⲛ: ⲟⲩⲟⲥⲧⲛ̄
ⲟⲩⲉⲧ⸗: ⲟⲩⲱⲧ
ⲟⲩⲉⲧ-: ⲟⲩⲱⲱⲧⲉ
ⲟⲩⲉⲧⲟⲩⲱⲧ: ⲟⲩⲟⲧⲟⲩⲉⲧ
ⲟⲩⲉⲧϥ̄-: ⲟⲩⲱⲧⲃ̄
ⲟⲩⲉϣⲛ̄: ⲟⲩⲱϣ

ⲟⲩⲉϣⲟⲩⲱϣ: ⲟⲩⲟϣⲟⲩⲉϣ
ⲟⲩⲉϣⲥⲉ: ⲟⲩⲱϣⲥ̄
ⲟⲩⲉϭⲥ̄-: ⲱϭⲥ̄
ⲟⲩⲏⲏⲃ: ⲟⲩⲟⲡ
ⲟⲩⲏⲛ: ⲟⲩⲱⲛ
ⲟⲩⲏⲩ: ⲟⲩⲉ
ⲟⲩⲗⲱⲙ: ⲙ̄ⲣⲱⲙ
ⲟⲩⲛ̄-: ⲟⲩⲱⲛ
ⲟⲩⲟⲙ⸗: ⲟⲩⲱⲱⲙⲉ
ⲟⲩⲟⲙⲡⲧⲉ: ⲟⲩⲟⲙⲧⲉ
ⲟⲩⲟⲙⲛ̄ⲧ: ⲟⲩⲙⲟⲧ
ⲟⲩⲟⲟⲗⲉⲥ: ⲟⲩⲱⲱⲗⲉ
ⲟⲩⲟⲟⲙ⸗: ⲟⲩⲱⲱⲙⲉ
ⲟⲩⲟⲟⲙⲧⲉ: ⲟⲩⲟⲙⲧⲉ
ⲟⲩⲟⲟⲧⲉ: ⲟⲩⲱⲧ
ⲟⲩⲟⲥϭ⸗: ⲱⲥϭ̄
ⲟⲩⲟⲧⲉ: ⲟⲩⲱⲧ
ⲟⲩⲟⲧϩⲉ: ⲟⲩⲱⲧϩ̄
ⲟⲩⲟⲧϥ(⸗): ⲟⲩⲱⲧⲃ̄
ⲟⲩⲟϣⲥⲉ: ⲟⲩⲱϣⲥ̄
ⲟⲩⲟϩⲃⲉϥ: ⲟⲩⲁϩⲃⲉϥ
ⲟⲩⲟϩⲉ: ⲟⲩⲟⲟϩⲉ
ⲟⲩⲟϫ: ⲟⲩϫⲁⲓ
ⲟⲩⲣⲱⲙ: ⲙ̄ⲣⲱⲙ
ⲟⲩⲧⲱ⸗: ⲟⲩⲧⲉ
ⲟⲩⲱ: ⲉⲩⲱ
ⲟⲩⲱⲙⲉ: ⲟⲩⲱⲱⲙⲉ
ⲟⲩⲱⲧ: ⲟⲩⲱⲱⲧⲉ, ⲱⲧ
ⲟⲩⲱⲧϥ̄: ⲟⲩⲱⲧⲃ̄
ⲟⲩⲱⲧϩ̄: ⲱⲧϩ̄
ⲟⲩⲱⲱϫⲉ: ⲟⲩⲱϫⲉ
ⲟⲩⲱϣⲙ̄: ⲱϣⲙ̄
ⲟⲩϥ: ⲱϥ
ⲟⲩϩⲱⲣⲉ: ⲟⲩϩⲟⲣ

ⲱ

ⲱ interj. 오, 아.

ⲱⲃⲧ̅, ⲱϥⲧ̅ n.m. 거위.

ⲱⲃϣ̅, ⲉⲃϣ̅-, ⲟⲃϣ⸗, Q **ⲟⲃϣ̅** (1) tr.: ~을 게을리 하다, ~을 못보고 넘어가다, 무시하다 (**ⲉ**); Q 잊히다, 무시당하다; 재귀적으로도 사용. (2) intr. 자다, 잠들다; Q 잠들어 있다. n.m. 망각, 잊음; 잠. **ⲣ̅-ⲡⲱⲃϣ̅** 잊어버리다, 잊다; 명사 목적어는 **ⲛ̅**과 함께; 대명사 목적어는 접미사와 함께. **ⲣ̅-ⲡ(⸗)ⲱⲃϣ̅**에서; n.m. 망각, 잊음. **ⲣⲉϥⲣ̅-ⲡⲱⲃϣ̅** 잊어버리는 사람. **ⲉⲃϣⲉ, ⲃ̅ϣⲉ** n.f. 망각, 잊음, 부주의, 잠; **ⲣ̅-ⲉⲃϣⲉ** 잊어버리다; **ϯ-ⲉⲃϣⲉ, ϯ ⲛ̅ ⲟⲩⲉⲃϣⲉ ⲉ ⲡϩⲏⲧ ⲛ̅** 잊게 되다; **ϫⲓ ⲛ̅ ⲟⲩⲉⲃϣⲉ** 잊어버리다. **ⲟⲃϣⲥ̅** n.f. 망각.

ⲱⲕ ⲛ̅ ϩⲏⲧ 기꺼이 ~하다, 만족하다.

ⲱⲕⲙ̅, ⲉⲕⲙ̅-, Q **ⲟⲕⲙ̅** vb. intr. 어두워지다, 어둑어둑해지다, 악화되다 (~쪽으로: **ⲉ, ⲉϩⲟⲩⲛ ⲉ**); 드물게 tr. 어둡게 하다, 바꾸다; n.m. 슬픔, 우울.

ⲱⲗ, ⲟⲗ⸗, Q **ⲏⲗ** (대개는 보하이르 방언) 잡다, 붙잡다, 거두어들이다 (**ⲙ̅ⲙⲟ⸗**); reflex. 물러나다 (± **ⲉⲣⲟ⸗** 심성적 여격); **ⲱⲗ ⲉ** ~로 가지고 오다; **ⲱⲗ ⲉⲃⲟⲗ** 가지고 가다; **ⲱⲗ ⲉϩⲟⲩⲛ** 가져오다; **ⲱⲗ ⲉϩⲣⲁⲓ** 들어올리다; 물러나다. n.m. 수확, 수집. **ⲟⲗⲥ̅** n.f. 수집된 것.

ⲱⲗⲕ̅, Q **ⲟⲗⲕ̅** vb. intr. 구부러지다, 틀어지다, 꼬이다 (~쪽으로: **ⲉ**); 부사 **ⲉⲃⲟⲗ, ⲉⲡⲉⲥⲏⲧ, ⲉϩⲣⲁⲓ, ⲛ̅ⲥⲁ ⲡⲁϩⲟⲩ**와 함께 사용하기도 한다. **ⲱⲗⲕ̅ ϣⲁ, ⲉⲗⲕ̅-/ⲗ̅ⲕ-ϣⲁ** 콧방귀를 뀌다, 비웃다 (~에: **ⲛ̅ⲥⲁ**). **ⲟⲗⲕⲥ̅, ⲟⲗⲉⲕⲥ̅** n.f. 굽음, 구석.

ⲱⲗⲙ̅, ⲟⲗⲙ⸗, Q **ⲟⲗⲙ̅** vb. tr. 끌어안다, 껴안다 (**ⲉ, ⲉϩⲟⲩⲛ ⲉ**).

ⲱⲙⲕ̅, ⲉⲙⲕ̅-, ⲟⲙⲕ⸗ vb. tr. 삼키다 (**ⲙ̅ⲙⲟ⸗**); intr. 삼켜지다.

ⲱⲙⲥ̅, ⲉⲙⲥ̅-, ⲟⲙⲥ⸗, Q **ⲟⲙⲥ̅** vb. tr. 가라앉히다, 물에 잠기게 하다, 담그다 (**ⲙ̅ⲙⲟ⸗**); vb. intr. 가라앉다, 물에 잠기다, 잠수하다 (~으로: **ⲉ, ⲉϩⲟⲩⲛ ⲉ, ⲙ̅ⲙⲟ⸗, ϩⲁ, ϩⲛ̅**), ± **ⲉⲃⲟⲗ, ⲉⲡⲉⲥⲏⲧ**. n.m. 침몰, 잠수, 세례. **ⲣⲉϥⲱⲙⲥ̅** 물 속에 뛰어드는 사람. **ⲉⲙⲥⲉ, ⲙ̅ⲥⲉ** n. 침수.

ⲱⲙϫ̅, ⲉⲙϫ̅-, ⲟⲙϫ⸗ vb. tr. 젖을 떼다 (**ⲙ̅ⲙⲟ⸗**; ~로부터: **ⲉⲃⲟⲗ ϩⲛ̅**).

ⲱⲛⲉ n.m. (f.) 돌. **ⲙⲁ ⲛ̅ ⲱⲛⲉ** 돌밭. **ⲣ̅-ⲱⲛⲉ** 돌이 되다, 돌처럼 되다. **ϩⲓ-ⲱⲛⲉ** 돌을 던지다 (~에: **ⲉ**). **ⲛⲉϫ-ⲱⲛⲉ** idem. **ⲃⲁⲕ-ⲱⲛⲉ** 돌을 던지는 사람. **ϣⲁⲧ-ⲱⲛⲉ** 채석장. **ⲉⲛⲉ-ⲙ̅-ⲙⲉ** 보석용 원석, 보석.

ⲱⲛⲕ̅, ⲟⲛⲕ⸗ (**ⲟⲙⲕ⸗, ⲟⲛⲅ⸗**) vb. tr. / reflex. 뛰다 (**ⲉ**: ~에서; **ϩⲓϫⲛ̅** ~에서; **ⲉϩⲣⲁⲓ** 위로; **ⲉϩⲣⲁⲓ ⲉϫⲛ̅** ~에서 위로; **ⲉϩⲣⲁⲓ ϩⲛ̅/ϩⲁ/ϩⲓ** ~에서 위로; **ⲉⲃⲟⲗ** 밖으로).

ⲱⲛⲧ̅ (**ⲱⲛϭ̅**) vb. intr. 줄어들다, 수축되다.

ⲱⲛϣ̅, Q **ⲟⲛϣ̅** (**ⲟⲟⲛϣ̅**) vb. intr. 망연해지다, 놀라다, 아연하다; 입을 딱 벌리고 바라보다 (~에: **ⲛ̅ⲥⲁ**). **ⲱⲛϣ̅ ⲉⲃⲟⲗ** 사색하다, 정신이 딴 데 팔려 있다. **ⲟⲛϣⲥ̅** n. 크게 놀람.

ⲱⲛϩ̅, Q **ⲟⲛϩ̅** vb. intr. 살다, 살아있다; n.m. 삶, 생활, 생명. **ⲣⲉϥ-ϯ-ⲱⲛϩ̅** 생명을 주는 자. **ϭⲓⲛⲱⲛϩ̅** 삶의 방식.

ⲱⲡ, ⲉⲡ-, ⲟⲡ⸗, Q **ⲏⲡ** vb. tr. 세다; 계산하다, 간주하다, 생각하다 (**ⲙ̅ⲙⲟ⸗**; ~처럼: **ⲙ̅ⲙⲟ⸗**; ~에 속하는 것으로: **ⲉ**); 탓으로 돌리다 (**ⲙ̅ⲙⲟ⸗**; ~에; **ⲉ**); ~을 ~이라고 생각하다, ~ 이라고 생각되다. 상태형 (Q)은 특별히 다음의 의미로 자주 사용된다: 귀속되어 있다, 관계되어 있다, 속해 있다. **ⲱⲡ ⲙⲛ̅** 세다. 또는 세어져 있다; ~의 일부가 되다. **ⲱⲡ ⲛ̅ⲥⲁ** 세다, 열거하다. n.m. 셈하기, 계산; **ⲁⲧⲱⲡ** ~라고 생각되지 않는; **ϯ-ⲱⲡ, ϯ ⲙ̅ ⲡⲱⲡ** 설명하다, 보고하다; **ϥⲓ-ⲱⲡ** 세다, 헤아리다 (~을: **ⲛ̅, ⲉ, ⲙⲛ̅**). **ⲏⲡⲉ** n.f. 수, 숫자; **ⲁⲧⲏⲡⲉ** 수없이 많은; **ϫⲓ-ⲏⲡⲉ** 세다 (~을: **ⲙ̅ⲙⲟ⸗**); **ⲁⲧϫⲓ-ⲏⲡ** 셀 수 없는, 많은.

ⲱⲣⲃ̅ (ⲱⲣϥ̅), ⲉⲣⲃ̅-, ⲟⲣⲃ⸗ (ⲟⲣϥ⸗), Q ⲟⲣⲃ̅ (ⲟⲣϥ̅) + ⲉϩⲟⲩⲛ vb. tr. 에워싸다, 둘러싸다, 제한하다 (ⲙ̅ⲙⲟ⸗); vb. intr. 들어박히다, 둘러싸이다; n.m. 포위, 둘러쌈, 격리; ⲁⲧⲟⲣⲃ⸗ 제한이 없는. ⲉⲣⲃⲉ, ⲣ̅ⲃⲉ n.f. (가축의) 우리, 둘러쌈.

ⲱⲣⲕ̅, ⲟⲣⲕ⸗ vb. tr. 맹세하다, 단언하다 (~을: ⲙ̅ⲙⲟ⸗); 간청하다, 단언하다 (~에게: ⲉ, ⲛⲁ⸗; ~에 관하여: ⲉⲧⲃⲉ, ⲉϫⲛ̅, ϩⲁ; ~에: ⲉϫⲛ̅, ϩⲓ); n.m. 맹세, 단언. ⲱⲣⲕ̅ ⲛ̅ ⲛⲟⲩϫ 위증하다; n. 거짓 맹세; ⲣⲉϥⲱⲣⲕ̅ ⲛ̅ ⲛⲟⲩϫ 거짓 맹세하는 자; ⲙⲛ̅ⲧⲣⲉϥⲱⲣⲕ̅ ⲛ̅ ⲛⲟⲩϫ 거짓 맹세함. ⲧⲁϣⲉ-ⲱⲣⲕ̅, ⲣⲉϥⲧⲁϣⲉ-ⲱⲣⲕ̅ 거짓 맹세를 많이 하는 자.

ⲱⲣϣ̅, Q ⲟⲣϣ̅ (ϩⲟⲣϣ̅) vb. intr. 추워지다; tr. 말려 죽이다.

ⲱⲣϫ̅, ⲉⲣϫ̅- (ⲣ̅ϫ-), ⲟⲣϫ⸗, Q ⲟⲣϫ̅ vb. tr. 매다, 묶다, 가두다; 닫다 (ⲙ̅ⲙⲟ⸗; ~에 대해: ⲉ); intr. 단단하다, 안정되어 있다. n.m. 견고, 확신; 담보 증서. ϩⲛ̅ ⲟⲩⲱⲣϫ̅ 확신을 가지고, 확실하게; 열심히, 신중하게. ⲉ ⲡⲱⲣϫ̅ 확실히, 틀림없이. ⲙⲁ ⲛ̅ ⲱⲣϫ̅ 감옥; 요새.

ⲱⲥⲕ̅, Q ⲟⲥⲕ̅ vb. intr. 계속하다, 연장되다; 지체하다, 머무르다; ~한지 오래다, 구식이다; 자주 상황절과 함께: ~하는 것을 계속하다, 지속하다; 또는 + ⲉ + inf. idem. n.m. 지속, 계속, 지연. ⲁⲥⲕⲉ n.f. 지연.

ⲱⲥϭ̅ (ⲱϭⲥ̅), ⲉⲥϭ̅- (ⲟⲩⲉϭⲥ̅-), ⲟⲥϭ⸗ (ⲟⲩⲟⲥϭ⸗), Q ⲟⲥϭ̅ vb. tr. 기름을 바르다 (ⲙ̅ⲙⲟ⸗).

ⲱⲧ, ⲟⲩⲱⲧ n.m. 비계, 기름기.

ⲱⲧⲡ̅, ⲉⲧⲡ̅-, ⲟⲧⲡ⸗, Q ⲟⲡⲧ̅ vb. tr. 가두다, 둘러싸다 (ⲙ̅ⲙⲟ⸗; ~에: ⲉ); ⲱⲧⲡ̅ ⲉϩⲟⲩⲛ idem (ⲉ, ϩⲛ̅). ⲙⲁ ⲛ̅ ⲱⲧⲡ̅ ⲉϩⲟⲩⲛ 감금 장소. ϭⲓⲛⲱⲧⲡ̅ ⲉϩⲟⲩⲛ 격리.

ⲱⲧⲡ̅, ⲟⲧⲡ⸗, Q ⲟⲧⲡ̅ vb. tr. 싣다 (ⲙ̅ⲙⲟ⸗; ~을: ⲙ̅ⲙⲟ⸗). ⲉⲧⲡⲱ n.f. 짐, 부담; ϥⲁⲓ-ⲉⲧⲡⲱ 짐꾼, 짐 나르는 사람.

ⲱⲧϩ̅ (ⲟⲩⲱⲧϩ̅), ⲟⲧϩ⸗, Q ⲟⲧϩ̅ vb. tr. 짜다, 엮다; 꿰메다, 매다 (ⲙ̅ⲙⲟ⸗; ~에: ⲉ, ϩⲛ̅). ⲟⲩⲁⲧϩⲉ n.m. (베틀의) 날실.

ⲱⲱ (ⲱ), Q ⲉⲉⲧ (ⲉⲧ) vb. intr. 임신 중이다 (~을: ⲙ̅ⲙⲟ⸗); 임신하

다 (~에 의해: ⲘⲚ̄, ϨⲚ̄, ⲈⲂⲞⲖ ϨⲚ̄); n.m. 임신. ϯ-ⲰⲰ 임신하다.

ⲰϢ, ⲈϢ-, ⲞϢ⸗ (± ⲈⲂⲞⲖ) (1) vb. tr. 말하다, 소리를 내다 (ⲘⲘⲞ⸗); 외치다 (~에게, ~을 위해: Ⲉ, ⲈϨⲢⲀⲒ Ⲉ, ⲈϪⲚ̄, ⲈϨⲞⲨⲚ ⲈϨⲢⲚ̄, ⲞⲨⲂⲈ); (2) vb. tr. 낭독하다 (ⲘⲘⲞ⸗; ~에게: Ⲉ, ⲚⲀ⸗; ~에 대해: Ⲉ, ⲈϪⲚ̄; in: ϨⲒ, ϨⲚ̄); n.m. 읽기. ⲘⲀⲒ-ⲰϢ 읽기를 좋아하는; ⲢⲈϤⲰϢ 읽는 사람, 독자. ϬⲒⲚⲰϢ 읽는 기술.

(ⲰϢ), ⲞϢ⸗ (ϨⲞϢ⸗, ⲞⲚϢ⸗) reflex.로만 + ⲈϨⲞⲨⲚ Ⲉ: 미끄러지다, 끼어들다.

ⲰϢⲘ̄ (ⲞⲨⲰϢⲘ̄), ⲈϢⲘ̄-, ⲞϢⲘ⸗, Q ⲞϢⲘ̄ vb. tr. 바싹 말리다 (ⲘⲘⲞ⸗), 가라앉히다; vb. intr. 해소되다. ⲀⲦⲰϢⲘ̄ 채울 수 없는.

ⲰϤ, ⲰⲂ, ⲞⲨϤ n.m. 상추.

ⲰϤⲈ (ⲰⲂⲈ), ⲈϤ-, ⲞϤ⸗ (ⲞⲂ⸗) vb. tr. 누르다, 으깨다 (ⲘⲘⲞ⸗; ~을: ⲈⲠⲈⲤⲎⲦ Ⲉ, ⲈϨⲞⲨⲚ Ⲉ, ⲈϪⲚ̄). ϢⲈ Ⲛ̄ ⲰϤⲈ 축육공(縮絨工)의 곤봉.

ⲰϤⲦ̄ (ⲰⲂⲦ̄), ⲈϤⲦ̄- (ⲈⲂⲦ̄-), ⲞϤⲦ⸗ (ⲞⲂⲦ⸗), Q ⲞϤⲦ̄ (ⲞⲂⲦ̄) vb. tr. 못박다, 고정시키다 (ⲘⲘⲞ⸗; ~에: Ⲉ, ⲈϨⲞⲨⲚ Ⲉ, ⲈϪⲚ̄); Q ⲞϤⲦ̄ Ⲛ̄ 박혀 있다. ⲈⲒϤⲦ̄, ⲈⲒⲂⲦ̄ n.m. 못, 대못; ϢⲤ̄-Ⲛ̄-ⲈⲒϤⲦ̄ 못박음, 못에 의한 상처.

ⲰϨ interj. 슬프도다!, 화(禍)로다! ⲰϨ Ⲉ ~에게 화가 있도다!

ⲰϨⲈ, ⲀϨⲈ, Q ⲀϨⲈ vb. intr. 서다, 체류하다, 머무르다 (함께: 뒤에: ⲈⲠⲀϨⲞⲨ); 기다리다 (~을: Ⲉ, ⲚⲀ⸗); ⲰϨⲈ ⲞⲨⲂⲈ 대항하여 서다, 저항하다, 반대하다; idem. 다음과 함께 ⲈⲂⲞⲖ Ⲉ, Ⲛ̄ⲂⲞⲖ Ⲉ. ⲀϨⲈⲢⲀⲦ⸗ (재귀 접미사) 서다 (Ⲉ: 앞에), 주의를 기울이다, 저항하다; ⲀϨⲈⲢⲀⲦ⸗ ⲈϪⲚ̄, ϨⲒϪⲚ̄ ~에 서다; 대항하여 서다, 저항하다. ⲀϨⲈⲢⲀⲦ⸗ ⲘⲚ̄ ~와 함께 서다. 또한 다음과 함께 ⲞⲨⲂⲈ 반대하여, ϨⲒⲢⲚ̄ ~에, ϨⲀϨⲦⲚ̄, ϨⲀⲦⲚ̄ 앞에, ~의 면전에. ⲘⲀ Ⲛ̄ ⲀϨⲈ-ⲢⲀⲦ⸗ 서는 곳.

ⲰϨⲤ̄, ⲈϨⲤ̄-, ⲞϨⲤ⸗ (ⲞⲤϨ⸗) vb. tr. 거둬들이다, 수확하다 (ⲘⲘⲞ⸗); n.m. 거두어들임, 수확; ⲢⲀ-ⲰⲤϨ̄ 수확하는 행위. ⲞϨⲤ̄, ⲞⲤϨ̄ n.m. (원형의) 낫, 큰낫; ϫⲓ-ⲟϩⲥ̄ 낫을 휘두르다; ϫⲁⲓ-ⲟϩⲥ̄ 추수꾼, 거두어들이는 사람. ⲟⲥϩϥ̄, ⲁⲥϩϥ̄ n.m. 칼, 낫.

ⲱϫ n. 도둑.

ⲱϫⲛ̄, ⲉϫⲛ̄-, ⲟϫⲛ⸗ vb. intr. 끝나다, 사라지다 (~에서: ⲉⲃⲟⲗ ⲛ̄, ⲉⲃⲟⲗ ϩⲛ̄); vb. tr. 파괴하다, 중지시키다, ~을 끝내다 (ⲙ̄ⲙⲟ⸗); n.m. 중지, 파괴, 파멸. ⲁϫⲛ̄ ⲱϫⲛ̄ 끊임없이. ⲁⲧⲱϫⲛ̄ 끊임없는, 쉴 새 없는.

ⲱϭⲃ̄ (ϩⲱϭⲃ̄), ⲉϭⲃ̄-, Q ϩⲟϭⲃ̄ (ⲟϭϥ̄) vb. intr. 차가워지다, 얼다; n.m. 추위, 서리. ⲟϭⲃⲥ̄ n. 추위.

ⲱϭⲣ̄, ⲟϭⲣ⸗, Q ⲟϭⲣ̄ vb. intr. 단단해지다, 뻣뻣해지다, 냉각되다; tr. 얼리다, 뻣뻣하게 하다.

ⲱϭⲧ̄, ⲉϭⲧ̄-, ⲟϭⲧ⸗ (ⲟϫⲧ⸗, ⲟⲧϭ⸗) vb. tr. 숨막히게 하다, 목을 조르다 (ⲙ̄ⲙⲟ⸗).

▽ 상호 참조

ⲱ: ⲱⲱ, ⲟ
ⲱⲃ: ⲱϥ
ⲱⲃⲉ: ⲱϥⲉ
ⲱⲃⲧ̄: ⲱϥⲧ̄
ⲱⲛϭ̄: ⲱⲛⲧ̄
ⲱⲣϥ̄: ⲱⲣⲃ̄
ⲱϥ: ϩⲱⲃ
ⲱϥⲧ̄: ⲱⲃⲧ̄
ⲱϩ: ⲟⲟϩ
ⲱϩⲉ: ⲟϩⲉ
ⲱϭⲥ̄: ⲱⲥϭ⸗

ⲁ ⲃ ⲉ ⲏ ⲉⲓ ⲕ ⲗ ⲙ ⲛ ⲟ ⲡ ⲣ ⲥ ⲧ ⲟⲩ ⲱ ϣ ϥ ϩ ϫ ϭ

ϣ

ϣ- 동사 (+ inf.)에 접두사로 붙는다. ~할 수 있다, ~할 줄 안다, ~하는 것이 허용되다. §26.2를 보라.

ϣⲁ vb. intr. (해 등이) 뜨다, 떠오르다. ± **ⲉϩⲣⲁⲓ, ⲉⲃⲟⲗ**. n.m. (해의) 떠오름. **ⲙⲁ ⲛ̄ ϣⲁ** 동쪽. **ⲣⲁ-ϣⲁ** 동쪽편.

ϣⲁ- vb. 시작하다; 복합어에서만. **ϣⲁ-ⲙⲓⲥⲉ, ϣⲁ-ⲥⲱⲛⲧ̄.** 2번째 요소를 보라.

ϣⲁ n.m. 축제; 예배, 전례. **ϩⲓⲃⲟⲗ ⲙ̄ ⲡϣⲁ** 제명한, 파문한. **ϣⲁ ⲱ** 큰 축제. **ϩⲟⲟⲩ ⲛ̄ ϣⲁ** 축제일. **ϣⲁ**는 '축제를 열다'라는 동사로도 사용된다 (~을 위해: **ⲉ, ⲙ̄ⲙⲟ⸗**). **ⲣ̄-(ⲡ)ϣⲁ** 축제를 열다 (~을 위해: **ⲉ**); **ⲙⲁ ⲛ̄ ⲣ̄-ϣⲁ** 축제의 장; **ⲙⲛ̄ⲧⲣⲉϥⲣ̄-ϣⲁ** 축제의 때; **ϯ-ϣⲁ** 성찬식을 행하다.

ϣⲁ, ϣⲉ (**ϣⲁⲛⲧ⸗, ϣⲁⲁⲧ⸗, ϣⲁⲁⲛⲧ⸗, ϣⲁⲧⲧ⸗, ϣⲉⲛⲧ⸗**) n.m. 코. **ϭⲱⲃⲉ ⲛ̄ ϣⲁ, ϭⲃ̄-ϣⲁ, ϫⲉϥ-ϣⲁ, ϭⲃ̄-ϣⲉ** n.m.f. 콧구멍.

ϣⲁ (**ϣⲁⲣⲟ⸗**) prep. (1) ~에게 (사람); (2) ~에, ~로, ~을 향해 (장소); (3) ~까지, ~동안 (시간); (4) ~까지, ~의 길이까지 (추산); (5) ~외에는 (즉, '~까지'를 포함하지 않는 것). 복합어에서는 2번째 요소를 보라.

ϣⲁⲁⲃ, ϣⲁⲁϥ, ϣⲟⲟⲃ n.m. 피부.

ϣⲁⲁⲣ, ϣⲁⲣ (pl. **ϣⲁⲁⲣⲉ**) n.m. 피부, 가죽. **ⲃⲁⲕ-ϣⲁⲁⲣ** 무두장이. **ⲟⲩⲁⲙ-ϣⲁⲁⲣ** 궤양, 종기. **ⲣⲙ̄ⲛ̄ϣⲁⲁⲣ** 가죽 사람 (즉, 순전히 육체적인 사람).

ϣⲁⲁⲣ, ϣⲁⲣ, ϣⲁⲁⲣⲉ, ϣⲁⲣⲉ n.m. 가격; **ⲣ̄-ϣⲁⲁⲣ** 가격을 정하다, 흥정하다 (~에 대하여: **ⲉ**); **ϯ-ϣⲁⲁⲣ** idem.

ϣⲁⲁⲣⲉ (**ϣⲁⲓⲣⲉ, ϣⲁⲁⲣ**), **ϣⲁⲣ⸗**, Q **ϣⲁⲣ** vb. tr. 강타하다 (**ⲉⲣⲟ⸗**); n.m. 강타, 타격; **ⲣⲉϥϣⲁⲁⲣⲉ** 악령, 치는 자; **ⲙⲛ̄ⲧ-**

ⲣⲉϥϣⲁⲁⲣⲉ 악령의 소행. ⲘⲚ̄ⲦϣⲞⲞⲢ idem.

ϣⲁⲓ n.m. 부, 운명, 행운. ⲡϣⲁⲓ 신의 이름으로도 사용.

ϣⲁⲓ adj. 새, 새로운 (명사 뒤 Ⲛ̄과 함께).

ϣⲁⲓⲣⲉ n.f. 침상, 동거; ⲣ̄-ϣⲁⲓⲣⲉ 눕다.

ϣⲁⲓⲣⲉ n.f. 양우리.

ϣⲁⲗ n.m. 몰약.

ϣⲁⲗⲓⲟⲩ, ϣⲁⲗⲏⲩ, ϣⲁⲣⲓⲟⲩ n.m. 행정관.

ϣⲁⲗⲟⲟⲩ n.f. 수차(水車).

ϣⲁⲣⲃⲁ, ϣⲁⲃⲣⲁ, ϣⲁϥⲣⲁ n.m. 뜨거운 열기; ⲦⲎⲨ Ⲛ̄ ϣⲁⲣⲃⲁ 뜨거운 바람; Ⲟ Ⲛ̄ ϣⲁⲣⲃⲁ 말라 있다, 고갈되어 있다; ϯ-ϣⲁⲣⲃⲁ 태우다, 말리다 (ⲉϩⲟⲩⲛ ⲉ).

ϣⲁⲣⲕⲉ n.m. 물 부족, 가뭄; ⲣ̄-ϣⲁⲣⲕⲉ 바싹 마르다.

ϣⲁⲩ, ϣⲁⲟⲩ, ϣⲟⲩ- n.m. 유용, 가치; adj. 유용한, 적절한, 알맞은, 도덕적인; ⲁⲧϣⲁⲩ 쓸모없는, 가치 없는, 음란한; ⲣ̄-ϣⲁⲩ (Q Ⲟ Ⲛ̄) 유용하다, 적절하다 (~에: ⲉ, ⲛⲁ⸗, ⲉϫⲛ̄); 번창하다; ⲘⲚ̄Ⲧϣⲁⲩ 유용; 적절함, 겸손; ⲣ̄-ⲁⲧϣⲁⲩ 쓸모없게 되다, 가치가 없어지다, 헛것이 되다; ⲘⲚ̄ⲦⲀⲦϣⲀⲨ 가치 없음. ϣⲟⲩ- 가치가 있는, 적절한 (복합어에서).

ϣⲁⲩ n.m. 측정, 크기; ⲉ/ⲙ̄/ϣⲁ ⲡϣⲁⲩ Ⲛ̄ (~할) 정도까지; ⲛⲁ ⲡϣⲁⲩ Ⲛ̄ 대략, 약.

ϣⲁⲩ (pl. ϣⲏⲩ) n.m. 줄기, 그루터기; 조각, 덩어리; (Ⲛ̄) ϣⲁⲩ ϣⲁⲩ 여러 조각으로; ⲉⲓⲣⲉ ⲘⲘⲞ⸗ Ⲛ̄ ϣⲁⲩ ϣⲁⲩ 여러 조각으로 나누다.

ϣⲁϥⲉ, ϣⲁⲁϥⲉ, ϣⲁⲃⲉ, ϣⲉϥⲉ, ϣⲉⲃⲉ, ϣⲏϥⲉ, ϣⲏⲃⲉ, ϣⲓϥⲉ, ϣⲓⲃⲉ; Q ϣⲟⲃⲉ vb. intr. 솟아오르다, 부어오르다.

ϣⲁϩ n.m. 불, 불꽃; ϯ-ϣⲁϩ 태우다, 불붙이다 (± ⲉⲃⲟⲗ).

ϣⲁϫⲉ vb. tr. 말하다, 이야기하다 (ⲘⲘⲞ⸗). ϣⲁϫⲉ ⲉ ~에게 말하다; ~에 대해 말하다; 반대 의견을 말하다. ϣⲁϫⲉ ⲉϩⲟⲩⲛ ⲉ, ⲉϩⲣⲁⲓ ⲉ ~에게 말하다. ϣⲁϫⲉ ⲉϫⲛ̄ ~을 대신하여 말하다; ⲉⲡⲉⲥⲏⲧ ⲉϫⲛ̄ 반말하다. ϣⲁϫⲉ ⲘⲚ̄ ~와 말하다. ϣⲁϫⲉ

ⲚⲤⲀ 반대 의견을 말하다, 비방하다. 또한 다음과 함께. ⲚⲀϨⲢⲚ̄ 앞에, ⲞⲨⲂⲈ 반대하여, ϨⲀ 대하여, ϨⲚ̄/Ⲛ̄ 함께, 안에. n.m. 말, 발언; 것, 문제, 일, 사건; 이야기, 서술. ⲚⲞϬ Ⲛ̄ ϢⲀϪⲈ 자화자찬; ϪⲈ-ⲚⲞϬ Ⲛ̄ ϢⲀϪⲈ 자랑스럽게 말하다; ⲢⲈϤϪⲈ-ⲚⲞϬ Ⲛ̄ ϢⲀϪⲈ 허풍선이. ϨⲀϨ Ⲛ̄ ϢⲀϪⲈ 말이 많음, 수다스러움; ⲘⲚ̄ⲦϨⲀϨ Ⲛ̄ ϢⲀϪⲈ idem. Ⲣ̄-ϨⲀϨ Ⲛ̄ ϢⲀϪⲈ 수다스럽다. Ⲣ̄-ⲞⲨϢⲀϪⲈ Ⲛ̄ ⲞⲨⲰⲦ ⲘⲚ̄ ~와 계약을 맺다. ⲦⲀϢⲈ-ϢⲀϪⲈ 말을 많이 하다. ϪⲒ-ϢⲀϪⲈ 말을 받아들이다 (~의: Ⲛ̄ⲦⲚ̄). ϬⲚ̄-ϢⲀϪⲈ 불평하다 (~에 대해: ⲈϨⲞⲨⲚ Ⲉ). 복합어에서 다양한 ϢⲬ̄- 는 2번째 요소를 보라. ⲀⲦϢⲀϪⲈ 말할 수 없는; 말로 표현할 수 없는, 형언할 수 없는 (± Ⲙ̄ⲘⲞ⸗, ⲈⲢⲞ⸗). ⲢⲈϤ-ϢⲀϪⲈ 말이 유창한 사람. ⲤⲀ Ⲛ̄ ϢⲀϪⲈ 수다쟁이. ϬⲒⲚϢⲀ-ϪⲈ 연설, 말, 발언.

ϢⲂⲈ, ϢϤⲈ, ϢⲈⲂⲈ n. 오물, 불결.

ϢⲂⲎⲢ (f. ϢⲂⲈⲈⲢⲈ; pl. ϢⲂⲈⲈⲢ, ϢⲂⲈⲈⲢⲈ) n.m.f. 친구, 동료, 동반자. 복합어 ϢⲂⲢ̄-에서 자주: ~을 함께 하는 사람 (= 그리스어 접두사 συν-). ⲘⲚ̄ⲦϢⲂⲎⲢ n.f. 친한 관계, 공동체. Ⲣ̄-ϢⲂⲎⲢ (Q Ⲟ Ⲛ̄) 친구다, 친구가 되다 (~와: ⲘⲚ̄, Ⲉ).

ϢⲂⲰ, ϢϤⲰ n.f. 이야기, 꾸며낸 이야기; adj. 허구의, 전설적인. ϢⲈϪ-ϢⲂⲰ, ϢⲬ̄-ϢⲂⲰ 이야기를 말하기; ⲢⲈϤϪⲈ-ϢⲂⲰ 이야기꾼.

ϢⲂⲰⲦ, ϢⲂⲞⲦ (pl. ϢⲂⲀⲦⲈ) n.m. 막대기, 지휘봉; ϤⲀⲒ-ϢⲂⲰⲦ 지팡이 운반자.

ϢⲈ (ϢⲎ, ϢⲈⲒ) vb. intr. 가다 (± 심성적 여격). 이 동사는 주로 보하이르 방언이다; 부사 및 전치사의 사용은 ⲂⲰⲔ와 완전히 일치한다.

ϢⲈ, ϢⲎ, ϢⲒ n.m. (f.) 나무, 나무 들보; 많은 특정한 의미가 있다: 십자가, 교수대, 족쇄 달린 칼, 형틀, 손잡이, 막대기. 다양한 목재 (ϢⲈ Ⲛ̄)는 2번째 요소를 보라.

ϢⲈ 숫자: 100, 백. ϢⲎⲦ 이백. ⲘⲈϨϢⲈ 백번째. ϢⲈ ϢⲈ, Ⲉ

ⲡⲉϣⲉ ϣⲉ 수백씩, 무수히. §30.7을 보라.

ϣⲉ, ϣⲁ prep. ~에 의해, ~에 따라 (맹세하여).

ϣⲉⲃⲓⲏⲩ, ϣⲉⲃⲃⲓⲏⲩ, ϣⲃ̄ⲉⲓⲁⲉⲓⲧ, ϣⲃ̄ⲃⲓⲁⲉⲓⲧ (전부 Q) 변해져 있다, 다르다 (~와: ⲉ; ~에 관련하여: ϩⲛ̄). ϣⲃ̄ⲉⲓⲱ, ϣⲃ̄ⲓⲟ, ϣⲃ̄ⲃⲓⲱ, ϣⲃ̄ⲃⲓⲟ, ϣⲉⲃⲓⲱ, ϣⲉⲃⲃⲓⲱ, ϣⲉϥⲓⲱ n.f. 변화, 교환, 보답; ⲣ̄-ϣⲃ̄ⲉⲓⲱ 대체하다, 대신하다 (~을: ⲙ̄ⲙⲟ⸗); ϫⲓ-(ⲧ)ϣⲃ̄ⲉⲓⲱ 보상을 받다, 보응하다.

ϣⲉⲉⲓ (= ϣⲉ + ⲉⲓ) 왔다갔다하다, 앞뒤로 움직이다, 돌아다니다. n. 교란, 혼란, 광기.

ϣⲉⲗⲉⲉⲧ n.f. 신부, 며느리; 결혼. ⲣ̄-ϣⲉⲗⲉⲉⲧ (Q ⲟ ⲛ̄) 신부가 되다; 결혼하다 (~을 위해: ⲉ; ~와: ⲙⲛ̄; ~에게: ⲛⲁ⸗). ⲙⲁ ⲛ̄ ϣⲉⲗⲉⲉⲧ 신방, 결혼. ⲡⲁ-ⲧϣⲉⲗⲉⲉⲧ 신랑 (정관사를 취할 수 있다).

ϣⲉⲛϥⲉ, ϣⲛ̄ϥⲉ, ϣⲛ̄ⲃⲉ, ϣⲏ(ⲛ)ϥⲉ, ϣⲏⲃⲉ, ϣⲓϥⲉ n.f. 비늘.

ϣⲏⲃⲉ, ϣⲓⲃⲉ n.m. 녹, 녹청. ⲣ̄-ϣⲏⲃⲉ 녹슬다.

ϣⲏⲓ, ϣⲏⲉⲓ, ϣⲁⲓ n.m. 구덩이, 연못, 저수지.

ϣⲏⲙ n. 표지, 징조; 복합어에서만: ϫⲓ-ϣⲏⲙ ~을 꿰뚫어보다, 징조를 읽다; ⲣⲉϥϫⲓ-ϣⲏⲙ 예언자, 점쟁이; ⲙⲛ̄ⲧⲣⲉϥϫⲓ-ϣⲏⲙ 점, 예언. ⲣ̄-ϣⲏⲙ ~을 꿰뚫어보다.

ϣⲏⲙ adj. 작은, 조금의, 어린, 겸손한 (명사 앞에서 ⲛ̄과 함께; 명사 뒤에서 ⲛ̄이 없이). ⲛ̄ ⲟⲩϣⲏⲙ adv. 약간 있는. ⲛ̄ ⲧⲉⲓϩⲉ ϣⲏⲙ ⲁⲛ ~ (뿐)만 아니라. ⲕⲟⲩⲓ ϣⲏⲙ 작은 아이. ϣⲏⲙ ϣⲏⲙ 조금씩 조금씩, 적은 양으로. ⲣ̄-ϣⲏⲙ ϣⲏⲙ (Q ⲟ ⲛ̄) 작게 만들다. n. 작은 자, 작은 것, 소량.

ϣⲏⲛ n.m. 나무. ⲉⲓⲁϩ-ϣⲏⲛ 작은 숲, 과수원. ⲙⲁ ⲛ̄ ϣⲏⲛ idem.

ϣⲏⲣⲉ (ϣⲣ̄-; f. ϣⲉⲉⲣⲉ, ϣⲏⲏⲣⲉ; pl. ϣⲣⲏⲩ, ϣⲣⲉⲩ) n.m.f. 아들, 딸, 아이; 짐승의 어린 것. ϣⲏⲣⲉ ϣⲏⲙ 작은 아이. 아기; 젊은이. ϣⲉⲉⲣⲉ ϣⲏⲙ f. idem. ⲙⲛ̄ⲧϣⲏⲣⲉ ϣⲏⲙ 어린 시절, 유년. ⲁⲧϣⲏⲣⲉ 자식이 없는; ⲙⲛ̄ⲧⲁⲧϣⲏⲣⲉ 자식이 없음. ⲙⲛ̄ⲧ-ϣⲏⲣⲉ 아들의 지위. ⲣ̄-ϣⲏⲣⲉ (Q ⲟ ⲛ̄) 아이가 되다. ϣⲣ̄-,

ⲁ ⲃ ⲉ ⲏ ⲉⲓ ⲕ ⲗ ⲙ ⲛ ⲟ ⲡ ⲣ ⲥ ⲧ ⲟⲩ ⲱ ϣ ϥ ϩ ϫ ϭ

ϢN̄-, ϢEN- ~의 아들, ~의 딸. 다양한 복합어에서; 2번째 요소를 보라: -ЄIѠT, -MⲀⲀY, -CON, -CѠNЄ, -OYѠT, -ϨOOYT. ϢNOYⲀ(I), ϢЄNOYⲀ, ϢOYOYⲀ n.m.f. 조카, 질녀.

ϢHTC̄, ϢЄNTC̄, ϢN̄C n.m. 식물의 이름.

ϢHYЄ (pl. ? ϢOOYЄ) n.f. 제단.

ϢI (ϢЄI), ϢI-, ϢIT⸗, Q ϢHY vb. tr. 측정하다, 무게를 달다 (M̄MO⸗); 2번째 목적어와 함께: ~의 양을 측정하다; ϢI ЄϨPⲀI 무게를 달다 (Є, MN̄: 주어진 양으로); n.m. 측정, 무게, 크기, 길이; 알맞음. ⲀTϢI 측량할 수 없는; MN̄TⲀTϢI 헤아릴 수 없음. KⲀ-ϢI 크기를 정하다, 제한하다 (~에게: NⲀ⸗). P̄-ϢI (Q O N̄) 주어진 무게로 만들다, 주어진 무게와 같게 하다. ϮϢI 크기를 정하다, 제한하다 (Є); ⲀTϮ-ϢI 측정되지 않는, 제한되지 않은, 한량없는; MN̄TⲀTϮ-ϢI 제한 없음, 광대함. ϪI-ϢI ~을 재다, 계산하다.

ϢIⲀI, ϢⲀI, ϢⲀIЄ, ϢIⲀЄIⲀЄI; Q ϢHY vb. intr. 길다; n.m. 길이. ϢIH, ϢIHЄ, ϢIЄ n.f. (m.) 길이; 드물게 vb. ~가 되다, 길어지다. ⲖⲀ-ϢIH adj. 키가 큰.

ϢIBЄ, ϢB̄- (ϢЄBT-, ϢB̄T-, ϢЄϤT-), ϢB̄T⸗ (ϢЄBT⸗, ϢЄϤT⸗), Q ϢOBЄ (ϢOOBЄ, ϢOϤЄ) vb. tr. 바꾸다, 변경하다 (M̄MO⸗); vb. intr. / reflex. 변하다, 바뀌다 (~로: Є; ~으로: N̄, ϨN̄; 형태로: N̄ CMOT); n.m. 변화, 차이. MN̄TMⲀI-ϢIBЄ 변화를 좋아함. ⲀTϢIBЄ 변하지 않는, 불변의; MN̄TⲀTϢIBЄ 변함 없음. ϢⲀBN̄ϨO 무서운, 기이한 (lit., 외관의 변화). ϢB̄TC̄ n.변화. Cf. Q ϢЄBIHY.

ϢIBTЄ (ϢIϤTЄ). ϢIBЄ '변하다'의 드문 동의어.

ϢIKЄ, ϢЄKT̄-, ϢⲀKT⸗ (ϢIKT⸗), Q ϢOKЄ vb. intr. (땅을) 파다 (~로: Є, ϨN̄; ~을 찾아: N̄CⲀ; 아래로: ЄПЄCHT Є); n.m. 깊이. ϢIK, ϢЄIK, ϢHK n.m. 깊이, 파진 곳.

ϢINЄ, ϢЄN(T̄)- (ϢN̄-), ϢN̄T⸗ vb. tr. 찾다, 묻다, 구하다, 안부를 묻다, 탐문하다 (M̄MO⸗, N̄CⲀ); ϢINЄ Є 방문하다, 안부를 묻다,

인사하다, 작별하다; ϣⲓⲛⲉ ⲙ̄ⲙⲟ⸗ ⲉ ~에게 ~을 요청하다; ϣⲓⲛⲉ ⲙ̄ⲙⲟ⸗ ⲛ̄ⲥⲁ/ⲉⲧⲃⲉ ~에게 ~에 대해 묻다. 다음과 함께. ⲛ̄ⲧⲛ̄ ~로부터; ϩⲁ ~을 위해; ϩⲛ̄ 안에; ϩⲓⲧⲛ̄ 통해. n.m. 조사, 문의, 부탁, 요구; 소식, 보고. ϣⲙ̄-ⲛⲟⲩϥⲉ 좋은 소식. ⲙⲁ ⲛ̄ ϣⲓⲛⲉ 신탁의 장소. ⲣⲉϥϣⲓⲛⲉ 구하는 사람, 질문자, 마법사; ⲙⲛ̄ⲧⲣⲉϥϣⲓⲛⲉ 마법, 마술. ϭⲓⲛⲉ ⲙ̄ ⲡ(⸗)ϣⲓⲛⲉ, ϭⲙ̄-ⲡ(⸗) ϣⲓⲛⲉ ~을 찾아내다, 방문하다; n.m. 방문. ϥⲁⲓ-ϣⲓⲛⲉ 소식을 전하는 사람, 전령.

ϣⲓⲡⲉ vb. intr. 부끄러워하다 (~에 대해: ⲉⲧⲃⲉ, ⲉϫⲛ̄, ⲛ̄, ϩⲁ, ϩⲓ); 드물게 tr. 부끄럽게 하다. ϣⲓⲡⲉ ϩⲏⲧ⸗ ⲛ̄ ~앞에 부끄럽게 서다, 우러러 공경하다. n.m. 부끄러움, 수치심. ⲁⲧϣⲓⲡⲉ 부끄러워하지 않는; ⲣ̄-ⲁⲧϣⲓⲡⲉ 부끄러워하지 않다; ⲙⲛ̄ⲧⲣⲉϥϣⲓⲡⲉ 수줍음, 부끄러움, 겸손. ϯ-ϣⲓⲡⲉ 부끄럽게 하다 (ⲛⲁ⸗); ⲣⲉϥϯ-ϣⲓⲡⲉ 창피를 주는 자. ϫⲓ-ϣⲓⲡⲉ 부끄러워하다 (~을: ⲉⲧⲃⲉ, ϩⲛ̄; ⲉϫⲛ̄; 앞에: ⲛ̄ⲛⲁϩⲣⲛ̄). ϣⲡ̄ⲓⲏⲧ (f. ϣⲡ̄ⲓⲉⲉⲧⲉ) 겸손한 사람.

ϣⲓⲣⲉ, ϣⲏⲣⲉ (f. ϣⲉⲉⲣⲉ) adj. 작은. ϩ(ⲉ)ⲣϣⲓⲣⲉ 젊은 하인, 젊은이 (ϩⲗ̄ⲗⲟ의 상대어); ⲙⲛ̄ⲧϩⲣ̄ϣⲓⲣⲉ 젊음.

ϣⲓⲧⲉ (ϣⲱⲧ), ϣⲉⲧ- (ϣⲁⲁⲧ-), ϣⲁⲧ⸗ (ϣⲁⲁⲧ⸗, ϣⲓⲧ⸗) vb. tr. 요구하다, 강요하다 (ⲙ̄ⲙⲟ⸗, ⲉ; ~로부터: ⲙ̄ⲙⲟ⸗; ~을 위하여: ϩⲁ). ϣⲓⲧⲉ ⲙ̄ⲙⲟ⸗ ⲛ̄ ⲟⲩⲟⲥⲉ ~에게 벌금을 부과하다. ϣⲉⲧ-ⲙⲛ̄ⲧⲛⲁ 자비를 구하다.

ϣⲕⲁⲕ n.m. 소리치다, 외치다; ϫⲓ-ϣⲕⲁⲕ 소리지르다 (~에게: ⲉ, ⲉϫⲛ̄, ⲉϩⲣⲁⲓ ⲉ). ⲁϣⲕⲁⲕ 소리지르다 (= ⲁϣ-ϣⲕⲁⲕ, cf. ⲱϣ), ± ⲉⲃⲟⲗ (ⲉ, ⲉϩⲣⲁⲓ ⲉ). ϫⲓ-ϣⲕⲁⲕ, ⲁϣⲕⲁⲕ n.m. 외침.

ϣⲕⲓⲗ, ϣⲕⲏⲗ n. 곱슬머리.

ϣⲕⲗ̄ⲕⲉⲗ, ϣⲕⲏⲗⲕⲉⲗ n.m. 이를 갈기, 이갈이.

ϣⲕ̄ⲗⲓⲗ, ϣⲕⲉⲗⲓⲗ, ϣⲕ̄ⲗⲉⲗ, ϣⲕⲓⲗϭⲓⲗ, ϣϭ̄ⲗϭⲓⲗ, ϣϭⲓⲗϭⲓⲗ n.m. 종, 방울.

ϣⲕⲟⲗ n.m. 구멍. **ⲟⲛ ⲛ̄ ϣⲕⲟⲗ ϣⲕⲟⲗ** 구멍 투성이다.
ϣⲗⲁϩ, ϣⲟⲗϩ̄ vb. intr. 무서워하다. **ϣⲗ̄ϩϥ̄, ϣⲗ̄ϥ** n. 두려움, 무서움, 복합어에서 **ⲛⲉϩ-ϣⲗ̄ϩϥ̄, ⲛⲁϩ-ϣⲗ̄ϩϥ̄** 무서워하다, 두려워하다; n.m. 두려움, 공포; **ⲙⲛ̄ⲧⲛⲉϩ-ϣⲗ̄ϩϥ̄** 두려움, 공포.
ϣⲗⲏ 기어가다, 천천히 다가가다 (~로: **ϩⲛ̄**).
ϣⲗⲏ- (**ϣⲗⲏ-ⲟⲩⲥϯ-ⲛⲟⲩϥⲉ**에서) 향냄새를 즐기다.
ϣⲗⲏⲗ (**ϣⲗⲗ̄**) vb. intr. 기도하다 (~에게: **ⲉ, ⲛⲁ⸗, ϣⲁ**; ~을 위해: **ⲉ, ⲉⲧⲃⲉ, ⲉϫⲛ̄, ϩⲁ, ϩⲓϫⲛ̄**); n.m. 기도.
ϣⲗⲓϭ, ϣⲗⲉϭ, ϣϩ̄ⲗⲓϭ n.m. 대못, 날카로운 도구; 빛, 불꽃.
ϣⲗⲟⲡ n.m. 가닥, 겹.
ϣⲗⲟϥ n.m. 수치, 불명예; adj. 부끄러운, 수치스러운.
ϣⲗ̄ϩ, ϣⲉⲗϩ̄, ϣⲗⲉϩ n.m. 가지, 잔가지; 막대기, 지휘봉.
ϣⲗ̄ϭⲟⲙ, ⲥⲉⲗϭⲁⲙ, ϣⲗ̄ⲧⲁⲙ, ϣⲉⲗⲧⲁⲙ, ϣⲉⲗⲧⲉⲙ, ϣⲁⲗⲧⲉⲙ n.f.m. 겨자.
ϣⲙⲁ, Q **ϣⲟⲟⲙⲉ** (**ϣⲟⲙⲉ**) vb. intr. 가볍다, 가늘다, 엷다; n.m. 섬세함, 미묘함. **ϣⲱⲱⲙⲉ** adj. 가벼운, 가는.
ϣⲙ̄ⲙⲟ, ϣⲙⲟ, ϣⲙⲱ (f. **ϣⲙ̄ⲙⲱ**; pl. **ϣⲙ̄ⲙⲟⲓ**) n.m. 낯선 사람, 이방인; adj. 이상한, 낯선. **ⲉ ⲡϣⲙ̄ⲙⲟ** 널리 밖으로; **ϩⲓ ⲡϣⲙ̄ⲙⲟ** 본거지 밖에서; **ϩⲙ̄ ⲡϣⲙ̄ⲙⲟ** idem. **ⲙⲛ̄ⲧϣⲙ̄ⲙⲟ** 기이함, 이질적임. **ⲙⲁⲓ-ϣⲙ̄ⲙⲟ** 손님을 환대하는; **ⲙⲛ̄ⲧⲙⲁⲓ-ϣⲙ̄ⲙⲟ** 환대, 접대; **ⲣ̄-ⲙⲛ̄ⲧⲙⲁⲓ-ϣⲙ̄ⲙⲟ** 후하게 대접하다. **ⲙⲛ̄ⲧⲙⲁⲥⲧ̄-ϣⲙ̄ⲙⲟ** 낯선 사람에 대한 혐오. **ⲣ̄-ϣⲙ̄ⲙⲟ** (Q **ⲟ ⲛ̄**) 이방인이 되다, 사이가 멀어지다 (~로부터: **ⲉ, ⲛⲁ⸗**).
ϣⲙⲟⲩ, ϣⲙⲟⲩⲉ, ϣⲙⲟⲩⲓ n.f. 걸이용 못, 말뚝.
ϣⲙⲟⲩⲛ (f. **ϣⲙⲟⲩⲛⲉ**) 숫자: 8, 여덟. **ⲙⲛ̄ⲧϣⲙⲏⲛ(ⲉ)** 열여덟. **ⲙⲉϩ-ϣⲙⲟⲩⲛ** 여덟 번째. §15.3; §30.7을 보라.
ϣⲙ̄ϣⲉ, ϣⲙ̄ϣⲉ-, ϣⲙ̄ϣⲏⲧ⸗ vb. tr. 섬기다, 시중들다 (**ⲙ̄ⲙⲟ⸗**; 또는 **ⲛⲁ⸗**); n.m. 섬김, 예배, 전례; **ⲙⲁ ⲛ̄ ϣⲙ̄ϣⲉ** 예배하는 곳. **ⲣ̄-ϣⲙ̄ϣⲉ** 봉사하다, 섬기다 (~에게, ~을 위해: **ⲛⲁ⸗**). **ⲣⲉϥϣⲙ̄ϣⲉ** 시중드는 사람, 예배하는 자; **ⲙⲛ̄ⲧⲣⲉϥϣⲙ̄ϣⲉ** 봉

사, 섬김. **ϣⲙ̄ϣⲓⲧ** n.m. 하인, 종.

ϣⲙ̄ϣⲏϭⲉ vb. intr. 속삭이다; n. 속삭임. **ⲉϣ-ϣⲙ̄ϣⲏϭⲉ, ϥⲓ-ϣⲙ̄ϣⲏϭⲉ** 속삭이다.

ϣⲛⲁ n.m. 황무지. **ⲣ̄-ϣⲛⲁ** 황폐해지다, 마르다.

ϣⲛⲁ n.m. 방탕아, 탕자, 난봉꾼; **ⲙⲛ̄ⲧϣⲛⲁ** 부도덕, 품행이 나쁨.

ϣⲛⲉ, ϣⲛⲏ (pl. **ϣⲛⲏⲩ, -ⲉ**) n.m. 그물. **ϣⲛⲉ ⲛ̄ ϩⲓⲟⲩⲉ** 투망.

ϣⲛⲏ n.f. 정원; **ⲡⲁ-ⲧⲉϣⲛⲏ** 정원사.

ϣⲛⲟϣ, Q **ϣⲟⲛϣ̄** vb. intr. 악취를 풍기다; n.m. 악취.

ϣⲛ̄ⲥ n.m. 아마포.

ϣⲛ̄ⲧⲱ n.f. 얇은 천, 길고 헐거운 겉옷.

ϣⲛ̄ϣⲱⲧⲉ, ϣⲓⲛϣⲱⲧⲉ n.f. 방석.

ϣⲟ 숫자: 천. See §30.7을 보라.

ϣⲟ 불변화사: 그렇다, 예.

ϣⲟⲉⲓⲙ n.m. 줄, 열, 진로; **ⲛ̄ ϣⲟⲉⲓⲙ ϣⲟⲉⲓⲙ** 줄지어, 열을 맞추어.
ϣⲓⲙⲉ, ϣⲟⲉⲓⲙⲉ n.f. (돌·벽돌 등의) 가로 층.

ϣⲟⲉⲓⲧ (**ⲣ̄-ϣⲟⲉⲓⲧ**에서) Q **ⲟ ⲛ̄ ϣⲟⲉⲓⲧ** 영감을 받다, 홀리게 되다, 제정신을 잃다.

ϣⲟⲉⲓϣ n.m. 먼지; **ⲣ̄-ϣⲟⲉⲓϣ** 먼지가 되다; **ϫⲓ-ϣⲟⲉⲓϣ** idem.

(**ϣⲟⲕϣⲕ̄**), **ϣⲉⲕϣⲱⲕ⸗** vb. tr. (땅을) 파다, 파내다, 도려내다.

ϣⲟⲗ, ϣⲁⲗ n.m. 다발, 뭉치, 묶음.

ϣⲟⲗ, ϣⲱⲗ n.m. 어금니, 엄니.

ϣⲟⲗⲙⲉⲥ n.f. 각다귀.

ϣⲟⲗϣⲗ̄, ϣ(ⲉ)ⲗϣⲱⲗ⸗, Q **ϣⲉⲗϣⲱⲗ** (**ϣⲣ̄ϣⲱⲣ**) vb. tr. 체질하다, 체로 흔들다 (**ⲙ̄ⲙⲟ⸗**); n.m. 흔들기.

ϣⲟⲙ, ϣⲟⲟⲙ (f. **ϣⲱⲙⲉ**; pl. **ϣⲙⲟⲩⲓ**) n.m. 시아버지, 장인 (시어머니, 장모); 사위 (며느리). **ⲣ̄-ϣⲟⲙ** 시아버지가 되다, 장인이 되다 (~에게: **ⲉ**).

ϣⲟⲙⲛ̄ⲧ (**ϣⲙ̄ⲛ̄ⲧ, ϣⲉⲙⲛ̄ⲧ, ϣⲟⲙⲧ̄**), **ϣⲙ̄ⲛ̄(ⲧ)-** 숫자: 3, 셋 (f. **ϣⲟⲙⲧⲉ, ϣⲟⲙⲛ̄ⲧⲉ**). **ϣⲙ̄(ⲛ̄)ⲧ-(ⲉ)ⲡⲟⲟⲩ** 삼일 전, 이전에. **ⲙⲉϩϣⲟⲙⲛ̄ⲧ** 세 번째. **ⲙⲛ̄ⲧϣⲟⲙⲧⲉ** 열셋; **ⲙⲉϩⲙⲛ̄ⲧ-**

ϣⲟⲙⲧⲉ 열세 번째. ⲙ̄ ⲡϣⲟⲙⲛ̄ⲧ (그들 중) 셋 모두. §15.3; § 30.7을 보라.

ϣⲟⲛⲧⲉ n.f. 가시가 있는 나무, 아카시아; 가시; 아카시아 덤불; ϣⲉ ⲛ̄ ϣⲟⲛⲧⲉ 아카시아 나무.

ϣⲟⲟⲩ, ϣⲟⲟⲩⲉ, ϣⲟⲩ- n.m. 향, 향수.

ϣⲟⲟⲩⲉ, Q ϣⲟⲩⲱⲟⲩ(ⲉ) vb. intr. 마르다, 바싹 마르다, 건조해지다, 진부해지다. ⲡⲡⲉⲧ ϣⲟⲩⲱⲟⲩ 메마른 땅.

ϣⲟⲡ, ϣⲟⲟⲡ, ϣⲱⲡ n.m. 손바닥, 네 손가락 너비; 네 개 세트.

(ϣⲟⲡϣⲡ̄), ϣ(ⲉ)ⲡϣⲡ̄-, ϣⲡ̄ϣⲱⲡ⸗ vb. tr. 감싸 안다, 젖 먹이다.

ϣⲟⲣⲧ̄, ϣⲟⲟⲣⲧ̄ n.m. 차양, 가리개, 베일.

ϣⲟⲣϣⲣ̄, ϣⲣ̄ϣⲣ̄-, ϣⲣ̄ϣⲱⲣ⸗, Q ϣⲣ̄ϣⲱⲣ (ϣⲣ̄ϣⲟⲣⲧ̄) vb. tr. 뒤흔들다, 뒤엎다 (ⲙ̄ⲙⲟ⸗, ⲉ; ~을: ⲉϫⲛ̄); 파괴하다; + ⲉⲡⲉⲥⲏⲧ idem. n.m. 전복, 파괴, 파멸; ⲣⲉϥϣⲟⲣϣⲣ̄ 파괴자.

ϣⲟⲧ, ϣⲱⲧ (pl. ϣϣⲱⲧⲉ; cf. ϣⲛ̄ϣⲱⲧⲉ) n.m. 베개, 방석.

ϣⲟⲧϣⲧ̄ (ϣⲟϫⲧ̄), ϣⲉⲧϣⲱⲧ⸗, Q ϣⲉⲧϣⲱⲧ vb. tr. 자르다, 조각하다, 도려내다 (ⲙ̄ⲙⲟ⸗); ~에 구멍을 뚫다 (ⲉ, ϩⲛ̄). n.m. (= ϣⲟϣⲧ) 깍아내거나 파낸 것.

ϣⲟⲩ, ⲥⲟⲩ (ⲛ̄ϣⲟⲩ에서) prep. ~없이 (표준 사히드 방언이 아니다).

ϣⲟⲩⲏⲏⲃ, ϣⲟⲩⲏⲃ, ϣⲃⲓⲃ, ϣⲟⲩⲉⲃⲉ, ϣⲟⲩⲉϥⲉ n.m. 녹나무의 일종.

ϣⲟⲩⲟ, ϣⲟⲩⲉ- (ϣⲟⲩ-), ϣⲟⲩⲱ⸗ (ϣⲟⲩⲟ⸗) (± ⲉⲃⲟⲗ) vb. tr. 방출하다, 쏟다, 비우다 (ⲙ̄ⲙⲟ⸗; ~로부터: ⲙ̄ⲙⲟ⸗, ⲉⲃⲟⲗ ⲙ̄ⲙⲟ⸗, ⲉⲃⲟⲗ ϩⲛ̄; ~로: ϩⲛ̄); vb. intr. 흐르다, 쏟아지다. ϣⲟⲩⲟ ⲉϫⲛ̄ ~에 쏟아지다: 몰려오다, 떼지어 모이다. 또한 ⲉⲡⲉⲥⲏⲧ (ⲉ), ⲉϩⲣⲁⲓ (ⲉ, ⲉϫⲛ̄, ϩⲛ̄)와 함께. ϣⲟⲩⲉⲓⲧ Q 비어 있다; ⲡⲉⲧ ϣⲟⲩⲉⲓⲧ 비어 있음, 공허(함) (관사를 취할 수 있다); ⲙⲛ̄ⲧⲡⲉⲧ ϣⲟⲩⲉⲓⲧ 비어 있음; ϩⲛ̄ ⲟⲩⲙⲛ̄ⲧⲡⲉⲧ ϣⲟⲩⲉⲓⲧ 까닭 없이, 헛되이; ⲣ̄-ⲡⲉⲧ ϣⲟⲩⲉⲓⲧ 헛된 짓을 하다.

ⲁ ⲃ ⲉ ⲏ ⲉⲓ ⲕ ⲗ ⲙ ⲛ ⲟ ⲡ ⲣ ⲥ ⲧ ⲟⲩ ⲱ ϣ ϥ ϩ ϫ ϭ

ϢⲞⲨⲢⲎ n.f. 향로, 화로, 제단.

ϢⲞⲨⲤⲞⲞⲨϢⲈ, ϢⲞⲨⲤⲰⲞⲨϢⲈ, ϢⲞⲨⲤⲞⲞⲨϨⲈ n.m. 제물, 공물.

ϢⲞⲨⲰⲂⲈ, ϢⲞⲨⲞⲂⲈ n.f. 목구멍.

ϢⲞⲨϢⲞⲨ vb. intr. 자랑하다, 자만하다; reflex. (ⲘⲘⲞ⸗와 함께) 자랑하다 (~을, ~에 대해: Ⲉ, ⲈⲦⲂⲈ, ⲈϪⲚ̄, ⲈϨⲢⲀⲒ ⲈϪⲚ̄, ϨⲒ, ϨⲚ̄). n.m. 자랑, 자만심; adj. 자랑스러워하는. ⲘⲚ̄ⲦϢⲞⲨϢⲞⲨ, ⲘⲚ̄ⲦϢⲞⲨϢⲞ 자랑, 뻔뻔스러움, 무례함. Ϯ-ϢⲞⲨϢⲞⲨ 미화하다.

ϢⲞⲨϢⲦ̄, ϢⲰϢⲦ̄ n.m. 창문; 벽감, 반침.

ϢⲞϢ, ϢⲞⲞϢ n.m. 영양의 일종.

ϢⲞϢⲞⲨ, ϢⲀϢⲞⲨ, ϢⲞϢⲞ n.m. 항아리, 단지.

ϢⲰϢⲦ̄ n.m. 방해, 장애(물); 열쇠. Ϯ-ϢⲞϢⲦ̄ (문을) 잠그다. Ⲣ̄-ϢⲞϢⲦ̄ 닫다, 잠그다.

ϢⲞϥϢϥ̄, Q Ϣϥ̄ϢⲰϥ 의미가 확실하지 않다: 굴을 파다(?).

ϢⲞϪⲚⲈ, ϢⲀϪⲚⲈ vb. tr. 숙고하다 (ⲘⲘⲞ⸗); ~에 대해 상의하다 (Ⲉ, ⲈϪⲚ̄; ~와: ⲘⲚ̄). n.m. 상담, 조언, 계획, 충고. ⲀⲦϢⲞϪⲚⲈ 깊이 생각하지 않은; ⲘⲚ̄ⲦⲀⲦϢⲞϪⲚⲈ 조언이 없음, 갈팡질팡함, 무모함. ⲈⲒⲢⲈ Ⲛ̄ ⲞⲨϢⲞϪⲚⲈ Ⲣ̄-ϢⲞϪⲚⲈ 상의하다, 결정을 내리다. ϪⲒ-ϢⲞϪⲚⲈ idem (~와: ⲘⲚ̄; ~에 대해: Ⲉ, ⲈϨⲞⲨⲚ Ⲉ); ϪⲒ-ϢⲞϪⲚⲈ ⲚⲀ⸗ 상의하다, 조언하다; ⲢⲈϥϪⲒ-ϢⲞϪⲚⲈ 상담자, 조언자.

ϢⲠⲎⲢⲈ n.f. 경이로움, 놀라움; 기적; adj. 놀라운, 경이로운; ϨⲀ ϢⲠⲎⲢⲈ 놀라운; ϨⲚ̄ ⲞⲨϢⲠⲎⲢⲈ 경이롭게. Ⲣ̄-ϢⲠⲎⲢⲈ (Q Ⲟ Ⲛ̄) 놀라다, 경탄하다 (~에: ⲘⲘⲞ⸗, Ⲉ, ⲈⲦⲂⲈ, ⲈϪⲚ̄, ⲈϨⲢⲀⲒ ⲈϪⲚ̄, Ⲛ̄ⲤⲀ, ϨⲚ̄).

ϢⲢⲰ n.f. 월경 ; Ⲣ̄-ϢⲢⲰ (Q Ⲟ Ⲛ̄) 생리를 하다.

ϢⲤ̄ⲚⲈ, ⲤϢ̄ⲚⲈ (ϨⲚ̄ ⲞⲨϢⲤ̄ⲚⲈ에서) 갑자기, 순식간에, 돌연히.

ϢⲦⲈ, ϢⲦⲎ (pl. ϢⲦⲎⲨ) n.m. 돛대.

ϢⲦⲈ n. 둥지, 보금자리.

ϣⲧⲉⲕⲟ, ⲉϣⲧⲉⲕⲟ (pl. ϣⲧⲉⲕⲱⲟⲩ) n.m. 감옥.

ϣⲧⲏⲛ, ϣⲧⲛ̄ n.f. 의복, 겉옷, 외투.

ϣϯϯ n.m. 베를 짜는 사람, 직공(織工); (베틀 위의) 날실.

ϣⲧⲟⲣⲧⲣ̄, ϣⲧⲣ̄ⲧⲣ̄-, ϣⲧⲣ̄ⲧⲱⲣ⸗, Q ϣⲧⲣ̄ⲧⲱⲣ vb. tr. 어지럽히다, 휘젓다, 성가시게 하다, 뒤흔들다, 괴롭히다, 몰아대다, 재촉하다 (ⲙ̄ⲙⲟ⸗); vb. intr. 불안해지다, 뒤흔들리다 등; n.m. 장애, 방해, 곤란, 불안, 걱정, 허둥댐; ϩⲛ̄ ⲟⲩϣⲧⲟⲣⲧⲣ̄ 성급히, 빠르게, 걱정하여. ⲁⲧϣⲧⲟⲣⲧⲣ̄ 방해받지 않은, 마음이 산란하지 않은; ⲙⲛ̄ⲧ-ⲁⲧϣⲧⲟⲣⲧⲣ̄ 고요, 평안; ⲣ̄-/ϯ-ϣⲧⲟⲣⲧⲣ̄ 소란을 일으키다.

ϣⲧⲟⲩⲏⲧ in ϯ-ϣⲧⲟⲩⲏⲧ 고발하다, ~을 고발하다 (ⲉ, ⲛ̄, ϩⲁ); ⲣⲉϥϯ-ϣⲧⲟⲩⲏⲧ 고발자, 사탄.

ϣⲱ n.m. 모래, 자갈; ⲕⲏ ⲉ ⲡϣⲱ 모래가 많은 상태.

ϣⲱⲃ (ϣⲱϥ), ϣⲃ̄- (ϣⲉϥ-), ϣⲟⲃ⸗ (ϣⲟϥ⸗), Q ϣⲏⲃ (ϣⲏϥ) vb. tr. 수염을 깎다, 가위질하다, 삭발하다 (ⲙ̄ⲙⲟ⸗); ϣⲃ̄-ϫⲱ 머리를 밀다; n.m. 면도, 가위질, 삭발.

ϣⲱⲃϩ̄, ϣⲟⲃϩ⸗, Q ϣⲟⲃϩ̄ vb. tr. 말라죽게 하다, 시들게 하다 (ⲙ̄ⲙⲟ⸗); vb. intr. 말라죽다, 시들다.

ϣⲱⲓ n.m. 위에 있는 것, 높은 곳; 언제나 관사와 함께, 그리고 일반적으로 전치사구로: ⲉ ⲡϣⲱⲓ 위쪽으로; ⲙ̄ ⲡϣⲱⲓ ⲉ 위에; ⲉⲃⲟⲗ ⲙ̄ ⲡϣⲱⲓ 위로부터; ⲥⲁ-ⲡϣⲱⲓ 위쪽, 윗면; ⲥⲁ ⲡϣⲱⲓ ⲛ̄ prep. 위쪽에; ⲉⲃⲟⲗ ⲥⲁ-ⲡϣⲱⲓ 위로부터.

ϣⲱⲕ, ϣⲉⲕ-, Q ϣⲏⲕ vb. tr. (땅을) 파다, 깊게 파다; Q = 깊다; n.m. 깊이, 깊은 곳. Cf. ϣⲓⲕⲉ.

ϣⲱⲕϩ̄, ϣⲉⲕϩ̄-, ϣⲟⲕϩ⸗, Q ϣⲟⲕϩ̄ vb. tr. (땅을) 파다, 깊게 파다 (± ⲉⲡⲉⲥⲏⲧ). ϣⲓⲕϩ̄ n.m. 깊이. Cf. 앞의 항목.

ϣⲱⲗ, ϣⲉⲗ- (ϣⲗ̄-), ϣⲟⲗ⸗ vb. tr. 빼앗다 (ⲙ̄ⲙⲟ⸗); + ⲉⲃⲟⲗ: 망쳐놓다, 파괴하다; intr. 파괴되다; n.m. 전리품, 약탈물. ⲁⲧϣⲱⲗ ⲉⲃⲟⲗ 파괴할 수 없는, 불멸의. ϣⲟⲗⲥ̄ n.f. 전리품, 성과

ϣⲱⲗ, ϣⲟⲗ⸗, Q ϣⲏⲗ vb. tr. 풀어주다, 해소하다, 무력하게 하다;

vb. intr. 흘러가다 (~로: ⲉ, ϩⲛ̅, ⲉⲃⲟⲗ ⲉϫⲛ̅); ϣⲏⲗ ⲉⲃⲟⲗ 마비되다, 불구가 되다, 쓸모 없어지다.

ϣⲱⲗⲕ̅, ϣⲗ̅ⲕ-, ϣⲟⲗⲕ⸗ vb. tr. 꿰매다, 엮다 (ⲙ̅ⲙⲟ⸗).

ϣⲱⲗⲙ̅ vb. tr. 냄새를 맡다 (ⲙ̅ⲙⲟ⸗); 코를 킁킁거리다 (ⲉ); n.m. 후각; ⲙⲁ ⲛ̅ ϣⲱⲗⲙ̅ 후각 기관; ϭⲓⲛϣⲱⲗⲙ̅ 후각.

ϣⲱⲗϩ̅, ϣⲟⲗϩ⸗, Q ϣⲟⲗϩ̅ vb. tr. 자국을 내다, ~을 추적하다, 표시로 만들다 (ⲙ̅ⲙⲟ⸗); n.m. 표시, 표지, 말뚝; ϯ-ϣⲱⲗϩ̅ 표시를 하다, 경계를 정하다.

ϣⲱⲗϭ̅, ϣⲗ̅ϭ-, ϣⲁⲗⲕ⸗, Q ϣⲟⲗϭ̅ vb. tr. 베다, 깎다 (ⲙ̅ⲙⲟ⸗); Q 날카롭다, 날카로워지다, 베어냄, 깎기. Cf. ϣⲗⲓϭ.

ϣⲱⲙ n.m. 세금, 공물; ϯ-ϣⲱⲙ 공물을 바치다; ϫⲓ-ϣⲱⲙ 공물을 받다.

ϣⲱⲙ n.m. 여름. ϩⲉ ⲛ̅ ϣⲱⲙ, ϩⲛ̅ϣⲱⲙ n.m. 봄.

ϣⲱⲙ, ϣⲟⲙ⸗ (ϣⲟⲟⲙ⸗) vb. tr. 세탁하다 (ⲙ̅ⲙⲟ⸗).

ϣⲱⲙϫ̅, ϣⲙ̅ϫ-, Q ϣⲟⲙϫ̅ vb. tr. 뚫다, 관통하다.

ϣⲱⲛⲉ vb. intr. 아프게 되다, 약해지다, 병들다 (~에: ⲉ, ⲛ̅, ϩⲛ̅); n.m. 질병, 병. ⲙⲁ ⲛ̅ ⲛⲉⲧϣⲱⲛⲉ 진료소. ⲣ̅-ϣⲱⲛⲉ 아프게 되다; ⲣⲉϥϣⲱⲛⲉ 아픈 사람, 병자. 복합어에서 ϣⲛ̅-, ϣⲉⲛ-, ϣⲁⲛ-는 2번째 요소를 보라.

ϣⲱⲛⲧ̅ (ϣⲟⲛⲧ̅), Q ϣⲟⲛⲧ̅ vb. intr. 언쟁하다, 다투다 (~와: ⲙⲛ̅, ⲟⲩⲃⲉ); n.m. 말다툼, 언쟁.

ϣⲱⲛⲧ̅, ϣⲛ̅ⲧ- (ϣⲉⲛⲧ̅-), ϣⲟⲛⲧ⸗ Q ϣⲟⲛⲧ̅ vb. tr. 땋다, 엮다 (ⲙ̅ⲙⲟ⸗). ϣⲟⲛⲧⲉ n.f. 땋은 것, 엮은 것.

ϣⲱⲛϥ̅ (ϣⲱⲛⲃ̅), ϣⲉⲛϥ̅- (ϣⲉⲛⲃ̅-), ϣⲟⲛϥ⸗ (ϣⲟⲛⲃ⸗), Q ϣⲟⲛϥ̅ (ϣⲟⲛⲃ̅) vb. intr. 합쳐지다, 이어지다; vb. tr. 합치다, 연결하다 (ⲙ̅ⲙⲟ⸗; ~에, ~와: ⲉ, ⲙⲛ̅, ⲛⲁ⸗); 전하다 (~에: ϣⲁ); n.m. 결합, 연합, 화합. ϩⲛ̅ ⲟⲩϣⲱⲛϥ̅ 공동으로, 조화를 이루어.

ϣⲱⲡ (ϣⲉⲡⲛ̅ϣⲱⲡ, ϣⲡⲛ̅ϣⲱⲡ, ϣⲡⲉⲛϣⲱⲡ에서만) 순간, 그때; ϩⲛ̅ ⲟⲩϣⲉⲡⲛ̅ϣⲱⲡ 갑자기.

ϣⲱⲡ, ϣⲉⲡ- (ϣⲡ̅-, ϣⲁⲡ-), ϣⲟⲡ⸗ (ϣⲁⲡ⸗), Q ϣⲏⲡ

vb. tr. 받다, 받아들이다, 얻다, 견디다, 괴로워하다 (M̄MO⸗; ~을 위해, 대신하여: ЄϪN̄, NA⸗; ~로부터: N̄TN̄, ϨITN̄); 사다 (값을 주고: ϨA; ~으로: ϨN̄). 자주 심성적 여격과 함께. Q = 받아들일 만하다. n.m. 받아들임, 수용, 획득. ATϢωΠ, ATϢOΠ⸗ 제한될 수 없는, 억제될 수 없는. ϢOΠC̄ n.f. 수용, 대접.

ϢωΠЄ (ϢωωΠЄ), Q ϢOOΠ vb. intr. ~이 되다, 나타나다; 일어나다, 발생하다, 생기다; 견디다, 참다; Q 있다, 존재하다. ACϢωΠЄ 비인칭. ~한 일이 일어났다 (등위 동사가 뒤따른다). 조동사 ϢωΠЄ에 대해서는 §30.9를 보라. ϢωΠЄ Є, ЄϨOYN Є ~하기로 되어있다, 예정되어 있다, ~할 운명에 있다; ϢωΠЄ M̄MO⸗ (1) ~에 있다; (2) ~이 일어나다 (사람에게); (3) 이다/있다 + 서술 명사. ϢωΠЄ NA⸗ Є ~처럼 행동하다 (Є) ~에게 (NA⸗). ϢωΠЄ ϢA ~까지 지속되다; ϢωΠЄ ϨA 받다, 얻다, 가지다; ϢωΠЄ ϨI ~의 시대에 살다. ϢωΠЄ ϨATN̄ ~을 맡다, ~을 담당하다. ϢωΠЄ ϨITN̄, ЄBOλ ϨITN̄ ~을 통해서/의해 생겨나다. n.m. 존재, 생명. MA N̄ ϢωΠЄ 거주지, 거처. ЄϢωΠЄ ~이라면, ~일 때, ~이므로, 왜냐하면.

ϢωΠЄ, ϢωBЄ, ϢωωΠЄ, ϢωωBЄ, ЄϢωΠЄ n.m. 오이.

ϢωΠC̄ n.m. 팔, 앞다리; 어깨; 별자리 이름.

ϢωP, ϢOP⸗ (ϢOOP⸗), Q ϢHP vb. tr. 막다, 쌓다.

ϢωPΠ̄, ϢP̄Π- (ϢЄPΠ̄-), ϢOPΠ⸗, Q ϢOPΠ̄ vb. intr. 이르다, 빠르다 (~이: Є); reflex. idem. ϢP̄Π- + inf. ~을 먼저 하다, 이전에/이미 ~을 하다. ϢωPΠ̄ n. 새벽, 아침; ϢωPΠ̄ M̄ ΠЄϤPACTЄ 내일 아침, 다음날 아침; ΠNAY N̄ ϢωPΠ̄ 그날 아침. ϢOPΠ̄ (f. ϢOPΠЄ) adj. 빠른, 가장 이른; 명사 앞이나 뒤에서 N̄과 함께; ϢP̄Π-N̄- idem. N̄ ϢωPΠ̄, N̄ ϢOPΠ̄ adv. 일찍. N̄ ϢOPΠ̄ adv. 이전에, 먼저; N̄ ϢOPΠ̄ N̄ prep. 앞에. ϪIN (N̄) ϢOPΠ̄, ϪIN Є ϢOPΠ̄ 처음부터. P̄-ϢOPΠ̄ (Q O N̄) 먼저다, 앞이다; + Є + inf. 먼저 하다, 미리 하다; 가장 먼저 하다.

ϣⲱⲣⲧ̄ vb. intr. 제정신이 아니다; tr. 혼란시키다 (ⲙ̄ⲙⲟ⸗).

ϣⲱⲥ, ϣⲱⲱⲥ, ϣⲟⲟⲥ (pl. ϣⲟⲟⲥ, ϣⲱⲱⲥ) n.m. 양치기, 목자, 목동; ⲙⲛ̄ⲧϣⲱⲥ 양을 침.

ϣⲱⲧ, ⲉϣⲱⲧ (pl. ⲉϣⲟⲧⲉ, ⲉϣⲁⲧⲉ) n.m. 상인, 장사꾼; ⲙⲁ ⲛ̄ ⲉϣⲱⲧ 큰 상점, 시장; ⲙⲛ̄ⲧⲉϣⲱⲧ 장사, 상업; ⲣ̄-ⲉϣⲱⲧ 거래하다, 장사하다, 매매하다 (ϩⲛ̄); ϭⲓⲛⲉⲣ-ⲉϣⲱⲧ 장사, 이윤.

ϣⲱⲧⲃ̄, ϣⲉⲧⲃ̄- (ϣⲧⲃ̄-) vb. tr. 입을 틀어막다. ϣⲧⲟⲃ, ϣⲧⲟϥ n.m. 재갈, 고삐.

ϣⲱⲧⲉ, ϣⲱⲱⲧⲉ n.f. 우물, 저수지.

ϣⲱⲧⲉ n.m. 밀가루, 밀가루 반죽.

ϣⲱⲧⲙ̄, ϣⲉⲧⲙ̄- (ϣⲧⲙ̄-), Q ϣⲟⲧⲙ̄ vb. tr. 닫다, 봉하다 (ⲙ̄ⲙⲟ⸗; ~을: ⲉⲣⲛ̄); vb. intr. 닫히다, 봉인되다. ϣⲧⲁⲙ (ϣⲧⲟⲙ) Q ϣⲧⲁⲙ vb. tr. idem. ϣⲧⲟⲙ n.m. 문, 닫힌 것. ϣⲧⲙ̄-ⲟⲩⲱⲛ n.pl. 접합, 이음매.

ϣⲱⲱⲙⲉ, ϣⲱⲙⲉ n.f. 절벽, 낭떠러지, 벼랑.

ϣⲱⲱⲛⲉ, ϣⲉ(ⲉ)ⲛⲉ-, ϣⲟ(ⲟ)ⲛ⸗, Q ϣⲟⲟⲛⲉ vb. tr. 몰아내다, 빼앗다 (~을: ⲉ, ⲉⲃⲟⲗ ϩⲛ̄); 제거하다 (ⲙ̄ⲙⲟ⸗; ~로부터: ⲉ).

ϣⲱⲱⲧ (ϣⲱⲧ), ϣⲉⲧ- (ϣⲉⲉⲧ-), ϣⲁⲁⲧ⸗ (ϣⲁⲧ⸗), Q ϣⲁⲁⲧ (ϣⲁⲧ, ϣⲏⲧ) (1) vb. tr. 자르다 (ⲙ̄ⲙⲟ⸗); 도살하다, 죽이다 (~으로: ϩⲛ̄). ϣⲱⲱⲧ ⲉⲃⲟⲗ 잘라내다, 짧게 자르다; 제명하다; 결정하다; n.m. 파문, 제명, 잘라냄. ϣⲱⲱⲧ ⲉⲃⲟⲗ ⲉϫⲛ̄ 비난하다. ϩⲛ̄ ⲟⲩϣⲱⲱⲧ ⲉⲃⲟⲗ 날카롭게, 간략하게. 복합어에서 ϣⲁⲧ- : 자르는 사람/것 (2번째 요소를 보라). ϣⲱⲱⲧ n.m. 잘린 것; 제물; 판결, 판정. ⲁⲧϣⲱⲱⲧ 자르지 않은. ⲣⲉϥϣⲱⲱⲧ (ⲉⲃⲟⲗ) 자르는 자, 제물을 바치는 자. (2) vb. intr. 부족하다 (~이: ⲉ, ⲙ̄ⲙⲟ⸗, ϩⲛ̄); 원하다, 부족하다; n.m. 부족, 필요, 결핍; ⲁⲧϣⲱⲱⲧ 필요 없이. ϣⲁⲁⲧ ⲛ̄, ϣⲁⲧ ⲛ̄, ϣⲁⲧⲉ prep. 부족한, 결핍된; 이외에는, ~을 제외하고. ϣⲁⲁⲧⲉ, ϣⲁⲁⲧⲥ̄ n.f. 잘린 부분, 일부. ϣⲁⲁⲧⲥ̄, ϣⲁⲧⲥ̄ n.f. 수로, 도

ⲁ ⲃ ⲉ ⲏ ⲉⲓ ⲕ ⲗ ⲙ ⲛ ⲟ ⲡ ⲣ ⲥ ⲧ ⲟⲩ ⲱ ϣ ϥ ϩ ϫ ϭ

랑. ϣⲧⲁ vb. intr. 결함이 생기다, 부족해지다; 결점이 있다; n.m. 결함, 결점, 부족.

ϣⲱⲱϭⲉ, ϣⲉⲉϭⲉ- (ϣⲉϭⲉ-), ϣⲟⲟϭ⸗ (ϣⲟϭ⸗), Q ϣⲟⲟϭⲉ (ϣⲟϭⲉ) vb. tr. 치다, 강타하다, 상처를 입히다 (ⲙ̄ⲙⲟ⸗); vb. intr. 상처를 입다 (~에: ⲉ); n.m. 강타, 상처. ϣϭⲁ n.m. 강타, 상처; ⲣ̄-ϣϭⲁ 상처를 입히다; ϣϭⲁ-ϭⲓϫ 박수를 치다.

ϣⲱϣ, ϣⲉϣ-, ϣⲟϣ⸗, Q ϣⲏϣ (± ⲉⲃⲟⲗ) vb. tr. 뿌리다, 퍼뜨리다 (ⲙ̄ⲙⲟ⸗; 특히 냄새, 바람으로); vb. intr. idem.

ϣⲱϣ, ϣⲉϣ-, Q ϣⲏϣ vb. tr. (줄 등을) 꼬다; n.m. 비틀기, 꼬기; 고문(?).

ϣⲱϣ, ϣⲉϣ-, ϣⲟϣ⸗ (ϣⲁϣ⸗), Q ϣⲏϣ (± ⲉⲃⲟⲗ, ⲉϩⲣⲁⲓ) vb. tr. 동일하게 하다 (ⲙ̄ⲙⲟ⸗; ~에: ⲉ, ⲙⲛ̄); 고르다, 곧게 하다; 똑바로 놓다; Q 같다, 동일하다 (~와; ⲉ, ⲙⲛ̄, ⲟⲩⲃⲉ). n.m. 동등, 동일(함), 대등(함).

ϣⲱϥ, ϣⲉϥ-, ϣⲟϥ⸗, Q ϣⲏϥ vb. tr. 황폐하게 만들다, 파괴하다 (ⲙ̄ⲙⲟ⸗); vb. intr. 황폐해지다, 파멸되다, 파괴되다; n.m. 황폐, 파괴. ϣⲱⲱϥⲉ, ϣⲱⲱⲃⲉ n.m. 불모. 가난.

ϣⲱϥⲧ̄, ϣⲟϥⲧ̄ n.m. 손바닥; 한줌.

ϣⲱϥⲧ̄, ϣⲉϥⲧ̄-, Q ϣⲟϥⲧ̄ vb. intr. 잘못을 범하다, 실수하다 (~에: ⲙ̄ⲙⲟ⸗, ⲉ, ϩⲛ̄); n.m. 잘못, 과실. ⲁⲧϣⲱϥⲧ̄ 잘못을 범하지 않는. ϣⲁϥⲧⲉ adj. 사악한, 대단히 부당한; ⲙⲛ̄ⲧϣⲁϥⲧⲉ 부당함; ⲣ̄-ⲙⲛ̄ⲧϣⲁϥⲧⲉ 죄를 짓다 (~에 대해: ⲉ). ϣⲟϥⲧⲥ̄, ϣⲟⲃⲧⲥ̄, ϣⲁϥⲧⲥ̄ n. 실수.

ϣⲱϩⲃ̄, ϣⲉϩⲃ̄-, ϣⲟϩⲃ⸗ vb. tr. 시들게 하다, 말려 죽이다.

ϣⲱϫⲉ vb. intr. 다투다, 싸우다, 투쟁하다 (~와: ⲙⲛ̄, ⲟⲩⲃⲉ); n.m. 논쟁. ⲙⲁ ⲛ̄ ϣⲱϫⲉ 격투장, 아레나; ⲣⲉϥϣⲱϫⲉ 경쟁자. ϣⲟⲉⲓϫ n.m.f. 운동선수, 검투사, 경쟁자; ⲙⲛ̄ⲧϣⲟⲉⲓϫ 운동의 기량; ⲣ̄-ϣⲟⲉⲓϫ 운동선수가 되다, 경쟁자가 되다. ϣⲟⲉⲓϫϥ̄ n.m. 운동선수, 경쟁자.

ϣⲱϫⲡ̄, ϣⲉϫⲡ̄-, ϣⲟϫⲡ⸗, Q **ϣⲟϫⲡ̄** vb. tr. 남은 자로 남겨두다, 뒤에 남겨두다 (**ⲙ̄ⲙⲟ⸗**); vb. intr. 남아 있다, 남다; ± **ⲉⲡⲁϩⲟⲩ** idem. n.m. 남은 사람/것.

ϣϣⲉ, ⲉϣϣⲉ, ϣⲉ, ⲥϣⲉ (부정. **ⲙⲉϣϣⲉ, ⲙ̄ϣϣⲉ**) 비인칭 vb. 적당하다, 적합하다, 적절하다 (~에: **ⲉ, ⲉⲧⲣⲉ**; §20.2를 보라); **ⲡⲉⲧ (ⲉ)ϣϣⲉ, ⲛⲉⲧ (ⲉ)ϣϣⲉ** 적절한 것.

ϣϥⲱ, ϣⲃⲱ n.f. 길이[거리] 측정 단위; 고대 이집트의 측정 단위; 파라상: 페르시아의 길이[거리] 단위.

ϣϩⲓϭ, ϣϩⲓϫ n.m. 먼지; **ⲣ̄-ϣϩⲓϭ** (Q **ⲟ ⲛ̄**) 먼지가 되다.

ϣϫⲉ (pl. **ϣϫⲏⲩ**) n.m. 메뚜기.

ϣϫⲏⲛ n.m. 마늘.

ϣϫⲓⲧ, ⲥϫⲓϭ n.m. 직업명: 염색공(?).

ϣϫⲱⲧ n.f. 가는 밧줄(?).

ϣϭⲁⲡ in **ⲁϣ-ϣϭⲁⲡ** 외치다, 소리치다.

ϣϭⲟⲣ, ϣϭⲟⲗ, ⲥϭⲟⲗ n.m. 소작료, 보수; **ⲁⲧϣϭⲟⲣ** 임대료가 없는; **ⲣⲙ̄ⲛ̄ϣϭⲟⲣ** 소작인.

▽ 상호 참조

ϣⲁ: ϣⲉ
ϣⲁⲁⲛⲧ⸗: ϣⲁ
ϣⲁⲁⲣⲉ: ϣⲁⲁⲣ
ϣⲁⲁⲧ(-/⸗): ϣⲁ, ϣⲓⲧⲉ, ϣⲱⲱⲧ
ϣⲁⲁⲧⲉ: ϣⲱⲱⲧ
ϣⲁⲁⲧⲥ̄: ϣⲱⲱⲧ
ϣⲁⲁϥ: ϣⲁⲁⲃ
ϣⲁⲁϥⲉ: ϣⲁϥⲉ
ϣⲁⲃⲉ: ϣⲁϥⲉ
ϣⲁⲃⲟⲗ: ⲃⲟⲗ
ϣⲁⲃⲣⲁ: ϣⲁⲣⲃⲁ
ϣⲁⲓ: ϣⲓⲁⲓ, ϣⲏⲓ
ϣⲁⲓⲉ: ϣⲓⲁⲓ
ϣⲁⲓⲣⲉ: ϣⲁⲁⲣⲉ
ϣⲁⲕⲧ⸗: ϣⲓⲕⲉ
ϣⲁⲗ(-): ϣⲱⲗ
ϣⲁⲗⲏⲩ: ϣⲁⲗⲓⲟⲩ
ϣⲁⲗⲕ⸗: ϣⲱⲗϭ
ϣⲁⲗⲧⲉⲙ, ϣⲁⲗⲧⲏⲙ:

ⲁ ⲃ ⲉ ⲏ ⲉⲓ ⲕ ⲗ ⲙ ⲛ ⲟ ⲡ ⲣ ⲥ ⲧ ⲟⲩ ⲱ ϣ ϥ ϩ ϫ ϭ

ϣⲗ̅ϭⲟⲙ
ϣⲁⲙⲁ-: ϣⲙⲁ
ϣⲁⲙⲓⲥⲉ: ⲙⲓⲥⲉ
ϣⲁⲛⲧ⸗: ϣⲁ
ϣⲁⲟⲩ: ϣⲁⲩ
ϣⲁⲡ(-/⸗): ϣⲱⲡ, ϭⲱⲡⲉ
ϣⲁⲣ(⸗): ϣⲁⲁⲣⲉ, ϣⲁⲁⲣ
ϣⲁⲣⲁϩⲉ: ⲁϩⲉ
ϣⲁⲣⲉ: ϣⲁⲁⲣ
ϣⲁⲣⲓⲟⲩ: ϣⲁⲗⲓⲟⲩ
ϣⲁⲣⲟ⸗: ϣⲁ
ϣⲁⲥⲱⲛⲧ̅: ⲥⲱⲛⲧ̅
ϣⲁⲧ(-/⸗): ϣⲓⲧⲉ, ϣⲱⲱⲧ
ϣⲁⲧⲁϥ: ⲁϥ
ϣⲁⲧⲉ: ϣⲱⲱⲧ
ϣⲁⲧⲛ̅: ϣⲱⲱⲧ
ϣⲁⲧⲥ̅: ϣⲱⲱⲧ
ϣⲁⲧⲧ⸗: ϣⲁ
ϣⲁⲩ: ⲉϣⲱ
ϣⲁϣ⸗: ϣⲱϣ
ϣⲁϣⲟⲩ: ϣⲟϣⲟⲩ
ϣⲁϥ: ϣⲱϥ
ϣⲁϥⲣⲁ: ϣⲁⲣⲃⲁ
ϣⲁϥⲉ(-): ϣⲓⲃⲉ, ϣⲱϥ
ϣⲁϫⲛⲉ: ϣⲟϫⲛⲉ
ϣⲃ̅-: ϣⲓⲃⲉ, ϣⲱⲃ
ϣⲃⲁⲧⲉ: ϣⲃⲱⲧ
ϣⲃ̅ⲃⲓⲁⲉⲓⲧ, ϣⲃ̅ⲃⲓⲟ: ϣⲉⲃⲓⲏⲩ
ϣⲃⲉ: ⲥⲁϣϥ
ϣⲃⲉⲉⲣ(ⲉ): ϣⲃⲏⲣ
ϣⲃ̅ⲉⲓⲁⲉⲓⲧ: ϣⲉⲃⲓⲏⲩ
ϣⲃ̅ⲉⲓⲱ: ϣⲉⲃⲓⲏⲩ
ϣⲃⲓⲃ: ϣⲟⲩⲏⲏⲃ
ϣⲃ̅ⲓⲱ: ϣⲉⲃⲓⲏⲩ
ϣⲃ̅ⲃⲛ̅ⲛⲉ: ⲃⲛ̅ⲛⲉ
ϣⲃⲣ̅-: ϣⲃⲏⲣ
ϣⲃⲟⲧ: ϣⲃⲱⲧ
ϣⲃ̅ⲧ⸗, ϣⲃ̅ⲧⲥ̅: ϣⲓⲃⲉ
ϣⲃⲱ: ϣϥⲱ
ϣⲃ̅ϣⲉ: ⲥⲃ̅ϣⲉ
ϣⲉ: ϣϣⲉ, ϣⲁ
ϣⲉ-: ⲥⲱϣ
ϣⲉⲃⲃⲓⲱ: ϣⲉⲃⲓⲏⲩ
ϣⲉⲃⲉ: ϣⲃⲉ
ϣⲉⲃⲉ: ϣⲁϥⲉ
ϣⲉⲃⲓ: ϣⲁϥⲉ
ϣⲉⲃⲓⲱ: ϣⲉⲃⲓⲏⲩ
ϣⲉⲃⲛ̅ⲛⲉ: ⲃⲛ̅ⲛⲉ
ϣⲉⲃⲧ⸗: ϣⲱϥⲧ̅
ϣⲉⲃⲧ-/⸗: ϣⲓⲃⲉ
ϣⲉⲉⲛⲉ: ϣⲱⲱⲛⲉ
ϣⲉⲉⲣⲉ: ϣⲓⲣⲉ, ϣⲏⲣⲉ
ϣⲉⲉⲧ-: ϣⲱⲱⲧ
ϣⲉⲉϭⲉ-: ϣⲱⲱϭⲉ
ϣⲉⲓ: ϣⲓ, ϣⲉ
ϣⲉⲓⲕ: ϣⲓⲕⲉ
ϣⲉⲕⲧ̅-: ϣⲓⲕⲉ
ϣⲉⲗⲧⲁⲙ, ϣⲉⲗⲧⲉⲙ: ϣⲗ̅ϭⲟⲙ
ϣⲉⲛ-: ϣⲏⲣⲉ, ϣⲓⲛⲉ

ϣⲉⲛ: ϫⲓⲛ
ϣⲉⲛⲃ̅-: ϣⲱⲛϥ̅
ϣⲉⲛⲉ-: ϣⲱⲱⲛⲉ
ϣⲉⲛⲟⲩⲁ: ϣⲏⲣⲉ
ϣⲉⲛⲧ̅-: ϣⲓⲛⲉ, ϣⲱⲛⲧ̅
ϣⲉⲛⲧ⸗: ϣⲁ
ϣⲉⲛⲧⲥ̅: ϣⲏⲧⲥ̅
ϣⲉⲡⲛ̅ϣⲱⲡ: ϣⲱⲡ
ϣⲉⲧ-: ϣⲱⲱⲧ, ϣⲓⲧⲉ
ϣⲉϥ-: ϣⲱϥ, ϣⲱⲃ
ϣⲉϥⲉ: ϣⲁϥⲉ
ϣⲉϥⲓⲱ: ϣⲉⲃⲓⲏⲩ
ϣⲉϥⲧ̅-: ϣⲱϥⲧ̅, ϣⲓⲃⲉ
ϣⲉϥⲧ⸗: ϣⲓⲃⲉ
ϣⲉϭⲉ-: ϣⲱⲱϭⲉ
ϣⲏ: ϣⲉ
ϣⲏⲃ: ϣⲱⲃ, ϣⲟⲩⲏⲏⲃ
ϣⲏⲃⲉ: ϣⲉⲛϥⲉ, ϣⲁϥⲉ
ϣⲏⲉⲓ: ϣⲏⲓ
ϣⲏⲏⲣⲉ: ϣⲏⲣⲉ
ϣⲏⲕ: ϣⲓⲕⲉ, ϣⲱⲕ
ϣⲏⲛϥⲉ: ϣⲉⲛϥⲉ
ϣⲏⲣⲉ: ϣⲓⲣⲉ
ϣⲏⲧ: ϣⲱⲱⲧ, ϣⲉ
ϣⲏⲩ: ϣⲓ, ϣⲓⲁⲓ, ϣⲁⲩ
ϣⲏⲩⲉ: ϣⲟⲩⲏⲏⲃ
ϣⲏϥ: ϣⲱϥ, ϣⲱⲃ
ϣⲏϥⲉ: ϣⲁϥⲉ: ϣⲉⲛϭⲉ
ϣⲓ: ϣⲉ
ϣⲓⲃⲉ: ϣⲏⲃⲉ, ϣⲁϥⲉ
ϣⲓⲉ: ϣⲓⲏ
ϣⲓⲏ, ϣⲓⲏⲉ: ϣⲓⲁⲓ
ϣⲓⲕ, ϣⲓⲕⲧ⸗: ϣⲓⲕⲉ
ϣⲓⲕϩ̅: ϣⲱⲕϩ̅
ϣⲓⲙⲉ: ϣⲟⲉⲓⲙ
ϣⲓⲛϣⲱⲧⲉ: ϣⲛ̅ϣⲱⲧⲉ
ϣⲓⲧ⸗: ϣⲓ, ϣⲓⲧⲉ
ϣⲓϥ: ⲥⲓϣϥ̅
ϣⲓϥⲉ: ϣⲉⲛϥⲉ, ϣⲁϥⲉ
ϣⲓϥⲧⲉ: ϣⲓⲃⲧⲉ
ϣⲕⲉⲣ: ⲥϭⲏⲣ
ϣⲕⲏⲗ: ϣⲕⲓⲗ
ϣⲕⲏⲗⲕⲉⲗ: ϣⲕⲗ̅ⲕⲗ̅
ϣⲕⲓⲗϭⲓⲗ: ϣⲕ̅ⲗⲓⲗ
ϣⲗⲉⲓⲛ: ϣⲗⲁⲉⲓⲛ
ϣⲗⲉϩ: ϣⲗ̅ϩ
ϣⲗⲉϭ: ϣⲱⲗϭ̅
ϣⲗⲓϭ: ϣⲱⲗϭ̅
ϣⲗⲗ̅: ϣⲗⲏⲗ
ϣⲗ̅ⲧⲁⲙ, ϣⲗ̅ⲧⲉⲙ: ϣⲗ̅ϭⲟⲙ
ϣⲗ̅ϥ: ϣⲗⲁϩ
ϣⲙ-ⲛⲟⲩϥⲉ: ϣⲓⲛⲉ
ϣⲙⲏⲛ(ⲉ): ϣⲙⲟⲩⲛ
ϣⲙ̅ⲙⲟⲓ, ϣⲙ̅ⲙⲱ: ϣⲙ̅ⲙⲟ
ϣⲙ̅ⲛ̅ⲧ(-): ϣⲟⲙⲛ̅ⲧ
ϣⲙⲟ: ϣⲙ̅ⲙⲟ
ϣⲙⲟⲙ: ϩⲙⲟⲙ
ϣⲙⲟⲩⲉ, ϣⲙⲟⲩⲓ:ϣⲙⲟⲩ
ϣⲙⲟⲩⲓ: ϣⲟⲙ
ϣⲙⲱ: ϣⲙ̅ⲙⲟ

ϣⲙ̄ϣⲏⲧ⸗, ϣⲙ̄ϣⲓⲧ: ϣⲙ̄ϣⲉ
ϣϭⲓⲗϭⲓⲗ: ϣⲕ̄ⲗⲓⲗ
ϣⲛ̄-: ϣⲏⲣⲉ, ϣⲓⲛⲉ
ϣⲛ̄ⲃⲉ: ϣⲉⲛϥⲉ
ϣⲛ̄ⲃⲛ̄ⲛⲉ: ⲃⲛ̄ⲛⲉ
ϣⲛⲏ, ϣⲛⲏⲩ(ⲉ): ϣⲛⲉ
ϣⲛⲟⲩⲁ(ⲓ): ϣⲏⲣⲉ
ϣⲛ̄ⲥ: ϣⲏⲧⲥ̄
ϣⲛ̄ⲧ-/⸗: ϣⲓⲛⲉ, ϣⲱⲛⲧ̄
ϣⲛ̄ⲧ⸗: ϣⲁ
ϣⲛ̄ϥⲉ: ϣⲉⲛϥⲉ
ϣⲛ̄ϫⲱϫ: ϫⲱϫ
ϣⲟⲃⲉ: ϣⲁϥⲉ, ϣⲓⲃⲉ
ϣⲟⲃⲧ(⸗): ϣⲱϥⲧ̄
ϣⲟⲉⲓⲙⲉ: ϣⲟⲉⲓⲙ
ϣⲟⲉⲓϫϥ̄: ϣⲱϫⲉ
ϣⲟⲕⲉ: ϣⲓⲕⲉ
ϣⲟⲗϩ̄: ϣⲱⲗϩ̄, ϣⲗⲁϩ
ϣⲟⲙⲧ̄, ϣⲟⲙⲧⲉ: ϣⲟⲙⲛ̄ⲧ
ϣⲟⲛ⸗: ϣⲱⲱⲛⲉ
ϣⲟⲛⲃ(⸗): ϣⲱⲛϥ̄
ϣⲟⲛⲧⲉ: ϣⲱⲛⲧ̄
ϣⲟⲛ̄ϣ: ϣⲛⲟϣ
ϣⲟⲟⲃ: ϣⲁⲁⲃ
ϣⲟⲟⲃⲉ: ϣⲓⲃⲉ, ϣⲱⲡⲉ
ϣⲟⲟⲙ: ϣⲟⲙ
ϣⲟⲟⲙ⸗: ϣⲱⲙ
ϣⲟⲟⲙⲉ: ϣⲙⲁ
ϣⲟⲟⲛ⸗, ϣⲟⲟⲛⲉ: ϣⲱⲱⲛⲉ
ϣⲟⲟⲡ: ϣⲟⲡ, ϣⲱⲡⲉ
ϣⲟⲟⲣ: ϣⲁⲁⲣⲉ
ϣⲟⲟⲣ⸗: ϣⲱⲣ
ϣⲟⲟⲣⲧ̄: ϣⲟⲣⲧ̄
ϣⲟⲟⲥ: ϣⲱⲥ
ϣⲟⲟⲩⲉ: ϣⲟⲟⲩ
ϣⲟⲟⲩⲉ: ϣⲏⲩⲉ
ϣⲟⲟϣ: ϣⲟϣ
ϣⲟⲟϭ⸗, ϣⲟⲟϭⲉ: ϣⲱⲱϭⲉ
ϣⲟⲡⲥ̄: ϣⲱⲡ
ϣⲟⲣⲡⲉ: ϣⲱⲣⲡ̄
ϣⲟⲥⲙ̄: ⲥⲱϣⲙ̄
ϣⲟⲩ: ⲉϣⲱ
ϣⲟⲩ-: ϣⲟⲟⲩ, ϣⲁⲩ, ϣⲟⲩⲟ
ϣⲟⲩⲁ: ϣⲏⲣⲉ
ϣⲟⲩⲉ: ϣⲟⲩⲏⲏⲃ
ϣⲟⲩⲉ-: ϣⲟⲩⲟ
ϣⲟⲩⲉⲃⲉ: ϣⲟⲩⲏⲏⲃ
ϣⲟⲩⲉⲓⲧ: ϣⲟⲩⲟ
ϣⲟⲩⲉϥⲉ: ϣⲟⲩⲏⲏⲃ
ϣⲟⲩⲏⲟⲩ: ϣⲟⲩⲏⲏⲃ
ϣⲟⲩⲟⲃⲉ: ϣⲟⲩⲱⲃⲉ
ϣⲟⲩⲟⲩⲁ: ϣⲏⲣⲉ
ϣⲟⲩⲟⲩⲱϣⲧ̄: ⲟⲩⲱϣⲧ̄
ϣⲟⲩⲥⲟⲟⲩϩⲉ:
ϣⲟⲩⲥⲟⲟⲩϣⲉ
ϣϭⲟⲗ: ϣϭⲟⲣ
ϣⲟⲩⲱ⸗: ϣⲟⲩⲟ
ϣⲟⲩⲱⲟⲩ(ⲉ): ϣⲟⲟⲩⲉ
ϣⲟⲩϩⲏⲛⲉ: ϩⲏⲛⲉ
ϣⲟϣⲧ: ϣⲟⲧϣⲧ̄

ⲁ ⲃ ⲉ ⲏ ⲉⲓ ⲕ ⲗ ⲙ ⲛ ⲟ ⲡ ⲣ ⲥ ⲧ ⲟⲩ ⲱ ϣ ϥ ϩ ϫ ϭ

ϣⲟϥ⸗: ϣⲱⲃ, ϣⲱϥ
ϣⲟϥⲉ: ϣⲓⲃⲉ
ϣⲟϫⲧ̄: ϣⲟⲧϣⲧ̄
ϣⲟϭ⸗, ϣⲟϭⲉ: ϣⲱⲱϭⲉ
ϣⲡⲉⲛϣⲱⲡ: ϣⲱⲡ
ϣⲡⲓⲉⲉⲧⲉ, ϣⲡⲓⲏⲧ: ϣⲓⲡⲉ
ϣⲡ̄ⲛ̄ϣⲱⲡ: ϣⲱⲡ
ϣⲣ̄-: ϣⲏⲣⲉ
ϣⲣⲁ: ϩⲣⲁ
ϣⲣⲉⲩ, ϣⲣⲏⲩ: ϣⲏⲣⲉ
ϣⲣ̄ϣⲟⲣⲧ̄: ϣⲟⲣϣⲣ̄
ϣⲣ̄ϣⲱⲣ: ϣⲟⲣϣⲣ̄, ϣⲟⲗϣⲗ̄
ϣⲥ(ⲉ)-: ⲥⲱϣ
ϣⲥ̄ⲛⲁⲥ: ⲁⲥ
ϣⲥ̄ⲛⲉⲓϥⲧ: ⲉⲓϥⲧ
ϣⲥ̄ⲛϩⲏⲧ: ϩⲏⲧ
ϣⲥ̄ϭⲏⲣ: ⲥϭⲏⲣ
ϣⲧⲁ: ϣⲱⲱⲧ, ϫⲧⲟ
ϣⲧⲁⲙ: ϣⲱⲧⲙ̄
ϣⲧⲏ: ϣⲧⲉ
ϣⲧⲏⲩ: ⲥⲧⲉ, ϫⲧⲟ
ϣⲧⲛ̄: ϣⲧⲏⲛ
ϣⲧⲟ(⸗): ϫⲧⲟ
ϣⲧⲟⲃ: ϣⲱⲧⲃ̄
ϣⲧⲟϥ: ϣⲱⲧⲃ̄
ϣⲧⲟⲙ: ϣⲱⲧⲙ̄
ϣⲧⲟⲣⲉ: ⲧⲱⲣⲉ
ϣⲧⲣ̄ⲧⲓⲣ: ϣⲧⲟⲣⲧⲣ̄
ϣⲧⲱⲣⲉ: ϣⲱⲣⲉ
ϣⲱⲃⲧ̄: ϣⲱϥⲧ̄
ϣⲱⲛⲧ̄: ϫⲱⲛϥ̄
ϣⲱⲡⲉ: ϭⲱⲡⲉ
ϣⲱⲥⲙ̄: ⲥⲱϣⲙ̄
ϣⲱⲱⲙⲉ: ϣⲙⲁ
ϣϣⲱⲧⲉ: ϣⲟⲧ
ϣϥⲉ: ϣⲃⲉ, ⲥⲁϣϥ̄
ϣϥⲱ: ϣⲃⲉ
ϣϩⲓϫ: ϣϩⲓϭ
ϣϩ̄ⲗⲓϭ: ϣⲱⲗϭ̄
ϣϫ̄-: ϣⲁϫⲉ
ϣϫⲏⲩ: ϣϫⲉ
ϣϫⲟⲥ: ϭϩⲟⲥ
ϣϫ̄ϩⲟⲥ: ϭϩⲟⲥ
ϣϭⲁ: ϣⲱⲱϭⲉ
ϣϭⲏⲣ: ⲥϭⲏⲣ
ϣϭ̄ⲗϭⲓⲗ, ϣϭⲉⲗϭⲓⲗ
ϣϭⲣⲁϩⲧ̄: ⲥϭⲣⲁϩⲧ̄
ϣⲟⲩⲥⲟⲟⲩϩⲉ:
ϣⲟⲩⲥⲟⲟⲩϣⲉ
ϣϭⲟⲗ: ϣϭⲟⲣ
ϣⲟⲩⲱ⸗: ϣⲟⲩⲟ
ϣⲟⲩⲱⲟⲩ(ⲉ): ϣⲟⲟⲩⲉ
ϣⲟⲩϩⲏⲛⲉ: ϩⲏⲛⲉ
ϣⲟϣⲧ: ϣⲟⲧϣⲧ̄
ϣⲟϥ⸗: ϣⲱⲃ, ϣⲱϥ
ϣⲟϥⲉ: ϣⲓⲃⲉ
ϣⲟϫⲧ̄: ϣⲟⲧϣⲧ̄
ϣⲟϭ⸗, ϣⲟϭⲉ: ϣⲱⲱϭⲉ
ϣⲡⲉⲛϣⲱⲡ: ϣⲱⲡ
ϣⲡⲓⲉⲉⲧⲉ, ϣⲡⲓⲏⲧ:

ϣⲓⲡⲉ
ϣⲡ̅ⲛ̅ϣⲱⲡ: ϣⲱⲡ
ϣⲣ̅-: ϣⲏⲣⲉ
ϣⲣⲁ: ϩⲣⲁ
ϣⲣⲉⲩ, ϣⲣⲏⲩ: ϣⲏⲣⲉ
ϣⲣ̅ϣⲟⲣⲧ̅: ϣⲟⲣϣⲣ̅
ϣⲣ̅ϣⲱⲣ:
ϣⲟⲣϣⲣ̅, ϣⲟⲗϣⲗ̅
ϣⲥ(ⲉ)-: ⲥⲱϣ
ϣⲥ̅ⲛⲁⲥ: ⲁⲥ
ϣⲥ̅ⲛⲉⲓϥⲧ: ⲉⲓϥⲧ
ϣⲥ̅ⲛϩⲏⲧ: ϩⲏⲧ
ϣⲥ̅ϭⲏⲣ: ⲥϭⲏⲣ
ϣⲧⲁ: ϣⲱⲱⲧ, ϫⲧⲟ
ϣⲧⲁⲙ: ϣⲱⲧⲙ̅
ϣⲧⲏ: ϣⲧⲉ
ϣⲧⲏⲩ: ⲥⲧⲉ, ϫⲧⲟ
ϣⲧⲛ̅: ϣⲧⲏⲛ
ϣⲧⲟ(⸗): ϫⲧⲟ
ϣⲧⲟⲃ: ϣⲱⲧⲃ̅
ϣⲧⲟϥ: ϣⲱⲧⲃ̅
ϣⲧⲟⲙ: ϣⲱⲧⲙ̅
ϣⲧⲟⲣⲉ: ⲧⲱⲣⲉ
ϣⲧⲣ̅ⲧⲓⲣ: ϣⲧⲟⲣⲧⲣ̅
ϣⲧⲱⲣⲉ: ϣⲱⲣⲉ
ϣⲱⲃⲧ̅: ϣⲱϥⲧ̅
ϣⲱⲛⲧ̅: ϫⲱⲛϥ̅
ϣⲱⲡⲉ: ϭⲱⲡⲉ
ϣⲱⲥⲙ̅: ⲥⲱϣⲙ̅
ϣⲱⲱⲙⲉ: ϣⲙⲁ
ϣϣⲱⲧⲉ: ϣⲟⲧ
ϣϥⲉ: ϣⲃⲉ, ⲥⲁϣϥ̅
ϣϥⲱ: ϣⲃⲉ
ϣϩⲓϫ: ϣϩⲓϭ
ϣϩ̅ⲗⲓϭ: ϣⲱⲗϭ̅
ϣϫ̅-: ϣⲁϫⲉ
ϣϫⲏⲩ: ϣϫⲉ
ϣϫⲟⲥ: ϭϩⲟⲥ
ϣϫ̅ϩⲟⲥ: ϭϩⲟⲥ
ϣϭⲁ: ϣⲱⲱϭⲉ
ϣϭⲏⲣ: ⲥϭⲏⲣ
ϣϭⲗ̅ϭⲓⲗ, ϣϭⲉⲗϭⲓⲗ
ϣϭ̅ⲣⲁϩⲧ̅: ⲥϭ̅ⲣⲁϩⲧ̅

ϥ

ϥⲓ (**ϥⲉⲓ**), **ϥⲓ-** (**ϥⲉⲓ-**), **ϥⲓⲧ⸗**, Q **ϥⲏⲩ** vb. tr. 받다, 옮기다, 참다, 견디다 (**ⲙ̄ⲙⲟ⸗, ϩⲁ**); 자주 심성적 여격과 함께 (**ⲉ, ⲛⲁ⸗**). 많은 전치사 및 부사와 함께 일반적인 의미로 사용. **ϥⲓ ⲙⲛ̄** ~에 동의하다. **ϥⲓ ϩⲁ** 허용하다, 참다, 견디다. **ϥⲓ ⲙ̄ⲙⲟ⸗ ⲉⲃⲟⲗ** 데려가다, 제거하다 (~로부터: **ⲙ̄ⲙⲟ⸗, ϩⲛ̄**). **ϥⲓ ⲙ̄ⲙⲁⲩ** 거기로부터 옮기다 등. (± **ϩⲛ̄, ϩⲓϫⲛ̄**: ~로부터). **ϥⲓ-** 및 **ϥⲁⲓ-** 복합어는 2번째 요소를 보라. **ⲣⲉϥϥⲓ** 견디는 자 (목적어를 가질 수 있다); **ⲙⲛ̄ⲧⲣⲉϥϥⲓ** 견디는 상태, 견디는 조건.

ϥⲛ̄ⲧ, ⲃⲛ̄ⲧ, ϥⲉⲛⲧ̄, ⲟⲩⲉⲛⲧ̄ n.m.f. 벌레. **ⲣ̄-ϥⲛ̄ⲧ** 벌레가 되다.

ϥⲟ, ⲃⲟ, ⲃⲟⲟ, ϥⲱⲓ n.f. 수로, 수도관.

ϥⲧⲟⲟⲩ, ⲃⲧⲟⲟⲩ (**ϥⲧⲉⲩ-, ϥⲧⲟⲩ-**; f. **ϥⲧⲟⲉ, ϥⲧⲟ, ⲃⲧⲟ**) 숫자: 4, 넷. **ⲙⲛ̄ⲧⲁϥⲧⲉ** 열넷. **ⲙⲉϩϥⲧⲟⲟⲩ** (f. **-ϥⲧⲟⲉ, -ϥⲧⲟ**) 4번째. §15.3; §24.3; §30.7을 보라.

ϥⲱ, ⲃⲱ, ⲟⲩⲱ, ϥⲱⲉ n.m. 머리카락. **ⲣⲁⲧ-ϥⲱ, ⲣⲏⲧ-ⲙ̄ ϥⲱ** 털이 많은. **ⲟⲩⲉϩϥⲱ** 머리털을 기르다.

ϥⲱⲧⲉ, ⲃⲱⲧⲉ n.f.m. 땀. **ϯ-ϥⲱⲧⲉ** 땀을 흘리다.

ϥⲱⲧⲉ (**ⲃⲱⲧⲉ, ⲃⲟⲧⲉ**), **ϥⲉⲧ-, ϥⲟⲧ⸗** vb. tr. 닦다, 지우다; 제거하다, 파괴하다 (**ⲙ̄ⲙⲟ⸗**). **ϥⲱⲧⲉ ⲉⲃⲟⲗ** (1) idem; (2) intr. 닦이다, 파괴되다. **ⲁⲧϥⲱⲧⲉ ⲉⲃⲟⲗ** 지울 수 없는, 변경할 수 없는.

ϥⲱϭⲉ (**ⲃⲱϭⲉ**), **ϥⲉϭ-, ϥⲟϭ⸗**, Q **ϥⲏϭ** (**ⲃⲏϭ**) vb. intr. / reflex. 뛰어오르다, 도약하다 (**ⲉⲃⲟⲗ, ⲉⲡⲉⲥⲏⲧ, ⲉⲑⲏ, ⲉϩⲟⲩⲛ, ⲉϩⲣⲁⲓ**); n.m. 성급함; **ⲣⲉϥϥⲱϭⲉ** 성급한 사람. **ϥⲟϭⲥ̄, ⲃⲟϭⲥ̄** n. 뛰기, 춤추기; 특히 **ϫⲓ-ϥⲟϭⲥ̄** 춤추다; **ⲙⲛ̄ⲧⲣⲉϥⲃⲟϭⲥ̄** 성급함.

ϥⲱϭⲉ (**ⲃⲱϭⲉ**), **ϥⲉϭ-, ϥⲟϭ⸗**, Q **ϥⲏϭ** vb. tr. 잡다, 낚아채다, 빼앗다 (**ⲉ, ⲙ̄ⲙⲟ⸗**); **ⲣⲉϥϥⲱϭⲉ** 난폭한 사람. **ϥⲟϭϥ̄** n. 강도, 약탈

ⲁ ⲃ ⲉ ⲏ ⲉⲓ ⲕ ⲗ ⲙ ⲛ ⲟ ⲡ ⲣ ⲥ ⲧ ⲟⲩ ⲱ ϣ ϥ ϩ ϫ ϭ

자.

ϥⲱϭⲥ̄ (**ⲃⲱϭⲥ̄**). **ϥⲱϭⲉ**의 드문 이형. 뛰어오르다.

▽ 상호 참조

ϥⲁⲓ-: **ϥⲓ**
ϥⲁⲓ: **ⲃⲁⲓ**
ϥⲉⲓ, ϥⲉⲓ-: **ϥⲓ**
ϥⲉⲛⲧ̄: **ϥⲛ̄ⲧ**
ϥⲉⲧ-: **ϥⲱⲧⲉ**
ϥⲉϭ-: **ϥⲱϭⲉ**
ϥⲏⲩ: **ϥⲓ**
ϥⲏϭ: **ϥⲱϭⲉ**
ϥⲓⲧ⸗: **ϥⲓ**
ϥⲟⲧ⸗: **ϥⲱⲧⲉ**
ϥⲟϭ⸗: **ϥⲱϭⲉ**
ϥⲟϭⲥ̄: **ϥⲱϭⲉ**
ϥⲟϭϥ̄: **ϥⲱϭⲉ**
ϥⲧⲉⲩ-: **ϥⲧⲟⲟⲩ**
ϥⲧⲟ, ϥⲧⲟⲉ: **ϥⲧⲟⲟⲩ**
ϥⲧⲟⲩ-: **ϥⲧⲟⲟⲩ**
ϥⲱⲓ: **ϥⲟ**
ϥⲱⲧⲉ: **ⲃⲱⲧⲉ**
ϥⲱϭⲉ: **ⲃⲱⲧⲉ**

ϩ

ϩⲁ, ϩⲟ n.m. 풍구, 풀무.

ϩⲁ, ϩⲟ n.m. 기둥, 돛대; 베틀 용두머리 (= 베틀 채).

ϩⲁ (ϩⲁⲣⲟ⸗) prep. (1) 아래에, 밑에; 자주 '견딤, 옮김'의 의미와 함께; (2) 아래에서, ~의 면전으로부터, ~의 때부터; (3) ~하기 위해, ~한 까닭으로, ~때문에; (4) ~에 관해서는, ~에 관하여, ~을 위하여; (5) 대표하여, 대신에; ~로[에게], ~쪽으로 (일반적으로 사람).

ϩⲁⲉ, ϩⲁⲉⲓⲏ, ϩⲁⲓⲏ (f. ϩⲁⲏ, ϩⲁⲉ; pl. ϩⲁⲉⲩ, ϩⲁⲉⲉⲩ, ϩⲁⲉⲟⲩ, ϩⲁⲉⲩⲉ) adj. 끝의, 마지막의; n.: 끝, 종료, 뒷 부분. ⲉ ⲡϩⲁⲉ, ⲙ̄ ⲡϩⲁⲉ, ⲛ̄ ⲑⲁⲉ, ⲛ̄ ϩⲁⲉ, ⲉϫⲛ̄ ϩⲁⲉ, ϩⲛ̄ ⲑⲁⲉ 마침내, 드디어. ϣⲁ ϩⲁⲉ, ϣⲁ ⲑⲁⲉ 마지막까지, 마지막에. ⲣ̄-ϩⲁⲉ (1) 마지막이 되다; (너무) 늦어지다 (~때에: ⲉ); (2) ~이 필요하다: ⲉ). ϫⲓ-ϩⲁⲉ 뒤처지다.

ϩⲁⲉⲓⲃⲉⲥ, ϩⲁⲓⲃⲉⲥ, ϩⲟⲓⲃⲉⲥ n.f. 그림자, 그늘; 보호소; ⲣ̄-ϩⲁⲉⲓⲃⲉⲥ 그늘지게 하다 (~을 위해, ~에: ⲉ, ⲉϫⲛ̄, ϩⲓϫⲛ̄). ϫⲓ-ϩⲁⲉⲓⲃⲉⲥ 그늘을 취하다, 그늘져 있다, 보호를 받다.

ϩⲁⲉⲓⲧ, ϩⲁⲓⲉⲓⲧ, ϩⲁⲉⲓⲏⲧ n.f. 출입구, 앞뜰, 돌출 현관.

ϩⲁⲓ n.m. 남편. ϫⲓ-ϩⲁⲓ 남편을 얻다, 시집가다.

ϩⲁⲕ, ϩⲁⲁⲕ n.m. 재봉사.

ϩⲁⲕ adj. 술 취하지 않은, 신중한, 온화한 (명사 앞이나 뒤에서, ⲛ̄과 함께); ⲙⲛ̄ⲧϩⲁⲕ 근엄, 온화. ⲣ̄-ϩⲁⲕ (Q ⲟ ⲛ̄ ϩⲁⲕ) 술이 깨다, 신중해지다.

ϩⲁⲕⲗ̄ϥ, ϩⲁⲕⲏⲗϥ̄, ϩⲁⲕⲉⲗϥ̄, ϩⲁⲛⲕⲗ̄ϥ n.m. 도마뱀의 일종.

ϩⲁⲗ n.m.f. 하인, 종, 노예; 다음을 제외하고는 드물다. ϩⲙ̄ϩⲁⲗ, ϩⲙ̄ϩⲉⲗ n.m.f. idem; ⲙⲛ̄ⲧϩⲙ̄ϩⲁⲗ 노예[종, 하인]의 상태; ⲣ̄-ϩⲙ̄ϩⲁⲗ 섬기다, 종이 되다 (~에게: ⲛⲁ⸗).

ϩⲁⲗ (ⲣ̄-ϩⲁⲗ에만) 속이다 (ⲙ̄ⲙⲟ⸗); n. 사기, 속임; ⲙⲛ̄ⲧⲣ̄-ϩⲁⲗ 사

기, 속임, 기만; ⲣⲉϥⲣ̅-ϩⲁⲗ 속이는 자, 사기꾼; ⲙⲛ̅ⲧⲣⲉϥⲣ̅-ϩⲁⲗ 사기, 속임.

ϩⲁⲗⲁⲕ, ϩⲁⲗⲏⲕ n.f. 반지, 고리.

ϩⲁⲗⲏⲧ (pl. ϩⲁⲗⲁⲧⲉ, ϩⲁⲗⲁⲁⲧⲉ) n.m. 새, 날짐승.

ϩⲁⲗⲙⲏϩⲉ, ϩⲁⲗⲙⲏϩ, ϩⲁⲗⲙⲉϩ, ϩⲉⲗⲙⲉϩⲉ n.f. 배.

ϩⲁⲗⲟⲩⲥ, ϩⲁⲗⲗⲟⲩⲥ n.m. 거미줄.

ϩⲁⲗⲱⲙ n.m. 치즈.

ϩⲁⲙ (pl. ϩⲙⲏⲩ, ϩⲙⲉⲩ) n.m. 장인, 기술자, ~을 만드는 사람; cf. ϩⲁⲙϣⲉ.

ϩⲁⲙⲏⲣ n.m. 포옹, 수락; ⲣ̅-ϩⲁⲙⲏⲣ ⲙ̅ⲙⲟ⸗; ϯ-ϩⲁⲙⲏⲣ ⲉ 포옹하다, 수락하다.

ϩⲁⲙⲟⲓ interj. 부디 ~하기를!

ϩⲁⲙϣⲉ, ϩⲁⲙϣⲓ (pl. ϩⲁⲙϣⲏⲟⲩⲉ, ϩⲁⲙϣⲏⲩⲉ, ϩⲁⲙϣⲟⲟⲩⲉ) n.m. 목수; ⲙⲛ̅ⲧϩⲁⲙϣⲉ 목공, 목수 직업.

ϩⲁⲡ, ϩⲟⲡ n.m. 판단, 심판, 원인 규명; ⲁⲧϩⲁⲡ 소송을 제기하지 않고. ⲉⲓⲣⲉ ⲙ̅ ⲡ(⸗)ϩⲁⲡ, ⲣ̅-ϩⲁⲡ 심판[판단]하다 (~을: ⲛⲁ⸗; 사이에: ⲟⲩⲧⲉ); 소송을 제기하다; 복수하다, 즉 사건을 해결하다 (~에 대한: ⲙⲛ̅). ϯ-ϩⲁⲡ 심판하다, 판단을 내리다 (~에 대한: ⲉ, ⲉϫⲛ̅); ⲙⲁ ⲛ̅ ϯ-ϩⲁⲡ 재판소, 법정; ⲣⲉϥϯ-ϩⲁⲡ 재판관; ⲣ̅-ⲣⲉϥϯ-ϩⲁⲡ 재판관을 맡다. ϫⲓ-ϩⲁⲡ, ϫⲓ ⲛ̅ ⲟⲩϩⲁⲡ 소송을 제기하다 (~에 대해, 함께: ⲙⲛ̅, ⲟⲩⲃⲉ, ϩⲁ, ϩⲓ); n.m. 심판, 판단.

ϩⲁⲡⲉ n.m. 이집트신 아피스.

ϩⲁⲡⲟⲣⲕ̅, ϩⲁⲡⲟⲣⲧ̅ n.f. 안장, 안장 깔개.

ϩⲁⲡⲥ̅, ϩⲟⲡⲥ̅ 비인칭 vb. (± ⲡⲉ) 필요하다 (~에게: ⲉ; ~하는 것이: ⲉ, ⲉⲧⲣⲉ). §20.2을 보라.

ϩⲁⲣⲉϩ (ⲁⲣⲉϩ, ϩⲁⲣⲏϩⲉ, ⲉⲣⲉϩ, ⲉⲣⲏϩ) vb. tr. 지키다, 보다, 관찰하다, 보존하다, ~에 주의하다 (ⲉ); 보호하다, 감시하다, 지키다 (ⲉ; ~로부터: ⲉ, ⲉⲃⲟⲗ ⲙ̅ⲙⲟ⸗, ⲃⲟⲗ ϩⲛ̅); n.m. 감시, 보호, 주의; ⲙⲛ̅ⲧⲁⲧϩⲁⲣⲉϩ 부주의함; ⲙⲁ ⲛ̅ ϩⲁⲣⲉϩ 감시소, 경비실;

ⲁ ⲃ ⲉ ⲏ ⲉⲓ ⲕ ⲗ ⲙ ⲛ ⲟ ⲡ ⲣ ⲥ ⲧ ⲟⲩ ⲱ ϣ ϥ ϩ ϫ ϭ

ⲣⲉϥϩⲁⲣⲉϩ 감시원, 경비인, 파수꾼.

ϩⲁⲣⲓϩⲁⲣⲟ⸗ 강조 대명사. 동격으로 사용: (나) 혼자, (나)만; (나) 스스로, (나) 홀로; 다른 인칭도 비슷하게 사용.

ϩⲁⲥ n.m. (짐승의) 똥.

ϩⲁⲥⲓⲉ, ϩⲁⲥⲉⲓⲉ, ϩⲁⲥⲓⲏ n.m. 물에 빠진 사람, 익사자(溺死者); 복합어에서: ⲃⲱⲕ ⲛ̄ ϩⲁⲥⲓⲉ, ϣⲉ ⲛ̄ ϩⲁⲥⲓⲉ, ⲣ̄-ⲃⲟⲗ ⲛ̄ ϩⲁⲥⲓⲉ 익사하다, 물에 빠지다.

ϩⲁⲧ, ϩⲁⲧⲉ, ϩⲁⲁⲧ n.m. 은; 은화, 돈; adj. 은색의, 흰. ⲙⲁⲓ-ϩⲁⲧ 돈을 사랑하는 ⲙⲉⲛⲅ̄-ϩⲁⲧ 은세공인; ⲣⲉϥⲙⲉⲛⲅ̄-ϩⲁⲧ idem. ⲥⲁ ⲛ̄ ϩⲁⲧ 은장수. ⲣ̄-ϩⲁⲧ 은을 가공하다; (Q ⲟ ⲛ̄ ϩⲁⲧ) 은으로 되다; ⲣⲉϥⲣ̄-ϩⲁⲧ 은세공인. ϯ-ϩⲁⲧ 지불하다.

ϩⲁⲧⲁⲓⲗⲉ, ϩⲁⲧⲁⲗⲏ n. 눈 질병의 이름.

ϩⲁⲧⲉ, ϩⲁⲁⲧⲉ vb. intr. 흐르다; tr. 붓다, 따르다 (ⲙ̄ⲙⲟ⸗) ± ⲉⲃⲟⲗ. n.m. 흐름. ⲙⲁ ⲛ̄ ϩⲁⲧⲉ 수로, 물길.

ϩⲁⲧⲏⲣ, ϩⲁⲧⲏⲣⲉ n.m.f. 해머, 망치.

ϩⲁⲑⲱⲣ, ϩⲑⲱⲣ 콥트력의 3번째 달.

ϩⲁⲩϭⲁⲗ n.m. 닻.

ϩⲁϣⲏⲧ, ϩⲁϣⲓⲧ, ϩⲁⲣϣⲏⲧ n.m. 매. 새의 이름.

ϩⲁϥⲗⲉⲉⲗⲉ, ϩⲁϥⲗⲉⲗⲉ, ϩⲁⲃⲗⲉⲉⲗⲉ n.f. 도마뱀.

ϩⲁϩ 대명사. 많은 (사람들); adj. (명사 앞이나 뒤에서 ⲛ̄과 함께) 많은. ⲣ̄-ϩⲁϩ 많아지다, 많이 하다 (+ ⲛ̄ + 명사); ⲙⲛ̄ⲧϩⲁϩ 다수, 대중.

ϩⲁϭⲉ, ϩⲁⲁϭⲉ n.m. 덫.

ϩⲁϭⲓⲛ n.m. 박하.

ϩⲃⲁ n.m. 궁핍, 어려움, 곤란, 고통; ⲣ̄-ϩⲃⲁ (Q ⲟ ⲛ̄ ϩⲃⲁ) 괴로워하다; ϯ-ϩⲃⲁ 괴롭히다, 혼란케하다 (ⲛⲁ⸗).

ϩⲃ̄ⲃⲉ, ϩⲉⲃⲃⲉ, ϩⲏⲩⲃⲉ, ϩⲏⲃ(ⲃ)ⲉ n.m. 쟁기; 멍에.

ϩⲃⲟⲣⲃⲣ̄ (ⲃⲟⲣⲃⲣ̄), ϩⲃⲣ̄ⲃⲣ̄- (ⲃⲣ̄ⲃⲣ̄-), ϩⲃⲣ̄ⲃⲱⲣ⸗ (ϩⲟⲩⲉⲣⲟⲩⲱⲣ⸗), Q ⲃⲣ̄ⲃⲱⲣ (ⲃⲣ̄ⲃⲟⲣⲧ̄) vb. tr. 버리다, 던지다 (ⲙ̄ⲙⲟ⸗); ϩⲃⲟⲣⲃⲣ̄ ⲙ̄ⲙⲟ⸗ ⲉⲃⲟⲗ 던지다 (쪽으로: ⲉ, ⲉⲡⲉⲥⲏⲧ ⲉ, ⲉϩⲣⲁⲓ ⲉ); intr. 부스러지다. ⲕⲁϩ-ⲃⲣ̄ⲃⲱⲣ 황폐한 땅; ⲉⲓⲱϩ-ⲃⲉⲣⲃⲱⲣ idem 또는 sim.

ϩⲃⲟⲩⲣ n.f. 왼손; adj. 왼쪽의. (ⲛ̄) ⲥⲁ ϩⲃⲟⲩⲣ, ϩⲓ ϩⲃⲟⲩⲣ 왼쪽에, 왼쪽으로.

ϩⲃⲱ n.f. 덮개; 천막.

ϩⲉ (ϩⲉⲉ, ϩⲏⲉ) Q ϩⲏⲩ 떨어지다 (± ⲉⲡⲉⲥⲏⲧ, ⲉϩⲣⲁⲓ 아래로); 일반적인 의미로 ⲉ, ⲉϫⲛ̄, ϩⲛ̄, ϩⲁⲧⲛ̄, ϩⲓϫⲛ̄ 과 함께 사용. ϩⲉ ⲛ̄ⲥⲁ, ϩⲉ ⲛ̄ⲧⲛ̄ 길을 잃다. ϩⲉ ⲉⲃⲟⲗ 소멸시키다, 끝내다 (~을: ϩⲛ̄; ~에서: ϩⲓ, ϩⲓϫⲛ̄); 사라지다. ϩⲉ ⲉ 찾다, 발견하다, 우연히 ~을 발견하다, 알아내다; ϩⲉ ⲉⲣⲟ⸗ ⲛ̄ⲥⲁ ~의 소유물을 찾다.

ϩⲉ, ϩⲓⲏ n.f. 방법, 방식, 습관. ⲧⲁⲓ ⲧⲉ ⲑⲉ 이런 방식으로, 이와 같이. ⲟⲩⲛ̄-ⲑⲉ 방법이 있다, 가능하다 (~할: ⲉ, ⲛ̄, ⲉⲧⲣⲉ); ⲙⲛ̄-ⲑⲉ 방법이 없다 (~할: ⲉ, ⲛ̄, ⲉⲧⲣⲉ). ⲛ̄ ⲑⲉ ⲛ̄ prep. ~처럼, ~의 방법으로. ⲛ̄ ⲑⲉ + 관계절. ~처럼, 심지어 ~처럼, 같은 방법으로. ⲛ̄ ⲧⲉⲓϩⲉ (1) 이러한 방법으로, 이와 같이; (2) 이와 같은. ⲛ̄ ⲧⲉⲓϩⲉ ⲧⲏⲣⲥ̄ 그렇게, 그 정도로. ⲛ̄ ⲧ(⸗)ϩⲉ (나)처럼, (내가) 한 것처럼, (내) 방식으로. ⲛ̄ ⲧ(⸗)ϩⲉ ⲧ(⸗)ϩⲉ (내가) 전에 ~한 것처럼. ⲁϣ ⲛ̄ ϩⲉ 어떤 종류의? ⲕⲁⲧⲁ ⲑⲉ ~처럼, 같이 (ⲛ̄); (+ 관계절)처럼. ⲕⲁⲧⲁ ⲧⲉⲓϩⲉ 이 방법으로, 마찬가지로. ⲣ̄-ⲑⲉ (Q ⲟ ⲛ̄ ⲑⲉ) (1) ~처럼 되다; (2) ~처럼 만들다; ⲣ̄-ⲧ(⸗)ϩⲉ 예전의 모습으로 되돌아가다. ϯ-ⲑⲉ 수단을 제공하다 (~에게: ⲛⲁ⸗; ~한: ⲉ, ⲉⲧⲣⲉ). ϭⲛ̄-ⲑⲉ 수단을 찾다 (~한: ⲛ̄).

ϩⲉ, ϩ- n.m. 계절, 시기. 복합어에서: ϩⲉ-ⲃⲱⲱⲛ, ϩ-ⲃⲱⲱⲛ 나쁜 시기, 기근; ⲣ̄-ϩⲉ-ⲃⲱⲱⲛ 나쁜 시기를 보내다. ϩⲉ-ⲛⲟⲩϥⲉ 좋은 시기, 풍요로움; ⲣ̄-ϩⲉ-ⲛⲟⲩϥⲉ 좋은 시기를 보내다.

ϩⲉⲗⲡⲉ, ϩⲗ̄ⲡⲉ n.f. 배꼽.

ϩⲉⲗϩⲓⲗⲉ n.f. 임종시 가래 끓는 소리.

ϩⲉⲛⲉⲉⲧⲉ n.f. 수도원, 수녀원. 많은 이형이 있다: ⲉⲉ 대신에 ⲉ, ⲏ ; -ⲉ 대신에 -ⲏ ; ϩⲉ- 대신에 ϩⲏ.

ϩⲏ, ⲉϩⲏ, ϩⲓⲏ (ϩⲏⲧ⸗) n.f. 앞, 앞부분, 처음; ϩⲏⲧ⸗, ⲉ ϩⲏⲧ⸗ prep. 앞쪽으로, 앞에, ~의 면전에; 특정 동사와 함께 관용적으로 사용된

ⲁ ⲃ ⲉ ⲏ ⲉⲓ ⲕ ⲗ ⲙ ⲛ ⲟ ⲡ ⲣ ⲥ ⲧ ⲟⲩ ⲱ ϣ ϥ ϩ ϫ ϭ

다. ⲉⲑⲏ adv. 앞으로, 앞서서, 미리; ϯ ⲉⲑⲏ 전진하다, 진행하다. ⲛ̄ⲥⲁ-ⲑⲏ adv. 이전에(는), 이후로. ϩⲁ ⲑⲏ, ϩⲁ ⲧ(⸗)ϩⲏ prep. ~의 앞쪽에, 앞에 (시간이나 장소); 접속법 (+ ⲉⲧⲣⲉ 또는 ⲙ̄ⲡⲁⲧⲉ-)으로도 사용된다. ϩⲓ ⲑⲏ, ϩⲓ ϩⲏ 앞쪽에서, 앞쪽으로, 앞에; ϩⲓ ⲑⲏ ⲙ̄ⲙⲟ⸗ ~의 앞쪽에, 앞에, ~의 앞의; ⲣ̄-ϩⲓⲑⲏ ⲙ̄ⲙⲟ⸗ ~에 앞서다.

ϩⲏ (ϩⲏⲧ⸗) n.f. 배, 자궁. ⲙⲛ̄ⲧⲙⲁⲓ-ϩⲏⲧⲥ̄ 과음, 과식. ϣⲁϫⲉ ⲉⲃⲟⲗ ⲛ̄ ϩⲏⲧ 복화술로 말하다. ⲛ̄ϩⲏⲧ⸗는 ϩⲛ̄을 보라.

ϩⲏ, ϩⲉ n.f. (건물의) 층.

ϩⲏⲃⲉ, ϩⲏⲏⲃⲉ, ϩⲏⲓⲃⲉ n.m.f. 슬픔, 애도; ⲣ̄-ϩⲏⲃⲉ 슬퍼하다, 애도하다 (~을 위해: ⲉ, ⲉⲧⲃⲉ, ⲉϫⲛ̄, ⲛⲁ⸗, ϩⲓϫⲛ̄); ⲣⲉϥⲣ̄-ϩⲏⲃⲉ 슬퍼하는 사람, 문상객.

ϩⲏⲃⲥ̄, ϩⲃ̄ⲥ, ϩⲉⲃⲥ̄ n.m. 등, 램프.

ϩⲏⲕⲉ n.f. 곡물 측량 단위.

ϩⲏⲙⲉ, ϩⲉⲙⲉ, ϩⲙ̄ⲙⲉ, ϩⲓⲙⲉ n.f. 운송료, 운임 (배 또는 낙타); ϯ-ϩⲏⲙⲉ 요금을 지불하다; ⲁⲧϩⲏⲙⲉ 무료의.

ϩⲏⲛⲉ n.m. 향신료, 향. ⲥϯ-ϩⲏⲛⲉ idem; ϯ-ⲥϯ-ϩⲏⲛⲉ 향을 피워 바치다. ϣⲟⲩ-ϩⲏⲛⲉ 향; ⲧⲁⲗⲉ-ϣⲟⲩ-ϩⲏⲛⲉ ⲉϩⲣⲁⲓ, ϯ-ϣⲟⲩ-ϩⲏⲛⲉ ⲉϩⲣⲁⲓ 향을 바치다.

ϩⲏⲧ (ϩⲧⲏ⸗; pl. ϩⲧⲉⲉⲩ) 끝, 가장자리, 경계; ϩⲧⲏ⸗ ⲛ̄은 명사 앞에서 선호되는 구문이다.

ϩⲏⲧ n.m. 북, 북쪽. ⲉ ϩⲏⲧ, ⲉⲛϩⲏⲧ, ⲁⲛϩⲏⲧ adv. 북쪽으로. ⲧⲁⲛϩⲏⲧ, ϩⲁⲛϩⲏⲧ adv. 북편(에). ⲥⲁ ⲛ̄ ϩⲏⲧ idem.

ϩⲏⲧ (ϩⲧⲏ⸗) n.m. 마음, 정신. ⲁ-ⲡⲉϥϩⲏⲧ ⲉⲓ ⲉⲣⲟϥ 그는 정신을 차렸다. ⲙⲛ̄ⲧϩⲏⲧ ⲛ̄ ⲟⲩⲱⲧ 만장일치, 한마음이 됨; ⲣ̄-ϩⲏⲧ ⲛ̄ ⲟⲩⲱⲧ 만장일치가 되다. ϩⲏⲧ ⲥⲛⲁⲩ 두 마음의, 의심하는; ⲙⲛ̄ⲧϩⲏⲧ ⲥⲛⲁⲩ 의심, 망설임; ⲣ̄-ϩⲏⲧ ⲥⲛⲁⲩ 의심을 품게 되다, 주저하게 되다. ϩⲏⲧ ϣⲏⲙ 성급함, 조바심; ⲙⲛ̄ⲧϩⲏⲧ ϣⲏⲙ idem; ⲣ̄-ϩⲏⲧ ϣⲏⲙ 조바심이 나게 되다. ⲁⲧϩⲏⲧ 감각이 없는, 몰상식한; ⲙⲛ̄ⲧⲁⲧϩⲏⲧ 무감각, 몰상식; ⲣ̄-ⲁⲧϩⲏⲧ 감각이 없게

되다. **ⲃⲁⲗ-ϩⲏⲧ** 악의가 없는, 순진한; **ⲙⲛ̄ⲧⲃⲁⲗ-ϩⲏⲧ** 속임수를 모름. **ⲣⲙ̄ⲛ̄ϩⲏⲧ** 현명한 사람; **ⲙⲛ̄ⲧⲣⲙ̄ⲛ̄ϩⲏⲧ** 지혜, 분별; **ⲣ̄-ⲣⲙ̄ⲛ̄ϩⲏⲧ** 현명해지다. **ϣⲥ̄-ⲛ̄-ϩⲏⲧ** 괴롭히다; 괴로워하다. **ⲕⲱ ⲛ̄ ϩⲧⲏ⸗, ⲕⲁ-ϩⲧⲏ⸗** 마음을 정하다, 생각을 정하다 (~에: **ⲉ, ⲉϫⲛ̄, ϩⲓ**), (~에) 자신이 있다; **ⲕⲁ-ϩⲧⲏ⸗ ⲉⲃⲟⲗ** 편히 쉬다, 부주의해지다. **ⲣ̄-ϩⲧⲏ⸗** 후회하다, 뉘우치다 (~에 대해: **ⲉ, ⲉϫⲛ̄, ⲛ̄ⲥⲁ**); **ⲁⲧⲣ̄-ϩⲧⲏ⸗** 후회하지 않는; **ⲙⲛ̄ⲧⲣⲉϥⲣ̄-ϩⲧⲏ⸗, ⲙⲛ̄ⲧⲣ̄-ϩⲧⲏ⸗** 후회. **ⲥⲉⲕ-ⲡϩⲏⲧ ⲛ̄** 설득하다. **ϯ-ϩⲧⲏ⸗** 관찰하다, 알아차리다, ~에 주의를 기울이다, 귀를 기울이다 (**ⲉ, ⲉϫⲛ̄, ϩⲓ, ϩⲛ̄**); **ⲙⲛ̄ⲧⲁⲧϯ-ϩⲧⲏ⸗** 부주의함, 경솔함; **ⲣⲉϥϯ-ϩⲧⲏ⸗** 주의 깊은; **ⲙⲛ̄ⲧⲣⲉϥϯ-ϩⲧⲏ⸗** 조심성. **ϣⲛ̄-ϩⲧⲏ⸗** 동정하다, 불쌍히 여기다 (~을: **ⲉϫⲛ̄, ⲉϩⲣⲁⲓ ⲉϫⲛ̄, ϩⲁ**); **ⲙⲛ̄ⲧϣⲛ̄-ϩⲧⲏ⸗** 동정, 자비; **ⲣ̄-ϣⲛ̄-ϩⲧⲏ⸗** 긍휼히 여기다. **ⲛ̄ ϩⲏⲧ**와 함께 있는 명사 및 동사 복합어는 첫번째 요소를 보라. **ϩⲁϩⲧⲛ̄, ϩⲁⲧⲛ̄ (ϩⲁϩⲧⲏ⸗, ϩⲁⲧⲏ⸗)** prep. 함께, 가까이, 옆에.

ϩⲏⲩ, ϩⲏⲟⲩ n.m. 이익, 혜택, 유용성, 이점. **ⲙⲁⲓ-ϩⲏⲩ** 이익을 좋아하는. **ⲣ̄-ϩⲏⲩ** 이득이 되다, 도움이 되다 (~에게: **ⲛⲁ⸗**). **ϯ-ϩⲏⲩ** 이익을 주다, 혜택을 주다 (~에게; **ⲛⲁ⸗**); 이익을 얻다, 혜택을 받다 (~에서, ~에 의해, ~로부터: **ⲙ̄ⲙⲟ⸗, ⲉ, ⲙⲛ̄, ϩⲛ̄**). **ϭⲛ̄-ϩⲏⲩ** 이익을 구하다, 혜택을 구하다 (~에서: **ⲉ, ϩⲛ̄**).

ϩⲏϭⲉ 동요하다, 근심하다, 우려하다.

ϩⲓ, ϩⲓⲧ⸗ (ϩⲁⲧ⸗) vb. tr. 치다, 때리다, 문지르다; 타작하다 (**ⲙ̄ⲙⲟ⸗**; ~에: **ⲉϫⲛ̄, ϩⲓ**). n.m. 타작. **ⲣⲉϥϩⲓ** 타작하는 사람.

ϩⲓ (ϩⲓⲱ⸗, ϩⲓⲱⲱ⸗) prep. (1) 위에, 안에, ~에; (2) ~에 관하여; (3) 그리고, 또는, ~와 (두 명사의 연결); (4) 위로부터, 안으로부터, ~로부터; (5) ~의 시기에, ~가 있을 때에. **ϩⲓ ⲛⲁⲓ** adv. 이와 같이, 따라서. **ⲉⲃⲟⲗ ϩⲓ** 위로부터, ~로부터. **ⲉⲡⲉⲥⲏⲧ ϩⲓ** 위로부터 아래(쪽으)로, ~위의 아래쪽으로; **ⲉϩⲟⲩⲛ ϩⲓ** ~쪽으로; **ⲉϩⲣⲁⲓ ϩⲓ** ~로부터 아래로, ~로부터 위로, 아래쪽으로.

(ϩⲓⲃⲉ), Q ϩⲟⲃⲉ (ϩⲁⲃⲉ) vb. intr. 낮다, 모자라다. **ϩⲃ̄ⲃⲉ** n.m. 낮은

ⲁ ⲃ ⲉ ⲏ ⲉⲓ ⲕ ⲗ ⲙ ⲛ ⲟ ⲡ ⲣ ⲥ ⲧ ⲟⲩ ⲱ ϣ ϥ ϩ ϫ ϭ

부분, 낮은 곳. ϩⲃⲁⲓ n. 모자람, 부족.

ϩⲓⲃⲱⲓ, ϩⲉⲃⲱⲓ, ϩⲓⲃⲟⲩⲓ, ϩⲃⲟⲩⲓ, ϩⲁⲃⲓⲟⲩⲓ n.m. 따오기.

ϩⲓⲉ, ϩⲓⲏ (pl. ϩⲓⲏⲩ, ϩⲓⲏⲟⲩ, ϩⲓⲉⲩ) n.m.f. (배의) 키, 방향타.

ϩⲓⲉⲓⲃ, ⲉϩⲓⲉⲓⲃ, ϩⲉⲓⲉⲃ, ϩⲓⲃ (f. ϩⲉⲓⲁⲉⲓⲃⲉ, ϩⲓⲁⲃⲉ, ϩⲓⲉⲓⲁⲃⲉ, ϩⲓⲉⲉⲃⲉ, ϩⲓⲉⲓⲃⲉ, ϩⲓⲃⲉ, ϩⲓⲏⲃⲉ, ϩⲁⲓⲃⲉ) n.m.f. 어린 양.

ϩⲓⲉⲓⲧ, ϩⲉⲓⲉⲓⲧ, ϩⲓⲧ n.m. 구덩이.

ϩⲓⲏ (pl. ϩⲓⲟⲟⲩⲉ, ϩⲓⲏⲩ) n.f. 길, 도로; 방법. ϩⲓⲏ ⲛ̄ ⲉⲓ ⲉⲃⲟⲗ 이주, 출구, 탈출로. ϩⲓⲏ ⲛ̄ ⲉⲓ ⲉϩⲟⲩⲛ 입구. ϩⲓⲏ ⲛ̄ ⲃⲱⲕ 가는 길 (~로: ⲉϩⲟⲩⲛ). ϩⲓⲏ ⲙ̄ ⲙⲟⲟϣⲉ 길, 도로. ϩⲓⲏ ⲛ̄ ϫⲓⲟⲟⲣ 건너는 길, 여울. ϩⲓⲏ ⲙ̄ ⲡⲣ̄ⲣⲟ 왕의 길, 공공 도로. ⲣⲙ̄(ⲛ̄)ϩⲓⲏ 길동무. ϯ-ⲧⲉϩⲓⲏ ⲛⲁ⸗ ~에게 방법을 제시하다, 수단을 제공하다

ϩⲓⲕ n.m. 마법, 마술; adj. 마법의, 마술적인. ⲣ̄-ϩⲓⲕ 매혹하다, 황홀하게 하다 (ⲉ, ϩⲓ). ⲣⲉϥⲣ̄-ϩⲓⲕ 마법사, 마술사; ⲙⲛ̄ⲧⲣⲉϥⲣ̄-ϩⲓⲕ 마법, 마술. ϩⲁⲕⲟ n.m. 마술사; ⲙⲛ̄ⲧϩⲁⲕⲟ 마술.

ϩⲓⲛ, ϩⲉⲓⲛ n.m. 잔, 그릇; 액체 측정 단위; ⲣⲉϥⲙ̄-ⲡϩⲓⲛ ⲉϩⲟⲩⲛ 점쟁이 (잔을 이용하는).

ϩⲓⲛⲉ vb. intr. (노 등으로) 배를 젓다; tr. idem (ⲙ̄ⲙⲟ⸗). ϩⲓⲛⲓⲉ, ϩⲉⲛⲉⲓⲉ n.m. (배의) 키, 키잡이 노,.

ϩⲓⲛⲉ, ϩⲛ̄ⲧ⸗ reflex. 전진하다 (표준 사히드 방언이 아니다).

ϩⲓⲛⲏⲃ, ϩⲓⲛⲏϥ 자다, 졸다; n.m. 잠, 수면, 졸음.

ϩⲓⲟⲩⲉ, ϩⲓ-, ϩⲓⲧ⸗ vb. tr. (1) 치다, 때리다 (ⲙ̄ⲙⲟ⸗, ⲉ, ⲉϫⲛ̄, ϩⲛ̄, ⲉϩⲟⲩⲛ ⲉ; ~으로: ⲙ̄ⲙⲟ⸗, ϩⲛ̄). (2) 던지다, 버리다 (ⲙ̄ⲙⲟ⸗; ± ⲉⲃⲟⲗ, ⲉϩⲣⲁⲓ); 이런 의미로는 대개 보하이르 방언이다. ϩⲓ-ⲧⲟⲟⲧ⸗ 시작하다, 착수하다 (~을: ⲉ + inf.); lit., 손을 두다 (~에: ⲉ).

ϩⲓⲣ, ϩⲉⲓⲣ n.m. 거리, 길, 도로. ⲉ ⲡϩⲓⲣ adv. 밖에, 바깥에, 바깥으로. ϩⲓⲣϩⲓⲣⲉ, ϩⲉⲣϩⲓⲣⲉ, ϩⲏⲣϩⲓⲣⲉ n.f. idem.

ϩⲓⲥⲉ, ϩⲁⲥⲧ̄-, ϩⲁⲥⲧ⸗, Q ϩⲟⲥⲉ (1) vb. intr. 지치게 되다, 곤란해지다; 수고하다 (~에, ~에 의해: ⲉⲧⲃⲉ, ϩⲁ, ϩⲛ̄); 어려움을 겪다, 괴로움을 겪다 (~하는 데: 상황절); 어렵다, 성가시다 (~에게: ⲉ, ⲛⲁ⸗). (2) vb.tr. 지치게 하다, 괴롭히다, 고생시키다. n.m. 피로, 괴로움, 곤란; 노동, 노동 생산물. ⲁⲧϩⲓⲥⲉ 지치지 않는; 어렵지 않게; ⲙⲛ̄ⲧⲙⲁⲓ-ϩⲓⲥⲉ 일을 좋아함. ⲣ̄-ϩⲓⲥⲉ 수고하다; 애를 먹이다. ϯ-ϩⲓⲥⲉ 고생시키다, 애를 먹이다 (~에게: ⲛⲁ⸗). ⲟⲩⲉϩ-ϩⲓⲥⲉ idem. ϣⲡ̄-ϩⲓⲥⲉ 일하다, 수고하다, 깊이 염려하다 (~을: ⲉ, ⲉϫⲛ̄; ~에 대해: ⲉⲧⲃⲉ, ϩⲛ̄); n.m. 노동, 노동 생산물; ⲁⲧϣⲡ̄-ϩⲓⲥⲉ 동정심이 없는; ⲣⲉϥϣⲡ̄-ϩⲓⲥⲉ 일하는 사람 등; ⲙⲛ̄ⲧϣⲡ̄-ϩⲓⲥⲉ 노동, 괴로움. ϥⲓ ϩⲁ ϩⲓⲥⲉ 어려움을 견디다

ϩⲓⲥⲉ, ϩⲁⲥⲧ⸗, Q ϩⲟⲥⲉ 실을 잣다.

ϩⲓⲧⲉ, ϩⲉⲧ-, ϩⲁⲧ⸗ (1) vb. tr. 문지르다, 앞뒤로 움직이다 (ⲙ̄ⲙⲟ⸗); 닳다 (ⲙ̄ⲙⲟ⸗); 소동을 일으키다, 몹시 괴롭히다 (ⲙ̄ⲙⲟ⸗); 껍질을 벗기다. (2) vb. intr. 낡다, 닳다; 어슬렁거리다, 빈둥거리다; 몸을 부들부들 떨다, 괴로워하다. n.m. 경련, 고통; ⲁⲧϩⲓⲧⲉ 닳지 않은; 시달리지 않는; ⲙⲛ̄ⲧⲣⲉϥϩⲓⲧⲉ 경련, 격동.

ϩⲓⲱⲙⲉ, ϩⲓⲟⲙⲉ, ϩⲱⲙⲉ n.f. 손바닥 (ⲛ̄ ϭⲓϫ).

ϩⲕⲟ (ⲉϩⲕⲟ), Q ϩⲕⲁⲉⲓⲧ (ϩⲕⲟⲉⲓⲧ, ϩⲟⲕⲣ̄) 굶주리다 (~에: ⲙ̄ⲙⲟ⸗); n.m. 굶주림, 기근. ϩⲏⲕⲉ adj. 가난한 (명사 앞이나 뒤에서 ⲛ̄과 함께); ⲙⲛ̄ⲧϩⲏⲕⲉ 빈곤, 가난; ⲙⲁⲓ-ϩⲏⲕⲉ 가난을 좋아하는; ⲙⲛ̄ⲧⲙⲁⲥⲧ̄-ϩⲏⲕⲉ 가난한 자에 대한 혐오. ⲣ̄-ϩⲏⲕⲉ 가난해지다.

ϩⲗ̄ⲕⲟⲩ, ϩⲉⲗⲕⲟⲩ, ϩⲁⲗⲕⲟⲩ n.f.m. (원형의) 낫.

ϩⲗ̄ⲗⲟ (f. ϩⲗ̄ⲗⲱ, ϩⲗ̄ⲗⲟⲩ; pl. ϩⲗ̄ⲗⲟⲓ) n.m.f. 노인, 어른; 특히 더 나이든 수도자; adj. 늙은, 나이든 (명사 앞이나 뒤에서 ⲛ̄과 함께). ⲙⲛ̄ⲧϩⲗ̄ⲗⲟ (여성: ⲙⲛ̄ⲧϩⲗ̄ⲗⲱ) 노령, 노년. ⲣ̄-ϩⲗ̄ⲗⲟ (Q ⲟ ⲛ̄ ϩⲗ̄ⲗⲟ) 늙게 되다.

ϩⲗⲟⲉⲓⲗⲉ, ϩⲗⲟⲉⲓⲗ, ϩⲗⲉⲉⲓⲗⲉ, ϩⲉⲗⲉⲓⲗⲉ vb. tr. 나르다, 옮기다 (ⲙ̄ⲙⲟ⸗). 대개 수면 위에서; intr. 떠받히다, 실리다; 떠오르다, 떠다니다.

ϩⲗⲟⲙⲗ̄ⲙ n.m. 얽힘, 말려듬, 덫.

ϩⲗⲟⲟⲗⲉ vb. tr. 젖먹이다, 돌보다 (아이를: ⲙ̄ⲙⲟ⸗). ⲣⲉϥϩⲗⲟ-

ⲟⲗⲉ n. 양육하는 사람.

ϩⲗⲟⲡ n.m. 그릇.

ϩⲗⲟⲡⲗⲡ̄ (**ϩⲗⲟⲡⲗⲉⲡ**), **ϩⲗ̄ⲡⲗⲱⲡ⸗**, Q **ϩⲗⲉⲡⲗⲱⲡ** vb. tr. 지치게 하다, 괴롭히다 (**ⲉ**, **ⲉϫⲛ̄**); intr. 지치다, 낙심하다; n.m. 피로, 고통, 괴로움.

ϩⲗⲟⲥⲧⲛ̄, **ϩⲗⲟⲥⲧⲉⲛ** n.m. 안개; **ⲣ̄-ϩⲗⲟⲥⲧⲛ̄** 안개가 끼다, 어두워지다; **ϯ-ϩⲗⲟⲥⲧⲛ̄** 어둡게 하다.

ϩⲗⲟⲩⲗⲱⲟⲩ Q (키가) 크다, 높다.

ϩⲗⲟϭ, Q **ϩⲟⲗϭ̄** 달다, 달콤하다; 복합어에서 **ϩⲁⲗϭ̄-**: 달콤한 (예, **-ϣⲁϫⲉ** 말, **-ϩⲏⲧ** 마음). n.m. 달콤함, 즐거움. **ⲙⲛ̄ⲧϩⲗⲟϭ** idem. **ϯ-ϩⲗⲟϭ** 달콤하게 만들다, 즐겁게 하다. **ϩⲉⲗϭⲉ**, **ϩⲗ̄ϭⲉ** n.f. 달콤함. **ϩⲗⲏϭⲉ** n.f. idem.

ϩⲗⲱⲙ, **ⲗ̄ϩⲱⲙ**, **ϩⲗⲟⲙ** n.m. 이, 벼룩.

ϩⲗⲱϭϥ̄ vb. intr. 쉽다, 기분이 좋다.

ϩⲙⲉ 숫자: 40, 마흔 (§30.7을 보라). **ⲡⲉϩⲙⲉ ⲛ̄ ϩⲟⲟⲩ** 사순절. **ⲙⲉϩϩⲙⲉ** 40번째.

ϩⲙⲉⲛⲉ 숫자: 80, 여든 (§30.7을 보라).

ϩⲙ̄ⲙⲉ (**ⲣ̄-ϩⲙ̄ⲙⲉ**에서) 조종하다, 안내하다 (**ⲙ̄ⲙⲟ⸗**). **ⲣ̄-ϩⲙ̄ⲙⲉ** n.m. 안내, 지도. **ⲁⲧⲣ̄-ϩⲙ̄ⲙⲉ** 지도자가 없는. **ⲣⲉϥⲣ̄-ϩⲙ̄ⲙⲉ** 안내인, 지도자.

ϩⲙ̄ⲛ̄ⲧⲱⲣⲉ, **ϩⲉⲙⲉⲧⲟⲣⲉ**, **ϩⲉⲃⲉⲧⲱⲣⲉ** 등. n.m. 징조, 표시; 암호.

ϩⲙⲟⲙ (**ϣⲙⲟⲙ**), Q **ϩⲏⲙ** 뜨거워지다; n.m. 열, 열기. **ϩⲙ̄ⲙⲉ** n.f.m. 더위, 열기; **ϯ-ϩⲙ̄ⲙⲉ** 열기를 발산하다.

ϩⲙⲟⲟⲥ vb. intr. 앉다, 내려앉다, 자리잡다 (± **ⲉϩⲣⲁⲓ**); ~에 있다, 남아 있다, 여전히 ~ (의 상태)이다. 대부분의 전치사와 함께 일반적인 의미로 사용. **ⲙⲁ ⲛ̄ ϩⲙⲟⲟⲥ** (1) 자리, 좌석; (2) 변소(便所); (3) 항문. **ϭⲓⲛϩⲙⲟⲟⲥ** 앉아있는 방식, 거주 방식. **ϩⲙⲁⲓⲥ** n.m. 엉덩이.

ϩⲙⲟⲧ n.m. 은혜, 선물, 호의; 고마움, 감사, 칭찬. **ⲁⲧϩⲙⲟⲧ** 예의 없는, 감사할 줄 모르는. **ⲣ̄-ϩⲙⲟⲧ**, **ⲉⲓⲣⲉ ⲛ̄ ⲟⲩϩⲙⲟⲧ** 호의를 베

ⲁ ⲃ ⲉ ⲏ ⲉⲓ ⲕ ⲗ ⲙ ⲛ ⲟ ⲡ ⲣ ⲥ ⲧ ⲟⲩ ⲱ ϣ ϥ ϩ ϫ ϭ

풀다, 은혜를 베풀다, 선물로 주다. **ϯ-ϩⲙⲟⲧ** 은혜를 베풀다, 도움을 주다, 친절을 베풀다 (**ⲛⲁ⸗**); **ϯ ⲙ̄ⲙⲟ⸗ ⲛ̄ ϩⲙⲟⲧ** 선물로 주다, 호의를 베풀다. **ϣⲡ̄-ϩⲙⲟⲧ ⲛ̄ⲧⲛ̄** 감사하다, 사의를 표하다 (~을 위해: **ⲉϫⲛ̄, ϩⲓ, ϩⲁ**); n.m. 감사의 표시; **ⲁⲧϣⲡ̄-ϩⲙⲟⲧ** 감사의 뜻을 표하지 않는; **ⲣⲉϥϣⲡ̄-ϩⲙⲟⲧ** 감사하는 사람; **ⲙⲛ̄ⲧⲣⲉϥϣⲡ̄-ϩⲙⲟⲧ** 감사, 고마움. **ϫⲓ-ϩⲙⲟⲧ** 은혜를 입다, 호의를 얻다 (~로부터: **ⲉⲃⲟⲗ ϩⲛ̄, ⲛ̄ⲧⲛ̄**; ~에게: **ⲉϫⲛ̄, ϩⲓϫⲛ̄**). **ϭⲛ̄-ϩⲙⲟⲧ** 은혜를 구하다, 호의를 구하다.

ϩⲙⲟⲩ n.m. 소금. **ⲣ̄-ϩⲙⲟⲩ** 소금이 되다. **ϯ-ϩⲙⲟⲩ** 소금을 넣다. **ϫⲓ-ϩⲙⲟⲩ** 짜게 되다. **ⲁⲧϩⲙⲟⲩ** 소금을 넣지 않은. **ⲥⲁ ⲛ̄ ϩⲙⲟⲩ** 소금 상인, 소금 판매인.

ϩⲙⲟϫ, Q **ϩⲟⲙϫ̄** 시다. **ϩⲙ̄ϫ, ϩⲉⲙϫ̄, ϩⲏⲙϫ̄, ϩⲏⲙϫ̄** n.m. 식초. **ⲣ̄-ϩⲙ̄ϫ** 시어지다. **ϯ ⲉ ⲡϩⲙ̄ϫ** 신맛이 나기 시작하다.

ϩⲙ̄ⲥ, ϩⲉⲙⲥ̄, ϩⲏⲙⲥ̄ n.m. (곡식의) 이삭.

ϩⲙ̄ϩⲙ̄ vb. intr. 으르렁거리다, (말이) 히힝 소리를 내다; n.m. (말의) 울음소리, 으르렁거림. **ⲣ̄-ϩⲙ̄ϩⲙ̄** idem.

ϩⲛ̄ (**ⲛ̄ϩⲏⲧ⸗**) prep. (1) 장소: 안에, 내부에, 위에, ~에, 사이에; 안으로부터, ~로부터; (2) 시간: ~에, ~동안; (3) 중개, 수단, 도구: ~으로, ~에 의해, ~을 통해; (4) 부사구 **ϩⲛ̄ ⲟⲩ** ... 는 §21.3을 보라; (5) **ϩⲙ̄ ⲡⲧⲣⲉϥ-**는 §20.1을 보라. **ⲉⲃⲟⲗ ϩⲛ̄** 안으로부터, ~로부터 ~이내에, 밖으로; **ⲉϩⲟⲩⲛ ϩⲛ̄** 안으로, ~쪽으로, ~에, ~안에; **ⲛ̄ϩⲟⲩⲛ ϩⲛ̄** ~안에, ~이내에; **ϩⲣⲁⲓ ϩⲛ̄** ~안에.

ϩⲛⲁⲩ, ϩⲛⲁⲁⲩ, ϩⲛⲁⲟⲩ n.m. 그릇, 항아리, 용기; 물건, 재산. **ⲙⲛ̄ⲧⲁⲧϩⲛⲁⲩ** 재산이 없는 상태.

ϩⲛⲉ- (**ⲉϩⲛⲉ-**), **ϩⲛⲁ⸗** (**ⲉϩⲛⲁ⸗**) 비인칭 vb. 즐거워 하다 (접미사는 목적격이다); **ⲡⲉⲧ ⲉϩⲛⲉ-** ~를 즐거워 하는 것, 바라는 것; 자주 **ⲉ** + inf.가 뒤따른다. **ⲣ̄-ϩⲛⲁ⸗** 즐거워하다, 원하다 (~하는 것을: **ⲉ, ⲉⲧⲣⲉ**). §20.2를 보라.

ϩⲛ̄ⲕⲉ n.m. 맥주.

ϩⲟ, ϩⲁ (**ϩⲣⲁ⸗**) n.m. 얼굴 (사람이나 짐승의); 표면, (물체의) 면. **ϩⲟ**

ⲙⲛ̄ ϩⲟ 얼굴을 맞대고. ϩⲟ ⲟⲩⲃⲉ ϩⲟ, ϩⲟ ϩⲓ ϩⲟ idem. ⲛ̄ ϩⲟ, ⲙ̄ ⲡϩⲟ, ϩⲙ̄ ⲡϩⲟ 얼굴은 (안다). ϩⲁ ⲡ(⸗)ϩⲟ 이전부터. ϯ ⲙ̄ ⲡ(⸗)ϩⲟ 주목하다 (~에: ⲉ, ⲉϫⲛ̄). ϣⲡ̄-ϩⲣⲁ⸗ (ⲛ̄) 간청하다, 요청하다; 받다, 받아들이다. ϥⲓ-ϩⲣⲁ⸗ (ⲉⲃⲟⲗ, ⲉⲡϣⲱⲓ) 쳐다보다. ϫⲓ-ϩⲟ, ϫⲓ-ⲡϩⲟ, ϫⲓ ⲙ̄ ⲡϩⲟ (ⲛ̄) 주의를 기울이다, ~에 주목하다, 존경하다, 찬성하다: ϫⲓ-ϩⲟ n.m. 편애; ⲁⲧϫⲓ-ϩⲟ 치우치지 않는, 공정한; ⲙⲛ̄ⲧⲁⲧϫⲓ-ϩⲟ 공명정대; ⲣⲉϥϫⲓ-ϩⲟ 편파적인 사람. ϫⲓ-ϩⲣⲁ⸗, ϫⲓ ⲛ̄ ϩⲟ (Q ϫⲓ-ϩⲣⲁⲉⲓⲧ), 접미사는 재귀용법: 스스로 즐기다, 스스로 ~하다; 정신이 팔리다; 주의를 기울이다 (~에: ⲉ); 이야기하다 (~와: ⲙⲛ̄); 심사숙고하다 (~을: ϩⲓ, ϩⲛ̄); 장난치다, 놀다 (~와: ⲙⲛ̄, ϩⲛ̄); ⲙⲛ̄ⲧϫⲓ-ϩⲣⲁ⸗ 오락; ⲣⲉϥϫⲓ-ϩⲣⲁ⸗ 농담하는 사람. ϯ-ϩⲟ ⲉ 간청하다 (보하이르 방언. 사히드 방언은 드물다). ⲉϩⲣⲛ̄ (ⲉϩⲣⲁ⸗) prep. (~의 얼굴) 쪽으로, ~중에; ⲉⲃⲟⲗ ⲉϩⲣⲛ̄ 밖으로; ⲉϩⲟⲩⲛ ⲉϩⲣⲛ̄ 안으로, 앞에, ~에, ~에 대해. ⲛⲁϩⲣⲛ̄, ⲛ̄ⲛⲁϩⲣⲛ̄, (ⲛ̄)ⲛⲁϩⲣⲁ⸗ ~의 면전에, 앞에. ϩⲓ ϩⲣⲁ⸗ ~의 (표)면 위에, ~의 얼굴 위에.

ϩⲟ, ϩⲱ n.m. 곡물 측량 단위.

ϩⲟⲉⲓⲙ (pl. ϩⲏⲙⲉ, ϩⲓⲙⲏ) n.m. 파도, 물결. ⲣ̄-ϩⲟⲉⲓⲙ (Q ⲟ ⲛ̄ ϩⲟⲉⲓⲙ) 동요하다. ϯ-ϩⲟⲉⲓⲙ, ϥⲓ-ϩⲟⲉⲓⲙ 파도를 일으키다.

ϩⲟⲉⲓⲛⲉ, ϩⲟⲓⲛⲉ 비한정 대명사. pl. 어떤, 몇 (사람들, 것들); 이러한, 이 종류의.

ϩⲟⲉⲓⲣⲉ, ϩⲟⲉⲓⲗⲉ, ϩⲟⲓⲣⲉ n.f. 똥 (사람이나 짐승).

ϩⲟⲉⲓⲧⲉ, ϩⲟⲓⲧⲉ n.f. 하이에나.

ϩⲟⲉⲓⲧⲉ, ϩⲟⲓⲧⲉ n.m.f. 의복, 옷; ϯ-ϩⲟⲉⲓⲧⲉ ⲉϫⲛ̄ 옷을 입히다.

ϩⲟⲓ n. (ⲣ̄-ϩⲟⲓ에서) 의미는 불확실하다: 노력을 하다, 힘쓰다 (~에: ⲉ, ⲛ̄ + inf.); ϯ-ϩⲟⲓ ⲛⲁ⸗ 성가시게 하다.

ϩⲟⲓ (pl. ϩⲓⲉⲉⲩ, ϩⲓⲉⲉⲩⲉ) n.m. (1) 들판, 밭; (2) 수차, 물레방아.

ϩⲟⲙⲉ n.f. 잔.

ϩⲟⲙⲛ̄ⲧ, ϩⲟⲙⲉⲧ, ϩⲟⲙⲧ̄ n.m. 구리, 청동; 동전, 돈. ϯ-ϩⲟⲙⲛ̄ⲧ 지불하다 (~에게: ⲛⲁ⸗; ~을 위해: ϩⲁ). ϣⲱⲡ ϩⲁ ϩⲟⲙⲛ̄ⲧ 돈

으로 사다. **ϫⲓ-ϩⲟⲙⲛ̄ⲧ** 뇌물을 받다. **ⲙⲁⲓ-ϩⲟⲙⲛ̄ⲧ** 돈을 좋아하는; **ⲙⲛ̄ⲧⲙⲁⲓ-ϩⲟⲙⲛ̄ⲧ** 돈을 좋아함; **ⲙⲛ̄ⲧⲙⲁⲥⲧ̄-ϩⲟⲙⲛ̄ⲧ** 돈에 대한 혐오감. **ⲣ̄-ϩⲟⲙⲛ̄ⲧ** 구리가 되다; **ⲣⲉϥⲣ̄-ϩⲟⲙⲛ̄ⲧ** 구리 세공인; **ⲥⲁ ⲛ̄ ϩⲟⲙⲛ̄ⲧ** 구리 상인.

ϩⲟⲛⲃⲉ n.f. 샘, 우물.

ϩⲟⲛⲧ̄, ϩⲱⲛⲧ̄ n.m. 이교도 사제.

ϩⲟⲟⲗⲉ n.f. (m.) 좀먹음. **ⲣ̄-ϩⲟⲟⲗⲉ** 좀먹게 되다, 소멸하다. **ⲁⲧⲣ̄-ϩⲟⲟⲗⲉ** 부패하지 않은, 파괴할 수 없는, 불멸의.

ϩⲟⲟⲩ n.m. 날, 하루, 낮. **ⲙ̄ ⲡⲉϩⲟⲟⲩ** 낮 동안에, 하루 동안에. **ⲛ̄ ⲟⲩϩⲟⲟⲩ** 하루 동안. **ϩⲛ̄ ⲟⲩϩⲟⲟⲩ ⲉⲃⲟⲗ ϩⲛ̄ ⲟⲩϩⲟⲟⲩ** 하루 하루, 나날이. **ϫⲓⲛ ϩⲟⲟⲩ ⲉ ϩⲟⲟⲩ** idem. **ϩⲟⲟⲩ ϩⲟⲟⲩ, ⲡⲉϩⲟⲟⲩ ⲡⲉϩⲟⲟⲩ** idem. **ⲣ̄-ϩⲟⲟⲩ** 하루를 보내다. **ⲡⲟⲟⲩ** 부사. 오늘; **ⲙ̄ ⲡⲟⲟⲩ** idem. **ⲙⲛ̄ⲛ̄ⲥⲁ ⲡⲟⲟⲩ** 오늘부터는; **ϣⲁ ⲡⲟⲟⲩ** 오늘까지; **ϫⲓⲛ ⲡⲟⲟⲩ** (± **ⲉⲃⲟⲗ, ⲉϩⲣⲁⲓ**) 오늘부터는. **ⲡⲟⲟⲩ ⲛ̄ ϩⲟⲟⲩ** adv. 오늘 (위의 **ⲡⲟⲟⲩ**처럼 사용).

ϩⲟⲟⲩ Q 나쁘다, 사악하다, 고약하다. **ⲡⲉⲑⲟⲟⲩ, ⲡⲉⲧ ϩⲟⲟⲩ** 명사처럼 사용: 나쁜 것; 악, 사악함 (정관사 또는 부정관사를 취할 수 있다). **ⲣ̄-ⲡⲉⲑⲟⲟⲩ, ⲉⲓⲣⲉ ⲙ̄ ⲡⲉⲑⲟⲟⲩ** 악행을 저지르다; **ⲣⲉϥⲣ̄-ⲡⲉⲑⲟⲟⲩ** 악행을 행하는 자; **ⲙⲛ̄ⲧⲣⲉϥⲣ̄-ⲡⲉⲑⲟⲟⲩ** 사악함; **ⲥⲁ ⲙ̄ ⲡⲉⲑⲟⲟⲩ** 악행을 행하는 자; **ⲙⲛ̄ⲧⲥⲁ ⲙ̄ ⲡⲉⲑⲟⲟⲩ** 악, 악행.

ϩⲟⲟⲩⲧ, ⲉϩⲟⲟⲩⲧ, ϩⲉⲟⲩⲧ, ϩⲉⲩⲧ (**ϩⲟⲩⲧ-**) n.m. 남성, 수컷; 명사 뒤에서 **ⲛ̄**이 있거나 없이 자주 형용사로 사용.: 남성[수컷]의, 야생의, 야만적인. **ϩⲟⲩⲧ-ⲥϩⲓⲙⲉ** 자웅 동체, 양성을 가진 자[것]. **ⲙⲛ̄ⲧϩⲟⲟⲩⲧ** 남성다움, 웅성.

ϩⲟⲟⲩⲧⲛ̄ n.m. 길, 도로, 공공 도로; 펄롱 (= 201미터).

ϩⲟⲟⲩϣ 욕하다, 저주하다 (**ⲉ, ⲉϫⲛ̄**).

ϩⲟⲡ, ϩⲟⲟⲡ, (**ϩⲁⲡ-**) n.m. 혼인 잔치; 신방

ϩⲟⲥⲃ̄, ϩⲟⲥⲃⲉ n.f. 시장; **ⲣⲙ̄ⲛ̄ϩⲟⲥⲃ̄** 시장 상인.

ϩⲟⲥⲙ̄, ϩⲟⲥⲏⲙ, ϩⲟⲥⲙⲉ, ϩⲁⲥⲙ̄, ϩⲱⲥⲉⲙ n.m. 고체 소다, 소다석(石).

ϩⲟⲧⲉ, ϩⲟⲧ, ϩⲱⲧⲉ, ϩⲱⲧ in ⲙ̄ ⲡ(⸗)ϩⲟⲧⲉ, ⲙ̄ ⲡϩⲟⲧⲉ ⲛ̄ ~의 부근에, ~가 있는 곳에.

ϩⲟⲧⲉ n.f. 두려움, 공포; adj. 두려워하는. ⲁⲧϩⲟⲧⲉ 두려워하지 않는; ⲙⲛ̄ⲧⲁⲧϩⲟⲧⲉ 대담성, 용기; ⲣ̄-ⲁⲧϩⲟⲧⲉ 대담해지다. ϩⲁ ϩⲟⲧⲉ 두려워하여; 두려워하는, 무서워하는. ⲣ̄-ϩⲟⲧⲉ (Q ⲟ ⲛ̄ ϩⲟⲧⲉ) 두려워하다 (~을, ~에 대해: ⲉ, ⲉϫⲛ̄, ⲉⲧⲃⲉ, ϩⲁⲑⲏ ⲛ̄, ⲉⲃⲟⲗ ϩⲛ̄, ϩⲏⲧ⸗ ⲛ̄); ⲣⲉϥⲣ̄-ϩⲟⲧⲉ 두려워하는 자, 경의를 표하는 자; ⲙⲛ̄ⲧⲣⲉϥⲣ̄-ϩⲟⲧⲉ 두려움, 존경. ϯ-ϩⲟⲧⲉ 겁나게 하다, 두렵게 하다 (ⲉ, ⲛⲁ⸗, ⲉϫⲛ̄); ⲣⲉϥϯ-ϩⲟⲧⲉ 두려움을 주는 자. ϫⲓ-ϩⲟⲧⲉ 두려워하다 (ⲙ̄ⲙⲟ⸗).

ϩⲟⲧⲉ n.f. 시간, 때; ⲣ̄-ϩⲟⲧⲉ 시간을 보내다.

ϩⲟⲧⲥ̄, ϩⲁⲧⲥ̄ n.f. 그릇, 용기 또는 계량 단위.

ϩⲟⲧϩⲧ̄, ϩⲉⲧϩⲧ̄-, ϩⲉⲧϩⲱⲧ⸗, Q ϩⲉⲧϩⲱⲧ vb. tr. 검사하다, 검토하다, 조사하다 (ⲙ̄ⲙⲟ⸗, ⲉ, ⲛ̄ⲥⲁ, ϩⲛ̄); n.m. 조사, 문의, 질문; ⲁⲧϩⲉⲧϩⲱⲧ⸗ 헤아릴 수 없는; ⲣⲉϥϩⲟⲧϩⲧ̄ 탐구자, 질문자; ⲙⲛ̄ⲧⲣⲉϥϩⲟⲧϩⲧ̄ 조사.

ϩⲟⲩⲉⲓⲧ (f. ϩⲟⲩⲉⲓⲧⲉ, ϩⲟⲩⲓⲧⲉ; pl. ϩⲟⲩⲁⲧⲉ) 명사 앞이나 뒤에서 ⲛ̄과 함께 형용사로 사용: 처음의, 맨 먼저, 선도하는. ϩⲟⲩⲉⲓⲧⲉ n.f. 시작, 처음; ϩⲛ̄ ⲧⲉϩⲟⲩⲉⲓⲧⲉ 처음에; ϫⲓⲛ ⲧⲉϩⲟⲩⲉⲓⲧⲉ 처음부터.

ϩⲟⲩⲏⲧ (pl. ϩⲟⲩⲁⲧⲉ) n. 승객, 승무원(?).

ϩⲟⲩⲛ n.m. 안쪽 부분, 내부. ⲙ̄ ⲡϩⲟⲩⲛ ⲙ̄ⲙⲟ⸗ prep. 안(쪽)에, 내부에 (공간 또는 시간). ⲣ̄-ⲡ(⸗)ϩⲟⲩⲛ ⲉ 들어가다. ⲉϩⲟⲩⲛ adv. 안쪽으로, 안으로, ~쪽으로: ⲉϩⲟⲩⲛ ⲉ prep. ~에, ~쪽으로, 안으로; ⲉϩⲟⲩⲛ은 또한 ⲉϩⲣⲛ̄, ⲉϫⲛ̄, ⲛⲁ⸗, ⲛⲁϩⲣⲛ̄, ϣⲁ, ϩⲁ를 강화하는 데에 사용된다. ⲛ̄ϩⲟⲩⲛ adv. 안(쪽)에, 내부에[로] (정지된 위치); ⲛ̄ϩⲟⲩⲛ ϩⲁ 아래에[로]; ⲛ̄ϩⲟⲩⲛ ϩⲛ̄ 안에: ⲛ̄ϩⲟⲩⲛ ⲙ̄ⲙⲟ⸗ 안에. ⲥⲁ-ϩⲟⲩⲛ adv. 안(쪽)에, 내부에[로]; + ⲉ/ⲙ̄ⲙⲟ⸗

ⲁ ⲃ ⲉ ⲏ ⲉⲓ ⲕ ⲗ ⲙ ⲛ ⲟ ⲡ ⲣ ⲥ ⲧ ⲟⲩ ⲱ ϣ ϥ ϩ ϫ ϭ

idem 전치사처럼. ⲥⲁ ⲛ̄ ϩⲟⲩⲛ n.m. 안 부분, 내부. ϣⲁ ϩⲟⲩⲛ ⲉ prep. ~까지. ϩⲓ ϩⲟⲩⲛ adv. 내부에[로]; ⲉⲧ ϩⲓ ϩⲟⲩⲛ 형용사구; 내부의, 실내의. ⲣⲙ̄ⲛ̄ϩⲟⲩⲛ 직함명(名).

ϩⲟⲩⲟ n.m. 대부분; 이익, 이점; 대다수, 큼; 명사 앞에서 ⲛ̄이 없이 또는 명사 뒤에서 ⲛ̄과 함께 형용사로: 큰, 많은; 형용사 뒤: 더 많이, 더 크게. ϩⲟⲩⲉ-: 앞의 항목처럼 사용되는 형용사의 후접어 형태. ϩⲟⲩⲟ ⲉ, ϩⲟⲩⲉ ~보다 더, ~이상. ⲉ ϩⲟⲩⲟ ⲉ, ⲉ ϩⲟⲩⲉ (ⲉ) ~보다 더, ~보다. ⲉ ⲡⲉϩⲟⲩⲟ adv. 크게, 아주. ⲛ̄ ϩⲟⲩⲟ adv. 많이, 크게, 아주, 훨씬 더; ⲛ̄ ϩⲟⲩⲟ ⲉ ~보다 더. ⲛ̄ ϩⲟⲩⲟ ⲛ̄ ϩⲟⲩⲟ idem (강조). ⲣ̄-ϩⲟⲩⲟ 초과하다, ~이상이다 (ⲉ); 더 많이 가지고 있다, 더 많이 하다 (~보다: ⲉ); 명사 또는 동사 바로 뒤에서: 한층 더 ~있다, 더욱더 ~하다. ⲣ̄-ϩⲟⲩⲉ- 앞에 것의 후접어 형태.

ϩⲟⲩⲣⲉ- (ϩⲟⲩⲣ-, ϩⲟⲩⲣⲱ-), ϩⲟⲩⲣⲟ⸗ (ϩⲟⲩⲣⲱ⸗) vb. tr. 빼앗다, 박탈하다 (인칭: 접미사 목적어) ~에(게)서 (ⲙ̄ⲙⲟ⸗, ⲉ).

ϩⲟⲩⲣⲓⲧ, ϩⲱⲣⲓⲧ (pl. ϩⲟⲩⲣⲁⲧⲉ) n.m. 경비원, 파수꾼, 수호자. ⲁⲡⲉ ⲛ̄ ϩⲟⲩⲣⲓⲧ 전옥, 간수장.

ϩⲟⲩϥ n.m. 살갈퀴. 콩의 종류.

ϩⲟⲩϩⲉ n.m. 조산(早産).

ϩⲟϥ, ϩⲟⲃ, ϩⲟⲡ, ϩⲱⲃ (f. ϩϥⲱ, ϩⲃⲱ; pl. ϩⲃⲟⲩⲓ) n.m.f. 뱀.

ϩⲟϫϩϫ̄ (ϩⲟϫϩⲉϫ, ϩⲟϫϫ̄), ϩⲉϫϩϫ̄- (ϩⲉϫϫ̄-), ϩⲉϫϩⲱϫ⸗, Q ϩⲉϫϩⲱϫ vb. tr. 괴롭히다, 고통스럽게 하다, 제한하다, 곤란받게 하다 (ⲙ̄ⲙⲟ⸗); 억지로 시키다, 강요하다; vb. intr. 괴로워하다, 제한받다, 좁아지다; n.m. 고통, 곤란, 궁핍.

ϩⲡⲟⲧ, ϩⲡⲱⲧ n. 패덤. 물의 깊이 측정 단위 (= 약 1.8미터).

ϩⲣⲁ (ϣⲣⲁ) vb. tr. 몰아내다, 강요하다 (ⲙ̄ⲙⲟ⸗, ⲛ̄ⲥⲁ), ± ⲉⲃⲟⲗ.

ϩⲣⲁⲓ, ϩⲣⲉ n.m. 위쪽, 상부 (명사로는 아주 드물다); ϩⲣⲁⲓ는 의미상 차이가 없는 다른 전치사를 강조한다. ⲉϩⲣⲁⲓ adv. 위쪽으로 (§8.1을 보라). ⲉϩⲣⲁⲓ는 많은 전치사 (ⲉ, ⲉϫⲛ̄, ⲉϩⲣⲛ̄, ⲟⲩⲃⲉ, ⲥⲁ, ϩⲁ, ϩⲓ, ϩⲛ̄)와 함께 복합어를 형성한다. 일반적으로 '위로'(up)의 의미가 추가되지만 반드시 그런 것은 아니다. ⲛ̄ϩⲣⲁⲓ adv. 위에[로]

(정지된 것; §28.7). 또한 **ⲚϨⲢⲀⲒ ⲈϪⲚ** '~의 위에[로]'와 같은 복합어. **ⲤⲀ-ϨⲢⲀⲒ** adv. 위에[로], 위쪽에. **ϢⲀ ϨⲢⲀⲒ** adv. 위쪽으로; **ϢⲀ ϨⲢⲀⲒ Ⲉ** ~까지 (위치·시점) **ϨⲒ ϨⲢⲀⲒ, ϨⲒ ϨⲢⲈ** adv. 위쪽으로. **ⲤⲀ-ϨⲢⲈ** n.m. 위 (**Ⲉ Ⲡ**(⸗)**ⲤⲀ-ϨⲢⲈ** prep. '위에, 위로'에서).

ϨⲢⲀⲒ n.m. 아래쪽, 하부, 복합어를 제외하고는 드물다: **ⲈϨⲢⲀⲒ** adv. 아래쪽으로, 아래에[로]; **ⲈϨⲢⲀⲒ Ⲉ** 아래에, 안에, 위에; **ⲈϨⲢⲀⲒ ⲈϪⲚ** ~의 아래에. **ⲚϨⲢⲀⲒ** adv. 아래에. **ⲤⲀ-ϨⲢⲀⲒ** adv. 아래쪽으로, 아래로. **ϢⲀ ϨⲢⲀⲒ Ⲉ** prep. ~의 아래까지.

ϨⲢⲂ n.m. 형태, 닮음; **ϪⲒ-ϨⲢⲂ** ~의 형태를 취하다, 닮은 꼴을 하다.

ϨⲢⲂⲰⲦ, ϨⲈⲢⲂⲰⲦ, ϨⲈⲢⲂⲞⲞⲐⲈ n.f. 지팡이, 막대기.

ϨⲢⲈ, ϨⲈⲢⲈ (pl. **ϨⲢⲎⲨⲈ, ϨⲢⲈⲞⲨⲈ**) n.m.f. 음식, 먹이 (사람이나 짐승의); **Ⲣ-ϨⲢⲈ** (Q **Ⲟ Ⲛ ϨⲢⲈ**) 먹이가 되다; **Ϯ-ϨⲢⲈ, Ϯ Ⲛ ⲞⲨϨⲢⲈ** 음식을 주다 (~에게; **ⲚⲀ⸗**). **ϪⲒ-ϨⲢⲈ** 음식을 얻다.

ϨⲢⲈⲂ n.m. 끌.

ϨⲢⲎⲢⲈ n.m. (f.) 꽃. **Ⲣ-ϨⲢⲎⲢⲈ** 꽃이 피다, 꽃을 피우다. **ⲦⲈⲔ-ϨⲢⲎⲢⲈ ⲈⲂⲞⲖ** idem. **ⲞⲨⲀⲘ-ϨⲢⲎⲢⲈ** 딱정벌레 (lit., 꽃을-먹는 것[자]).

ϨⲢⲎϬ, ϨⲢⲎϪ vb. intr. 고요해지다, 조용해지다, 한가해지다.

ϨⲢⲒⲘ n.m. 펠리컨.

ϨⲢⲘⲀⲚ, ϨⲈⲢⲘⲀⲚ n.m. 석류 (나무 또는 열매); **ⲂⲰ Ⲛ ϨⲢⲘⲀⲚ** 석류 나무.

ϨⲢⲞⲔ (**ϨⲢⲀⲔ**) Q **ϨⲞⲢⲔ** vb. intr. / reflex. 고요해지다, 조용해지다, 한가해지다; 중단하다; 드물게 tr. 가라앉히다. n.m. 부동, 정적, 고요; **Ϯ-ϨⲢⲞⲔ** 가라앉히다, 진정시키다 (**ⲚⲀ⸗**). **ϨⲞⲢⲔϤ** adj. 조용한, 고요한.

ϨⲢⲞⲞⲨ, (**ϨⲢⲞⲨ-, ϨⲢ-; ϨⲢⲀ⸗**) n.m. 목소리, 음성; 소리, (불쾌한) 소리, 울음소리. **ⲀⲦϨⲢⲞⲞⲨ** 말을 못하는; **ⲤϨⲀⲒ ⲀⲦϨⲢⲞⲞⲨ** 자음. **ⲚⲈϪ-ϨⲢⲞⲞⲨ, ⲚⲞⲨϪⲈ Ⲛ ⲞⲨϨⲢⲞⲞⲨ** (± **ⲈⲂⲞⲖ**) 비명을 지르다. **ⲤⲈⲔ-ϨⲢⲞⲞⲨ** 코웃음을 치다. **Ϯ-ϨⲢⲞⲞⲨ** (± **ⲈⲂⲞⲖ**) 말하다, 목소리를 내다, 약속하다; **ⲤϨⲀⲒ ⲈϤϮ-ϨⲢⲞⲞⲨ** 모음. **ⲈϢ-ϨⲢⲞⲞⲨ ⲈⲂⲞⲖ** 소리를 내다, 외치다. **ϤⲒ-ϨⲢⲞⲞⲨ,**

ⲁ ⲃ ⲉ ⲏ ⲉⲓ ⲕ ⲗ ⲙ ⲛ ⲟ ⲡ ⲣ ⲥ ⲧ ⲟⲩ ⲱ ϣ ϥ ϩ ϫ ϭ

ϥⲓ-ϩⲣⲁ⸗ (± ⲉⲃⲟⲗ, ⲉϩⲣⲁⲓ) 목소리를 높이다, 말하다, 이야기하다. ϫⲓ ⲛ̄ ϩⲣⲁ⸗ 외치다; ϫⲓ ⲙ̄ ⲡⲉϩⲣⲟⲟⲩ (~의) 소리를 듣다. ⲙⲛ̄ⲧⲛⲁϣⲧ̄-ϩⲣⲟⲟⲩ 강경한 목소리를 냄. ϩⲣⲟⲩ-ⲙ̄-ⲡⲉ n.m. 천둥. ϩⲣⲟⲩ-ⲃⲁⲓ n.f. 천둥; ϯ-ϩⲣⲟⲩ-ⲃⲁⲓ 천둥이 치다. ϩⲣⲟⲩⲟ, ϩⲣⲟⲩⲱ 자랑으로 말하다; ⲙⲛ̄ⲧϩⲣⲟⲩⲟ 자랑, 허풍; ⲣ̄-ⲙⲛ̄ⲧϩⲣⲟⲩⲟ 자랑하다.

ϩⲣⲟⲡⲣⲉⲡ vb. tr. (날개를) 퍼덕거리다, 펼치다; (눈을) 깜박이다.

ϩⲣⲟⲩϫⲃ̄ n. 조약돌, 작은 돌.

ϩⲣⲟϣ, ϩⲣ̄ϣ- (ϩⲉⲣϣ̄-), Q ϩⲟⲣϣ̄ vb. intr. 무거워지다, 힘들어지다 (~로 인해: ⲉ, ⲉϫⲛ̄, ⲉϩⲣⲁⲓ ⲉϫⲛ̄; ~으로: ⲙ̄ⲙⲟ⸗, ϩⲛ̄); 느리다 (~하는 것이: ⲉ + inf.); 드물게 tr.: 곤란하게 하다. n.m. 무게, 짐. ⲁⲧϩⲣⲟϣ 무게가 없는 (듯한); ϯ-ϩⲣⲟϣ ⲛⲁ⸗ 무게를 더하다. ϩⲣⲟϣ ⲛ̄ ϩⲏⲧ 참을성 있게 되다, 인내심을 가지다; ϩⲁⲣϣ̄-ϩⲏⲧ adj. 참을성이 있는; ⲙⲛ̄ⲧϩⲁⲣϣ̄-ϩⲏⲧ 인내, 참을성; ⲣ̄-ϩⲁⲣϣ̄-ϩⲏⲧ 참을성이 있다. ϩⲣⲏϣⲉ, ϩⲉⲣϣⲉ n.f. 무게, 중량.

ϩⲣⲟϫⲣⲉϫ̄ vb. tr. (이를) 갈다 (~에 대해: ⲉϩⲟⲩⲛ ⲉ, ⲉϩⲟⲩⲛ ϩⲛ̄, ⲉϩⲣⲁⲓ ⲉϫⲛ̄). n.m. 이 갈기, 이를 갊.

ϩⲣⲱ n.f. oven, 아궁이, 화덕.

ϩⲣⲱⲧ n.f. 포도즙 짜는 기구, 큰 통.

ϩⲣ̄ϩⲣ̄ vb. intr. 코를 골다.

ϩⲧⲁⲓ (ϩⲧⲁⲉⲓ, ⲉϩⲑⲁⲓ) 살이 찌게 되다, 뚱뚱해지다. n.m. 비만.

ϩⲧⲏ n.f. 창의 자루; 돛대.

ϩⲧⲓⲧ n.m. 양파.

ϩⲧⲟ, ϩⲧⲱ, ⲉϩⲧⲟ (f. ϩⲧⲱⲣⲉ, ϩⲧⲟⲟⲣⲉ; pl. ϩⲧⲱⲱⲣ, ⲉϩⲧⲱⲱⲣ, ϩⲧⲱⲣ) n.m.f. 말. ⲙⲁⲥ ⲛ̄ ⲉϩⲧⲟ 망아지. ⲙⲁⲛⲉ-ϩⲧⲟ 마부. ⲣⲙ̄ⲛ̄ϩⲧⲟ 기수.

ϩⲧⲟⲙⲧⲙ̄, ϩⲧⲙ̄ⲧⲙ̄-, Q ϩⲧⲙ̄ⲧⲟⲙⲧ̄ 어두워지다, 어둡게 되다; n.m. 어둠, 박무(薄霧).

ϩⲧⲟⲟⲩⲉ, ⲧⲟⲟⲩⲉ n.m. 새벽, 아침. ⲡⲛⲁⲩ ⲛ̄ ϩⲧⲟⲟⲩⲉ 새벽,

이른 아침. ⲉ ϩⲧⲟⲟⲩⲉ, ⲛ̄ ϩⲧⲟⲟⲩⲉ, ϩⲓ ϩⲧⲟⲟⲩⲉ 새벽에. ϣⲁ ϩⲧⲟⲟⲩⲉ 아침까지. ϫⲓⲛ ϩⲧⲟⲟⲩⲉ 아침부터.

ϩⲧⲟⲡ n.m. (1) 멸망, 파괴, 파멸; (2) 측량 단위.

ϩⲧⲟⲣ n.m. 필요(성), 강요; ϩⲛ̄ ⲟⲩϩⲧⲟⲣ 필요에 의해. ϩⲁ/ϩⲙ̄ ⲡ(⸗)ϩⲧⲟⲣ 자발적으로, 독단으로, 마음대로. ⲣ̄-ϩⲧⲟⲣ 강요하다 (ⲉ); ⲣ̄-ⲡ(⸗)ϩⲧⲟⲣ 권한을 행사하다. ϯ-ϩⲧⲟⲣ 강요하다 (ⲉ); 권한을 주다 (~에: ⲉ).

ϩⲱ 비인칭 vb. 충분하다 (위해: ⲉ; ~는 것이: ⲉ + inf., ⲉⲧⲣⲉ, 상황절). 또한 인칭 주어와 함께 사용; 충분히 있다, 만족하다; 중지하다, 그만두다 (ⲉ + inf., ⲉⲧⲣⲉ, 상황절); 자주 + ⲉ. 심성적 여격처럼.

ϩⲱⲃ, ϩⲁⲃ⸗ vb. tr. 보내다 (ⲙ̄ⲙⲟ⸗; 뒤따라: ⲛ̄ⲥⲁ).

ϩⲱⲃ, ϩⲱϥ, ⲱϥ, ϩⲟϥ (pl. ϩⲃⲏⲩⲉ) n.m. (1) 일, 일의 생산물; (2) 물건, 것; (3) 일, 문제, 사건, 용무. ⲟⲩ ⲡⲉ ⲡ(⸗)ϩⲱⲃ (~에게) 무슨 일[문제]인가? ⲟⲩ ⲡⲉ ⲡϩⲱⲃ ⲛ̄ ~이 무슨 소용이 있나? ⲟⲩ ⲛ̄ ϩⲱⲃ 무엇?, 무슨? ⲟⲩⲛ̄-ϩⲱⲃ ⲙⲛ̄ (부정. ⲙⲛ̄-ϩⲱⲃ ⲙⲛ̄ 아무 일도 없다; 이 구문과 이에 대응하는 소유 (ⲟⲩⲛ̄-ⲧⲁⲓ 등) 구문은 다른 사람과 (법적) 문제, 또는 여기에 관련된 일반적인 생각을 나타낸다. ϩⲱⲃ ⲛ̄ ϭⲓϫ 수공예, 손재주. ⲣ̄-ϩⲱⲃ 일하다 (~에: ⲉ; 위해: ϩⲁ, ϩⲓ; 안에: ϩⲛ̄); n.m. 일, 작업; ⲣⲉϥⲣ̄-ϩⲱⲃ 작업자; ⲙⲛ̄ⲧⲣⲉϥⲣ̄-ϩⲱⲃ 일, 노동; ϣⲃⲣ̄-ⲣ̄-ϩⲱⲃ 동역자, 동료.

ϩⲱⲃⲕ̄ vb. tr. 찌르다, 자극하다. ϩⲃⲟⲕ, ϩⲃⲟϭ n. 찌르기.

ϩⲱⲃⲥ̄, ϩⲉⲃⲥ̄- (ϩⲃ̄ⲥ-), ϩⲟⲃⲥ⸗, Q ϩⲟⲃⲥ̄ vb. tr. 덮다, 막아 주다. 보호하다, 옷을 입히다 (ⲙ̄ⲙⲟ⸗, ⲉ, ⲉϫⲛ̄, ϩⲓϫⲛ̄; ~으로: ⲙ̄ⲙⲟ⸗, ϩⲛ̄); ϩⲱⲃⲥ̄ ⲉⲃⲟⲗ ⲉϫⲛ̄ idem; vb. intr. 덮이다 등. ⲣⲉϥ-ϩⲱⲃⲥ̄ 은닉자, 보호자. ϩⲱⲃⲥ̄, ϩⲟⲃⲥ̄, ϩⲃ̄ⲥ, ϩⲃ̄ⲃⲥ̄, ϩⲏⲃⲥ̄, ϩⲁⲡⲥ̄ n.m. 덮개, 뚜껑. ϩⲃⲟⲟⲥ, ϩⲃⲟⲥ (pl. ϩⲃⲱⲱⲥ, ϩⲃⲱⲥ) n.m.f. 덮개, 의복; 아마포. ϩⲃ̄ⲥⲱ, ϩⲉⲃⲥⲱ (pl. ϩⲃ̄-ⲥⲟⲟⲩⲉ) n.f. 의복, 옷, 천.

ϩⲱⲕ, ϩⲉⲕ-, ϩⲟⲕ⸗, Q ϩⲏⲕ vb. tr. 강타하다, 눌러 부수다 (ⲙ̄ⲙⲟ⸗, ⲉϫⲛ̄).

ϩⲱⲗ, Q **ϩⲏⲗ** vb. intr. 날다. **ϩⲱⲗ ⲉⲃⲟⲗ** 앞으로 날다; Q 제정신이 아니다. 기타 부사 및 전치사와 함께 일반적인 의미로 사용. **ⲙⲁ ⲛ̄ ϩⲱⲗ** 출구. **ⲣⲉϥϩⲱⲗ** 하늘을 나는 것[사람].

ϩⲱⲗ (**ϩⲱⲗⲉ, ϩⲱⲱⲗⲉ**) vb. intr. 목이 쉬게 되다.

ϩⲱⲗ, ϩⲉⲗ- (**ϩⲗ̄-**), **ϩⲟⲗ⸗** vb. tr. 던지다, 버리다.

ϩⲱⲗⲕ̄ (**ϩⲱⲗϭ̄**), **ϩⲟⲗⲕ⸗**, Q **ϩⲟⲗⲕ̄** vb. tr. 꼬다, 땋다, 엮다, 말다 (**ⲙ̄ⲙⲟ⸗**); n.m. 땋은[엮은] 것, 꼬기.

ϩⲱⲗϭ̄, Q **ϩⲟⲗϭ̄** vb. tr. 받아들이다 (**ⲉ, ⲉϩⲟⲩⲛ ⲉ**); n.m. 포용, 수락.

ϩⲱⲙ, ϩⲙ̄- (**ϩⲉⲙ-**), **ϩⲟⲙ⸗**, Q **ϩⲏⲙ** vb. tr. 짓밟다, 유린하다, 내쫓다 (**ⲙ̄ⲙⲟ⸗**; ~을: **ⲉ, ⲉϩⲣⲁⲓ ⲉ, ⲉϫⲛ̄, ⲉϩⲣⲁⲓ ⲉϫⲛ̄, ϩⲓ**); n.m. 짓밟음.

ϩⲱⲛ, ϩⲛ̄-, ϩⲟⲛ⸗, Q **ϩⲏⲛ** (± **ⲉϩⲟⲩⲛ**) vb. intr. 접근하다, 가까이 가다 (~에: **ⲉ**); 하려고 하다 (~을: **ⲉ** + inf.); Q 가까이에 있다, 가깝다; (~에) 연관되다, (~에) 따르다; 드물게 vb. tr. 또는 reflex. 가까이 가져오다. **ⲁⲧϩⲱⲛ ⲉⲣⲟ⸗** 접근하기 어려운.

ϩⲱⲛ, ϩⲟⲛ⸗ vb. tr. 명령하다, 지시하다 (~에게: **ⲉⲧⲛ̄, ⲛ̄ⲧⲛ̄**; ~하는 것을: **ⲉ, ⲉⲧⲣⲉ**); (명령을) 내리다 (**ⲙ̄ⲙⲟ⸗**; ~에게: **ⲉⲧⲛ̄, ⲛ̄ⲧⲛ̄**). n.m. 명령.

ϩⲱⲛ vb. intr. (배가) 좌초하다. **ⲙⲁ ⲛ̄ ϩⲱⲛ** 물이 얕은 곳. **ⲟ ⲛ̄ ϩⲱⲛ** Q (깊이가) 얕다.

ϩⲱⲛ n. (**ϫⲓ-ϩⲱⲛ**에서) 약혼시키다 (**ⲙ̄ⲙⲟ⸗**; ~에게: **ⲛⲁ⸗**).

ϩⲱⲛⲉ n.f. 운하, 수로.

ϩⲱⲛⲕ̄ (**ϩⲱⲛⲅ̄**), **ϩⲉⲛⲅ⸗** vb. tr. 축성(祝聖)하다, 성별하다, 지명하다.

ϩⲱⲛⲧ̄, ϩⲉⲛⲧ̄- (**ϩⲛ̄ⲧ-**), **ϩⲟⲛⲧ⸗**, Q **ϩⲏⲛⲧ̄** vb. intr. 접근하다; 사히드 방언에서 드물다; **ϩⲱⲛ** '접근하다'와 유사하게 사용.

ϩⲱⲛϫ̄ vb. tr. 간청하다, 권하다 (**ⲉ**). 사히드 방언에서 아주 드물다.

ϩⲱⲟⲩ, ϩⲟⲩ- vb. intr. 비가 내리다 (아래로: **ⲉϫⲛ̄, ⲉϩⲣⲁⲓ ⲉϫⲛ̄**; ~로부터: **ⲉⲃⲟⲗ ϩⲛ̄**); tr. ~을 비처럼 내리다. n.m. 비, 수분; **ⲙⲟⲩ-ⲛ̄-ϩⲱⲟⲩ** idem. **ϩⲟⲩ-ⲙ̄-ⲡⲉ** n.m. 비.

ϩⲱⲡ, ϩⲉⲡ, ϩⲟⲡ⸗, Q ϩⲏⲡ vb. tr. 숨기다, 감추다 (ⲙ̄ⲙⲟ⸗; ~로부터: ⲉ); intr. 숨다, 감춰지다 (~로부터: ⲉ). n.m. 숨기기; ϩⲛ̄ ⲟⲩϩⲱⲡ 숨겨, 비밀히; ϩⲙ̄ ⲡϩⲱⲡ idem; ⲛ̄ ϩⲱⲡ idem. ⲁⲧϩⲱⲡ 숨기지 않은. ⲙⲁ ⲛ̄ ϩⲱⲡ 숨는 곳.

ϩⲱⲡϣ̄ n.m. 대추야자 가지.

ϩⲱⲣ, ϩⲣ̄-, ϩⲟⲣ⸗, Q ϩⲏⲣ vb. reflex. ~에 주의하다, ~에 주의를 기울이다 (ⲉ).

ϩⲱⲣ, ϩⲣ̄- (ϩⲉⲣ-), ϩⲟⲣ⸗ vb. tr. 젖을 짜다; ϩⲣ̄-ⲉⲣⲱⲧⲉ idem.

ϩⲱⲣ (이집트의 신) 호루스.

ϩⲱⲣⲃ̄ (ϩⲱⲣϥ̄), ϩⲟⲣⲃ⸗, Q ϩⲟⲣ(ⲉ)ϥ vb. tr. 깨다, 부수다 (ⲙ̄ⲙⲟ⸗); intr. 부서지다.

ϩⲱⲣⲕ̄, Q ϩⲟⲣⲕ̄ vb. intr. 조심히 앉다 (매복하는 것처럼).

ϩⲱⲣⲡ̄, Q ϩⲟⲣⲡ̄ vb. intr. 자다, 졸다.

ϩⲱⲣⲡ̄, ϩⲣ̄ⲡ- (ϩⲉⲣⲡ̄-), ϩⲟⲣⲡ⸗, Q ϩⲟⲣⲡ̄ vb. tr. 담그다, 적시다, 축이다 (ⲙ̄ⲙⲟ⸗; ~으로: ϩⲛ̄, ⲙ̄ⲙⲟ⸗); intr. 젖다.

ϩⲱⲣϭ̄ (ϩⲱⲗϭ̄, ϩⲱⲣϫ̄), ϩⲉⲣϭ̄-, ϩⲟⲣϫ⸗, Q ϩⲟⲣϭ̄ (ϩⲟⲣϫ̄) vb. tr. 수북이 쌓다, 쌓아 올리다 (ⲙ̄ⲙⲟ⸗); 정리하다, 배열하다; vb. intr. 쌓이다, 정리되다; n.m. 순서, 조화. ϩⲣⲟϫ vb. idem (드물게).

ϩⲱⲥ, ϩⲱⲱⲥ, ϩⲟⲩⲥ n.m. 실, 가닥, 끈.

ϩⲱⲥ, ϩⲉⲥ-, ϩⲟⲥ⸗ vb. tr. 막다, 가리다, 메우다 (ⲙ̄ⲙⲟ⸗; ⲉϫⲛ̄, ϩⲓϫⲛ̄); vb. intr. 막히다 등.

ϩⲱⲥ vb. intr. 노래하다, 성가를 부르다; n.m. 노래; ⲣⲉϥϩⲱⲥ 노래하는 사람, 가수.

ϩⲱⲧ n.m. 부대, 가방.

ϩⲱⲧ (ⲣ̄-ϩⲱⲧ에서) 항해하다, 떠다니다 (~로: ⲉ, ϣⲁ; ~에: ϩⲛ̄); ⲙⲁ ⲛ̄ ⲣ̄-ϩⲱⲧ 항로.

ϩⲱⲧⲃ̄ (ϩⲱⲧⲉⲃ), ϩⲉⲧⲃ̄-, ϩⲟⲧⲃ⸗, Q ϩⲟⲧⲃ̄ vb. tr. 죽이다 (ⲙ̄ⲙⲟ⸗); ϩⲱⲧⲃ̄ ⲛ̄ⲥⲁ 학살하다. 복합어에서 ϩⲁⲧⲃ̄: 학살 (ϩⲁⲧⲃ̄-ϣⲏⲣⲉ '아이-학살'에서). n.m. 학살, 살인, 살해; 시체; ⲣⲉϥϩⲱⲧⲃ̄ 죽이는 사람, 살인자; ⲙⲛ̄ⲧⲣⲉϥϩⲱⲧⲃ̄ 살인, 학살;

ⲁ ⲃ ⲉ ⲏ ⲉⲓ ⲕ ⲗ ⲙ ⲛ ⲟ ⲡ ⲣ ⲥ ⲧ ⲟⲩ ⲱ ϣ ϥ ϩ ϫ ϭ

ⲣ̅-ⲣⲉϥϩⲱⲧⲃ̅ 살해하다 (ⲉ). ϩⲁⲧⲃⲉⲥ n.f. 학살; 죽인 것.

ϩⲱⲧⲉ vb. 상처를 주다, 뚫다.

ϩⲱⲧⲉ, ϩⲱⲧ n.f. 막대기, 장대, 기둥; ϣⲉ ⲛ̅ ϩⲱⲧ 나무 기둥.

ϩⲱⲧⲡ̅ (ϩⲱⲡⲧ̅), ϩⲉⲧⲡ̅-, ϩⲟⲧⲡ⸗ (ϩⲟⲡⲧ⸗), Q ϩⲟⲧⲡ̅ vb. intr. 저물다, 지다 (해 등이); 받아들이게 되다, 만족하다 (~에: ⲉ, ⲙⲛ̅); vb. tr. 화해하다 (ⲙ̅ⲙⲟ⸗; ~에, ~와: ⲉ, ⲙⲛ̅); n.m. 화해, 중재; 일몰. ⲙⲁ ⲛ̅ ϩⲱⲧⲡ̅ 서쪽. ⲣ̅-ϩⲱⲧⲡ̅ 화해시키다.

ϩⲱⲧⲣ̅ (ϩⲱⲧⲉⲣ), ϩⲉⲧⲣ̅-, ϩⲟⲧⲣ⸗, Q ϩⲟⲧⲣ̅ vb. tr. 결합하다 (ⲙ̅ⲙⲟ⸗; ~에: ⲉ; ~와: ⲙⲛ̅); 고용하다; vb. intr. 결합되다 (~에: ⲉ); 고용되다 (~을 위해: ⲉ); 조화를 이루다 (~와: ⲙⲛ̅). n.m. 결합, 조화. ⲣⲉϥϩⲱⲧⲣ̅ 고용된 사람. ϩⲁⲧⲣ̅ (pl. ϩⲁⲧⲣⲉⲉⲩ, ϩⲁⲧⲣⲉⲩⲉ) n.m. 쌍둥이, 갑절; adj. 두 배의. ϩⲁⲧⲣⲉⲥ n.f. 멍에.

ϩⲱⲱ⸗, ϩⲱ⸗ 강조 대명사. 다른 대명사 요소와 함께 동격으로 사용: (내) 스스로, (나) 도, (나)로서는, 이와 반대로, 한편으로는. ϩⲱⲱϥ adv. 대명사 일치 없음. 한편으로는, 그렇지만 (대조 또는 반대를 표현).

ϩⲱⲱⲕ (ϩⲱⲕ), ϩⲉⲕ-, ϩⲟⲕ⸗ (ϩⲟⲟⲕ⸗), Q ϩⲏⲕ vb. tr. 무장하다, 싸울 준비를 하다 (ⲙ̅ⲙⲟ⸗; ~와: ϩⲛ̅, ⲙ̅ⲙⲟ⸗; ~에 대해: ⲉ, ⲟⲩⲃⲉ), ± ⲉⲃⲟⲗ, ⲉϩⲟⲩⲛ. ϩⲱⲕ ⲙ̅ⲙⲟ⸗ ⲙ̅ ⲙⲁⲧⲟⲓ (군인으로서) 무장을 하다. n.m. 무장, (갑옷의) 가슴받이, 방호 갑옷.

ϩⲱⲱⲕⲉ (ϩⲱⲕⲉ, ϩⲱⲱⲕ, ϩⲱⲕ), ϩⲉⲉⲕⲉ- (ϩⲉⲕⲉ-, ϩⲉⲕ-), ϩⲟⲕ⸗ (ϩⲟⲟⲕ⸗), Q ϩⲟⲟⲕⲉ vb. tr. (1) 긁다, 할퀴다. 특히 고문의 수단으로 (ⲙ̅ⲙⲟ⸗); (2) 면도하다 (ⲙ̅ⲙⲟ⸗); n.m. 대머리임, 면도한 상태. ϩⲱⲱⲕⲉ n.m. 양털.

ϩⲱⲱⲗⲉ (ϩⲱⲗⲉ), ϩⲁⲗ-, ϩⲟⲗ⸗ (ϩⲟⲟⲗ⸗) vb. tr. (털을) 뽑다.

ϩⲱⲱⲙⲉ (ϩⲱⲙⲉ, ϩⲱⲙ), Q ϩⲁⲙ (ϩⲁⲁⲙ) vb. intr. 여위어지다, 가늘게 되다; + ⲉⲃⲟⲗ: 야위다, 마르다.

ϩⲱϣ, ϩⲉϣ-, ϩⲟϣ⸗, Q ϩⲏϣ vb. tr. 괴롭히다, 고통을 주다 (ⲙ̅ⲙⲟ⸗, ⲉ); intr. 괴로워하다 (~에 의해, ~으로: ⲉⲧⲃⲉ, ϩⲁ, ⲙⲛ̅, ⲛ̅ⲧⲛ̅); n.m. 고통, 곤경. ϩⲁϣⲥ̅ n.f. 제한, 통제.

ⲁ ⲃ ⲉ ⲏ ⲉⲓ ⲕ ⲗ ⲙ ⲛ ⲟ ⲡ ⲣ ⲥ ⲧ ⲟⲩ ⲱ ϣ ϥ ϩ ϫ ϭ

ϩⲱϥⲧ̄ (**ϩⲱⲃⲧ̄, ϩⲟϥⲧ̄**), **ϩⲉϥⲧ̄-, ϩⲟϥⲧ⸗** (**ϩⲟⲃⲧ⸗**) vb. tr. 훔치다, 도둑질하다 (**ⲙ̄ⲙⲟ⸗**; ~로부터, ~에게서: **ⲛ̄ⲧⲛ̄, ϩⲓ, ϩⲛ̄, ⲉⲃⲟⲗ ϩⲛ̄**); n.m. 절도, 도둑질. **ⲣⲉϥ-ϩⲱϥⲧ̄** 도둑

(**ϩⲱϥⲧ̄**), **ϩⲉϥⲧ̄-, ϩⲟϥⲧ⸗** ± **ⲉⲃⲟⲗ** vb. tr. 내쫓다, 내보내다.

ϩⲱϩ, ϩⲟϩ⸗ vb. tr. 긁다, 할퀴다 (**ⲙ̄ⲙⲟ⸗**); vb. intr. 긁히다; 가렵다; n.m. 가려움, 긁음.

ϩⲱϩϥ̄, ϩⲱϩⲃ̄ n.f. 손바닥의 너비 (측정 단위로서).

ϩⲱϫ (**ϩⲟϫ**) **ϩⲏϫ** Q vb. intr. 궁지에 몰려 있다, 죽어가고 있다; vb. tr. 괴롭히다, 곤경에 빠뜨리다 (**ⲙ̄ⲙⲟ⸗, ⲉ**); n.m. 곤경, 궁핍. **ϩⲁϫ** n.m. 질병; 질병의 이름.

ϩⲱϫⲡ̄, ϩⲉϫⲡ̄-, ϩⲟϫⲡ⸗ vb. tr. 닫다 (**ⲙ̄ⲙⲟ⸗**), 가두다, 에워싸다; n.m. 닫기, 봉쇄.

ϩⲱϭⲃ̄ (**ϩⲱϭϥ̄, ϩⲱⲕⲙ̄**), **ϩⲉϭⲃ̄-** (**ϩⲉϭⲙ̄-**), **ϩⲟϭⲃ⸗**, Q **ϩⲟϭⲃ̄** (**ϩⲟϭϥ̄**) vb. tr. 시들게 하다, 파멸시키다 (**ⲙ̄ⲙⲟ⸗**); vb. intr. 시들다, 사라지다, 기한이 끝나다. 복합어에서 **ϩⲁϭⲃ̄-**: ~에 약한, 취약한. n.m. 약함, 허약함. **ⲁⲧϩⲱϭⲃ̄** 시들지 않는, 불멸의.

ϩϫⲟⲡϫⲡ̄ (**ϫⲟⲡϫⲡ̄, ϩⲡⲟϭⲡϭ̄**) vb. intr. (찾아서) 더듬다 (~을: **ⲉ, ⲉϩⲟⲩⲛ ⲉ**).

▽ 상호 참조

ϩⲁ: ϩⲟ
ϩⲁⲁⲕ: ϩⲁⲕ
ϩⲁⲁⲙ: ϩⲱⲱⲙⲉ
ϩⲁⲁⲧ: ϩⲁⲧ
ϩⲁⲁⲧⲉ: ϩⲁⲧⲉ
ϩⲁⲁϭⲉ: ϩⲁϭⲉ
ϩⲁⲃ⸗: ϩⲱⲃ
ϩⲁⲃⲁϭⲏⲉⲓⲛ: ⲁⲃⲁϭⲏⲉⲓⲛ
ϩⲁⲃⲉ: ϩⲟⲃⲉ
ϩⲁⲃⲓⲟⲩⲓ: ϩⲓⲃⲱⲓ
ϩⲁⲃⲗⲉⲉⲗⲉ: ϩⲁϥⲗⲉⲉⲗⲉ
ϩⲁⲃⲟⲗ: ⲃⲱⲗ
ϩⲁϭⲃ̄-: ϩⲱϭⲃ̄
ϩⲁⲉⲓⲏ: ϩⲁⲉ
ϩⲁⲉⲉⲩ: ϩⲁⲉ
ϩⲁⲉⲟⲩ: ϩⲁⲉ

ⲁ ⲃ ⲉ ⲏ ⲉⲓ ⲕ ⲗ ⲙ ⲛ ⲟ ⲡ ⲣ ⲥ ⲧ ⲟⲩ ⲱ ϣ ϥ ϩ ϫ ϭ

ϩⲁⲉⲩ(ⲉ): ϩⲁⲉ

ϩⲁⲏ: ϩⲁⲉ

ϩⲁⲓⲃⲉ: ϩⲓⲉⲓⲃ

ϩⲁⲓⲏ: ϩⲁⲉ

ϩⲁⲕⲏⲗϥ̄: ϩⲁⲕⲗ̄ϥ

ϩⲁⲕⲟ: ϩⲓⲕ

ϩⲁⲗ-: ϩⲱⲱⲗⲉ

ϩⲁⲗⲁⲧⲉ: ϩⲁⲗⲏⲧ

ϩⲁⲗⲏⲕ: ϩⲁⲗⲁⲕ

ϩⲁⲗⲕⲟⲩ: ϩⲗ̄ⲕⲟⲩ

ϩⲁⲗⲗⲟⲩⲥ: ϩⲁⲗⲟⲩⲥ

ϩⲁⲗϭ̄-: ϩⲗⲟϭ

ϩⲁⲙ: ϩⲱⲱⲙⲉ

ϩⲁⲙⲛ̄ⲧⲱⲣ: ϩⲙ̄ⲛ̄ⲧⲱⲣⲉ

ϩⲁⲛⲕⲗ̄ϥ: ϩⲁⲕⲗ̄ϥ

ϩⲁⲛϩⲏⲧ: ϩⲏⲧ

ϩⲁⲛⲣⲟ: ⲣⲟ

ϩⲁⲡ: ϩⲟⲡ

ϩⲁⲡⲥ̄: ϩⲱⲃⲥ̄

ϩⲁⲣⲉⲓⲟⲡⲉ: ⲉⲓⲟⲡⲉ

ϩⲁⲣⲏⲩ: ⲁⲣⲏⲩ

ϩⲁⲣⲏϩⲉ: ϩⲁⲣⲉϩ

ϩⲁⲣⲛ̄: ⲣⲟ

ϩⲁⲣⲟ⸗: ϩⲁ

ϩⲁⲣⲟⲩϩⲉ: ⲣⲟⲩϩⲉ

ϩⲁⲣⲱ⸗: ⲣⲟ

ϩⲁⲣϣ̄-: ϩⲣⲟϣ

ϩⲁⲣϣⲏⲧ: ϩⲁϣⲏⲧ

ϩⲁⲥⲉⲓⲉ: ϩⲁⲥⲓⲉ

ϩⲁⲥⲙ̄: ϩⲟⲥⲙ̄

ϩⲁⲥⲧ̄-/⸗: ϩⲓⲥⲉ

ϩⲁⲧ⸗: ϩⲓⲧⲉ, ϩⲓ

ϩⲁⲧⲃ̄-: ϩⲱⲧⲃ̄

ϩⲁⲧⲃⲉⲥ: ϩⲱⲧⲃ̄

ϩⲁⲧⲉ: ϩⲁⲧ

ϩⲁⲧⲏⲩ: ⲧⲏⲩ

ϩⲁⲧⲛ̄: ⲧⲱⲣⲉ

ϩⲁⲧⲟⲟⲧ⸗: ⲧⲱⲣⲉ

ϩⲁⲧⲣ̄: ϩⲱⲧⲣ̄

ϩⲁⲧⲣⲉⲉⲩ(ⲉ): ϩⲱⲧⲣ̄

ϩⲁⲧⲣⲉⲥ: ϩⲱⲧⲣ̄

ϩⲁⲧⲥ̄: ϩⲟⲧⲥ̄

ϩⲁϣⲓⲧ: ϩⲁϣⲏⲧ

ϩⲁϣⲥ̄: ϩⲱϣ

ϩⲁϫ: ϩⲱϫ

ϩⲁϫⲛ̄, ϩⲁϫⲱ⸗: ϫⲱ⸗

ϩⲃⲁⲓ: ϩⲓⲃⲉ

ϩⲃ̄ⲃⲉ: ϩⲓⲃⲉ

ϩⲃ̄ⲃⲥ̄: ϩⲱⲃⲥ̄

ϩⲃⲏⲏⲧⲉ: ⲥϩ̄ⲃⲏⲏⲧⲉ

ϩⲃⲏⲩⲉ: ϩⲱⲃ

ϩⲃⲟⲕ: ϩⲱⲃⲕ̄

ϩⲃⲟⲟⲥ, ϩⲃⲟⲥ: ϩⲱⲃⲥ̄

ϩⲃⲟⲩⲓ: ϩⲟϥ, ϩⲓⲃⲱⲓ

ϩⲃⲟϭ: ϩⲱⲃⲕ̄

ϩⲃ̄ⲥ: ϩⲏⲃⲥ̄, ϩⲱⲃⲥ̄

ϩⲃ̄ⲥⲟⲟⲩⲉ: ϩⲱⲃⲥ̄

ϩⲃ̄ⲥⲱ: ϩⲱⲃⲥ̄

ϩⲃⲱ: ϩⲟϥ

ϩⲃⲱⲥ, ϩⲃⲱⲱⲥ: ϩⲱⲃⲥ̄

ϩⲃⲱⲱⲛ: ϩⲉ-
ϩⲉ: ϩⲏ, ⲉϩⲉ
ϩⲉⲃⲃⲉ: ϩⲃ̅ⲃⲉ
ϩⲉⲃⲉⲧⲱⲣⲉ: ϩⲙ̅ⲛ̅ⲧⲱⲣⲉ
ϩⲉⲃⲥ̅: ϩⲏⲃⲥ̅
ϩⲉⲃⲥⲱ: ϩⲱⲃⲥ̅
ϩⲉⲃⲱⲓ: ϩⲓⲃⲱⲓ
ϩⲱⲃⲱⲱⲛ: ϩⲉ-
ϩⲉⲉ: ϩⲉ
ϩⲉⲉⲓⲧ: ϩⲁⲉⲓⲧ
ϩⲉⲓⲁⲉⲓⲃⲉ: ϩⲓⲉⲓⲃ
ϩⲉⲓⲉⲃ: ϩⲓⲉⲓⲃ
ϩⲉⲓⲉⲓⲧ: ϩⲓⲉⲓⲧ
ϩⲉⲕ-: ϩⲱⲕ, ϩⲱⲱⲕ, ϩⲱⲱⲕⲉ
ϩⲉⲕⲉ-: ϩⲱⲱⲕⲉ
ϩⲉⲗⲉⲓⲗⲉ: ϩⲗⲟⲉⲓⲗⲉ
ϩⲉⲗⲕⲟⲩ: ϩⲗ̅ⲕⲟⲩ
ϩⲉⲗⲙⲉϩⲉ: ϩⲁⲗⲙⲏϩⲉ
ϩⲉⲗϭⲉ: ϩⲗⲟϭ
ϩⲉⲙⲉ: ϩⲏⲙⲉ
ϩⲉⲙⲉⲧⲟⲣⲉ: ϩⲙ̅ⲛ̅ⲧⲱⲣⲉ
ϩⲉⲙϫ̅: ϩⲙⲟϫ
ϩⲉⲛⲏ(ⲏ)ⲧⲉ: ϩⲉⲛⲉⲉⲧⲉ
ϩⲉⲛⲅ⸗: ϩⲱⲛⲕ̅
ϩⲉⲛⲉⲓⲉ: ϩⲓⲛⲉ
ϩⲉⲛⲟⲩϥⲉ: ϩⲉ-
ϩⲉⲟⲩⲧ: ϩⲟⲟⲩⲧ
ϩⲉⲣⲃⲟⲟⲑⲉ: ϩⲣ̅ⲃⲱⲧ
ϩⲉⲣⲉ: ϩⲣⲉ
ϩⲉⲣϣ̅-: ϩⲣⲟϣ
ϩⲉⲣϣⲉ: ϩⲣⲟϣ
ϩⲉⲣϩⲓⲣⲉ: ϩⲓⲣ
ϩⲉⲧ-: ϩⲓⲧⲉ
ϩⲉⲩⲧ: ϩⲟⲟⲩⲧ
ϩⲉϫϫ̅-: ϩⲟϫϩϫ̅
ϩⲉϭⲙ̅-: ϩⲱϭⲃ̅
ϩⲏⲃ(ⲃ)ⲉ: ϩⲃ̅ⲃⲉ
ϩⲏⲃⲥ̅: ϩⲱⲃⲥ̅
ϩⲏⲉ: ϩⲉ
ϩⲏⲉⲓⲧ: ϩⲁⲉⲓⲧ
ϩⲏⲏⲃⲉ: ϩⲏⲃⲉ
ϩⲏⲏⲡⲉ, ϩⲏⲏⲧⲉ: ⲉⲓⲥ
ϩⲏⲓⲃⲉ: ϩⲏⲃⲉ
ϩⲏⲕ: ϩⲱⲱⲕ
ϩⲏⲕⲉ: ϩⲕⲟ
ϩⲏⲙⲉ: ϩⲟⲉⲓⲙ
ϩⲏⲙⲥ̅: ϩⲙ̅ⲥ
ϩⲏⲙϫ̅: ϩⲙⲟϫ
ϩⲏⲙ: ϩⲙⲟⲙ
ϩⲏⲛⲉⲧⲉ: ϩⲉⲛⲉⲉⲧⲉ
ϩⲏⲛⲧ̅: ϩⲱⲛⲧ̅
ϩⲏⲟⲩ: ϩⲏⲩ
ϩⲏⲣϩⲓⲣⲉ: ϩⲓⲣ
ϩⲏⲧ⸗: ϩⲏ
ϩⲏⲧⲉ: ⲉⲓⲥ
ϩⲏⲩ: ϩⲉ
ϩⲏⲩⲃⲉ: ϩⲃ̅ⲃⲉ
ϩⲏϫ: ϩⲁϫ
ϩⲓ-: ϩⲓⲟⲩⲉ

ϩⲓⲁⲃⲉ, ϩⲓⲁⲉⲓⲃⲉ: ϩⲓⲉⲓⲃ
ϩⲓⲃ, ϩⲓⲃⲉ: ϩⲓⲉⲓⲃ
ϩⲓⲃⲟⲗ: ⲃⲱⲗ
ϩⲓⲃⲟⲩⲓ: ϩⲓⲃⲱⲓ
ϩⲓⲉⲉⲃⲉ: ϩⲓⲉⲓⲃ
ϩⲓⲉⲉⲩ(ⲉ): ϩⲟⲓ
ϩⲓⲉⲩ: ϩⲓⲉ
ϩⲓⲉⲓⲁⲃⲉ, ϩⲓⲉⲓⲃⲉ: ϩⲓⲉⲓⲃ
ϩⲓⲏ: ϩⲓⲉ, ϩⲉ, ϩⲏ
ϩⲓⲏⲃⲉ: ϩⲓⲉⲓⲃ
ϩⲓⲏⲟⲩ: ϩⲓⲉ
ϩⲓⲏⲩ: ϩⲓⲉ, ϩⲓⲏ
ϩⲓⲗⲁ: ⲗⲁ
ϩⲓⲙⲉ: ϩⲏⲙⲉ, ⲥϩⲓⲙⲉ
ϩⲓⲙⲏ: ϩⲟⲉⲓⲙ
ϩⲓⲛⲓⲉ: ϩⲓⲛⲉ
ϩⲓⲟⲙⲉ: ⲥϩⲓⲙⲉ, ϩⲓⲱⲙⲉ
ϩⲓⲟⲟⲩⲉ: ϩⲓⲏ
ϩⲓⲣϩⲓⲣⲉ: ϩⲓⲣ
ϩⲓⲣⲛ̄: ⲣⲟ
ϩⲓⲣⲟⲩϩⲉ: ⲣⲟⲩϩⲉ
ϩⲓⲣⲱ⸗: ⲣⲟ
ϩⲓⲧ: ϩⲓⲉⲓⲧ
ϩⲓⲧ⸗: ϩⲓ, ϩⲓⲟⲩⲉ
ϩⲓⲧⲛ̄: ⲧⲱⲣⲉ
ϩⲓⲧⲟⲟⲧ⸗: ⲧⲱⲣⲉ
ϩⲓⲧⲟⲩⲛ̄-: ⲧⲟⲩⲱ⸗
ϩⲓⲧⲟⲩⲱ⸗: ⲧⲟⲩⲱ⸗
ϩⲓⲱⲱ⸗: ϩⲓ
ϩⲓϩⲣⲁ⸗: ϩⲟ

ϩⲓϫⲛ̄, ϩⲓϫⲱ⸗: ϫⲱ⸗
ϩⲕⲁⲉⲓⲧ, ϩⲕⲟⲉⲓⲧ: ϩⲕⲟ
ϩⲗⲉⲉⲓⲗⲉ: ϩⲗⲟⲉⲓⲗⲉ
ϩⲗⲏϭⲉ: ϩⲗⲟϭ
ϩⲗⲟⲙ: ϩⲗⲱⲙ
ϩⲗⲟⲩⲱ: ⲟⲩⲱ
ϩⲗ̄ϭⲉ: ϩⲗⲟϭ
ϩⲙ̄-: ϩⲁⲙ, ϩⲱⲙ
ϩⲙⲁⲓⲥ: ϩⲙⲟⲟⲥ
ϩⲙⲉⲩ, ϩⲙⲏⲩ: ϩⲁⲙ
ϩⲙ̄ⲙⲉ: ϩⲏⲙⲉ, ϩⲙⲟⲙ
ϩⲙ̄ⲧⲱⲣ: ϩⲙ̄ⲛ̄ⲧⲱⲣⲉ
ϩⲙ̄ϩⲁⲗ, ϩⲙ̄ϩⲉⲗ: ϩⲁⲗ
ϩⲙ̄ϫ: ϩⲙⲟϫ
ϩⲛⲁⲁⲩ: ϩⲛⲁⲩ
ϩⲛ̄ⲧ⸗: ϩⲓⲛⲉ
ϩⲟ: ϩⲁ
ϩⲟⲃ: ϩⲟϥ
ϩⲟⲃⲉ: ϩⲓⲃⲉ
ϩⲟⲃⲧ̄: ϩⲱϥⲧ̄
ϩⲟⲉⲓⲗⲉ: ϩⲟⲉⲓⲣⲉ
ϩⲟⲓⲃⲉⲥ: ϩⲁⲉⲓⲃⲉⲥ
ϩⲟⲕ⸗: ϩⲱⲱⲕ, ϩⲱⲱⲕⲉ
ϩⲟⲕⲣ̄: ϩⲕⲟ
ϩⲟⲗ⸗: ϩⲱⲱⲗⲉ
ϩⲟⲗϭ̄: ϩⲗⲟϭ
ϩⲟⲙⲉⲧ: ϩⲟⲙⲛ̄ⲧ
ϩⲟⲙⲧ̄: ϩⲟⲙⲛ̄ⲧ
ϩⲟⲙⲱⲧⲱⲣ: ϩⲙ̄ⲛ̄ⲧⲱⲣⲉ
ϩⲟⲙϫ̄: ϩⲙⲟϫ

ϩⲟⲟⲕ⸗: ϩⲱⲱⲕⲉ, ϩⲱⲱⲕ

ϩⲟⲟⲕⲉ: ϩⲱⲱⲕⲉ

ϩⲟⲟⲗ⸗: ϩⲱⲱⲗⲉ

ϩⲟⲟⲡ: ϩⲟⲡ

ϩⲟⲡ: ϩⲟϥ, ϩⲁⲡ

ϩⲟⲡⲥ̅: ϩⲁⲡⲥ̅

ϩⲟⲡⲧ⸗: ϩⲱⲧⲡ̅

ϩⲟⲣⲉϥ: ϩⲱⲣⲃ̅

ϩⲟⲣⲕ̅: ϩⲣⲟⲕ, ϩⲱⲣⲕ̅

ϩⲟⲣϣ̅: ϩⲣⲟϣ, ⲱⲣϣ̅

ϩⲟⲣϥ̅: ϩⲱⲣⲃ̅

ϩⲟⲣϫ(⸗): ϩⲱⲣϭ̅

ϩⲟⲥⲉ: ϩⲓⲥⲉ

ϩⲟⲥⲏⲙ: ϩⲟⲥⲙ̅

ϩⲟⲩⲁⲧⲉ: ϩⲟⲩⲉⲓⲧ, ϩⲟⲩⲏⲧ

ϩⲟⲩⲉ-: ϩⲟⲩⲟ

ϩⲟⲩⲉⲓⲧⲉ: ϩⲟⲩⲉⲓⲧ

ϩⲟⲩⲉⲣⲟⲩⲱⲣ⸗: ϩⲃⲟⲣⲃⲣ̅

ϩⲟⲩⲓⲧⲉ: ϩⲟⲩⲉⲓⲧ

ϩⲟⲩⲙ̅ⲡⲉ: ϩⲱⲟⲩ

ϩⲟⲩⲣ-: ϩⲟⲩⲣⲉ-

ϩⲟⲩⲣⲁⲧⲉ: ϩⲟⲩⲣⲓⲧ

ϩⲟⲩⲣⲱ(ⲱ)⸗: ϩⲟⲩⲣⲉ-

ϩⲟⲩⲥ: ϩⲱⲥ

ϩⲟⲩⲧ-: ϩⲟⲟⲩⲧ

ϩⲟϣ⸗: ⲱϣ

ϩⲟϥ: ϩⲱⲃ

ϩⲟϫ: ϩⲱϫ

ϩⲟϫϫ̅: ϩⲟϫϩϫ̅

ϩⲟϭⲃ̅: ⲱϭⲃ̅

ϩⲟϭϥ̅: ϩⲱϭⲃ̅

ϩⲡⲟϭⲡϭ, ϩⲡⲟϫⲡϫ̅: ϩϫⲟⲡϫⲡ̅

ϩⲡⲱⲧ: ϩⲡⲟⲧ

ϩⲣⲁ⸗: ϩⲟ, ϩⲣⲟⲟⲩ

ϩⲣⲁⲕ: ϩⲣⲟⲕ

ϩⲣⲉ: ϩⲣⲁⲓ

ϩⲣ̅ⲉⲃⲟⲧ: ⲉⲃⲟⲧ

ϩⲣⲉⲟⲩⲉ: ϩⲣⲉ

ϩⲣⲏⲩⲉ: ϩⲣⲉ

ϩⲣⲏϣⲉ: ϩⲣⲟϣ

ϩⲣⲕ̅ⲣⲓⲕⲉ: ⲣⲕ̅ⲣⲓⲕⲉ

ϩⲣⲟⲩⲃ(ⲃ)ⲁⲓ: ϩⲣⲟⲟⲩ

ϩⲣⲟⲩⲙ̅ⲡⲉ: ϩⲣⲟⲟⲩ

ϩⲣⲟⲩⲟ, ϩⲣⲟⲩⲱ: ϩⲣⲟⲟⲩ

ϩⲣⲟⲩⲱⲣ⸗: ϩⲃⲟⲣⲃⲣ̅

ϩⲣ̅ϣ-: ϩⲣⲟϣ

ϩⲧⲏ⸗: ϩⲏⲧ

ϩⲧⲟⲟⲣⲉ: ϩⲧⲟ

ϩⲧⲱ: ϩⲧⲟ

ϩⲧⲱⲣⲉ: ϩⲧⲟ

ϩⲧⲱⲱⲣ: ϩⲧⲟ

ϩⲑⲱⲣ: ϩⲁⲑⲱⲣ

ϩⲱ: ϩⲟ

ϩⲱ⸗: ϩⲱⲱ⸗

ϩⲱⲃ: ϩⲟϥ

ϩⲱⲃⲧ̅: ϩⲱϥⲧ̅

ϩⲱⲕ: ϩⲱⲱⲕ

ⲁ ⲃ ⲉ ⲏ ⲉⲓ ⲕ ⲗ ⲙ ⲛ ⲟ ⲡ ⲣ ⲥ ⲧ ⲟⲩ ⲱ ϣ ϥ ϩ ϫ ϭ

ϩⲱⲕ(ⲉ): ϩⲱⲱⲕⲉ

ϩⲱⲕⲙ̅: ϩⲱϭⲃ̅

ϩⲱⲗⲉ: ϩⲱⲱⲗⲉ, ϩⲱⲗ

ϩⲱⲗϭ̅: ϩⲱⲣϭ̅

ϩⲱⲗϭ̅: ϩⲱⲗⲕ̅

ϩⲱⲙ: ϩⲱⲱⲙⲉ

ϩⲱⲙⲉ: ϩⲱⲱⲙⲉ, ϩⲓⲱⲙⲉ

ϩⲱⲛⲅ̅: ϩⲱⲛⲕ̅

ϩⲱⲛⲧ̅: ϩⲟⲛⲧ̅

ϩⲱⲡⲧ̅: ϩⲱⲧⲡ̅

ϩⲱⲣⲓⲧ: ϩⲟⲩⲣⲓⲧ

ϩⲱⲣϥ̅: ϩⲱⲣⲃ̅

ϩⲱⲧ: ϩⲱⲧⲉ, ϩⲟⲧ, ϩⲟⲧⲉ

ϩⲱⲧⲉ: ϩⲟⲧ, ϩⲟⲧⲉ

ϩⲱⲱⲗⲉ: ϩⲱⲗ

ϩⲱⲱⲥ: ϩⲱⲥ

ϩⲱⲱϥ: ϩⲱⲱ⸗

ϩⲱϩⲃ̅: ϩⲱϩϥ̅

ϩⲱϥ: ϩⲱⲃ

ϩⲱϭⲃ̅: ⲱϭⲃ̅

ϩⲱϭϥ̅: ϩⲱϭⲃ̅

ϩϥⲱ: ϩⲟϥ

ⲁ ⲃ ⲉ ⲏ ⲉⲓ ⲕ ⲗ ⲙ ⲛ ⲟ ⲡ ⲣ ⲥ ⲧ ⲟⲩ ⲱ ϣ ϥ ϩ ϫ ϭ

ϫ

ϫⲁⲁϫⲉ vb. tr. 박수를 치다 (ⲙ̄ⲙⲟ⸗, ϩⲛ̄).

ϫⲁⲉⲓⲉ, ϫⲁⲓⲉ, ϫⲁⲉ n.m. 사막. ϩⲓ/ϩⲙ̄ ⲡϫⲁⲉⲓⲉ 사막에서. ⲙⲁⲓ-ϫⲁⲉⲓⲉ 고독을 사랑하는. ⲙⲛ̄ⲧϫⲁⲉⲓⲉ 쓸쓸함, 황량한 곳. ⲕⲱ/ϯ/ⲉⲓⲣⲉ ⲙ̄ⲙⲟ⸗ ⲛ̄ ϫⲁⲉⲓⲉ 사막으로 만들다. ⲣ̄-ϫⲁⲉⲓⲉ 사막이 되다, 쓸모없게 되다.

ϫⲁⲉⲓⲟ (ⲧϫⲁⲉⲓⲟ), ϫⲁⲉⲓⲟ⸗ vb. tr. 전시하다, 보여주다 (ⲙ̄ⲙⲟ⸗).

ϫⲁⲕ vb. tr. 박수를 치다 (ⲙ̄ⲙⲟ⸗); 날개를 치다; n.m. 박수, 날개치기; ⲣⲉϥϫⲁⲕ 박수를 치는 사람.

ϫⲁⲙⲏ n.f. 고요, 평온.

ϫⲁⲛⲉ, ϫⲁⲁⲛⲉ, ϫⲟⲟⲛⲉ, ϫⲁⲛⲏ n. 방주, 상자.

ϫⲁⲥϥⲉ n. in ϫⲓ-ϫⲁⲥϥⲉ 고치다, 정리하다.

ϫⲁⲧⲉ (ϫⲁⲁⲧⲉ), Q ϫⲟⲧⲉ vb. intr. 여물다, 성숙해지다; 나이를 먹다. ϫⲧⲁⲓ, Q ϫⲏⲧ idem.

ϫⲁⲧⲙⲉ n. (곡식의) 더미.

ϫⲁⲧϥⲉ, ϫⲁⲧⲃⲉ n.m. 뱀. 파충류의 동물.

ϫⲁϥ, ϫⲁⲃ n.m. 서리.

ϫⲁϩϫϩ̄ (ϫⲁϩϫ̄, ϫⲁϫϩ̄, ϭⲁϩϫϩ̄, ϭⲁϩϭϩ̄, ϭⲁϩϭ̄, ϭⲟϩϭ̄), ϫⲉϩϫⲱϩ⸗ vb. tr. 때리다, 치다, (이를) 갈다 (ⲙ̄ⲙⲟ⸗; ~을: ⲉϫⲛ̄); n.m. 때리기, 이갈기; adj. (금속을) 두들겨 만든, 정제된.

ϫⲁϫ n.m. 참새. ϫⲁϫ ⲛ̄ ⲗⲓⲗ 새의 이름.

ϫⲁϫⲉ (ϫⲁⲁϫⲉ), Q ϫⲁϫⲱ(ⲟⲩ) vb. intr. 거칠어지다, 굳어지다, 심해지다. ⲁⲧϫⲁϫⲉ (목소리가) 거칠지 않은.

ϫⲁϫⲉ (pl. ϫⲓϫⲉⲉⲩ, ϫⲓϫⲉⲉⲩⲉ, ϫⲓϫⲉⲟⲩ, ϫⲓⲛϫⲉⲉⲩ, ϫⲓⲛϫⲉⲉⲩⲉ, ϫⲓⲛϫⲉⲩⲉ) n.m.f. 적. ⲙⲁⲓ-ϫⲁϫⲉ 적대감을 사랑하는, 싸우기 좋아하는; ⲙⲛ̄ⲧϫⲁϫⲉ 증오, 적대감 (~을 향한: ⲉϩⲟⲩⲛ ⲉ). ⲣ̄-ϫⲁϫⲉ (Q ⲟ ⲛ̄) 적대적이다 (~와: ⲉ, ⲙⲛ̄).

ϫⲃ̅ⲃⲥ̅, ϫⲃ̅ⲃⲉⲥ, ϫⲉⲃⲃⲉⲥ, ϫⲉⲃⲃⲥ̅, ϫⲃ̅ⲥ, ϫⲏⲏⲃⲥ̅, ϫⲏⲃⲥ̅, ϫⲏⲓⲃⲉⲥ, ϫⲁⲉⲓⲃⲉⲥ n.f. 숯, 석탄.

ϫⲃⲓⲛ n.m. 흠, 결점. **ⲁⲧϫⲃⲓⲛ** 흠이 없는, 완전한.

ϫⲉ, ⲛ̅ϫⲉ conj. 사용법에 대한 전체 논의는 §30.11을 보라.

ϫⲉⲃⲏⲗ, ϫⲃⲏⲗ, ϫⲓⲃⲏⲗ, ϫⲉⲃⲉⲗ n.m. 창; 투창.

ϫⲉⲕ n.m. (조개 등의) 껍질, (유리 등의) 조각[파편].

ϫⲉⲕⲁⲥ, ϫⲉⲕⲁⲁⲥ conj. ~하도록, ~하기 위해; 일반적으로 제3 미래형 또는 제2 미래형이 뒤따른다. §27.4를 보라.

ϫⲉⲕϫⲓⲕ n. 곤충, 개미(?)

ϫⲉⲗϩⲏⲥ, ϫⲗ̅ϩⲏⲥ, ϫⲗ̅ϩⲥ̅, ϫⲉⲗⲗⲏⲥ vb. intr. 완전히 지치게 되다, (숨을) 헐떡이다; n.m. 탈진, 고갈, 헐떡임.

ϫⲉⲙⲡⲉϩ, ϫⲙ̅ⲡⲉϩ, ϫⲙ̅ⲡⲏϩ, ϫⲉⲡⲏϩ, ϫⲏⲡⲉϩ, ϫⲓⲡⲉϩ n.m. 사과.

ϫⲉⲛⲉⲡⲱⲣ n.f. 지붕.

ϫⲉⲣⲟ (ϫⲉⲣⲱ), ϫⲉⲣⲉ- (ϫⲉⲉⲣⲉ-), ϫⲉⲣⲟ⸗ (ϫⲉⲣⲱ⸗) vb. tr. 불붙이다, 불태우다; intr. 불타오르다, (불)타다.

ϫⲏ n.m. 부스러기, 지푸라기 (짚, 겨, 톱밥 등).

ϫⲏ n.f. 접시, 그릇.

ϫⲏⲏⲥ n.f. 그릇, 향로.

ϫⲏⲣ vb. intr. 만족하다, 스스로 즐기다; 제멋대로이다; n.m. 명랑함, 재미; 부당한 행실. **ⲣⲉϥϫⲏⲣ** 바람둥이. **ϫⲉⲣϫⲣ̅** n.m. 부당한 행실.

ϫⲏⲣⲉ, ϫⲉⲉⲣⲉ n.f. 타작 마당; 타작 시기.

ϫⲓ n.m. 금속 용기.

ϫⲓ (ϫⲉⲓ), ϫⲓ- (ϫⲉ-), ϫⲓⲧ⸗, Q ϫⲏⲩ vb. tr. (1) 잡다, 붙잡다 (**ⲙ̅ⲙⲟ⸗**); 받다, 받아들이다; (2) 사다, 획득하다; (3) 부딪치다, 도달하다; (4) 암기하다. 기본적인 (1)의 의미에서 모든 전치사 및 부사는 일반적인 의미로 나타난다. **ϫⲓ ⲉ** 영향을 미치다, 관련이 있다; (± **ⲉϩⲟⲩⲛ**) 이끌다, 도움이 되다, 도입하다. **ϫⲓ ⲙ̅ⲙⲟ⸗ ⲉϫⲛ̅** 빌리다 (**ⲉϫⲛ̅**의 접미사는 재귀용법). **ϫⲓ ⲙⲛ̅** 접촉하다, ~와 가까이 지내다. 동사 및 명사 복합어에서의 **ϫⲓ-**와 **ϫⲁⲓ-**는 2번째 요소를

보라.

ϫⲓⲉⲓⲣⲉ n.m. 콩깍지, 구주콩나무.

ϫⲓⲗⲗⲉⲥ, ϫⲓⲗⲗⲏⲥ, ϫⲉⲗⲗⲏⲥ, ⲕⲉⲗⲗⲏⲥ n.m. 상자.

ϫⲓⲛ, ϫⲛ̄, ϫⲉⲛ, ⲕⲛ̄, ϭⲛ̄, ϣⲉⲛ prep. ~에서, ~이후, ~부터: conj. ~한 후에 (§30.3을 보라); 아직 ~인 동안 (+ 상황절). **ϫⲓⲛ ⲉ, ϫⲓⲛ ⲛ̄, ϫⲓⲛ ϩⲛ̄** = **ϫⲓⲛ. ϫⲓⲛ** X **ⲉ/ϣⲁ/ϣⲁϩⲣⲁⲓ ⲉ** Y X에서 Y까지. **ϫⲓⲛ** X **ⲉⲃⲟⲗ/ⲉϩⲣⲁⲓ** X에서부터. 때때로 **ϫⲓⲛ** 앞에 **ⲉ, ⲛ̄, ϩⲁ, ϩⲓ**가 온다.

ϫⲓⲛϫⲏ n.m. 공허, 무, 없음; **ⲉ ⲡϫⲓⲛϫⲏ** 헛되이, 목적 없이, 이유 없이. **ⲛ̄ ϫⲓⲛϫⲏ** idem.

ϫⲓⲟⲩⲉ vb. tr. 훔치다 (**ⲙ̄ⲙⲟ⸗**; ~로부터: **ϩⲛ̄, ⲉⲃⲟⲗ ϩⲛ̄**); 빼앗다 (**ⲉ, ⲛ̄ⲥⲁ**); n.m. 도둑질, 사기. **ⲛ̄ ϫⲓⲟⲩⲉ** adv. 몰래, 살그머니, 비밀스럽게; 모르는 사이에 (~이: **ⲉ**). **ϥⲓ ⲙ̄ⲙⲟ⸗ ⲛ̄ ϫⲓⲟⲩⲉ** 훔치다. **ⲙⲁ ⲛ̄ ϫⲓⲟⲩⲉ** 비밀의 장소. **ⲣⲉϥϫⲓⲟⲩⲉ, ⲥⲁ ⲛ̄ ϫⲓⲟⲩⲉ** 도둑.

ϫⲓⲣ n.m. 소금물; 소금에 절인 생선. **ⲁⲛϫⲓⲣ** 간수 비누.

ϫⲓⲥⲉ, ϫⲉⲥⲧ̄-, ϫⲁⲥⲧ⸗ (ϫⲓⲥⲧ⸗), Q **ϫⲟⲥⲉ** (± **ⲉϩⲣⲁⲓ**) vb. tr. 들어올리다, 높이다 (**ⲙ̄ⲙⲟ⸗**; 위에: **ⲉ, ⲉϫⲛ̄, ϩⲓϫⲛ̄**); vb. intr. 높아지다, 오르다; n.m. 높이, 높은 곳, 꼭대기. **ⲡⲉⲧ ϫⲟⲥⲉ** 가장 높으신 분 (= 하나님; 하느님). **ϫⲓⲥⲉ ⲛ̄ ϩⲏⲧ** 거만해지다, 교만해지다, 허망해지다; **ϫⲁⲥⲓ-ϩⲏⲧ** 거만한, 오만한; **ⲣ̄-ϫⲁⲥⲓ-ϩⲏⲧ** 거만해지다; **ⲙⲛ̄ⲧϫⲁⲥⲓ-ϩⲏⲧ** 자랑, 거만, 오만. **ϫⲟⲥⲉ** n.m. 고귀한 사람, 고귀한 곳.

ϫⲓⲥⲉ n.f. 등, 등뼈.

ϫⲓⲥⲉ, ϫⲉⲥⲉ, ϫⲏⲥⲉ n.f. 넓이 측정 단위.

ϫⲓϥ adj. 절약하는, 인색한.

ϫⲓϩ n.m. 침, 타액.

ϫⲓϫⲱⲓ, ϭⲓϫⲱⲓ n. 땋은 머리.

ϫⲗⲱⲙ, ϫⲗⲱⲃ, ϫⲗⲟϥ n.m. 화로.

ϫⲙⲁⲁⲩ n.pl. 고환.

ϫⲛ̄, ϫⲉⲛ, ϫⲓⲛ, ϫⲉ conj. 혹은, 또는. **ϫⲛ̄ ⲙ̄ⲙⲟⲛ/ⲙ̄ⲡⲉ** 그렇지

않으면. **ϫⲛ̄ ⲙ̄ⲡⲱⲣ** 아니면 오히려.

ϫⲛⲁ (**ϫⲉⲛⲁ, ϫⲛⲉ**), **ϫⲛⲉ-, ϫⲉⲛⲁ⸗** vb. tr. (불 등을) 끄다, 가라앉히다 (**ⲙ̄ⲙⲟ⸗**); intr. 꺼지다. **ⲁⲧϫⲛⲁ** 끌 수 없는.

ϫⲛⲁ⸗ vb. tr. 보내다, 쫓아내다.

ϫⲛⲁ⸗ (**ϫⲛⲟ⸗, ϫⲛⲁⲁ⸗**) vb. tr. 치다, 때리다 (~을: **ⲛ̄**과 함께, 또는 **ⲛ̄**이 없이).

ϫⲛⲁⲩ (**ϫⲛⲁⲁⲩ**) vb. intr. 지체하다 (~하는 것을: **ⲉ**); n.m. 나태, 게으름. **ⲁⲧϫⲛⲁⲩ** 지체없이, 곧장; **ⲙⲛ̄ⲧⲁⲧϫⲛⲁⲩ** 신속, 민첩; **ⲣⲉϥϫⲛⲁⲩ** 게으름뱅이; **ⲙⲛ̄ⲧⲣⲉϥϫⲛⲁⲩ** 나태, 지연.

ϫⲛⲁϩ (pl. **ϫⲛⲁⲩϩ**) n.m. 앞발, 날개; 힘, 폭력. **ⲛ̄ ϫⲛⲁϩ** 노력하여. **ϯ-ϫⲛⲁϩ ⲛⲁ⸗** 난폭하게 다루다. **ϫⲓ ⲙ̄ⲙⲟ⸗ ⲛ̄ ϫⲛⲁϩ** 억지로 ~시키다, 강요하다. **ϫⲓ ⲛ̄ ⲟⲩϫⲛⲁϩ** 무력을 사용하다; **ⲙⲛ̄ⲧϫⲓ ⲛ̄ ϫⲛⲁϩ** 무력, 폭력; **ⲣⲉϥϫⲓ-ϫⲛⲁϩ** 폭력적인 사람; **ⲙⲛ̄ⲧ-ⲣⲉϥϫⲓ-ϫⲛⲁϩ** 폭력. **ⲙⲟⲩⲣ ⲛ̄ ϫⲛⲁϩ** n.f. (수도자의 어깨에 걸치는) 겉옷.

ϫⲛⲉ, ϫⲛⲏ, ϫⲏⲛⲏ n.m. 근대, 채소.

ϫⲛⲟⲟⲩ, ϫⲛⲁⲁⲩ (pl. **ϫⲛⲟⲟⲩⲉ**) n.m. 타작 마당, 타작 마당의 곡식. **ⲣ̄ϫⲛⲟⲟⲩ, ⲣⲉϫⲛⲟⲟⲩ, ⲗⲉϫⲛⲟⲟⲩ, ⲣⲓϫⲛⲟⲟⲩ** n.f. idem.

ϫⲛⲟⲩ, ϫⲛⲉ- (**ϫⲛ̄-**), **ϫⲛⲟⲩ⸗** (**ϫⲓⲛⲟⲩ⸗, ϫⲉⲛⲟⲩⲟⲩ⸗**) vb. tr. 묻다, 질문하다 (직접 목적어가 묻는 사람이다; 질문하는 것은 **ⲉ** 또는 **ⲉⲧⲃⲉ**이다); (드물게) 이야기하다. n.m. 조사, 질문.

ϫⲛⲟϥ, ϫⲉⲛⲟϥ, ϫⲉⲛⲟⲃ n.m. 바구니, 통.

ϫⲛ̄ϫⲱⲛ⸗ vb. tr. ~에 대해 묻다.

ϫⲟ, ϫⲉ-, ϫⲟ⸗ Q **ϫⲏⲩ** vb. tr. 뿌리다, 심다 (씨앗을: **ⲙ̄ⲙⲟ⸗**; 안에: **ϩⲛ̄, ϩⲓϫⲛ̄**); 심다 (밭에; **ⲙ̄ⲙⲟ⸗, ⲉ**; ~을: **ⲙ̄ⲙⲟ⸗**); n.m. 씨뿌림, 심기. **ⲣⲉϥϫⲟ** 씨뿌리는 사람.

ϫⲟ, ϫⲉ- (**ϫⲓ-**), **ϫⲟ⸗** (일반적으로 + **ⲉⲃⲟⲗ**) vb. tr. (1) 들이다, 쏟다, 처리하다, 소모하다 (**ⲙ̄ⲙⲟ⸗**); (2) (~을 만들어) 내다, 보내다 (**ⲙ̄ⲙⲟ⸗**; ~에: **ⲉ, ⲉϫⲛ̄, ⲉϩⲟⲩⲛ ⲉ**). **ϫⲉ-ⲛⲟⲩⲛⲉ ⲉⲃⲟⲗ** 뿌

리를 내리다.

ϫⲟ (pl. ϫⲱⲟⲩ) n.m. 겨드랑이; ⲟ ⲛ̄ ϫⲟ 굽어져 있다.

ϫⲟⲉ, ϫⲟⲓⲉ, ϫⲟⲉⲓ, ϫⲟⲓ, ϫⲟ (pl. ⲉϫⲏ) n.f. 벽, 성벽 . ϫⲉ-ⲛ̄-ⲧⲙⲏⲧⲉ, ϫⲉⲛⲉⲧⲙⲏⲧⲉ n.f. 가운데 성벽.

ϫⲟⲉⲓⲥ, ϫⲟⲓⲥ (축약. ϫⲥ̄; pl. ϫⲓⲥⲟⲟⲩⲉ, ϫⲓⲥⲟⲟⲩ) n.m.f. 주인, 귀부인; 정관사와 함께 주님; 스승, 소유주. ⲣ̄-ϫⲟⲉⲓⲥ 주인이 되다, 지배하게 되다 (~에: ⲉ, ⲉϫⲛ̄, ⲉϩⲣⲁⲓ ⲉϫⲛ̄); ⲣⲉϥⲣ̄-ϫⲟⲉⲓⲥ 통치자. ⲙⲛ̄ⲧϫⲟⲉⲓⲥ 지배.

ϫⲟⲉⲓⲧ, ϫⲁⲉⲓⲧ (ϫⲓⲧ-) n.m. 올리브나무, 올리브; n.m.f. 고환. ⲃⲱ ⲛ̄ ϫⲟⲉⲓⲧ 올리브 나무. ⲙⲁ ⲛ̄ ϫⲟⲉⲓⲧ 올리브 숲. ϣⲉ ⲛ̄ ϫⲟⲉⲓⲧ 올리브 목재. ϭⲃ̄-ⲛ̄-ϫⲟⲉⲓⲧ 올리브 잎. ⲡⲧⲟⲟⲩ ⲛ̄ ϫⲟⲉⲓⲥ 올리브 산, 감람 산.

ϫⲟⲓ, ϫⲟⲉⲓ (pl. ⲉϫⲏⲩ) n.m. 선박, 배.

ϫⲟⲕ, ϫⲁⲕ n.m. 머리털, 머리카락.

ϫⲟⲕϫⲕ̄, ϫⲉⲕϫⲱⲕ⸗, Q ϫⲉⲕϫⲱⲕ (ϫⲉⲕϫⲟⲕⲧ̄) vb. tr. (도장 등을) 찍다, 낙인을 찍다, 표를 하다 (ⲙ̄ⲙⲟ⸗); n.m. 도장, 낙인.

ϫⲟⲗϩ̄ Q 가장 적다, 가장 작다.

ϫⲟⲗϫⲗ̄ (ϫⲟⲗϫⲉⲗ), ϫⲗ̄ϫⲗ̄-, ϫⲗ̄ϫⲱⲗ⸗ vb. tr./intr. 뚝뚝 떨어뜨리다, 떨어지게 하다.

ϫⲟⲗϫⲗ̄, ϫⲉⲗϫⲗ̄ (ϫⲗ̄ϫⲗ̄-), ϫⲗ̄ϫⲱⲗ⸗, Q ϫⲗ̄ϫⲱⲗ vb. tr. ~을 에워싸다 (ⲙ̄ⲙⲟ⸗); n.m. 울타리.

ϫⲟⲟⲗⲉⲥ n.f. 좀 먹음. ⲣ̄-ϫⲟⲟⲗⲉⲥ 좀먹게 되다, 상해지다.

ϫⲟⲟⲩ (ϫⲟⲩ, ϫⲁⲩ), ϫⲉⲩ- (ϫⲟⲟⲩ-, ϫⲁⲩ-), ϫⲟⲟⲩ⸗ (ϫⲟⲩ⸗) vb. tr. 보내다 (ⲙ̄ⲙⲟ⸗; ~에, ~에게: ⲉ, ⲉⲣⲁⲧ⸗, ⲉϫⲛ̄, ⲛⲁ⸗, ϣⲁ) ± ⲉⲃⲟⲗ 밖으로; ⲉϩⲟⲩⲛ 안으로; ⲉϩⲣⲁⲓ 위로; ϩⲁⲑⲏ 앞에. ϫⲟⲟⲩ ⲛ̄ⲥⲁ 따라가게 하다.

ϫⲟⲟⲩⲧ adj. 상스러운, 천한, 거절된. ⲙⲛ̄ⲧϫⲟⲟⲩⲧ, ⲙⲛ̄ⲧ-ⲣⲉϥϫⲟⲟⲩⲧ 천함. ⲣ̄-ϫⲟⲟⲩⲧ 천하게 되다.

ϫⲟⲟⲩϥ n.m. 파피루스.

ϫⲟⲡ n.m. 그릇, 접시.

ⲁ ⲃ ⲉ ⲏ ⲉⲓ ⲕ ⲗ ⲙ ⲛ ⲟ ⲡ ⲣ ⲥ ⲧ ⲟⲩ ⲱ ϣ ϥ ϩ ϫ ϭ

ϫⲟⲣϫⲣ̄, ϭⲉⲣϭⲱⲣ⸗, Q **ϫⲉⲣϫⲱⲣ** vb. tr. 극복하다; Q 견고하다.

ϫⲟⲩⲱⲧ (**ϫⲟⲩⲧ-, ϫⲁⲩⲧ-, ϫⲱⲧ-, ϫⲟⲧ-**; f. **ϫⲟⲩⲱⲧⲉ, ϫⲟⲩⲟⲩⲱⲧⲉ**) 숫자: 20, 스물. §30.7을 보라.

ϫⲟⲩϥ (**ϫⲟⲩⲃ, ϫⲛⲟⲩϥ, ϫⲱϥ**), **ϫⲉϥ-**, Q **ϫⲏϥ** (**ϫⲏⲃ**) vb. tr. 태우다, 말려 죽이다 (**ⲙ̄ⲙⲟ⸗**); intr. (감각이) 예민하다, (맛이) 쓰다; n.m. 갈망, 열정, 열심. **ϫⲟⲩϥ ⲛ̄ ϩⲏⲧ** n.m. 마음의 따뜻함. 특히 다음에서. **ϩⲛ̄ ⲟⲩϫⲟⲩϥ ⲛ̄ ϩⲏⲧ** 따뜻하게, 친절하게, 진심으로, 열렬히.

ϫⲟⲩϥ (**ϫⲱϥ**), **ϫⲟⲃ⸗**, Q **ϫⲏϥ** vb. intr. 비용이 많이 들다. 드물게; tr. 높이 평가하다.

ϫⲟⲩϩⲉ vb. intr. 절뚝거리다.

ϫⲟⲩϫⲟⲩ, ϭⲟⲩϭⲟⲩ vb. intr. 날다, 날아가다.

ϫⲟϥⲧⲛ̄ (**ⲛ̄ ϫⲟϥⲧⲛ̄**에서) 저돌적으로, 미쳐서.

ϫⲟϥϫϥ̄ (**ϫⲟⲃϫⲃ̄, ϫⲟϥϫⲉϥ**), **ϫⲉϥϫⲱϥ⸗**, Q **ϫⲉϥϫⲱϥ** vb. tr 굽다, 요리하다; intr. idem.

ϫⲡ̄-, ϫⲉⲡ- n.m.f. 시, 시간; 일반적으로 **ϫⲡ̄-ⲙⲛ̄ⲧⲟⲩⲉ** '제11시에'처럼 숫자에 접두사로 붙는다. **ⲙ̄ ⲡⲛⲁⲩ ⲛ̄ ϫⲡ̄-**X 제X시 쯤에.

ϫⲡⲓ-, ϫⲡⲉ- vb. ~해야 한다; 일반적으로 **ϥⲛⲁϫⲡⲓ-ⲃⲱⲕ**처럼 부정사에 접두사로 붙는다; 드물게 비인칭으로: 필요하다 (~하는 것이: **ⲉⲧⲣⲉ**).

ϫⲡⲓⲟ, ϫⲡⲓⲉ-, ϫⲡⲓⲟ⸗, Q **ϫⲡⲓⲏⲧ** vb. tr. 비난하다, 꾸짖다, 나무라다 (**ⲙ̄ⲙⲟ⸗**; ~대해: **ⲉⲧⲃⲉ, ⲉϫⲛ̄, ϩⲁ, ϩⲛ̄**); n.m. 비난, 질책. **ⲙⲛ̄ⲧϫⲡⲓⲏⲧ** 겸손.

ϫⲡⲟ, ϫⲡⲉ-, ϫⲡⲟ⸗ vb. tr. (1) 출산하다, 낳다 (**ⲙ̄ⲙⲟ⸗**); (2) 획득하다, 얻다 (**ⲙ̄ⲙⲟ⸗**), 자주 + **ⲛⲁ⸗**를 가진 심성적 여격. n.m. 출생, 낳음; 취득, 획득, 이득, 소유. **ⲁⲧϫⲡⲟϥ** 태어나지 않은, 자존(自存)하는. **ⲣⲉϥϫⲡⲟ** 낳는 자, 자식을 보는 사람; **ⲙⲛ̄ⲧⲣⲉϥϫⲡⲟ** 낳음.

ϫⲣⲟ (**ϭⲣⲟ**), Q **ϫⲣⲁⲉⲓⲧ** (**ϫⲣⲟⲉⲓⲧ, ϭⲣⲟⲉⲓⲧ**) vb. intr. 강해지다,

굳어지다, 이기게 되다 (~에: **ⲉ, ⲉϫⲛ̄**); vb. tr. 강하게 만들다; n.m. 힘, 강함, 승리. **ϯ-ϫⲣⲟ ⲛⲁ⸗** 격려하다, 굳어지게 하다. **ⲥⲙⲛ̄-ϫⲣⲟ** 승리를 굳히다. **ⲁⲧϫⲣⲟ** 정복하기 어려운. **ⲙⲁⲓ-ϫⲣⲟ** 승리를 즐기는. **ⲣⲉϥϫⲣⲟ** 승리의, 승리를 거둔. **ϫⲟⲟⲣ** Q 강하다, 대담하다, 견고하다. **ϫⲁⲣ-ⲃⲁⲗ** 대담하게 쳐다봄; **ⲙⲛ̄ⲧ-ϫⲁⲣ-ⲃⲁⲗ** 응시. **ϫⲁⲣ-ϩⲏⲧ** 굳은 마음, 대담한 마음; **ⲙⲛ̄ⲧ-ϫⲁⲣ-ϩⲏⲧ** 용감함, 대담함; **ϯ-ⲙⲛ̄ⲧϫⲁⲣ-ϩⲏⲧ** 용기를 주다 (~에게: **ⲛⲁ⸗**); **ϫⲓ-ⲙⲛ̄ⲧϫⲁⲣ-ϩⲏⲧ** 용기를 얻다. **ϫⲱⲱⲣⲉ, ϫⲱⲱⲣ, ϫⲱⲣ** adj. 강한, 대담한 (명사 앞이나 뒤에서 **ⲛ̄**과 함께). **ⲣ̄-ϫⲱⲱⲣⲉ** 강해지다. **ⲙⲛ̄ⲧϫⲱⲱⲣⲉ** 힘, 강함, 용기.

ϫⲧⲟ (ϣⲧⲟ), ϫⲧⲉ-, ϫⲧⲟ⸗ (ϣⲧⲟ⸗, ϣⲧⲁ⸗), Q **ϫⲧⲏⲩ (ϣⲧⲏⲩ)** vb. tr. 내려놓다 (**ⲙ̄ⲙⲟ⸗**; ~에: **ⲉ, ⲉϫⲛ̄, ϩⲛ̄, ϩⲓϫⲛ̄**); intr. 눕다. **ϫⲧⲟ ⲉ ⲡϣⲱⲛⲉ** 병에 걸리다.

ϫⲱ n.m. 잔, 컵.

ϫⲱ⸗ n.m. 머리 (§28.6). 전치사구 또는 특정한 동사적 표현에서 목적어를 제외하고는 드물다. **ⲉϫⲛ̄ ⲉϫⲱ⸗** prep. (1) ~위에; (2) ~을 위하여; (3) ~에, ~에 반대하여; (4) ~까지; (5) ~뿐 아니라. **ⲉⲃⲟⲗ ⲉϫⲛ̄** 밖으로; **ⲉϩⲟⲩⲛ ⲉϫⲛ̄** ~까지; **ⲉϩⲣⲁⲓ ⲉϫⲛ̄** 위로, 위까지/ 아래로, 아래까지. **ϩⲁϫⲛ̄ ϩⲁϫⲱ⸗** prep. ~앞에. **ϩⲓϫⲛ̄ ϩⲓϫⲱ⸗** prep. (1) ~위에; (2) ~안에, ~에, 옆에; (3) ± **ⲉⲃⲟⲗ** ~로부터; **ⲡⲉⲧ ϩⲓϫⲛ̄** ~을 지휘하는 자; **ϩⲣⲁⲓ ϩⲓϫⲛ̄** ~위에.

ϫⲱ, ϫⲉ-, ϫⲟ⸗ vb. tr. 노래하다; n.m. 노래. **ⲣⲉϥϫⲱ** (pl. **ⲣⲉϥϫⲟⲟⲩⲉ**) 노래하는 사람, 가수, 음유 시인.

ϫⲱ, ϫⲉ- (ϫⲓ-), ϫⲟⲟ⸗ (imptv. **ⲁϫⲓ-, ⲁϫⲓ⸗**) vb. tr. 말하다, 이야기하다 (**ⲙ̄ⲙⲟ⸗**; ~에게: **ⲉ, ⲛⲁ⸗**; ~에 대해: **ⲉ, ⲉⲧⲃⲉ, ⲉϫⲛ̄, ⲉϩⲣⲁⲓ ⲉϫⲛ̄**; ~에 반대하여: **ⲛ̄ⲥⲁ, ⲟⲩⲃⲉ**). **ⲁⲧϫⲱ, ⲁⲧ-ϫⲟⲟ⸗** 말로 표현할 수 없는. **ⲣⲉϥϫⲉ-** 말하는 사람; **ⲙⲛ̄ⲧ-ⲣⲉϥϫⲉ-** 말하기, 발언. **ϫⲉⲣⲟ-** (**ϫⲱ ⲉⲣⲟ⸗** 대신에) 의미하다, 나타내다; ~에게 말하다. **ⲡⲉϫⲉ-, ⲡⲉϫⲁ⸗** 말했다. (직접 인용 앞에 사용; §20.3을 보라).

ⲁ ⲃ ⲉ ⲏ ⲉⲓ ⲕ ⲗ ⲙ ⲛ ⲟ ⲡ ⲣ ⲥ ⲧ ⲟⲩ ⲱ ϣ ϥ ϩ ϫ ϭ

ϫⲱⲕ, ϫⲉⲕ-, ϫⲟⲕ⸗, Q ϫⲏⲕ (± ⲉⲃⲟⲗ) vb. tr. 마치다, 끝내다, 완료하다, 성취하다 (ⲙ̄ⲙⲟ⸗); vb. intr. 끝나다, 완료되다, 마무리되다; n.m. 완성, 종료; 성취, 실현. ⲁⲧϫⲱⲕ 끝없는.

ϫⲱⲕⲙ̄, ϫⲉⲕⲙ̄-, ϫⲟⲕⲙ⸗ (ϫⲁⲕⲙ⸗), Q ϫⲟⲕⲙ̄ vb. tr. 적시다, 씻다 (ⲙ̄ⲙⲟ⸗; ~으로: ϩⲛ̄, ⲉⲃⲟⲗ ϩⲛ̄); n.m. 씻기, 깨끗하게 하기. ϯ-ϫⲱⲕⲙ̄ ⲛⲁ⸗ ~에 담그다, 세례를 주다. ϫⲓ-ϫⲱⲕⲙ̄ ~에 담기다, 세례를 받다. ⲁⲧϫⲱⲕⲙ̄ 씻지 않은; ⲙⲛ̄ⲧⲁⲧϫⲱⲕⲙ̄ 씻지 않음.

ϫⲱⲕⲣ̄, ϫⲉⲕⲣ̄-, ϫⲟⲕⲣ⸗, Q ϫⲟⲕⲣ̄ vb. tr. 소금을 넣다, 양념하다.

ϫⲱⲗⲕ̄ vb. tr./intr. 가라앉히다, 물에 잠기게 하다.

ϫⲱⲗⲕ̄, ϫⲉⲗⲕ̄-, ϫⲟⲗⲕ⸗, Q ϫⲟⲗⲕ̄ (± ⲉⲃⲟⲗ) vb. tr. 확장하다, 늘리다, 펴다 (ⲙ̄ⲙⲟ⸗; ~로: ⲉ, ⲉϩⲟⲩⲛ ⲉ); 꿰매다. ϫⲱⲗⲕ̄ ⲉⲃⲟⲗ n.m. 연장, 긴장; 넓이; 인내, 지속. ϫⲗⲗⲁⲕ n.m. 긴장; 벌, 처벌. ϫⲟⲗⲕⲥ̄ n.f. 긴장, 늘이기.

ϫⲱⲗⲙ̄ (ϫⲱⲣⲙ̄), Q ϫⲟⲗⲙ̄ (ϫⲟⲣⲙ̄) vb. intr. (1) 즐겁게 놀다; (2) 연루되다, 관련되다 (~에: ⲙⲛ̄, ϩⲛ̄); n.m. (1) 축제, 탕진; (2) 관심사, 오락. ϫⲟⲗⲙ(ⲉ)ⲥ, ϫⲟⲣⲙ(ⲉ)ⲥ n. 돌봄, 오락.

ϫⲱⲗϩ̄, ϫⲗ̄ϩ-, ϫⲟⲗϩ⸗ vb. tr. 자르다, 잘라내다.

ϫⲱⲗϩ̄ (ϫⲱⲗⲗⲁϩ, ϫⲱⲣⲁϩ), ϫⲉⲗⲉϩ-, ϫⲟⲗϩ⸗ (± ⲉⲃⲟⲗ) vb. tr. 퍼내다, 떠내다, 푸다 (ⲙ̄ⲙⲟ⸗). ϫⲟⲗϩⲉⲥ, ϫⲟⲗϩⲥ̄, ϫⲟⲗ(ⲉ)ⲥ n.f. 붓는 용기.

ϫⲱⲙ n.m. 세대. ϫⲓⲛ ϫⲱⲙ ϣⲁ ϫⲱⲙ, ⲉⲩϫⲱⲙ ⲛ̄ ⲛ̄ϫⲱⲙ, ⲛ̄ ϩⲉⲛϫⲱⲙ ⲛ̄ ϫⲱⲙ 대대로. ϣⲁϫⲉ ⲛ̄ ϫⲱⲙ 족보, 계보.

ϫⲱⲛⲧ̄, ϫⲛ̄ⲧ- (ϫⲉⲛⲧ̄-), ϫⲟⲛⲧ⸗, Q ϫⲟⲛⲧ̄ vb. tr. (1) 시도하다, 시험하다 (ⲙ̄ⲙⲟ⸗, ⲉ; ~으로: ϩⲛ̄); (2) 시작하다, 출발하다; n.m. 시도, 시험; ⲙⲁ ⲛ̄ ϫⲱⲛⲧ̄ 시험하는 장소. ϫⲟⲛⲧⲥ̄ n.f. 시도, 시험. ϫⲛⲓⲧ (ϫⲓ-ϫⲛⲓⲧ에서) 시도하다, 시험하다 (ⲙ̄ⲙⲟ⸗, ⲛ̄ⲥⲁ); n.m. 시험, 시도; ⲣⲉϥϫⲓ-ϫⲛⲓⲧ 시험하는 자.

ϫⲱⲛϥ̄ (ϣⲱⲛϥ̄), Q ϫⲟⲟⲛⲉϥ vb. 비인칭: (~한 일이) 일어나다,

우연히 ~가 닥치다; 인칭: ~에 있게 되다; vb. tr. (ⲉ) 우연히 ~와 만나다; n.m. 기회, 우연.

ϫⲱⲣ Q **ϫⲏⲣ** vb. tr. 검게 만들다, 어둡게 하다.

ϫⲱⲣ, ϫⲟⲟⲣ⸗ vb. tr. 공부하다, 연구하다, 조사하다. n.m. 염탐, 정찰.

ϫⲱⲣ, ϫⲉⲣ-, ϫⲟⲣ⸗, Q **ϫⲏⲣ** vb. tr. 날카롭게 하다; n.m. 날카로움.

ϫⲱⲣⲙ̄, Q **ϫⲟⲣⲙ̄** vb. intr. 신호하다 (~에: **ⲉ, ⲟⲩⲃⲉ**; ~으로: **ⲙ̄ⲙⲟ⸗, ϩⲛ̄**), 손짓하여 부르다; vb. tr. 나타내다 (**ⲙ̄ⲙⲟ⸗**); n.m. 신호, 표시.

ϫⲱⲣⲙ̄, Q **ϫⲟⲣⲙ̄** vb. tr. 부추기다, 재촉하다 (**ⲙ̄ⲙⲟ⸗**); intr. (말 등에) 빨리 타다, 서두르다 (뒤쫓아: **ⲛ̄ⲥⲁ**). **ⲙⲁ ⲛ̄ ϫⲱⲣⲙ̄** 훈련용 마구간. **ⲣⲉϥϫⲱⲣⲙ̄** 타는 사람.

ϫⲱⲣⲡ̄ vb. intr. 채어 비틀거리다, 걸려 넘어지다. **ϫⲣⲟⲡ** n.m. 장애, 방해; **ⲁⲧϫⲣⲟⲡ** 방해되지[받지] 않은; **ⲣ̄-ϫⲣⲟⲡ** 방해가 되다, 곤란하게 되다; **ϯ-ϫⲣⲟⲡ** 방해하다 (**ⲛⲁ⸗**), ~을 곤란하게 하다; **ϫⲓ-ϫⲣⲟⲡ** 채어 비틀거리다, 걸려 넘어지다, 방해를 받다.

ϫⲱⲥ, Q **ϫⲏⲥ** vb. tr. 싣다, 짐을 지우다 (**ⲙ̄ⲙⲟ⸗**; ~을: **ⲙ̄ⲙⲟ⸗**); intr. 단단해지다, 견고해지다.

ϫⲱⲧⲉ (**ϫⲱⲧ**), **ϫⲉⲧ-, ϫⲟⲧ⸗** (± **ⲉϩⲟⲩⲛ**) vb. tr. 꿰뚫다, 관통하다 (**ⲙ̄ⲙⲟ⸗**; ~을, ~에 까지: **ⲉ, ϣⲁ, ϩⲛ̄**); n.m. 관통, 분리.

ϫⲱⲧϩ̄, Q **ϫⲟⲧϩ̄** vb. intr. (~에) 실패하다, 중단되다.

ϫⲱⲱⲃⲉ (**ϫⲱⲱϥⲉ, ϫⲱϥⲉ**), **ϫⲉⲉⲃⲉ-, ϫⲟⲟⲃ⸗** vb. tr. 도달하다, 지나가다, 넘어서다 (**ⲙ̄ⲙⲟ⸗**); **ⲁⲧϫⲟⲟⲃ⸗** 지나갈 수 없는.

ϫⲱⲱⲕⲉ (**ϫⲱⲕⲉ, ϫⲟⲩⲟⲩⲕⲉ**), **ϫⲉⲉⲕⲉ-** (**ϫⲉⲕ-**), **ϫⲟⲟⲕ⸗** vb. tr. 쏘다, 찌르다, 자극하다 (**ⲙ̄ⲙⲟ⸗**). **ϫⲟⲟⲕⲉϥ** n.m. 자극.

ϫⲱⲱⲗⲉ, Q **ϫⲟⲟⲗⲉ** vb. intr. 방해를 받다.

ϫⲱⲱⲗⲉ (**ϫⲱⲗⲉ**), **ϫⲉⲉⲗⲉ-** (**ϫⲉⲗⲉ-**), **ϫⲟⲟⲗ⸗** (**ϫⲟⲗ⸗**) vb. tr. 모으다, 수확하다 (**ⲙ̄ⲙⲟ⸗**); n.m. 수확, 추수. **ⲣⲉϥϫⲱ-ⲱⲗⲉ** 거둬들이는 사람, 수확자. **ϫⲗ̄ⲗⲉ** n. 수집, 잉여 작물.

ϫⲱⲱⲙⲉ, ϫⲱⲙⲉ n.m. 책, 문서, 두루마리 책, 양피지 문서; adj. 책의; **ϫⲱⲱⲙⲉ ⲛ̄ ⲱϣ** 읽는 책.

ⲁ ⲃ ⲉ ⲏ ⲉⲓ ⲕ ⲗ ⲙ ⲛ ⲟ ⲡ ⲣ ⲥ ⲧ ⲟⲩ ⲱ ϣ ϥ ϩ ϫ ϭ

ϫⲱⲱⲣⲉ (**ϫⲱⲣⲉ**), **ϫⲉⲉⲣⲉ-** (**ϫⲉⲣⲉ-**, **ϭⲉⲣ-**), **ϫⲟⲟⲣ⸗** (**ϫⲟⲣ⸗**), Q **ϫⲟⲟⲣⲉ** vb. tr. 뿌리다, 퍼뜨리다 (**ⲙ̄ⲙⲟ⸗**); + **ⲉⲃⲟⲗ** idem; 방해하다, 무효로 만들다 (**ⲙ̄ⲙⲟ⸗**); n.m. 뿌리기, 살포, 소멸.

ϫⲱⲱϭⲉ (**ϫⲱϭⲉ**), **ϫⲉϭ-**, **ϫⲟϭ⸗** (**ϫⲟϫ⸗**, **ϫⲁⲕ⸗**), Q **ϫⲏϭ** vb. tr. 염색하다, 착색하다 (**ⲙ̄ⲙⲟ⸗**; ~으로: **ϩⲛ̄**, **ⲉⲃⲟⲗ ϩⲛ̄**); intr. 염색되다, 착색되다; n.m. 염색; **ⲣⲉϥϫⲉϭ-** ~을 염색하는 자. **ϫⲏϭⲉ**, **ϫⲏⲕⲉ**, **ϫⲉⲕⲉ** n.m. 자주색 염료; adj. 자주색의; **ⲉⲓ-ⲉⲡ-ϫⲏϭⲉ** 자주색 자수; **ⲥⲁ ⲛ̄ ϫⲏϭⲉ** 자주색 옷감 상인.

ϫⲱϩ (**ϫⲟϩ**), **ϫⲉϩ-**, Q **ϫⲏϩ** vb. tr. 만지다, 접촉하다 (**ⲉ**, **ⲉϩⲟⲩⲛ ⲉ**); n.m. 접촉하기, 전염. **ⲁⲧϫⲱϩ ⲉⲣⲟ⸗** 손댈 수 없는.

ϫⲱϩ, **ϫⲉϩ-**, **ϫⲁϩ⸗**, Q **ϫⲏϩ** vb. tr. 칠하다, 기름을 바르다 (**ⲙ̄ⲙⲟ⸗**, **ⲉ**; ~으로: **ⲙ̄ⲙⲟ⸗**, **ϩⲛ̄**).

ϫⲱϩⲙ̄, **ϫⲉϩⲙ̄**, **ϫⲁϩⲙ⸗**, Q **ϫⲁϩⲙ̄** vb. tr. 더럽히다, 오염시키다 (**ⲙ̄ⲙⲟ⸗**); 더러워지다, 오염되다 (~으로: **ϩⲛ̄**, **ⲉⲃⲟⲗ ϩⲛ̄**); n.m. 오염, 더러움. **ⲁⲧϫⲱϩⲙ̄** 더럽혀지지 않은. **ⲣⲉϥϫⲱϩⲙ̄** 더러워진 사람.

ϫⲱϫ, **ⲁⲛϫⲱϫ** n.m. 지도자, 우두머리. **ϣⲛ̄-ϫⲱϫ** 두통, 골칫거리. **ⲣ̄-ϫⲱϫ** 지도자가 되다, 우두머리가 되다.

▽ 상호 참조

ϫⲁⲁⲛⲉ: ϫⲁⲛⲉ
ϫⲁⲁⲧⲉ: ϫⲁⲧⲉ
ϫⲁⲁϫⲉ: ϫⲁϫⲉ
ϫⲁⲃ: ϫⲁϥ
ϫⲁⲉ: ϫⲁⲉⲓⲉ
ϫⲁⲉⲓⲃⲉⲥ: ϫⲃ̄ⲃⲥ̄
ϫⲁⲉⲓⲧ: ϫⲟⲉⲓⲧ
ϫⲁⲓ-: ϫⲓ
ϫⲁⲓⲉ: ϫⲁⲉⲓⲉ
ϫⲁⲕ⸗: ϫⲱⲱϭⲉ
ϫⲁⲕ: ϫⲟⲕ
ϫⲁⲕⲙ⸗: ϫⲱⲕⲙ̄
ϫⲁⲙⲏ: ϭⲁϫⲙⲏ
ϫⲁⲛⲏ: ϫⲁⲛⲉ
ϫⲁⲣ-: ϫⲣⲟ
ϫⲁⲥⲓ-: ϫⲓⲥⲉ

ϫⲁⲥⲧ⸗: ϫⲓⲥⲉ
ϫⲁⲧⲃⲉ: ϫⲁⲧϥⲉ
ϫⲁⲩ(-): ϫⲟⲟⲩ
ϫⲁⲩⲧ-: ϫⲟⲩⲱⲧ
ϫⲁϩ⸗: ϫⲱϩ
ϫⲁϩⲙ(⸗): ϫⲱϩⲙ̅
ϫⲁϩϫ̅: ϫⲁϩϫϩ̅
ϫⲁϫⲱ(ⲟⲩ): ϫⲁϫⲉ
ϫⲁϫϩ̅: ϫⲁϩϫϩ̅
ϫⲃⲏⲗ: ϫⲉⲃⲏⲗ
ϫⲃ̅ⲥ: ϫⲃ̅ⲃⲥ̅
ϫⲉ: ϫⲛ̅, ϭⲉ
ϫⲉ-: ϫⲟ, ϫⲱ, ϫⲓ
ϫⲉⲃⲃⲉⲥ, ϫⲉⲃⲃⲥ̅: ϫⲃ̅ⲃⲥ̅
ϫⲉⲃⲉⲗ: ϫⲉⲃⲏⲗ
ϫⲉⲉⲃⲉ-: ϫⲱⲱⲃⲉ
ϫⲉⲉⲕⲉ-: ϫⲱⲱⲕⲉ
ϫⲉⲉⲗⲉ-: ϫⲱⲱⲗⲉ
ϫⲉⲉⲣⲉ: ϫⲏⲣⲉ
ϫⲉⲉⲣⲉ-: ϫⲉⲣⲟ, ϫⲱⲱⲣⲉ
ϫⲉⲕ-: ϫⲱⲱⲕⲉ
ϫⲉⲕⲉ: ϫⲏϭⲉ
ϫⲉⲗⲉ-: ϫⲱⲱⲗⲉ
ϫⲉⲗⲉϫ-: ϭⲱⲗϫ̅
ϫⲉⲗⲗⲏⲥ: ϫⲉⲗϩⲏⲥ
ϫⲉⲗⲗⲏⲥ: ϫⲓⲗⲗⲉⲥ
ϫⲉⲛ: ϫⲓⲛ
ϫⲉⲛⲁ(⸗): ϫⲛⲁ
ϫⲉⲛⲉⲧⲙⲏⲧⲉ: ϫⲟⲉ
ϫⲉⲛⲟⲃ, ϫⲉⲛⲟϥ: ϫⲛⲟϥ
ϫⲉⲛⲟⲩⲟⲩ⸗: ϫⲛⲟⲩ
ϫⲉⲛⲧⲙⲏⲧⲉ: ϫⲟⲉ
ϫⲉⲡⲏϩ: ϫⲉⲙⲡⲉϩ
ϫⲉⲣⲉ-: ϫⲱⲱⲣⲉ
ϫⲉⲣⲉ-: ϫⲉⲣⲟ
ϫⲉⲣⲟ-: ϫⲱ
ϫⲉⲣⲱ(⸗): ϫⲉⲣⲟ
ϫⲉⲣϫⲣ̅: ϫⲏⲣ
ϫⲉⲥⲉ: ϫⲓⲥⲉ
ϫⲉⲥⲧ̅-: ϫⲓⲥⲉ
ϫⲉⲧ-: ϫⲱⲧⲉ
ϫⲉⲩ-: ϫⲟⲟⲩ
ϫⲉϥ-: ϫⲟⲩϥ
ϫⲉϥϣⲁ: ϣⲁ
ϫⲉϩϫⲱϩ⸗: ϫⲁϩϫϩ̅
ϫⲉϫ-: ϭⲱⲱϫⲉ
ϫⲉϭ-: ϫⲱⲱϭⲉ
ϫⲏ: ϫⲓⲛϫⲏ
ϫⲏⲃ: ϫⲟⲩϥ
ϫⲏⲃⲥ̅: ϫⲃ̅ⲃⲥ̅
ϫⲏⲏⲃⲥ̅: ϫⲃ̅ⲃⲥ̅
ϫⲏⲓⲃⲉⲥ: ϫⲃ̅ⲃⲥ̅
ϫⲏⲕⲉ: ϫⲱⲱϭⲉ
ϫⲏⲛⲏ: ϫⲛⲉ
ϫⲏⲡⲉϩ: ϫⲉⲙⲡⲉϩ
ϫⲏⲥⲉ: ϫⲓⲥⲉ
ϫⲏⲧ: ϫⲁⲧⲉ
ϫⲏⲩ: ϫⲓ, ϫⲟ
ϫⲏϥ: ϫⲟⲩϥ
ϫⲏϭ: ϫⲱⲱϭⲉ

ⲁ ⲃ ⲉ ⲏ ⲉⲓ ⲕ ⲗ ⲙ ⲛ ⲟ ⲡ ⲣ ⲥ ⲧ ⲟⲩ ⲱ ϣ ϥ ϩ ϫ ϭ

ϫⲏϭⲉ: ϫⲱⲱϭⲉ

ϫⲓ-: ϫⲓ, ϫⲟ, ϫⲱ

ϫⲓⲃⲏⲗ: ϫⲉⲃⲏⲗ

ϫⲓⲛ: ϫⲛ̄

ϫⲓⲛⲟⲩ⸗: ϫⲛⲟⲩ

ϫⲓⲛⲟⲩ⸗: ϫⲛⲟⲩ

ϫⲓⲛⲧⲏⲩ: ⲧⲏⲩ

ϫⲓⲛϫⲉⲉⲩ(ⲉ): ϫⲁϫⲉ

ϫⲓⲛϫⲉⲩⲉ: ϫⲁϫⲉ

ϫⲓⲛϫⲓⲛ: ϭⲛ̄ϭⲛ̄

ϫⲓⲟⲟⲣ: ⲉⲓⲟⲟⲣ

ϫⲓⲡⲉϩ: ϫⲉⲙⲡⲉϩ

ϫⲓⲣⲱϥ: ⲣⲟ

ϫⲓⲧ⸗: ϫⲓ, ϫⲟⲉⲓⲧ

ϫⲓⲥⲟⲟⲩ(ⲉ), ϫⲟⲉⲓⲥ

ϫⲓⲥⲧ⸗: ϫⲓⲥⲉ

ϫⲓϫⲉⲉⲩ(ⲉ), ϫⲓϫⲉⲟⲩ: ϫⲁϫⲉ

ϫⲗ̄ⲗⲉ: ϫⲱⲱⲗⲉ

ϫⲗ̄ϩⲏⲥ: ϫⲉⲗϩⲏⲥ

ϫⲗ̄ϩⲥ̄: ϫⲉⲗϩⲏⲥ

ϫⲙ̄ϫⲙ̄: ϭⲛ̄ϭⲛ̄

ϫⲛ̄: ϫⲓⲛ, ϫⲛⲟⲩ

ϫⲛⲁⲁⲩ: ϫⲛⲁⲩ, ϫⲛⲟⲟⲩ

ϫⲛⲁⲩϩ: ϫⲛⲁϩ

ϫⲛⲉ(-): ϫⲛⲁ, ϫⲛⲟⲩ

ϫⲛⲏ: ϫⲛⲉ

ϫⲛⲓⲧ: ϫⲱⲛⲧ̄

ϫⲛⲟ⸗: ϫⲛⲁ⸗

ϫⲛⲟⲩϥ: ϫⲟⲩϥ

ϫⲛ̄ϫⲛ̄: ϭⲛ̄ϭⲛ̄

ϫⲟ⸗: ϫⲟ, ϫⲱ

ϫⲟ: ϫⲟⲉ

ϫⲟⲃ⸗: ϫⲟⲩϥ

ϫⲟⲃϫⲃ̄: ϫⲟϥϫϥ̄

ϫⲟⲉⲓ: ϫⲟⲓ, ϫⲟⲉ

ϫⲟⲓ, ϫⲟⲓⲉ: ϫⲟⲉ

ϫⲟⲗ⸗: ϫⲱⲱⲗⲉ

ϫⲟⲗⲉⲥ: ϫⲱⲗϩ̄

ϫⲟⲗⲙⲉⲥ: ϫⲱⲗⲙ̄

ϫⲟⲗⲥ̄: ϫⲱⲗϩ̄

ϫⲟⲗϩⲉⲥ, ϫⲟⲗϩⲥ̄: ϫⲱⲗϩ̄

ϫⲟⲗϫ⸗, ϫⲟⲗϫ̄:ϭⲱⲗϫ̄

ϫⲟⲛⲧⲥ̄: ϫⲱⲛⲧ̄

ϫⲟⲟⲃ⸗: ϫⲱⲱⲃⲉ

ϫⲟⲟⲕ⸗: ϫⲱⲱⲕⲉ

ϫⲟⲟⲕⲉϥ: ϫⲱⲱⲕⲉ

ϫⲟⲟⲗ⸗: ϫⲱⲱⲗⲉ

ϫⲟⲟⲗⲉ: ϫⲱⲱⲗⲉ

ϫⲟⲟⲛⲉ: ϫⲁⲛⲉ

ϫⲟⲟⲛⲉϥ: ϫⲱⲛϥ̄

ϫⲟⲟⲣ⸗: ϫⲱⲱⲣⲉ

ϫⲟⲟⲣ⸗: ϫⲱⲣ

ϫⲟⲟⲣ: ϫⲣⲟ

ϫⲟⲟⲩⲉ: ϫⲱ

ϫⲟⲡϫⲡ̄: ϩϫⲟⲡϫⲡ̄

ϫⲟⲣ⸗: ϫⲱⲱⲣⲉ

ϫⲟⲣⲙ̄: ϫⲱⲗⲙ̄

ϫⲟⲣⲙⲉⲥ: ϫⲱⲗⲙ̄

ϫⲟⲥⲉ: ϫⲓⲥⲉ

ϫⲟⲧ⸗: ϫⲱⲧⲉ

ϫⲟⲧ-: ϫⲟⲩⲱⲧ

ϫⲟⲧⲉ: ϫⲁⲧⲉ

ϫⲟⲩ, ϫⲟⲩ⸗: ϫⲟⲟⲩ

ϫⲟⲩⲃ: ϫⲟⲩϥ

ϫⲟⲩⲟⲩⲕⲉ: ϫⲱⲱⲕⲉ

ϫⲟⲩⲟⲩⲱⲧⲉ: ϫⲟⲩⲱⲧ

ϫⲟⲩⲧ-: ϫⲟⲩⲱⲧ

ϫⲟϫ⸗: ϫⲱⲱϭⲉ

ϫⲟϭ⸗: ϫⲱⲱϭⲉ

ϫⲡⲉ-: ϫⲡⲟ, ϫⲡⲓ-

ϫⲡⲓⲉ-: ϫⲡⲓⲟ

ϫⲡⲓⲏⲧ: ϫⲡⲓⲟ

ϫⲣⲟⲡ: ϫⲱⲣⲡ̄

ϫⲣⲁⲉⲓⲧ: ϫⲣⲟ

ϫⲣⲟⲉⲓⲧ: ϫⲣⲟ

ϫ̄ⲥ̄: ϫⲟⲉⲓⲥ

ϫⲧⲁⲓ: ϫⲁⲧⲉ

ϫⲧⲉ-: ϫⲧⲟ

ϫⲧⲏⲩ: ϫⲧⲟ

ϫⲱⲕⲉ: ϫⲱⲱⲕⲉ

ϫⲱⲗⲉ: ϫⲱⲱⲗⲉ

ϫⲱⲗϫ̄: ϭⲱⲗϫ̄

ϫⲱⲙⲉ: ϫⲱⲱⲙⲉ

ϫⲱⲟⲩ-: ϫⲟ

ϫⲱⲣ(ⲉ): ϫⲱⲱⲣⲉ, ϫⲣⲟ

ϫⲱⲣⲁϩ: ϫⲱⲗϩ̄

ϫⲱⲣⲙ̄: ϫⲱⲗⲙ̄

ϫⲱⲧ-: ϫⲟⲩⲱⲧ

ϫⲱⲧ-: ϫⲱⲧⲉ

ϫⲱⲧϩ̄: ϭⲱⲧϩ̄

ϫⲱⲱⲣ: ϫⲣⲟ

ϫⲱⲱⲣⲉ: ϫⲣⲟ

ϫⲱⲱϥⲉ: ϫⲱⲱⲃⲉ

ϫⲱϥ: ϫⲟⲩϥ

ϫⲱϥⲉ: ϫⲱⲱⲃⲉ

ϫⲱϭⲉ: ϫⲱⲱϭⲉ

ϫϩⲟⲥ: ϭϩⲟⲥ

ϭ

ϭⲁⲃϭⲁⲃ, ϭⲁϥϭⲁϥ, ⲕⲁϥⲕⲁϥ, ϭⲁⲃϭⲏⲃ n. 병아리콩, 이집트콩.

ϭⲁⲗⲁϩⲧ̄, ⲕⲁⲗⲁϩⲧ̄ n.f. 단지, 항아리.

ϭⲁⲗⲉ, ϭⲁⲗⲏ (pl. ϭⲁⲗⲉⲉⲩ, ϭⲁⲗⲉⲉⲩⲉ, ϭⲁⲗⲉⲩⲉ) adj. 다리를 저는, 지체가 부자유한, 불구의; ⲙⲛ̄ⲧϭⲁⲗⲉ 절름발이, 불구; ⲣ̄-ϭⲁⲗⲉ (Q ⲟ ⲛ̄) 다리를 절게 되다.

ϭⲁⲗⲓⲧⲉ n.f. 그릇의 일종 또는 측정 도구의 일종.

ϭⲁⲗⲟⲩⲃⲓϩ n.m. 머리가 벗겨진 사람, 대머리.

ϭⲁⲙ n. 황소.

ϭⲁⲙⲟⲩⲗ, ⲕⲁⲙⲟⲩⲗ (f. ϭⲁⲙⲁⲩⲗⲉ, ⲕⲁⲙⲟⲟⲩⲗⲉ, ⲕⲁⲙⲏⲗⲉ; pl. ϭⲁⲙⲁⲩⲗⲉ, ϭⲁⲙⲟⲩⲗⲉ, ⲕⲁⲙⲟⲟⲩⲗⲉ) n.m.f. 낙타, 낙타의 한짐. ⲙⲁⲛ-ϭⲁⲙⲟⲩⲗ 낙타 떼. ⲙⲁⲥ ⲛ̄ ϭⲁⲙⲁⲩⲗⲉ 새끼 낙타.

ϭⲁⲛⲁϩ n. 불구; adj. 불구의; ⲣ̄-ϭⲁⲛⲁϩ (Q ⲟ ⲛ̄) 불구가 되다.

ϭⲁⲟⲩⲟⲛ, ϭⲁⲩⲟⲛ, ϭⲁⲩⲟⲩⲟⲛ, ⲕⲁⲩⲟⲛ n.m.f. 노예, 종, 하인. ⲙⲛ̄ⲧϭⲁⲟⲩⲟⲛ 섬김, 노예 상태. ⲣ̄-ϭⲁⲟⲩⲟⲛ (Q ⲟ ⲛ̄) 노예가 되다.

ϭⲁⲟⲩⲟⲛ, ϭⲁⲩⲟⲛ n.m. 음료, 마실 것.

ϭⲁⲡⲉⲓϫⲉ, ϭⲁⲡⲓϫⲉ, ϭⲁⲡⲓϫⲏ, ⲕⲁⲡⲓϫⲉ, ϭⲁⲡⲓϫⲟⲩ n.m.f. 건량(乾量).

ϭⲁⲡϭⲉⲡ (ϭⲉⲡϭⲡ̄) vb. intr. 서두르다, 불안해하다.

ϭⲁⲣⲁⲧⲉ n. 구주 콩깍지.

ϭⲁϫⲉ n.m. 귀걸이.

ϭⲁϫⲓϥ, ϭⲁϫⲓⲃ, ⲕⲁϫⲓϥ n.m. 개미. ⲣ̄-ϭⲁϫⲓϥ 가려움에 시달리다, 티눈에 시달리다.

ϭⲁϫⲙⲏ̄, ϭⲁϫⲙⲉ, ϫⲁⲙⲏ n.f. 주먹, 한줌. ϭⲁϫⲙⲉⲥ n.f. idem.

ϭⲁϭⲓⲧⲱⲛ(ⲉ) n.m.f. 거친 아마포, 삼; 거친 아마포로 만든 의복.

ⲁ ⲃ ⲉ ⲏ ⲉⲓ ⲕ ⲗ ⲙ ⲛ ⲟ ⲡ ⲣ ⲥ ⲧ ⲟⲩ ⲱ ϣ ϥ ϩ ϫ ϭ

ϭⲃ̄ⲃⲉ, Q **ϭⲟⲟⲃ** (**ϭⲟⲟϥ**) vb. intr. 쇠약해지다, 소심해지다; n.m. 약함, 허약. **ϭⲁⲃ-ϩⲏⲧ** 약한, 허약한; **ⲙⲛ̄ⲧϭⲁⲃ-ϩⲏⲧ** 약함, 소심; **ⲣ̄-ϭⲁⲃ-ϩⲏⲧ** (Q **ⲟ ⲛ̄**) 쇠약해지다. **ϭⲱⲃ** adj. 약한, 허약한; **ⲙⲛ̄ⲧϭⲱⲃ** 약함, 어리석음; **ⲣ̄-ϭⲱⲃ** (Q **ⲟ ⲛ̄**) 약해지다; **ⲉⲓⲣⲉ ⲙ̄ⲙⲟ⸗ ⲛ̄ ϭⲱⲃ** 약하게 만들다.

ϭⲃⲟⲓ, ϭⲃⲟⲉ n.m. 팔 (사람의); 다리 (짐승의).

ϭⲉ, ϫⲉ 후치 불변화사 (1) 그러므로, 따라서, ~이므로; (2) 부정어와 함께: 더는[다시는] ~하지 않는. **ⲧⲉⲛⲟⲩ ϭⲉ** 그렇다면, 그건 그렇고.

ϭⲉⲗⲙⲁⲓ, ϭⲗ̄ⲙⲁⲓ, ϭⲉⲗⲙⲁ, ⲕⲉⲗⲙⲁ, ϭⲁⲗⲙⲁ, ϭⲉⲗⲙⲏⲛ n.m. 항아리, 단지, 꽃병.

ϭⲉⲗϩ̄, ϭⲗ̄ϩ, ϭⲗⲁϩ n.m. 어깨.

ϭⲉⲛⲛⲏⲩⲧ Q 단단하다, 뻣뻣하다.

ϭⲉⲡⲏ, ϭⲓⲡⲏ vb. intr. 서두르다, 급히 가다[오다]; **ⲙ̄ⲙⲟ⸗**와 함께 재귀용법으로 사용될 수 있다. adv. 신속히, 얼른, 서둘러; 일반적으로 **ϩⲛ̄ ⲟⲩϭⲉⲡⲏ** 구로 사용. **ⲣⲉϥϭⲉⲡⲏ** 성급한 사람, 재빠른 사람; **ⲙⲛ̄ⲧⲣⲉϥϭⲉⲡⲏ** 서두름, 성급함.

ϭⲉⲣⲱⲃ, ϭⲉⲣⲱϥ (pl. **ϭⲉⲣⲟⲟⲃ, ϭⲉⲣⲱⲱⲃ**) n.m. 지팡이, 막대기. **ϯ-ϭⲉⲣⲱⲃ** 때리다 (**ⲛⲁ⸗, ⲉ**). **ϣⲥ̄-ⲛ̄-ϭⲉⲣⲱⲃ** 타격, 강타.

ϭⲏⲡⲉ n.f. 구름.

ϭⲓⲉ, ϭⲓⲉⲓⲉ, ϭⲓⲏ n.m. 숫염소.

ϭⲓⲛ-, ⲕⲓⲛ-, ϭⲛ̄- 행동 또는 행동 방식을 나타내는 여성 추상 명사를 형성하기 위해 부정사 앞에 붙는 접두사.

ϭⲓⲛⲉ, ϭⲛ̄- (**ϭⲉⲛ-, ϭⲓⲛ-**), **ϭⲛ̄ⲧ⸗** (**ϭⲉⲛⲧ⸗, ⲕⲛ̄ⲧ⸗, ϭⲏⲛⲧ⸗, ⲅⲛ̄⸗**) vb. tr. 찾다, 발견하다 (**ⲙ̄ⲙⲟ⸗**). **ϭⲛ̄ⲧⲥ̄** ~인 것을 찾다 (+ 상황절 또는 **ϫⲉ**); 다음으로도: 아마 ~일 것이다, ~이라고 가정하다. **ϭⲓⲛⲉ ⲙ̄ⲙⲟ⸗ ⲛ̄ⲥⲁ** ~의 죄를 밝히다. **ϭⲛ̄-ϩⲏⲧ** 지혜를 찾다. **ϭⲓⲛⲉ** n.m. 찾기, 찾은 것. **ⲣⲉϥϭⲓⲛⲉ** 찾는 자.

ϭⲓⲛⲙⲟⲩⲧ, ϭⲓⲙⲙⲟⲩⲧ, ϭⲓⲛⲙⲟⲧ, ⲕⲛ̄ⲙⲟⲩⲧ, ϭⲙ̄ⲙⲟⲩⲧ n.f. 묘성(昴星)[욥 9:9], 플레이아데스 (그리스 신화).

ϭⲓⲛⲟⲩⲏⲗ, ϭⲉⲛⲟⲩⲏⲛ, ϭⲓⲛⲟⲩⲃⲁⲗ, ⲕⲓⲛⲃⲏⲗ n.m. 선박의 일종.

ϭⲓⲛϩⲟⲩⲧ, ϭⲓⲙϩⲟⲩⲧ, ϭⲙ̄ϩⲟⲩⲧ, ϭⲉⲙϩⲟⲩⲧ. 아마 **ϭⲓⲛⲙⲟⲩⲧ**의 다른 철자일 것이다.

ϭⲓⲛϭⲗⲱ, ϭⲓⲛϭⲗⲟ, ϭⲓⲛⲧⲗⲱ, ϭⲛ̄ϭⲉⲗⲱ, ϭⲉⲛϭⲗⲱ, ⲕⲁⲛⲕⲗⲱ n.f. 박쥐.

ϭⲓⲛϭⲱⲣ n.m. 달란트 (중량 단위).

ϭⲓⲧⲣⲉ n. 과일의 종류, 레몬.

ϭⲓϫ n.f. 손; 손으로 쓴 글자; (측정도구로서의) 손. **ϭⲓϫ ⲛ̄ ⲟⲩⲛⲁⲙ** 오른손. **ϩⲁ ⲧ(⸗)ϭⲓϫ** ~의 통제하에. **ⲣ̄-ⲛⲟϭ ⲛ̄ ϭⲓϫ** 관대해지다. **ϯ-ϭⲓϫ** 약속하다 (~와: **ⲛⲁ⸗**).

ϭⲗ̄, ϭⲁⲗ n.m. 무기 (의미가 명확하지 않다).

ϭⲗⲁ, ϭⲗⲟ, ⲕⲁⲗ (**ϯ-ϭⲗⲁ**에서) 흔들리다, 비틀거리다.

ϭⲗⲓⲗ n.m. 번제(燔祭).

ϭⲗ̄ⲙ, ϭⲉⲗⲙ̄, ϭⲗ̄ⲗⲙ̄, ⲕⲉⲗⲙ̄ n. 마른 가지, 잔가지.

ϭⲗⲟ n.m. 허영심, 무익, 헛됨.

ϭⲗⲟⲙⲗⲙ̄, ϭⲗⲙ̄ⲗⲱⲙ- (**ϭⲗⲉⲙⲗⲱⲙ-**), **ϭⲗⲙ̄ⲗⲱⲙ⸗** (**ϭⲗⲉⲙⲗⲱⲙ⸗**), Q **ϭⲗⲙ̄ⲗⲱⲙ** (**ϭⲗⲙ̄ⲗⲟⲙⲧ̄, ⲗⲙ̄ⲗⲱⲙ, ⲗⲙ̄ⲗⲏⲙ**) vb. intr. 비틀어지다, 뒤틀리다 (~으로: **ⲉ, ϩⲛ̄**); 연루되다, 관련되다, 꼬이게 되다; tr. 받아들이다. n.m. 복잡함.

ϭⲗⲟⲟϭⲉ, ϭⲗⲟϭⲉ, ⲕⲗⲟⲅⲉ, ⲧⲗⲟⲟϭⲉ, ⲧⲗⲱϭⲉ n.f. 사다리.

ϭⲗⲟϭ, ⲧⲗⲟϭ n.m. 침대, 상여(喪輿).

ϭⲗⲟϭ, ⲉϭⲗⲟϭ n.m. 박 (식물).

ϭⲗⲱ, ϭⲗⲟⲩ n.f. 잔가지, 장작.

ϭⲗⲱⲧ (pl. 또는 dual: **ϭⲗⲟⲟⲧⲉ, ϭⲗⲟⲧⲉ, ϭⲗⲟⲟϭⲉ**) n.m.f. 신장, 콩팥; pl. = 일반적으로 장기로서의 내장.

ϭⲛⲟⲛ, Q **ϭⲏⲛ** (**ϭⲟⲛ**) vb. intr. 부드러워지다, 매끈해지다, 약해지다; n.m. 부드러움. **ϯ-ϭⲛⲟⲛ** ~을 약하게 하다. **ϭⲟⲛ, ϭⲟⲟⲛⲉ, ϭⲱⲛ** adv. 상냥하게, 부드럽게.

ϭⲛ̄ϭⲛ̄ (**ϭⲉⲛϭⲉⲛ, ϭⲙ̄ϭⲙ̄, ϫⲛ̄ϫⲛ̄, ϫⲓⲛϫⲓⲛ, ϫⲙ̄ϫⲙ̄**) vb. intr. 음악을 만들다, 작곡하다 (목소리 또는 악기); n.m. 음악.

ϭⲟⲉⲓⲗⲉ (**ϭⲟⲓⲗⲉ**), **ϭⲁⲗⲉ-**, Q **ϭⲁⲗⲱⲟⲩ** (**ⲕⲁⲗⲱⲟⲩ**, **ϭⲁⲗⲏⲩ**, **ϭⲁⲗⲏⲩⲧ**, **ϭⲁⲗⲟⲟⲩⲧ**) vb. intr. 살다, 거주하다, 체류하다 (~에: **ⲉ**); **ⲙⲁ ⲛ̄ ϭⲟⲉⲓⲗⲉ** 거처, 여관. **ⲣⲙ̄ⲛ̄ϭⲟⲉⲓⲗⲉ** 체류자. 숙박인; **ⲣ̄-ⲣⲙ̄ⲛ̄ϭⲟⲉⲓⲗⲉ** (Q **ⲟ ⲛ̄**) 체류자가 되다. (추가 형태: **ϭⲁⲗⲱ⸗**, **ϭⲁⲗⲱⲱ⸗**; Q **ⲕⲉⲗⲟⲓⲧ**) 맡기다 (**ⲙ̄ⲙⲟ⸗**; ~을: **ⲉ**), 위임하다. **ϭⲟⲉⲓⲗⲉ** n.m. 체류, 거처, 거주; 가구; 보관(물).

ϭⲟⲗ n.m. (1) 거짓말; (2) 거짓말쟁이. **ⲣ̄-ϭⲟⲗ** 거짓말하다, 그릇되다; **ⲉⲓⲣⲉ ⲙ̄ⲙⲟ⸗ ⲛ̄ ϭⲟⲗ** ~을 속이다, ~을 위조하다. **ϫⲓ-ϭⲟⲗ** 거짓말하다; **ⲁⲧϫⲓ-ϭⲟⲗ** 솔직한; **ⲙⲛ̄ⲧⲁⲧϫⲓ-ϭⲟⲗ** 성실, 솔직; **ⲣⲉϥϫⲓ-ϭⲟⲗ** 거짓말쟁이; **ⲙⲛ̄ⲧⲣⲉϥϫⲓ-ϭⲟⲗ** 거짓말을 함.

ϭⲟⲗⲃⲉ n.f. 모직 의류.

ϭⲟⲗϫ⸗ ⲉ vb. reflex. ~을 삼가다. **ϭⲱⲗϫ̄** n.m. 자제, 절제.

ϭⲟⲗϭⲗ̄ (**ϭⲟⲗϭⲉⲗ**), **ϭⲗ̄ϭⲱⲗ⸗** (**ϭⲉⲗϭⲱⲗ⸗**, **ⲕⲉⲗϭⲱⲗ⸗**), Q **ϭⲗ̄ϭⲱⲗ** vb. tr. 말리기 위해 널다 (**ⲙ̄ⲙⲟ⸗**); n.m. 말리기 위해 널기.

ϭⲟⲙ n.f. 힘, 능력, 권한. **ⲁⲧϭⲟⲙ** 힘이 없는, 무능한; **ⲙⲛ̄ⲧⲁⲧϭⲟⲙ** 무력, 무능, 할 수 없음; **ⲣ̄-ⲁⲧϭⲟⲙ** (Q **ⲟ ⲛ̄**) 힘이 없어지다; **ⲣⲙ̄ⲛ̄ϭⲟⲙ** 강용(剛勇)한 사람, 권력자. **ⲕⲁ-ϭⲟⲙ ⲉⲃⲟⲗ** 힘을 잃다, 다 소모하다. **ⲣ̄-ϭⲟⲙ**, **ⲉⲓⲣⲉ ⲛ̄ ⲟⲩϭⲟⲙ** 놀라운 일을 하다. **ⲉⲓⲣⲉ ⲛ̄ ⲧ(⸗)ϭⲟⲙ** 최선을 다하다. **ϯ-ϭⲟⲙ** 힘을 주다 (~에게: **ⲛⲁ⸗**). **ⲟⲩⲛ̄-ϭⲟⲙ ⲙ̄ⲙⲟ⸗** ~가 힘[능력]을 가지고 있다 (~하는: **ⲉ**, **ⲉⲧⲣⲉ**); **ⲟⲩⲛ-ϣϭⲟⲙ ⲙ̄ⲙⲟ⸗** idem; ~가 할 수 있다 (~을: **ⲉ**, **ⲉⲧⲣⲉ**); (**ⲙ̄**)**ⲙⲛ̄-**(**ϣ**)**ϭⲟⲙ ⲙ̄ⲙⲟ⸗** 부정. ~을 할 수 없다. **ϭⲙ̄-ϭⲟⲙ**, **ϭⲛ̄-ϭⲟⲙ** 힘이 있다, 할 수 있다 (~을: **ⲉ**); 압도하다 (~을: **ⲉ**, **ⲉϫⲛ̄**, **ⲉϩⲣⲁⲓ ⲉϫⲛ̄**, **ϩⲛ̄**, **ϩⲓϫⲛ̄**). **ϣϭⲙ̄-ϭⲟⲙ** idem.

ϭⲟⲙϭⲙ̄ (**ϭⲟⲙϭⲉⲙ**), **ϭⲙ̄ϭⲱⲙ⸗** vb. tr. 만지다, 더듬다 (**ⲉ**); n.m. 촉각. **ⲁⲧϭⲙ̄ϭⲱⲙ⸗** 손댈 수 없는.

ϭⲟⲛ n.m. 낮은 곳, 움푹 꺼진 곳. **ϭⲟⲟⲛⲉ** n.f. idem.

ϭⲟⲛⲥ̄ n. 폭력, 힘, 강한 힘. 일반적으로 복합어에서만 사용. **ϫⲓ ⲛ̄ ϭⲟⲛⲥ̄** 폭력을 행사하다, 난폭하게 행동하다; 해를 끼치다, 아프게

하다, 학대하다, 못하게 하다 (M̄MO⸗); n.m. 폭력, 부당함; MN̄TϪI N̄ ϬONC̄ idem; P̄-ϪI N̄ ϬONC̄ 폭력을 휘두르다; PEϤϪI N̄ ϬONC̄ 폭력적인, 난폭한, 해로운; MN̄TPEϤϪI N̄ ϬONC̄ 폭력.

ϬOOⲖEC n.f. 넓적다리.

ϬOOYNE, ϬⲀYNE n.f. 모포, (부대용) 천; 측정 단위로: 한 부대[자루]. CⲀ N̄ ϬOOYNE 부대 상인. CⲀϨ(T̄)-ϬOOYNE 자루 직조공.

ϬOOYPE, ϬⲀYPE 경멸하는 말; 노예(?).

ϬOП, KⲀП n.f. 발바닥, 발.

ϬOП n.f. 날붙이.

ϬOПE, ϬOП, ϬⲀПE, ϬⲀПH, ϬⲀПEI n. 작은 용기, 소량; ϬOПE ϬOПE 조금씩.

ϬOPTE, KOPTE, ϬⲀPTE n.f. 칼, 검. ⲀTϬOPTE 칼 없이; 자르지 않은.

ϬOPϤ⸗ (KOPϤ⸗) vb. tr. 싹둑 자르다.

ϬOPϪ̄, ϬOPϪE n.m. 더러움, 불결함. P̄-ϬOPϪ̄ (Q O N̄) 더러워지다.

ϬOC, KOC n.m. 절반, 반. ϬIC-, ϬEC- (복합어 ϬICTHHBE에서) 손가락 너비의 절반.

ϬOCM̄ n.m. 어둠, 암흑.

ϬOCϬC̄ (ϬOCϬEC) vb. intr. 춤추다; n.m. 춤.

ϬOT n.f. 크기; 연령; 형태, 종류, 방식. N̄ TEIϬOT 이런 종류의, 이러한. ⲀϢ N̄ ϬOT 어떤 종류의? P̄-TϬOT (Q O N̄) ~처럼 되다 (N̄ 또는 소유 접두사).

ϬOYHⲖ n.m. 메뚜기의 일종.

ϬOYϪ, KOYϪ, ϬωϪ, ϬOYϬ, KOYK n.m. 홍화, 소두구.

ϬOϢϬϢ̄ (ϬOϢϬEϢ), ϬEϢϬEϢ-, ϬEϢϬωϢ⸗, Q ϬEϢϬωϢ vb. tr. 뿌리다.

ϬOϪϬϪ̄ (ϬOϪϬEϪ), ϬEϪϬωϪ⸗ (ϬETϬωϪ⸗, ϬET-ϬωϬ⸗), Q ϬEϪϬOϪT̄ vb. tr. 베다, 죽이다, 학살하다 (M̄MO⸗);

ⲁ ⲃ ⲉ ⲏ ⲉⲓ ⲕ ⲗ ⲙ ⲛ ⲟ ⲡ ⲣ ⲥ ⲧ ⲟⲩ ⲱ ϣ ϥ ϩ ϫ ϭ

n.m. 절단, 죽임, 학살.

ϭⲣⲏ vb. tr. (땅 등을) 파다, 파헤치다 (**ⲙ̄ⲙⲟ⸗**).

ϭⲣⲏⲡⲉ n.f. 왕관, 왕권, 왕홀(王笏), 규(圭).

ϭⲣⲏϭⲉ n.f. 지참금.

ϭⲣⲟⲟⲙⲡⲉ, ϭⲉⲣⲟⲙⲡⲉ n.m.f. 비둘기. **ⲙⲁⲥ ⲛ̄ ϭⲣⲟⲟⲙⲡⲉ** 새끼 비둘기. **ϭⲣⲙ̄ⲡϣⲁⲛ** n.f. 멧비둘기.

ϭⲣⲟⲟⲙⲡⲉ, ⲅⲣⲟⲙⲡⲉ n.m. 그릇의 일종, 측량 도구의 일종.

ϭⲣⲟϭ, ϭⲣⲟⲟϭ (pl. **ϭⲣⲱϭ, ϭⲣⲱⲱϭ, ⲕⲣⲱⲱϭ, ϭⲣⲟⲟϭ**) n.m. 씨, 씨앗; 정액; 자손. **ⲁⲧϭⲣⲟϭ** 씨가 없는, 자손이 없는. **ϫⲓϭⲣⲟϭ** 임신하다.

ϭⲣⲱϩ, ⲕⲣⲱϩ, ϭⲣⲱⲱϩ, ⲕⲣⲟϩ n.m. 필요, 원하는 것, 부족. **ⲣ̄-ϭⲣⲱϩ** 필요하다 (~이: **ⲛ̄**); n.m. 필요.

ϭⲱ Q **ϭⲉⲉⲧ** (**ϭⲏⲏⲧ**) vb. intr. (1) 남다, 기다리다 (~을: **ⲉ, ⲛⲁ⸗**; ~하며: **ⲙⲛ̄**; ~에: **ϩⲛ̄**); (2) 계속되다, 지속되다 (~하는 것이: 상황절); (3) 중단하다, 멈추다.

ϭⲱⲗ, ϭⲗ̄- (**ϭⲉⲗ-**), **ϭⲟⲗ⸗** (**ϭⲟⲟⲗ⸗, ⲕⲟⲗ⸗**), Q **ⲕⲉⲗ** vb. tr. 모으다, 수집하다. **ⲣⲉϥϭⲗ̄-ϣⲉ** 목재 채집인.

ϭⲱⲗ (**ⲕⲱⲗ**), **ϭⲗ̄-, ϭⲟⲗ⸗** (**ϭⲟⲟⲗ⸗**), Q **ϭⲏⲗ** vb. tr. 말다 (두루마리처럼: **ⲙ̄ⲙⲟ⸗**); intr. 말리다, 돌아가다; 오그라들다. **ϭⲱⲗ ⲉⲃⲟⲗ** 되돌아가다, 되돌아오다 (tr. / intr.).

ϭⲱⲗⲡ̄ (**ⲕⲱⲗⲡ̄**), **ϭⲉⲗⲡ̄-** (**ϭⲗ̄ⲡ-**), **ϭⲟⲗⲡ⸗** (**ⲕⲟⲗⲡ⸗**), Q **ϭⲟⲗⲡ̄** (**ⲕⲟⲗⲡ̄**) ± **ⲉⲃⲟⲗ** vb. tr. (덮개를) 열다, 드러내다 (**ⲙ̄ⲙⲟ⸗**; ~에게: **ⲉ, ⲛ̄ⲥⲁ**); vb. intr. 드러나다, 덮여 있지 않다, 나타나다; n.m. 드러남, 폭로; **ⲁⲧϭⲱⲗⲡ̄** 감추어진. **ϭⲁⲗⲡ̄-** 복합어에서. 드러내는 자.

ϭⲱⲗϫ̄ (**ϫⲱⲗϫ̄**), **ϭⲗ̄ϭ-** (**ϭⲉⲗϫ̄-, ϫⲉⲗⲉϫ-**), **ϭⲟⲗϫ⸗** (**ϭⲟⲗϭ⸗, ϫⲟⲗϫ⸗**), Q **ϭⲟⲗϫ̄** (**ϫⲟⲗϫ̄**) vb. tr. 얽히게 하다, 빠뜨리다 (**ⲙ̄ⲙⲟ⸗**; ~에, ~으로: **ⲉ, ⲙ̄ⲙⲟ⸗**); reflex./intr. 얽히다, 엉키다; 들러붙다, 감기다 (~에: **ⲙ̄ⲙⲟ⸗, ϩⲛ̄**); n.m. 말려듦, 얽힘.

ϭⲱⲙ, ϭⲟⲙ, ⲕⲟⲛ (pl. **ϭⲟⲟⲙ, ⲕⲁⲁⲙ**) n.m. 정원, 포도원, 소유지.

ϭⲙⲉ, ϭⲙⲏ (pl. **ϭⲙⲏⲩ, ϭⲙⲏⲟⲩ, ϭⲙⲉⲉⲩ**) n.m. 정원사, 포도 재배자. **ⲁⲧϭⲙⲉ** 경작하지 않은; **ⲙⲛ̄ⲧϭⲙⲉ** 포도 재배.

ϭⲱⲛⲁϭ, ϭⲟⲩⲛⲁϭ, ϭⲱⲛϭ̄, ϭⲟⲩⲛⲁϭⲉⲥ, ⲕⲁⲩⲛⲁⲕⲉⲥ n.m. 망토.

ϭⲱⲛⲧ̄, Q **ϭⲟⲛⲧ̄** vb. intr. 화를 내다, 사나워지다, 격렬해지다 (~에 대해: **ⲉ, ⲉϫⲛ̄**); n.m. 분노, 노여움, 화, 격분. **ⲁⲧϭⲱⲛⲧ̄** 화를 낼 수 없는; **ⲙⲛ̄ⲧⲁⲧϭⲱⲛⲧ̄** 화를 다스리는 능력. **ⲣⲉϥϭⲱⲛⲧ̄** 분노에 찬 사람, 성마른 사람; **ⲙⲛ̄ⲧⲣⲉϥϭⲱⲛⲧ̄** 성미가 급함. **ϯ-ϭⲱⲛⲧ̄** 성나게 하다, 약올리다 (**ⲛⲁ⸗**); **ⲣⲉϥϯ-ϭⲱⲛⲧ̄** 화를 돋우는 사람; **ⲙⲛ̄ⲧⲣⲉϥϯ-ϭⲱⲛⲧ̄** 화를 돋움. **ϭⲛⲁⲧ** vb. intr. 화를 내다; n.m. 화, 분노; **ⲣⲉϥϭⲛⲁⲧ** 화를 내는 자; **ϯ-ϭⲛⲁⲧ** 성나게 하다; **ⲣⲉϥϯ-ϭⲛⲁⲧ** 성나게 함.

ϭⲱⲛϭ̄ (**ϭⲱϭ**), **ϭⲛ̄ϭ-** (**ϭⲉⲛϭ̄-**) vb. tr. 비틀다, 잘라내다, 떼어내다. **ϭⲟⲛϭⲛ̄** (**ϭⲱⲛϭⲛ̄**), **ϭⲛ̄ϭⲛ̄-** idem.

ϭⲱⲟⲩ, ϭⲟⲟⲩ⸗, Q **ϭⲏⲩ** (**ϭⲏⲟⲩ**) vb. tr. 좁히다; intr. 좁아지다, 붐비다; n.m. 좁음.

ϭⲱⲟⲩ, ϭⲉⲩ- vb. tr. 밀다; + **ⲉⲃⲟⲗ**: (배를: **ⲙ̄ⲙⲟ⸗**) 바다에 띄우다, 출항하다, 배를 밀다.

ϭⲱⲟⲩϭ, Q **ϭⲟⲟⲩϭ** vb. tr. 비틀다, 비뚤어지게 하다 (**ⲙ̄ⲙⲟ⸗**); intr. 비뚤어지다, 뒤틀리다. **ϩⲛ̄ ⲟⲩϭⲱⲟⲩϭ** 구부러져, 뒤틀려.

ϭⲱⲡⲉ (**ⲕⲱⲡⲉ, ϣⲱⲡⲉ, ϭⲱⲡ, ⲕⲱⲡ**), **ϭⲉⲡ-** (**ϭⲡ̄-, ϣⲁⲡ-, ϭⲱⲡ-, ϭⲟⲡ-, ϭⲁⲡ-, ⲕⲉⲡ-**), **ϭⲟⲡ⸗** (**ϭⲁⲡ⸗, ⲕⲁⲡ⸗, ⲕⲟⲡ⸗, ⲕⲱⲡ⸗, ϭⲱⲡ⸗**), Q **ϭⲏⲡ** (**ⲕⲏⲡ, ϭⲉⲡ, ⲕⲉⲡ**) vb. tr. (1) 붙잡다, 잡다 (**ⲙ̄ⲙⲟ⸗**); 시작하다 (~부터: **ϫⲓⲛ, ϩⲛ̄**); (2) ~에 대해 주장하다 (**ⲉ**); Q 죄를 범하다 (~의: **ⲉ**), ~에 대해 책임이 있다, ~을 떠맡다; (3) 빠뜨리다 (~에: **ϩⲛ̄**), 죄를 뒤집어씌우다. **ϭⲟⲡⲥ̄** n. 체포.

ϭⲱⲣϩ̄, ⲕⲱⲣϩ̄, ϭⲱⲣⲁϩ n.m. 밤, 저녁, 야간.

ϭⲱⲣϭ̄, Q **ϭⲟⲣϭ̄** vb. tr. 사냥하다 (**ⲉ**), ~을 매복하고 기다리다; n.m. 덫, 함정. **ⲙⲁ ⲛ̄ ϭⲱⲣϭ̄** 사냥터; **ⲣⲉϥϭⲱⲣϭ̄** 사냥꾼. **ϭⲟⲣϭⲥ̄** n.f.

ⲁ ⲃ ⲉ ⲏ ⲉⲓ ⲕ ⲗ ⲙ ⲛ ⲟ ⲡ ⲣ ⲥ ⲧ ⲟⲩ ⲱ ϣ ϥ ϩ ϫ ϭ

덫, 함정, 매복; **ϭⲉⲣⲏϭ** (pl. **ϭⲉⲣⲁϭⲉ**) n.m. 사냥꾼.

ϭⲱⲣϬ, ϭⲟⲣϭ⸗, Q **ϭⲟⲣϬ** (**ϭⲟⲗϬ**) vb. tr. 준비하다, 공급하다 (**ⲙ̄ⲙⲟ⸗**). n.m. 준비. **ⲣⲉϥϭⲱⲣϬ** 준비자.

ϭⲱⲣϬ, ϭⲟⲣϬ-, Q **ϭⲟⲣϬ** vb. tr. 살다, 거주하다 (**ⲙ̄ⲙⲟ⸗**); intr. ~가 살다.

ϭⲱⲧ n.f. (가축 등이 마시는) 물통.

ϭⲱⲧⲡ̄, ϭⲉⲧⲡ̄-, ϭⲟⲧⲡ⸗, Q **ϭⲟⲧⲡ̄** vb. tr. 극복하다, 패배시키다 (**ⲙ̄ⲙⲟ⸗**); intr. 패배하다, 녹초가 되다, 지치다, 낙심하다. n.m. 으름장, 위협, 낙담. **ϭⲱⲧⲡ̄ ⲉⲃⲟⲗ** 겁을 주어 쫓아내다. **ϭⲱⲧⲡ̄ ⲛ̄ ϩⲏⲧ** 두려워하다; n.m. 두려움, 공포. **ⲁⲧϭⲱⲧⲡ̄** 정복되지 않은, 패배하지 않은; **ⲙⲛ̄ⲧⲁⲧϭⲱⲧⲡ̄** 무적, 불패. **ⲣⲉϥϭⲱⲧⲡ̄, ⲣⲉϥϭⲉⲧⲡ̄-ⲣⲱⲙⲉ ⲉⲃⲟⲗ** 납치범. **ϭⲟⲧⲡⲥ̄** n.f. 패배.

ϭⲱⲧϩ̄ (**ϫⲱⲧϩ̄, ⲕⲱⲧϩ̄, ϭⲱϩⲧ̄**), **ϭⲟⲧϩ⸗**, Q **ϭⲟⲧϩ̄** vb. tr. 뚫다, 상처를 입히다 (**ⲙ̄ⲙⲟ⸗**); n.m. 구멍. **ⲣ̄-ϭⲱⲧϩ̄ ϭⲱⲧϩ̄** (Q **ⲟ ⲛ̄**) 구멍투성이가 되다. **ϭⲁⲧϩⲉ** n. 구멍.

ϭⲱⲱⲃⲉ, ϭⲱⲃⲉ (**ϭⲃ̄-**) n.f. 잎. 복합어에서 **ϭⲃ̄-**. **ϭⲃ̄-ϫⲟⲉⲓⲧ** 올리브 잎. **ⲁⲧϭⲱⲱⲃⲉ** 잎이 없는. **ϫⲓ-ϭⲱⲱⲃⲉ** 포도를 따다.

ϭⲱⲱⲗⲉ, ⲕⲱⲗⲉ n.m. 납작한 빵, 빵 덩어리.

ϭⲱⲱⲗⲉ (**ϭⲱⲗⲉ**), **ϭⲉⲉⲗⲉ-** (**ϭⲉⲗⲉ-, ϭⲗ̄-**), **ϭⲟⲟⲗ⸗** (**ϭⲁⲗ⸗**), Q **ϭⲟⲟⲗⲉ** vb. tr. 싸다, 입다, 덮다 (**ⲉ**; ~으로: **ⲙ̄ⲙⲟ⸗, ϩⲛ̄**); n.m. 망토, 외피. **ϭⲟⲟⲗⲉⲥ, ϭⲟⲗⲉⲥ** n.f. 덮개, 의복.

ϭⲱⲱⲙⲉ, ϭⲉⲉⲙⲉ- (**ϭⲉⲙⲉ-**), Q **ϭⲟⲟⲙⲉ** (**ϭⲁⲁⲙⲉ**) vb. tr. 비틀다, 왜곡하다 (**ⲙ̄ⲙⲟ⸗**); intr. 비틀리다, 구부러지다; n.m. 왜곡, 곡해; **ⲙⲛ̄ⲧϭⲟⲟⲙⲉ** 비뚤어짐, 구부러짐; **ⲙⲛ̄ⲧⲣⲉϥϭⲟⲟⲙⲉ** 왜곡, 곡해.

ϭⲱⲱϫⲉ (**ϭⲱϫⲉ**), **ϫⲉϫ-, ϭⲟϫϩ⸗**, Q **ϭⲟⲟϫⲉ** (± **ⲉⲃⲟⲗ**) vb. tr. 자르다, 잘라내다, (**ⲙ̄ⲙⲟ⸗**). **ⲙⲁ ⲛ̄ ϫⲉϫ-ⲱⲛⲉ** 채석장.

ϭⲱϣⲧ̄, Q **ϭⲟϣⲧ̄** vb. intr. 보다, 대충 훑어보다, 응시하다 (~을: **ⲉ, ⲉϩⲟⲩⲛ ⲉ, ⲉϫⲛ̄, ⲛ̄ⲥⲁ, ϩⲏⲧ⸗**); 주의하다 (~에: **ⲉ**); 기대하다 (~을: **ⲉ**); n.m. 봄, 흘끗 보기. **ϭⲱϣⲧ̄ ⲉⲃⲟⲗ** idem; n.m. idem.

ⲙⲁ ⲛ̄ ϭⲱϣⲧ̄ 보는 곳.

ϭⲱϫⲃ̄ (ϭⲱϫϥ̄), ϭⲉϫⲃ̄-, ϭⲟϫⲃ⸗, Q ϭⲟϫⲃ̄ (ϭⲟϫϥ̄, ϭⲁϫⲃ̄) vb. intr. 작아지다, 줄어들다; 줄다, 작아지다, 감소되다; vb. tr. 줄이다 (ⲙ̄ⲙⲟ⸗); n.m. 축소, 감소, 열등.

ϭⲱϫⲉ (ϭⲱⲱϫⲉ), ϭⲉϫ-, Q ϭⲏϫ vb. tr. (땅 등을) 파다 (ⲙ̄ⲙⲟ⸗).

ϭⲱϭ vb. intr. 부풀다. **ϭⲟⲩϭ** n. 부어오름, 부기.

ϭⲱϭ, ϭⲉϭ- (ϭⲉϫ-), ϭⲟϭ⸗ (ϭⲁϭ⸗, ϭⲉϭ⸗, ⲕⲟϫ⸗), Q ϭⲏϭ (ϭⲏϫ) vb. tr. 굽다 (ⲙ̄ⲙⲟ⸗). **ϭⲁⲁϭⲉ, ϭⲁϭⲉ, ϭⲟⲟϭⲉ** n.m.f. 구운 빵.

ϭϩⲟⲥ, ϭⲟϩⲥ̄, ϫϩⲟⲥ, ϣϭⲟⲥ, ϭϫ̄ϩⲟⲥ, ϣϫ̄ϩⲟⲥ, ϣϫⲟⲥ, ϭⲟϩⲥⲉ, ϭⲁϩⲥⲉ n.f. 가젤.

▽ 상호 참조

ϭⲁ: ⲧϭⲁⲉⲓⲟ
ϭⲁⲃ-: ϭⲃ̄ⲃⲉ
ϭⲁⲁⲙⲉ: ϭⲱⲱⲙⲉ
ϭⲁⲁϭⲉ: ϭⲱϭ
ϭⲁⲉⲓⲉ, ϭⲁⲉⲓⲏ: ⲧϭⲁⲉⲓⲟ
ϭⲁⲉⲓⲟ: ⲧϭⲁⲉⲓⲟ
ϭⲁⲗ⸗: ϭⲱⲱⲗⲉ
ϭⲁⲗ: ϭⲗ̄
ϭⲁⲗⲉ-: ϭⲟⲉⲓⲗⲉ
ϭⲁⲗⲉⲉⲩ(ⲉ): ϭⲁⲗⲉ
ϭⲁⲗⲉⲩⲉ: ϭⲁⲗⲉ
ϭⲁⲗⲏ: ϭⲁⲗⲉ
ϭⲁⲗⲏⲩ(ⲧ): ϭⲟⲉⲓⲗⲉ
ϭⲁⲗⲓⲁ: ⲕⲁⲗⲕⲓⲁ
ϭⲁⲗⲙⲁ: ϭⲉⲗⲙⲁⲓ
ϭⲁⲗⲟⲟⲩⲧ: ϭⲟⲉⲓⲗⲉ
ϭⲁⲗⲟⲡⲟⲩ: ⲕⲁⲗⲱⲡⲟⲩ
ϭⲁⲗⲡ̄-: ϭⲱⲗⲡ̄
ϭⲁⲗⲱ⸗, ϭⲁⲱⲱ⸗: ϭⲟⲉⲓⲗⲉ
ϭⲁⲗⲱⲟⲩ: ϭⲟⲉⲓⲗⲉ
ϭⲁⲙⲁⲩⲗⲉ: ϭⲁⲙⲟⲩⲗ
ϭⲁⲡ-, ϭⲁⲡ⸗: ϭⲱⲡⲉ
ϭⲁⲡⲉ, ϭⲁⲡⲏ, ϭⲁⲡⲉⲓ: ϭⲟⲡⲉ
ϭⲁⲡⲓϫⲉ, ϭⲁⲡⲓϫⲟⲩ: ϭⲁⲡⲉⲓϫⲉ
ϭⲁⲣⲧⲉ: ϭⲟⲣⲧⲉ

ⲁ ⲃ ⲉ ⲏ ⲉⲓ ⲕ ⲗ ⲙ ⲛ ⲟ ⲡ ⲣ ⲥ ⲧ ⲟⲩ ⲱ ϣ ϥ ϩ ϫ ϭ

ⲁ ⲃ ⲉ ⲏ ⲉⲓ ⲕ ⲗ ⲙ ⲛ ⲟ ⲡ ⲣ ⲥ ⲧ ⲟⲩ ⲱ ϣ ϥ ϩ ϫ ϭ

ϭⲁⲧϩⲉ: ϭⲱⲧϩ̄

ϭⲁⲩⲛⲉ: ϭⲟⲟⲩⲛⲉ

ϭⲁⲩⲟⲛ: ϭⲁⲟⲩⲟⲛ

ϭⲁⲩⲟⲩⲟⲛ: ϭⲁⲟⲩⲟⲛ

ϭⲁⲩⲣⲉ: ϭⲟⲟⲩⲣⲉ

ϭⲁϥϭⲁϥ: ϭⲁⲃϭⲁⲃ

ϭⲁϩⲥⲉ: ϭϩⲟⲥ

ϭⲁϩϫϩ̄: ϫⲁϩϫϩ̄

ϭⲁϩϭ̄, ϭⲁϩϭϩ̄: ϫⲁϩϫϩ̄

ϭⲁϫⲃ̄: ϭⲱϫⲃ̄

ϭⲁϭ⸗: ϭⲱϭ

ϭⲁϭⲉ: ϭⲱϭ

ϭⲃ̄-: ϭⲱⲱⲃⲉ

ϭⲃⲟⲉ: ϭⲃⲟⲓ

ϭⲃ̄ϣⲁ, ϭⲃ̄ϣⲉ: ϣⲁ

ϭⲉ: ⲕⲉ

ϭⲉⲉⲗⲉ-: ϭⲱⲱⲗⲉ

ϭⲉⲉⲙⲉ-: ϭⲱⲱⲙⲉ

ϭⲉⲉⲧ: ϭⲱ

ϭⲉⲓⲗϭⲉⲓⲗ: ⲕⲁⲗⲕⲓⲗ

ϭⲉⲗⲉ-: ϭⲱⲱⲗⲉ

ϭⲉⲗϭⲓⲗ: ⲕⲁⲗⲕⲓⲗ

ϭⲉⲙⲉ-: ϭⲱⲱⲙⲉ

ϭⲉⲙϩⲟⲩⲧ: ϭⲓⲛϩⲟⲩⲧ

ϭⲉⲛ-: ϭⲓⲛⲉ

ϭⲉⲛⲟⲩⲏⲗ: ϭⲓⲛⲟⲩⲏⲗ

ϭⲉⲛⲧ⸗: ϭⲓⲛⲉ

ϭⲉⲛϭⲗⲱ: ϭⲓⲛϭⲗⲱ

ϭⲉⲡ-, ϭⲉⲡ: ϭⲱⲡⲉ

ϭⲉⲡⲏ: ⲕⲏⲡⲉ

ϭⲉⲣ-: ϫⲱⲱⲣⲉ

ϭⲉⲡϭⲡ̄: ϭⲁⲡϭⲉⲡ

ϭⲉⲣⲁϭⲉ: ϭⲱⲣϭ̄

ϭⲉⲣⲏϭ: ϭⲱⲣϭ̄

ϭⲉⲣⲟⲙⲡⲉ: ϭⲣⲟⲟⲙⲡⲉ

ϭⲉⲣⲟⲟⲃ: ϭⲉⲣⲱⲃ

ϭⲉⲣⲱⲱⲃ: ϭⲉⲣⲱⲃ

ϭⲉⲣϭⲱⲣ⸗: ϫⲟⲣϫⲣ̄

ϭⲉⲥ-: ϭⲟⲥ

ϭⲉⲧϭⲱϫ⸗, ϭⲉⲧϭⲱϭ⸗: ϭⲟϫϭϫ̄

ϭⲉⲩ-: ϭⲱⲟⲩ

ϭⲉϫ-: ϭⲱⲱϫⲉ

ϭⲉϫ-: ϭⲱϭ

ϭⲏⲏⲧ: ϭⲱ

ϭⲏⲛ: ϭⲛⲟⲛ

ϭⲏⲛⲧ⸗: ϭⲓⲛⲉ

ϭⲏⲟⲩ: ϭⲱⲟⲩ

ϭⲏⲡ: ϭⲱⲡⲉ

ϭⲏⲡⲉ: ⲕⲏⲡⲉ

ϭⲏⲩ: ϭⲱⲟⲩ

ϭⲏϫ: ϭⲱϭ, ϭⲱⲱϫⲉ

ϭⲓⲉⲓⲉ: ϭⲓⲉ

ϭⲓⲏ: ϭⲓⲉ

ϭⲓⲙⲙⲟⲩⲧ: ϭⲓⲛⲙⲟⲩⲧ

ϭⲓⲙϩⲟⲩⲧ: ϭⲓⲛϩⲟⲩⲧ

ϭⲓⲛ-: ϭⲓⲛⲉ

ϭⲓⲛⲧⲗⲱ: ϭⲓⲛϭⲗⲱ

ϭⲓⲡⲏ: ϭⲉⲡⲏ

ϭⲓⲥ-: ϭⲟⲥ

ϭⲓϫⲱⲓ: ϫⲓϫⲱⲓ
ϭⲓϭⲗⲱ: ϭⲓⲛϭⲗⲱ
ϭⲗ̅-: ϭⲱⲱⲗⲉ
ϭⲗⲁϩ: ϭⲗ̅ϩ
ϭⲗ̅ⲗⲙ̅: ϭⲗ̅ⲙ
ϭⲗⲟ: ϭⲗⲁ
ϭⲗⲟⲟⲧⲉ: ϭⲗⲱⲧ
ϭⲗⲟⲟϭⲉ: ϭⲗⲱⲧ
ϭⲗⲟⲧⲉ: ϭⲗⲱⲧ
ϭⲗⲟⲩ: ϭⲗⲱ
ϭⲗⲟϭⲉ: ϭⲗⲟⲟϭⲉ
ϭⲗ̅ϫ-: ⲕⲱⲗϫ̅
ϭⲙⲉ: ϭⲱⲙ
ϭⲙⲉⲉⲩ: ϭⲱⲙ
ϭⲙⲏ: ϭⲱⲙ
ϭⲙⲏⲩ: ϭⲱⲙ
ϭⲙ̅ⲙⲟⲩⲧ: ϭⲓⲛⲙⲟⲩⲧ
ϭⲙ̅ϩⲟⲩⲧ: ϭⲓⲛϩⲟⲩⲧ
ϭⲙ̅ϭⲙ̅: ϭⲛ̅ϭⲛ̅
ϭⲛ̅-: ϭⲓⲛ-, ϭⲓⲛⲉ
ϭⲛ̅: ϫⲓⲛ
ϭⲛⲁⲧ: ϭⲱⲛⲧ̅
ϭⲛ̅ⲧ⸗: ϭⲓⲛⲉ
ϭⲛ̅ϭⲉⲗⲟ, ϭⲛ̅ϭⲉⲗⲱ: ϭⲓⲛϭⲗⲱ
ϭⲛ̅ϭⲛ̅-: ϭⲱⲛϭ̅
ϭⲟⲗⲉⲥ: ϭⲱⲱⲗⲉ
ϭⲟⲗϫ̅: ⲕⲱⲗϫ̅
ϭⲟⲗϭ⸗: ϭⲱⲗϫ̅
ϭⲟⲗϭ̅: ϭⲱⲣϭ̅

ϭⲟⲙ: ϭⲱⲙ
ϭⲟⲟⲃ: ϭⲃ̅ⲃⲉ
ϭⲟⲟⲗ⸗: ϭⲱⲱⲗⲉ
ϭⲟⲟⲗ⸗: ϭⲱⲗ
ϭⲟⲟⲗⲉ: ϭⲱⲱⲗⲉ
ϭⲟⲟⲗⲉⲥ: ϭⲱⲱⲗⲉ
ϭⲟⲟⲙ: ϭⲱⲙ
ϭⲟⲟⲙⲉ: ϭⲱⲱⲙⲉ
ϭⲟⲟⲛⲉ: ϭⲛⲟⲛ, ϭⲟⲛ
ϭⲟⲟⲩ⸗: ϭⲱⲟⲩ
ϭⲟⲟⲩϭ: ϭⲱⲟⲩϭ
ϭⲟⲟϥ: ϭⲃ̅ⲃⲉ
ϭⲟⲟϫⲉ: ϭⲱⲱϫⲉ
ϭⲟⲟϭⲉ: ϭⲱϭ
ϭⲟⲡ: ϭⲟⲡⲉ
ϭⲟⲡ-/⸗: ϭⲱⲡⲉ
ϭⲟⲡⲥ̅: ϭⲱⲡⲉ
ϭⲟⲣϫⲉ: ϭⲟⲣϫ̅
ϭⲟⲣϭⲥ̅: ϭⲱⲣϭ̅
ϭⲟⲧⲡⲥ̅: ϭⲱⲧⲡ̅
ϭⲟⲩⲛⲁϭ(ⲉⲥ): ϭⲱⲛⲁϭ
ϭⲟⲩϭ: ϭⲟⲩϫ, ϭⲱϭ
ϭⲟⲩϭⲟⲩ: ϫⲟⲩϫⲟⲩ
ϭⲟϩⲥ̅: ϭϩⲟⲥ
ϭⲟϩϭ̅: ϫⲁϩϫϩ̅
ϭⲟϫϥ̅: ϭⲱϫⲃ̅
ϭⲟϫϩ⸗: ϭⲱⲱϫⲉ
ϭⲡ-: ϭⲱⲡⲉ
ϭⲣⲁ: ⲧⲣⲁ
ϭⲣⲟ: ϫⲣⲟ

ⲁ ⲃ ⲉ ⲏ ⲉⲓ ⲕ ⲗ ⲙ ⲛ ⲟ ⲡ ⲣ ⲥ ⲧ ⲟⲩ ⲱ ϣ ϥ ϩ ϫ ϭ

ϭⲣⲟⲉⲓⲧ: ϫⲣⲟ
ϭⲣⲙ̅ⲡϣⲁⲛ: ϭⲣⲟⲟⲙⲡⲉ
ϭⲣⲟⲟϭ: ϭⲣⲟϭ
ϭⲣⲱⲱϩ: ϭⲣⲱϩ
ϭⲣⲱⲱϭ: ϭⲣⲟϭ
ϭⲣⲱϭ: ϭⲣⲟϭ
ϭⲥⲟⲩⲣ: ⲕⲥⲟⲩⲣ
ϭⲱⲃ: ϭⲃ̅ⲃⲉ
ϭⲱⲃⲉ: ϭⲱⲱⲃⲉ
ϭⲱⲗⲉ: ϭⲱⲱⲗⲉ
ϭⲱⲗϭⲉⲗⲱ: ϭⲓⲛϭⲉⲗⲱ
ϭⲱⲛ: ϭⲛⲟⲛ
ϭⲱⲛϭ̅: ϭⲱⲛⲁϭ
ϭⲱⲛϭⲛ̅: ϭⲱⲛϭ̅
ϭⲱⲡ-/⸗, ϭⲱⲡ: ϭⲱⲡⲉ
ϭⲱⲣϣ̅: ⲕⲱⲣϣ̅
ϭⲱⲣϥ̅: ⲕⲱⲣϥ̅
ϭⲱϩⲧ̅: ϭⲱⲧϩ̅
ϭⲱϫ: ϭⲟⲩϫ
ϭⲱϫⲱ: ϭⲱⲱϫⲉ
ϭⲱϫϥ̅: ϭⲱϫⲃ̅
ϭⲱϭ: ϭⲱⲛϭ̅

부록

그리스어 어휘집

참고 문헌

옮긴이의 참고 문헌

| 그리스어 어휘집 |

* 그리스어 동사는 일반적인 사전 형태로 인용된다: 1인칭 단수 직설법 능동태 또는 중간태.

A

ἀγαθόν n. 좋은[선한] 것[사람].
ἀγαθός 선한, 좋은
ἀγαπή f. 사랑.
ἀγγεῖον n. 용기(容器), 그릇.
ἄγγελος n. 천사.
ἀγορά f. 시장, 광장.
ἀήρ m. 공기, 대기.
ἀθετέω 무시하다.
αἴθριον n. 마당, 안뜰.
αἰσθητήριον n. 감각 기관.
αἰτέω 묻다, 요청하다.
αἰχμάλωτος m. 죄수, 포로.
αἰών m. 기간, 세대; 영원; 세상.
ἀκαθαρσία f. 불결(함), 부정함.
ἀκάθαρτος 더러운, 불결한, 부정한.
ἀκατάληπτος 이해할 수 없는.
ἀκτίς, -ῖνος f. 빛, 광선.
ἀλλά 그러나, 하지만.
ἀληθῶς 정말로, 진실로, 참으로.
ἀμήν 아멘; 진실로, 참으로.
ἀνάγκη f. 필요, 필요성.
ἀναστροφή f. 삶의 방식.
ἀναχωρέω 물러나다, 사막에 가서 은둔자로 살다.
ἀναχωρητής m. 은자, 은둔자, 수도자.
ἀνομία f. 무법, 불법.
ἀνοχή f. 인내, 참음.
ἀπαντάω 만나다, 직면하다.
ἀπαρχή f. 첫 열매, 맏물.
ἄπιστος 믿지 않는, 신앙심이 없는.
ἀπλοῦς 간결한, 순결한, 속임 없는.
ἀπογραφή f. 인구 조사, 등록, 신고.
ἀπογράφω 등록하다, 기록하다.
ἀποθήκη f. 저장소, 창고, 헛간.
ἀπόστολος m. 사도.
ἀποτακτικός m. 은자, 은둔자.
ἀποτάσσω 단념하다, 포기하다.
ἆρα ~인가? (질문을 도입한다).
ἀρετή f. 우수(함), 선량(함), 덕.
ἀρχή f. 처음, 시작.
ἄρχω 시작하다.
ἀρχιεπίσκοπος m. 대주교.
ἀρχιερεύς m. 대제사장.
ἄρχων m. 통치자, 지배자; 아르콘.
ἀσεβής 경건하지 못한, 불경한.
ἀσθενής 약한. 힘이 없는.
ἀσκός m. 가죽 부대, 포도주 부대.
ἀσπάζομαι 인사하다.
ἀσπασμός m. 인사.
ἀσώματος 형체가 없는.
ἄτοπος 이상한, 낯선.
αὐξάνω 자라다, 성장하다.
ἀφελής 간결한, 소박한.

B

βαλλάντιον n. 전대, 지갑.

βαπτίζω 물에 담그다, 세례를 주다.
βάπτισμα n. 세례.
βάσανος f. 고문, 고통, 괴로움.
βάσις f. 진로, 걸음.
βῆμα n. 연단, 심판석.
βίος m. 삶.
βλάπτω 상처를 입히다, 해치다.
βοήθεια f. 도움, 지원.

Γ
γάρ 왜냐하면, 그러므로, 그래서.
γενεά f. 세대.
γένος n. 종족.
γραμματεύς m. 서기관, 율법학자.
γραφή f. 문서, 성경.

Δ
δαιμόνιον n. 악령; 귀신 들린 사람.
δαίμων m. 악령.
δέ 그러나, 그리고.
δεκανοί m.pl. 십분각(10分角).
δήμιος m. 사형집행인.
διάβολος m. 마귀.
διαθήκη f. 계약, 언약.
διακονέω 시중들다, 섬기다.
δίκαιος 올바른, 의로운.
δικαιοσύνη f. 의로움, 정의, 의.
δικαίωμα n. 법령.
διστάζω 망설이다, 주저하다.
δόγμα n. 법령, 명령.
δοκιμάζω 평가하다, 조사하다.
δυνάστης m. 통치자.
δῶρον n. 선물.

E
ἔαρ n. 봄철.
ἑβδομάς f. 주(週).
ἔθνος n. 민족, 종족.
εἰ μή τι 그렇지 않다면. §30.11 참조.
εἶδος n. 종류, 유형, 부류.
εἰκών f. 형상. 화상(畵像), 닮은 것.
εἰρήνη f. 평화.
εἴτε ... εἴτε ~든지 또는 ~든지.
ἐκκλησία f. 교회, 회중.
ἕλος n. 습지, 하천의 저지대.
ἐλπίζω 바라다, 기대하다.
ἐλπίς f. 소망, 희망.
ἐνέργεια f. 기능, 활동.
ἐνοχλέω 휘젓다, 혼란을 일으키다; 괴롭히다.
ἐντολή f. 계명, 명령.
ἐξομολογέω 자백하다, 인정하다.
ἐξουσία f. 힘, 권세.
ἐπεί ~이므로, ~때문에.
ἐπειδή ~이므로, ~때문에.
ἐπειδήπερ ~이므로.
ἐπιβουλή f. 음모.
ἐπιθυμέω 바라다, 열망하다.
ἐπίσκοπος m. 감독, 주교.
ἐπιστολή f. 편지, 서신.
ἐπιτιμάω 몹시 비난하다, 꾸짖다.
ἔρημος 사막, 황야.
ἐτάζω 시험하다.
ἔτι 여전히, 아직.
εὐαγγέλιον n. 좋은 소식, 복음.
εὐχαριστέω 감사하다, 감사를 표하다.

Η

ἤ 또는, 혹은.

ἡγεμονία f. 통치, 치세.

ἡγεμών m. 통치자.

ἡδονή f. 즐거움, 기쁨, 쾌락.

ἡλικία f. 나이, 연령..

ἥμερος 온화한, 순한.

ἡσυχάζω 조용하다, 잠잠하다.

Θ

θάλσσα f. 바다.

θεωρέω 관찰하다, 보다.

θλίβω 압박하다, 괴롭히다.

θρόνος m. 보좌, 왕좌.

θυσία f. 희생, 제사.

θυσιαστήριον n. 제단.

Ι

ἰδιώτης m. 비전문가, 지식이 없는 자.

Κ

καθαρός 깨끗한, 순수한.

καθηγέομαι 가르치다, 알리다.

καθολικός 보편적인, 전 세계의,

καίτοι ~에도 불구하고, ~일지라도.

κακία f. 악, 악함.

καλῶς 잘. 좋게, 제대로.

κἄν ~라 하더라도.

καπνός m. 연기.

καρπός m. 열매.

κατά ~에 따라. §30.10 참조.

καταλαλέω 중상하다. 비방하다.

καταλαλιά f. 중상, 비방.

κελεύω 명령하다, 지시하다.

κέραμος m. 타일, 기와.

κεράστης f. 뿔이 달린.

κηρύσσω 알리다, 선포하다.

κινδυνεύω 위험에 처하다.

κλάσμα n. 조각, 파편.

κλῆρος m. 부분, 몫, 상속(받은 것).

κοινωνός m. 동료, 협력자.

κόλασις f. 벌, 처벌, 징계.

κοσμικός 세상에 속한, 세속적인.

κόσμος m. 세상.

κοῦφον n. (빈) 그릇.

κράτιστος 가장 훌륭한.

κρίνω 판단하다, 심판하다.

κρύσταλλος m. 수정(水晶).

κτίσις f. 창조, 창조물, 세상.

κυριακή f. 일요일(?).

Λ

λαός m. 사람들, 백성.

λύπη f. 비통, 슬픔.

Μ

μαθητής m. 제자, 문하생.

μακαρίζω 축복하다, 행운을 빌다.

μακάριος 복받은, 행복한.

μάλιστα 특히.

μέν ... δέ 한편으로는 … 그러나 다른 한편으로는. §30.10 참조.

μερίς f. 몫, 부분.

μέρος n. 부분, 일부, 일원.

μεσίτης m. 중재자, 조정자.

μετανοέω 회개하다, 뉘우치다.

μετάνοια f. 회개, 뉘우침.

μετέχω 함께 하다, 나누다.

μέχρι ~하기까지. ~도 포함하여.
μή (질문을 도입한다; §30.10 참조).
μήποτε ~하지 않도록.
μήπως ~하지 않도록.
μήτι = μή.
μόγις 간신히, 겨우; 좀처럼 ~않다.
μοναχός m. 수도사.
μόνον 단지, 오직.
μορφή f. 형상, 모습.
μυστήριον n. 신비, 비밀.

N

νηστεία f. 단식, 금식.
νηστεύω 단식하다, 금식하다.
νοέω 생각하다.
νομοδιδάσκαλος m. 율법 교사.
νόμος m. 율법, 법률.
νοῦς m. 마음, 생각.

O

οἰκονόμος m. 관리자, 집사, 청지기.
οἰκουμένη f. 세상.
ὁλοκόττινος m. 금화.
ὁλοσηρικός 비단으로 된.
ὁμοίως 똑같이; 비슷하게.
ὁμολογία f. 고백.
ὄργανον n. 도구.
ὀργή f. 분노, 노여움.
ὀρεινή f. 산지.
ὀρφανός m. 고아.
ὅσον ~하는 한, ~하는 동안.
ὅταν ~할 때, ~할 때마다.
οὐδέ ~도 또한 아니다.
οὖν 그래서, 그러므로.
οὔτε ... οὔτε ~도 아니고 ~도 아니다.
ὀψώνιον n. 임금, 급료, 삯.

Π

πάθος n. 욕망; 고통.
πανοῦργος m. 악당, 교활한 자.
παντοκράτωρ m. 전능자.
πάντως 전적으로, 틀림없이; 완전히.
παραβολή f. 비유.
παραγγέλλω 명령하다, 지시하다.
παράγω 지나가다, 떠나다.
παράδεισος m. 낙원, 에덴.
παρακαλέω 초청하다, 부르다; 강하게 권하다.
παράνομος 무법의, 부당한.
παρθένος f. 처녀, 젊은 여자.
παρρησία f. 솔직함.
πάσχα n. 유월절.
πατριά f. 가족, 일족.
πείθω 설득하다.
πειράζω 유혹하다, 시험하다.
πειρασμός m. 유혹.
περιεργάζομαι 참견하다.
περίχωρος f. 부근 지역.
πίναξ m. 판(板); 접시, 쟁반.
πιστεύω 믿다, 신뢰하다.
πίστις f. 믿음, 신뢰.
πιστός 충실한, 진실한.
πλανάω 실수하다, 잘못을 범하다.
πλάνη f. 실수, 그릇됨.
πλάσσω 만들다, 빚다, 짓다.
πλήν 제외하고; 그러나, 그런데.
πνεῦμα n. 영, 영혼; 바람.

πνευματικά n. 영적인 것[일].
πόλις f. 도시.
πονηρός 나쁜, 사악한.
πόρνη f. 창녀, 매춘부.
ποτήριον n. 잔, 컵.
πρεσβύτερος m. 노인, 연장자, 장로.
προάστιον n. 근교, 주위.
προκόπτω 진전하다, 발전하다.
πρός ~을 향하여.
προσευχή f. 기도.
προφητεύω 예언하다.
πύλη f. 문.
πῶς 어떻게?

Σ

σάββατον n. 안식일.
σαΐτιον n. 작은 통.
σάρξ f. 살, 육체.
σεμνός 고결한, 위엄 있는.
σίκερα n. 술, 독주.
σκάνδαλον n. 장애, 방해; 죄를 짓게 하는 유혹.
σκεπάζω 덮다, 보호하다.
σκηνή f. 장막, 성막.
σοφία f. 지혜.
σπέρμα n. 씨, 씨앗, 자손.
σπήλαιον n. 동굴.
σταυρός m. 십자가.
στῆθος n. 가슴.
στιγμή f. 순간.
στρατιά f. 군대.
συγγενής m. 친족, 친지.
συγκλητικός 귀족 계급의.
σύμβολον n. 징조, 표시.
συμβουλεύω 조언하다, 충고하다.
σύμβουλος m. 조언자.
συναγωγή f. 회당.
σχῆμα n. (보여지는) 외모; 수도자의 의복.
σῶμα n. 몸, 신체.
σωτήρ m. 구원자. 구속자.

T

ταλαίπωρος 비참한. 절망적인.
τάξις f. 순서, 질서, 계급.
τάφος m. 무덤.
τάχα 아마, 어쩌면.
τέλειος 완전한, 완벽한.
τελώνης m. 세리, 세관원.
τελώνιον n. 세관, 세무서.
τετραάρχης m. 분봉왕, 군주.
τεχνίτης m. 장인, 공예가.
τιμή f. 값, 가치.
τότε 그 다음에, 그래서.
τράπεζα f. 탁자.
τροφή f. 음식, 양식.

Y

ὕλη f. 숲.
ὑμνέω 찬송가를 부르다.
ὑπηρέτης m. 조력자, 관리인.
ὑπομένω 머무르다, 견디다.
ὑπομονή f. 인내, 참을성.

Φ

φαρισαῖοι m. 바리새인들, 바리사이파 사람들.
φθόνος m. 시샘, 질투.
φορέω (옷을) 입다.
φυλή f. 종족, 민족.

φύσει 선천적으로, 본래.
φύσις f. 본질, 본성.

X

χαῖρε 평안하라!
χαλάω 내려보내다.
χαλινός m. 재갈, 굴레.
χάρις f. 호의, 은혜.
χήρα f. 과부.
χιών f. 눈[雪].
χορός m. 춤추기, 춤.
χράομαι 사용하다, 이용하다.
χρεία f. 필요, 필요물.
χρῆμα n. 소유물, 돈.
χρηστός 도움이 되는, 이로운.
Χριστός m. 그리스도, 기름부음을 받은 자.
χώρα f. 지역, 땅, 장소.

Ψ

ψάλλω 찬양의 노래를 부르다.
ψαλμός m. 시편.
ψυχή f. 영혼, 생명.

Ω

ὦ 오! (감정을 나타내는 감탄사.)
ὡς ~처럼. (§30.10 참조.)
ὥστε 그러므로, 그래서. (§30.10 참조.)
ὠφέλεια f. 이익, 이득, 장점.

| 참고 문헌 |

콥트어 연구 분야는 꾸준히 연구되고 있었는데, 최근 마니교와 영지주의 문서의 발견으로 인해 관심이 되살아나면서 이 분야의 참고 문헌 목록이 엄청나게 늘었다. 여기에서는 콥트어 공부를 계속하고자 하는 학생이 친숙해져야 하고 반드시 필요한 몇 가지 비블리오그라피, 문법서, 사전에 대해서 언급하고자 한다.

A. 비블리오그라피(Bibliography) 저서

Kammerer, W. *A Coptic Bibliography.* Ann Arbor, 1950.

Mallon, A. *Grammaire copte.* 4th ed. revised by M. Malinine; Beirut: Imprimerie catholique, 1956. 귀중한 bibliography가 pp. 254-398에 수록되어 있다.

Scholer, D. M. *Nag Hammadi Bibliography 1948-1969.* Leiden: E. J. Brill, 1971. 매년 *Novum Testamentum*에서 업데이트되고 있다.

Simon, J. "Contribution à la bibliographie copte des années 1940-45", *Bulletin de la Société d'archéologie copte* (Cairo) 11 (1945), 187-200.

_______. "Bibliographie copte", 1949년부터 *Orientalia*에 정기적으로 나온다.

B. 문법서(방언 연구 포함)

Jernstedt, P. "Die koptische Praesens und die Anknüpfungsarten des näheren Objekts", *Doklady Akademii Nauk S. S. R.* 1927, pp. 69-74.

Kahle, P. E. *Bala ʿizah.* 2 vols.; London: Oxford University Press. 1954.

Plumley, J. M. *An Introductory Coptic Grammar (Sahidic Dialect).* London. 1948.

Polotsky, H. J. *Études de syntaxe copte.* Cairo: Publications de la Société d'archéologie copte, 1944.

_______. "Modes grecs en copte?" *Coptic Studies in Honor of W. E. Crum.*

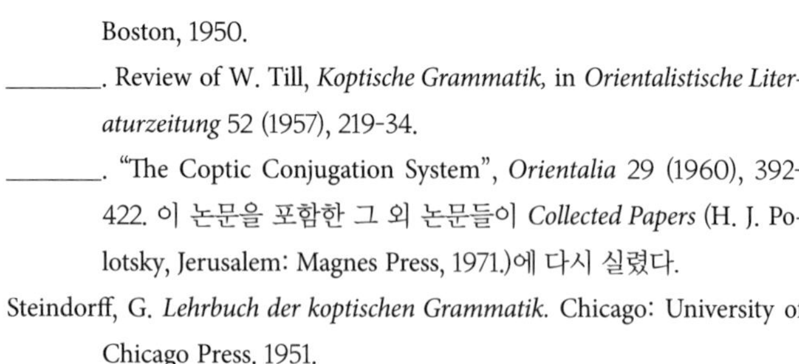

Boston, 1950.

_______. Review of W. Till, *Koptische Grammatik,* in *Orientalistische Literaturzeitung* 52 (1957), 219-34.

_______. "The Coptic Conjugation System", *Orientalia* 29 (1960), 392-422. 이 논문을 포함한 그 외 논문들이 *Collected Papers* (H. J. Polotsky, Jerusalem: Magnes Press, 1971.)에 다시 실렸다.

Steindorff, G. *Lehrbuch der koptischen Grammatik.* Chicago: University of Chicago Press. 1951.

Stern, L. *Koptische Grammatik.* Leipzig, 1880.

Till, W. C. *Koptische Grammatik (Saïdischer Dialekt).* 2nd ed.; Leipzig: Harrassowitz, 1961.

_______. *Koptische Dialektgrammatik.* 2nd ed.; Munich, 1961.

Vergote, J. *Phonétique historique de l'égyptien: Les consonnes.* Louvain: Bureaux du Muséon, 1945.

_______. *Grammaire copte, vol. Ia, Ib.* Louvain: Edit. Peeters, 1973.

Wilson, M. R. *Coptic Future Tenses: Syntactical Studies in Sahidic.* The Hague: Mouton, 1970

Worrell, W. H. *Coptic Sounds.* Ann Arbor: University of Michigan Press, 1934.

C. 사전 및 용어 색인

Crum, W. E. *A Coptic Dictionary.* Oxford: Clarendon Press, 1939.

Spiegelberg, W. *Koptisches Handwörterbuch.* Heidelberg: C. Winters, 1912.

Wilmet, M. *Concordance du nouveau testament sahidique, II. Les mots autochtones. Corpus scriptorium christianorum orientalium; Subsidia,* vol. 11. Louvain, 1957.

| 옮긴이의 참고 문헌 |

A. 사전류

Azevede, Joaquim. *A Simplified Coptic Dictionary (Sahidic Dialect)*. Peruvian Union University, 2013.

Crum, W. E. *A Coptic Dictionary*. Oxford University Press, 1939.

Smith, Richard. *A Concise Coptic-English Lexicon*. Society of Biblical Literature, 1999.

권영흠. 『통합 곱트어 사전』. 스틸로그라프, 2008.

이정민·배영남. 『언어학사전』. 박영사, 1990.

B. 논문

유병우. "도마복음의 언어분석," 한영신학대학교 「교수논문집」 Vol. 8 No.- (2004): 94-100.

C. 문법서류

Layton, Bentley. *A Coptic Grammar*. Harrassowitz Verlag, 2011.

________. *Coptic in 20 Lessons*. Peeters, 2007.

Brankaer, Johanna. *A Learning Grammar (Sahidic)*. Harrassowitz Verlag 2010.

Plumley, John Martin. *An Introductory Coptic Grammar (Sahidic Dialect)*. London Home & van Thai, 1948.

D. 일반 문헌

강범모. 『언어: 풀어쓴 언어학 개론』. 한국문화사, 2021.

고쿠분 고이치로. 『중동태의 세계』. 박성관 옮김. 동아시아, 2019.

베네딕타 와드. 『사막 교부들의 금언』. 이후정·엄성옥 공저. 은성, 2005.

이규호. 『나그함마디 문서』. 동연, 2022.

이동진 편역. 『제2의 성서』. 해누리, 2018.

* 크럼(Crum)의 콥트어 사전 웹사이트: Coptic Dictionary Online: https://corpling.uis.georgetown.edu/coptic-dictionary/